Der Preis des Phoenix

Adorján Kovács

Der Preis des Phoenix
Asche und Auferstehung Europas
Politisches Tagebuch 2016-2019

Titelbild: iStock 1231651025

1. Auflage 2020

© Copyright dieser Ausgabe by
Gerhard Hess Verlag, 88427 Bad Schussenried
www.gerhard-hess-verlag.dc

Printed in Europe

ISBN 978-3-87336-657-2

Adorján Kovács

Der Preis des Phoenix
Asche und Auferstehung Europas

Politisches Tagebuch 2016-2019

Gerhard Hess Verlag

Meiner Frau in Liebe und Dankbarkeit.

Inhalt

Tagebuch 2018

*

Tagebuch 2019

Vorwort

Schon der erste Eintrag in diesem Tagebuch aus ursprünglich in Zeitschriften publizierten Kommentaren zum Zeitgeschehen fragt, ob sich politisch irgendetwas verändert hat. Das hat es nicht. Alternativlos rollt das Geschehen seit Jahren in eine einzige Richtung, abwärts, als folge es einem schlechten Drehbuch. Die Berliner Republik beantwortet die seit dem Anschluss des kommunistischen Mitteldeutschlands an die sozialdemokratisierte BRD immergleichen Probleme Islam, Migration und Globalisierung in einer Art „rasendem Stillstand" (Paul Virilio) mit den immergleichen Scheinlösungen einer unterwürfig geförderten Islamisierung, der Schaffung eines multikulturellen Vielvölkerstaats und dem Aufgehen im kapitalistisch-technokratischen Imperium der Vereinigten Staaten von Europa. Der Souverän, also das Volk, das schon länger hier wohnt, wird dieses Land und Europa bald nicht mehr wiedererkennen. Darin sind sich im Grunde alle einig, nur die Bewertung differiert. Gefragt wurde der Souverän nicht.

Nach dem Zusammenbruch der Sowjetunion konnte der Kommunismus das „Ende der Illusion" (François Furet) überleben. Er verzichtete auf revolutionäre Gewalt, nahm intelligentere Taktiken an, wie sie die Frankfurter Schule und insbesondere die Postmoderne anboten, und verkleidete sich als Sozialismus. Er wirkte ohne wesentliche inhaltliche Änderung seines Programms im Westen kulturrevolutionär weiter.[1] Sogar im globalistischen Turbo-Kapitalismus des 21. Jahrhunderts kann er, wie Ulrich Schacht bemerkte, den „besseren[n], effektivere[n], [...] logischere[n] Kommunismus"[2] sehen, den Erfüller des egalistischen Traums von der Befriedigung aller materiellen Wünsche unter Destruktion von Überlieferung, Schönheit, Transzendenz, weshalb er auch ihn für die eigenen Zwecke einspannt.

Die „ewige Linke" (Ernst Nolte) setzt ihren Angriff auf die freien Gesellschaften und insbesondere das Christentum fort, mit konkreten Handlungen wie den drastischen Änderungen des traditionellen Ehe- und Familienrechts und der forcierten Umsetzung des Multikulturalismus mit Migranten als Ersatz für das revolutionäre Proletariat und die postkolonialen Verdammten dieser Erde.[3] Dabei hat die Linke kurzzeitig einen neuen Verbündeten im Islam gefunden, der statt ihrer offen gewaltbereit ist. Vielleicht sogar einen Nachfolger: Denn auch dieser ist auf seine Weise „Egalitarier" und will über den Multikulturalismus „zu der (tendenziell) egalitären und insofern völlig monokulturellen Weltgesellschaft"[4] (Ernst Nolte). Der geistige Widerstand gegen diesen bösen menschlichen Willen, gegen diese „Aversion gegen die Werteordnung, gegen das Schöne, das Wahre und das Gute"[5] (Daniel von Wachter) ist für jeden *homo bonae voluntatis* Pflicht.

Es wird für diesen interessant zu beobachten sein, welcher Egalitarier die Oberhand behält. Die Freiheit geht dabei in jedem Fall unter, aber die Deutschen sind in diesem Kampf keine *player* mehr. Die überalterte und bald biologisch weitgehend erledigte Mehrheit des verhausschweinten deutschen Restvolkes blinzelt und weigert sich, die Realität zu sehen und folgt ihren kryptokommunistischen rotgrünen „Gleichheitswärtern" (Hermann Schmitz) wie Lemminge in den Abgrund. Die Vergeblichkeit aller Mahnungen zeigt sich eben daran, dass es bei der eingangs genannten Einbahnstraße bleibt. Es gilt aber unumstößlich und als Hoffnung: Egalitaristische politische Systeme implodieren. Konstruktive politische Theorien, die das und einen Ausweg zeigen wie Ulrich Hintzes *Theoria politica generalis*[6], gibt es, doch werden sie im links dominierten Diskurs vernachlässigt und harren der Entdeckung nach der Implosion.

Insofern könnte auch dieses Tagebuch in der heutigen Situation höchstens (oder immerhin) katechontischen Wert haben. Doch hat die Destruktion kulturell gesiegt und wird es auch politisch tun. Man muss schon mit der Zeit danach rechnen und nicht mehr sinnlos Kräfte mit dem Aufhalten vergeuden, wo es nichts aufzuhalten gibt. Dieses Buch steht gleichsam jenseits der erfolgten Destruktion und preist jetzt schon den Phoenix, der aus ihr neu erstehen wird. Dieses Tagebuch wurde geschrieben, um auf einem Flohmarkt der Zukunft davon Zeugnis zu geben, dass nicht alle zu den Gleichen gehören wollten und schon gar nicht zu deren ungleichen (kommunistischen oder islamischen) Gleichheitswärtern. Kulturkritik oder Kulturpessimismus ist dies alles nicht, eher politische Prophetie mittlerer Reichweite: Es gibt eine andere, eine christliche Zukunft Europas nach der Destruktion. Wer wie die von

Moral durchtränkten Aufgeklärten unserer Zeit von einer alternativlosen Zukunft ausgeht, kann es gleich weglegen, doch auch er wird in nicht so ferner Zukunft von der Empirie eines Besseren belehrt werden. Wer aber beim Lesen ein Bewusstsein für das Ausmaß der laufenden Zerstörungen entwickelt, wird wünschen, dass die Krisis rasch kommt, weil er will, dass konstruktive Politik endlich wieder eine Chance erhält. Wer postdestruktionistisch schon auf die Zeit nach der Implosion hofft, wer darauf vertraut, dass es vor allem in Mittel- und Osteuropa auch dann noch oder wieder Vernünftige gibt und wer glaubt, die Zukunft sei genau dieser Menschen guten Willens wegen auch nach der Epoche des egalitaristischen „Paradieses" offen für den neuen Glanz des christlichen Phoenix, der sei als Leser gegrüßt! Bis es soweit ist, wird noch Zeit vergehen, doch: „Für nichts wirklich Wichtiges ist es je zu spät" (Nicolás Gómez Dávila). Freilich, das muss klar sein, meint der „Preis des Phoenix"[7] sowohl den Lobpreis des zählebigen Vogels als auch seine Kosten: die Asche des durch Reformation und Aufklärung heruntergekommenen Abendlandes.

Frankfurt am Main, im August 2019

Der Autor

2016

8. August 2016

VOR EINEM JAHR: HAT SICH SEITDEM ETWAS VERÄNDERT?

Diesen Artikel habe ich am 1. September 2015, auf dem Höhepunkt der sogenannten „Flüchtlingskrise", in derselben Blogzeitung veröffentlicht. Ich habe ihn nur gering ergänzt. Meine Frage im Titel muss leider mit „Zu wenig" beantwortet werden. Matuschek ist, was nicht überrascht, auch noch „Vertrauensdozent der Heinrich-Böll-Stiftung" geworden, Gauck immer noch Bundespräsident und die „FAZ" hat sich für ihre offenkundigen Lügen nie entschuldigt, sondern meldet seit einiger Zeit einfach das Gegenteil von ihrem „Geschwätz von gestern". Hier der Text:

Milosz Matuschek ist nach Ausweis seines Blogs „Lovenomics" ein selbsternannter Fachmann in Liebesfragen und schlägt in einem Artikel für die FAZ („Warum macht unser Mitgefühl schlapp?"[8]) vor, alle Migranten ganz lange und ganz lieb zu umarmen, bis alles, alles gut ist.

Der Untertitel des Beitrags lautet: „Flüchtlinge und Asylbewerber gelten als Problem statt als Chance. Das liegt an unserer Gastfreundschaft: Wir haben keine". [Diese Behauptung ist angesichts der milliardenschweren Asyl-, Migrations- und Integrationsindustrie und der begleitenden Refugee welcome-Hysterie schon sehr gewagt!] Matuschek versteht nicht, warum Deutschland sich *„als eine der reichsten Industrienationen nicht in die erste Reihe stellt, sich die Hände reibt und sagt: Hurra, da kommen sie, die Facharbeiter, Ärzte, Ingenieure!"* [Hervorhebung von mir]. Nun war ich vor einigen Tagen am Budapester Keleti-Bahnhof, um mir ein Bild von der Transit-Zone zu machen [die natürlich überhaupt nicht chaotisch war wie in der hiesigen Presse dargestellt]: Da war kein Migrant, der in dieses Wunschbild gepasst hätte. Aber das mag ja ein Ausschnitt sein, der nicht repräsentativ ist, und die Ingenieure, alle von europäischer Qualität, versteht sich, kommen noch. [Sie kamen nicht.]

Unterirdisch ist die Argumentation Matuscheks trotzdem. Dass er an deutscher Küche verzweifelt [er mag keine Bouletten], mag noch angehen, obwohl da schon, wie auch bei seinen so furchtbar schlechten Erfahrungen mit deutschen Automechanikern [die wollen nicht improvisieren, sondern ordentlich arbeiten], ein wenig Deutschenhass durchscheint. Als polnischer Spätaussiedler sei er in Deutschland immer fremd geblieben, der Arme. [Ist das nicht furchtbar: Er konnte seine Herkunft nicht ungeschehen machen, wie es der linke Traum so will...]. Ist nun die Zeit der Rache gekommen? „Wer durch andere Länder gereist ist, erzählt oft begeistert, dass fremde Menschen in Albanien und Georgien, die wenig haben, einen wie selbstverständlich beherbergen und verköstigen." Mag sein, aber Gastfreundschaft beruht auch in Albanien und Georgien auf einer zeitlich begrenzten Dauer. Wer sich im Heim des Albaners oder Georgiers einnisten will, wird ohne Zweifel auf Widerstand stoßen. Und ein Gast pflegt auch in diesen Ländern anzuklopfen, bevor er *nach* Aufforderung eintritt. So ist das mit der Gastfreundschaft, nicht aber bei Herrn Matuschek. [Übrigens wurde 2015 offiziell noch zwischen Asyl und Einwanderung unterschieden; heute wird nicht einmal mehr nachgefragt, warum alle Asylanten und Flüchtlinge „mit Bleibeperspektive" unmittelbar integriert werden sollen.]

Dann macht er den Gauckschen Fehler, der allen Ernstes die Aufnahme der deutschen Vertriebenen in Deutschland nach dem 2. Weltkrieg mit der aktuellen Einwanderung von Afrikanern und Asiaten verglich, und sie auch noch als „Integration" bezeichnete. „Im Libanon sind mehr als eine Million Syrer untergebracht", sagt Matuschek. Das stimmt schon, doch sind die Syrer Araber wie die Libanesen. Sagen wir, Österreich müsste 2 Millionen Deutsche aufnehmen (das wäre etwa dasselbe Verhältnis zur eigenen Bevölkerung wie im Libanon), das würde schon ohne größere Probleme gehen. Es ist ein Argumentationsniveau, das erschrocken macht. Matuschek unterrichtet laut „FAZ" an der Pariser Sorbonne. Das stimmt, er unterrichtet in Teilzeit am Institut für Rechtsforschung. Ohne Worte.

[Im Jahr nach diesem Artikel sind im so abweisenden Deutschland wieder eine große Zahl an Einwanderern angekommen. Dass es weniger sind als

2015, ist der beherzten Balkandiplomatie Österreichs zu verdanken. Der Deal Merkels mit einem Islamisten wird bald Schnee von gestern sein.]

(Die Freie Welt)

21. August 2016

GEORGE SOROS-LEAKS

Worüber deutsche Qualitätsmedien schweigen

Vor einigen Tagen wurden von einer Hackergruppe eine große Menge an Dokumenten geleakt, die Organisationen zugeordnet sind, die von dem amerikanischen Milliardär George Soros finanziert werden. Offenbar kommen dabei Details seiner Einflussnahme unter anderem auf die Ukrainekrise, das Türkeiabkommen oder auch den Wahlkampf Frau Clintons zum Vorschein. Das wäre keine Überraschung, ruft doch zur Zeit eine von Soros finanzierte ungarische NGO zum Boykott der Volksabstimmung am 2. Oktober über die EU-Zwangsquote auf.

Während sonst die deutsche Presse bei jeder Undichtigkeit oder besser Undichtmachung von Organisationen jubelt und sie als zivile Heldentat feiert, bleibt sie in diesem Fall verdächtig stumm. Sehr vorsichtig bitten die NachDenkSeiten um Hilfe bei der Beurteilung der Dokumente[9], auch der Informatiker Hadmut Danisch spricht die Sache auf seinem Blog an[10].

Wenn jemand unter den geneigten Leserinnen und Lesern mehr über die auf der Webseite der sich „DC Leaks" nennenden Hackergruppe einzusehenden Dokumente weiß, würde mich das Ergebnis interessieren. Es könnte ja auch eine Ente sein. Aber auch Enten würden in der Presse genüsslich aufbereitet, wenn sie, wie diese Nachricht, wäre sie falsch, in den Kram passen.

(Die Freie Welt)

2. September 2016

WIE DIE DEUTSCHEN ZU INDIANERN WERDEN

Herfried Münkler findet Einwanderung gut. Er nennt sich ja jetzt „Berater" dieser Regierung, womit er wissenschaftlich gestorben ist. Merkel erhält in Münklers (und seiner Frau) neuem Buch „Die neuen Deutschen"[1] eine Rückendeckung, die sich wissenschaftlich nennt, aber doch nur aus einer Übernahme alter linker Thesen besteht. Die USA sind durch Einwanderung entstanden, aber was war da nochmal mit den Indianern?

Ob Münklers Überwachung durch linke Studenten per „Münkler-Watch", die ihm vorgeworfen haben, rassistisch, militaristisch und sexistisch zu sein, zu seiner Konversion zur Merkelpolitik geführt hat? Das ganze neue Buch ist einmal eine erneute Explikation der bald 40 Jahre alten These vom „Verfassungspatriotismus", die der linke Politikwissenschaftler Dolf Sternberger eingeführt hat, und dann auch die bei Linken beliebte Übertragung der Verhältnisse der USA auf Deutschland – obwohl das Scheitern des US-Modells immer deutlicher absehbar ist. Beides, Verfassungspatriotismus und Übertragung, sind denkbar, führen aber, auf Deutschland angewendet, zum Untergang des deutschen Volkes durch Umvolkung.

Der Verfassungspatriotismus wird im Schlusskapitel des Buches nochmals beschworen: Der „entscheidende Identitätsmarker der Deutschen" müsse schlicht und einfach das Bekenntnis zum Grundgesetz sein. Das bedeutet, dass die Eskimos Deutsche würden, wenn man das Grundgesetz in Grönland gelten ließe. Für Münkler ist das offenbar Identität genug. Der Unsinn dieser Aussage ist offensichtlich. Nun wurde das ius sanguinis („Recht des Blutes" = Abstammungsprinzip), natürlich durch die Rot-Grünen 1999, wen sonst, durch das ius soli („Recht des Bodens" = Geburtsortsprinzip) ergänzt. Das ius soli bezieht sich auf das Staatsgebiet der Bundesrepublik Deutschland; das Grundgesetz kann also nicht für sich betrachtet werden, sondern ist mit dem „Boden" verbunden, der traditionell deutsch ist. Das zeigt die zweite Schwäche des Denkens in der Kategorie des „Verfassungspatriotismus", denn die Verfassung als solche ist eben nicht ausreichend. Nun geht es also zusätzlich um den

16

„Boden" und der soll nicht mehr „deutsch" sein, sondern „das Deutsche" wird von den politischen und intellektuellen Eliten aktiv umdefiniert. Denn jeder weiß, dass die Deutschen jenes weitgehend germanische Volk sind, das seit etwa Otto dem Großen *zugleich* in dem Gebiet zwischen Rhein und Oder lebt *und* sich als solche bezeichnet; das soll nach dem Willen der Eliten nicht mehr so sein. Die ganze Welt, die nach Deutschland kommt, wird angeblich „deutsch", also wie die Grünen und Linken in Deutschland – so stellen sich wenigstens Trittin, Göring-Eckardt und Künast das vor. Die Größe dieser Entscheidung über den Kopf des deutschen Volkes hinweg ist von katastrophaler Tragweite, denn die Deutschen werden ausgetauscht und verschwinden damit weitgehend aus der Geschichte. Münkler sagt das natürlich nicht so, aber es ist die logische Konsequenz seiner Thesen.

Die zweite Säule des Buches ist die Vorstellung von den USA als optimalem (angeblich multikulturellen) Staat, der jedem Einwanderer die besten Chancen eröffnet, was deshalb auch für Deutschland wünschenswert sei. Jeder, der etwas Ahnung von Geschichte hat, weiß, dass diese Vorstellung von den USA immer schon eine Lüge war – Münkler weiß das natürlich auch. Die Zahl der Auswanderer, die im Atlantik und Pazifik ertrunken sind, ist hoch, die Einwanderung war spätestens seit Mitte des 19. Jahrhunderts streng geregelt, die Einwanderer hatten praktisch keine staatliche Unterstützung, die Zahl jener, die es nicht „geschafft" haben, ist Legion, obwohl keiner darüber redet. Kurz: Für Deutschland gelten andere Gesetze. Oriana Fallaci hat diesen Unterschied zu den USA in ihrem Klassiker „Die Wut und der Stolz"[12] bereits anhand von Italien unwiderleglich demonstriert. Schlau wird nun von den Befürwortern der Einwanderung gesagt, u. a. von der sogenannten Integrationsministerin Aydan Özoguz, aus deren Familie heraus schon (von ihr unwidersprochen) zum Mord an Islamkritikern aufgerufen wurde, dass die Ausländer „nun mal da" seien. Es wird also die Macht des Faktischen bemüht. Seit letztem Jahr sind weitere 1,5 Millionen einfach „da". Das stimmt aber so nicht, die Ausländer sind nicht einfach da. Diese, seien es die Gastarbeiter, Asylbewerber, Flüchtlinge, Einwanderer oder unter welchem Namen auch immer, sind immer aktiv mit Förderung der politischen und intellektuellen Elite ins Land gekommen. Es fällt auf, dass trotz angeblicher

Verschärfung von Asylgesetzen immer mehr Ausländer „einfach da" sind – und die Deutschen absolut und relativ immer weniger werden.

Deutschland ist natürlich kein Einwanderungsland wie die USA, Kanada, Brasilien, Argentinien oder Australien. Es soll aber von rückgratlosen Wissenschaftlern wie Gesine Schwan und eben Münkler dazu gemacht werden. Nun waren auch diese Länder nicht unbewohnt, als sie zu Einwanderungsländern wurden – gegen den Willen der Autochthonen, die durch Ausrottung, aber auch durch friedlichen Austausch immer weniger wurden. Der ungarische Ministerpräsident Orbán hat in seiner Grundsatzrede an der Sommeruniversität von Bálványos dieses Jahr gesagt: Es sei verständlich, dass die Amerikaner aus ihrer Perspektive ein positives Bild von der Einwanderung haben, denn so seien die USA entstanden. „Doch sie müssen auch verstehen, dass in dieser Geschichte wir [die Europäer] die Indianer sind."[13]

Die These von der „Umvolkung", die zuletzt Akif Pirinçci erläutert hat[14], macht natürlich unter der Bedingung, dass jeder deutsch ist, der legal oder illegal seinen Fuß über die deutsche Grenze auf deutschen „Boden" setzt, keinen Sinn. Deshalb weitet die Linke ja auch das ius soli immer weiter aus. Nun weiß aber auch Münkler, wen die Türken in Deutschland meinen, wenn sie von „den Deutschen" sprechen. Sie meinen nicht sich, mögen sie auch die deutsche Staatsbürgerschaft haben, sondern jenes Volk germanischen Ursprungs, das ich oben definierte. Mit dem faktischen Austausch des deutschen Volkes durch Einwanderer wird es immer mehr Menschen in Deutschland geben, die nominell (oder nach Münklers, Özoguz´ oder Merkels Sichtweise) „deutsch" sind, die aber mit den Deutschen wenig gemein haben außer hoffentlich das Bekenntnis zum Grundgesetz, was aber niemandem nirgendwo eine Identität gibt. Das wird deshalb ein ganz anderes Land sein. Ich betone, dass das nicht schlimm sein muss, aber man sollte es den Deutschen heute sagen. Denn zum Deutschsein gehört mehr als die Verfassung und der „Boden". Die deutsche Kultur wird marginalisiert werden. Vielleicht bleiben ein paar Rückzugsgebiete in Friesland, Sachsen und Bayern. Österreich könnte zum neuen deutschen Kernland werden, eine interessante Perspektive. Man muss immer das Gute zu sehen versuchen.

(Die Freie Welt)

TRICKS ZUR ÜBERWINDUNG DER TÖTUNGSHEMMUNG

Der Staat erlaubt mittlerweile sowohl am Anfang als auch am Ende des Lebens dessen vorsätzliche Beendigung aus niederen Beweggründen. Dabei scheut er nicht vor juristischen und sprachlichen Tricks zurück, die das Töten leichter machen sollen.

Der §218 erlaubt seit seiner sogenannten Reformierung die dabei beschönigend als Schwangerschaftsabbruchbezeichnete Abtreibung bis zur 12. Woche seit der Empfängnis. Die Abtreibung wurde und wird immer noch fälschlich mit Freiheit und Selbstbestimmung in Verbindung gebracht. Dabei versteht auch der Beschränkteste, dass der Bauch einer Frau zwar ihr gehört, aber nicht das in ihm wachsende Kind, vom bei dieser Argumentation ebenso wie dem Kind gänzlich übergangenen Vater, der ja nicht einmal gefragt wird, ganz abgesehen. Die Kriterien für einen Abbruch werden ebenfalls als rational dargestellt. Dabei ist es ganz interessant, sich einmal zu überlegen, warum ausgerechnet ab dieser 12. Woche der Abbruch nicht erlaubt ist.

Auch der Embryo ist ein Mensch

Wenn man die Entwicklung der befruchteten Eizelle (Zygote) zum „Zellklumpen", Embryo und Fötus beobachtet, stellt man fest, dass erst ab der 12. Woche optisch von einem Menschen gesprochen werden kann. Mit anderen Worten: Solange der „Zellklumpen", Embryo und Fötus nicht wie ein Mensch aussieht, darf abgetrieben werden.

Die Online-Enzyklopädie „Wikipedia", die nur vorsichtig konsultiert werden sollte, sagt dazu diesmal jedoch biologisch-medizinisch zutreffend: „Je nach Schwangerschaftsalter [...] wird ein und dasselbe Lebewesen entweder als Zygote, Morula, Blastozyste, Embryo [...], Fötus [...] oder Kind bezeichnet. Vielfach kritisiert wird hier das Fehlen eines verbindenden Überbegriffes, der verdeutlicht, dass es sich jeweils um den gleichen Sachverhalt handelt." Mit anderen Worten: „Zellklumpen", Embryo und Fötus sind genauso Mensch wie das fertige Kind.

Der Trick zum Ausschalten der Tötungshemmung

Die Unterscheidung ist also eine rein willkürliche, der moralischen Praxis geschuldet und situationsbezogen, keineswegs jedoch wissenschaftlich korrekt. Man kann aber noch weiter gehen, um die Bedenklichkeit der Argumentation für den Zeitpunkt ab der 12. Woche zu zeigen. Denn sie appelliert an ganz primitive Regungen des Menschen. Ein Wesen, das so aussieht wie ein Mensch, lässt sich nicht so leicht töten wie eines, das optisch sehr anders ist. Wer sich vorstellt oder erlebt hat, wie es aussieht, wenn bei einem notfallmäßigen Abbruch nach der 12. Woche zerstückelte menschliche Teile, Ärmchen, Beinchen oder eben ein winziger, aber vollständiger toter Mensch zum Vorschein kommen, wird das berechtigte Erschrecken verstehen, das damit einher geht.

Doch waren hier höhere Zwecke wie zum Beispiel das Überleben der Mutter oder ähnliches maßgebend. Bei den allermeisten der millionenfachen Schwangerschaftsabbrüche in Deutschland soll durch die genannte Regelung die primitive Tötungshemmung des Menschen ausgeschaltet werden, denn es gibt keine höheren Zwecke. Es lässt sich einfach leichter töten, was nicht richtig menschlich aussieht.

Es handelt sich also um einen simplen juristisch-psychologischen Trick, mit dem es den Ärzten und Ärztinnen, welche die Abtreibung vollziehen, „leichter" gemacht werden soll, so zu handeln, obwohl sie es eigentlich besser wissen müssten: Auch bei einem Embryo oder einem Fötus handelt es sich um den gleichen „Sachverhalt" wie bei einem Kind. Die Konsequenz ist einfach: Du sollst nicht töten.

Das selbstgemachte Demographieproblem

Die Behauptung, Deutschland habe aus Zeugungsfaulheit ein demographisches Problem, stimmt einfach nicht – es hätten nur die Kinder, die im Mutterleib schon unterwegs waren, nicht getötet zu werden brauchen. Seit 1974 sind vier bis fünf Millionen (statistisch erfasste!) Abtreibungen durchgeführt worden. Die Folgen für die Demographie sind klar. Die Konsequenzen erleben wir gerade durch den forcierten Import von Afrikanern und Asiaten, die jene Ungeborenen ersetzen sollen. Übrigens ist der Anteil von Musliminnen[15] bei Abtreibungen verschwindend gering, denn nach islamischer Auffassung handelt es sich dabei – korrekt – um Mord.

Es geht also beim sogenannten Demographieproblem um einen Kahlschlag nur bei den Autochthonen. Dass mit solchen Tricks sich deutsche Ärzte leider dazu haben bringen lassen, medizinisch nicht vertretbare Dinge zu tun, rächt sich heute. Man darf eben manche Schleusen nicht öffnen, gewisse Grundlagen eines uralten Berufes nicht dem Zeitgeist opfern.

Nach dem Anfang nun das Ende des Lebens

Bei der Legalisierung der Sterbehilfe sollen jetzt wieder Ärzte für menschlich verständliche, aber nicht in den ärztlichen Bereich gehörende Tätigkeiten missbraucht werden. Hat man den Begriff des Schreibtischtäters schon vergessen? Nach dem Anfang kommt jetzt das Ende des Lebens dran. Und eine der zynischen Begründungen lautet denn auch: Was zieren sich die Ärzte, sie töten doch schon ungeborenes Leben! Der Hippokratische Eid ist (wie schon bei der Ablehnung der Abtreibung) in dieser Sache zwar eindeutig („...werde ich niemandem ein tödliches Gift geben, auch nicht, wenn ich darum gebeten werde..."), doch wird er ja nicht mehr geschworen, sondern der ärztliche Beruf zunehmend uminterpretiert. Darum soll hier nicht auf die subtilen rechtlichen Regelungen der klinisch rein „assistierter Suizid" genannten Tötung eingegangen werden, die letztlich nur zur Verschleierung des schlichten Faktums dienen, dass ausgerechnet Ärzte dafür missbraucht werden, andere Menschen staatlich approbiert und geplant vom Leben zum Tode zu befördern. Für das Tätigwerden eines Henkers bedurfte es früher ja immerhin noch eines Schuldspruchs, heute aber – ob am Lebensanfang oder am Lebensende – geht es auch ohne das.

Die Debatte im Deutschen Bundestag zur Legalisierung der Sterbehilfe war ein Tiefpunkt in dessen Historie. Die dort erzählten Betroffenheitsgeschichten hatten ja offenbar den Sinn, die notwendigen prinzipiellen Überlegungen gar nicht erst einleiten zu müssen. In der Qualitätspresse steht bei Bioethik-Themen dann trotzdem immer etwas von „Sternstunde des Parlaments", „großem Ernst" und so weiter; wenn das stimmte, was hieße es für den Rest der Aktivitäten des Hohen Hauses? Der Philosoph

Thomas Sören Hoffmann hat in der „FAZ" am Tag vor der Abstimmung logisch vollkommen klar dargelegt[16], warum ein Parlament überhaupt nicht befugt ist, über diese Frage abzustimmen.

Auch bei der Legalisierung der „assistierten" Beendigung von menschlichem Leben wird mit Tricks gearbeitet, die das Töten erleichtern sollen und schon von Karl Jaspers in seiner „Philosophie Teil II" erkannt und beschrieben wurden. „Psychiater sagen ‚Suizid' und rücken durch Benennen einer Rubrik die Handlung in die Sphäre reiner Objektivität, die den Abgrund verhüllt. Literaten sagen ‚Freitod' und rücken durch die naive Voraussetzung höchster menschlicher Möglichkeit für jeden Fall die Handlung in ein blasses Rosenrot, das wiederum verhüllt. Allein das Wort ‚Selbstmord' fordert unausweichlich, die Furchtbarkeit der Frage zugleich mit der Objektivität des Faktums gegenwärtig zu behalten: ‚Selbst' drückt die Freiheit aus, die das Dasein dieser Freiheit vernichtet ..., ‚Mord' die Aktivität in der Gewaltsamkeit gegenüber einem in der Selbstbeziehung als unlösbar Entschiedenen ...". Es spricht Bände, dass die letztlich euphemistische Sichtweise von Psychiatern und Literaten sich in einer lebensmüden Gesellschaft offenbar durchgesetzt hat.

(Tabula Rasa)

20. September 2016

DAS KOMMUNISTISCHE SCHULDBEKENNTNIS

A. Merkel hat angeblich Fehler im „Management" der sog. Flüchtlingskrise zugegeben. Man merkt ihr dabei die Herkunft aus dem sozialistischen Vaterland an.

Unter der kommunistischen Herrschaft war es üblich, öffentlich Fehler zuzugeben. Es handelte sich um eine Art Ritual. Man war von der Linie der Partei, die bekanntlich historisch immer recht hat, abgewichen. Zerknirscht erkannte der Delinquent seinen Irrtum und leistete Abbitte. Wenn er Glück hatte, konnte er sein Leben retten.

So erkannte der Komponist Schostakowitsch (zwar nicht überzeugt, aber auf Druck Stalins) die „formalistischen" Fehler seiner 4. Symphonie und rettete sich durch die Komposition der gängigeren 5. Symphonie als „praktischer Antwort eines Sowjetkünstlers auf gerechte Kritik". Bucharin schrieb noch aus dem Gefängnis an seinen Mörder Stalin, dass er, obwohl ihm nichts bewusst sei, doch sicherlich Fehler begangen haben müsse.

Der öffentlichen Selbstbezichtigungen kommunistischer Kader sind Legion. Geändert hat sich dadurch nie etwas am Lauf der kommunistischen Dinge. Das war gewissermaßen das Markenzeichen solcher Kritik: ihre Folgenlosigkeit. Denn: „Den Sozialismus in seinem Lauf hält weder Ochs noch Esel auf" (derart verblendet angeblich der offiziell inakzeptable Honecker, wahrscheinlich aber schon der offiziell akzeptable Bebel). Der Spruch bezog sich auf das hinderliche Christentum, das überwunden werden sollte, wie denn auch A. Merkel inhaltlich immer mehr das C aus ihrer Partei tilgt.

Der ehemalige FDJ-Kader A. Merkel hat das Ritual gut gelernt. In ihrem Fall eher nicht auf Druck der Partei, sondern unter dem Druck der Realität bekennt sie, obwohl ihr keine bewusst sind, ihre Fehler. Daraus folgt nichts. Auch steht sie laut Adlatus P. Altmaier nicht vor einem menschlichen, sondern vor dem „Tribunal der Geschichte" und die Geschichte hat immer recht. Wenn sie Glück hat, rettet sie ihr politisches Leben. Wenn nicht, fährt der Zug trotzdem in ihrer Richtung weiter. Das weiß sie. Es ändert sich überhaupt nichts. Die Sozialdemokratisierung der CDU und die Aufspaltung des bürgerlichen Lagers in CDU und AfD führt beides zur Stärkung der Linken: Die Zeichen auch im Bund stehen auf Rot-Rot-Grün. 2017 kommt der Familiennachzug für die sogenannten Flüchtlinge, so oder so. Es gibt in jedem Fall keine Obergrenze.

(Die Freie Welt)

25. September 2016

DIE VIELEN LEHRER DER BERLINER REPUBLIK

Man muss es der Linken lassen: So wie es die preußisch-bürgerliche Propaganda schaffte, die Deutschen fast einhellig zu Kriegsbegeisterten zu trommeln, schaffen es diese Leute, den Deutschen jeden Selbstbehauptungstrieb auszutreiben.

Einer der Erzieher der Erzieher ist soeben verstorben: der Historiker Karl Dietrich Bracher. Er gehörte zu den vielen, die an deutschen Universitäten lehrten und leider viele falsche Schlüsse aus den eigenen Kriegserfahrungen gezogen haben. Die alte, also Bonner Republik sei zum Beispiel eine „postnationale Demokratie" gewesen. Die verständliche Sorge vor einer Wiederkehr von Diktatur und Krieg ließ jedes vernünftige Maß vergessen.

Einer der geistigen Schüler solcher Erzieher ist Patrick Bahners, der Brachers Nachruf in der „FAZ"[17] geschrieben hat. Es ist interessant, wie er Bracher zitiert und damit die Situation von heute beschreibt. Bracher warf den tonangebenden Kreisen, die die Katastrophe von 1933 ermöglicht haben, „Dünkel" und Ressentiment" vor und ihren Erinnerungen eine „Technik des Weglassens". „Die radikalen Kampfthesen einer kleinen Minderheit sind so aus einer rüden Unterströmung zum weithin akzeptierten oder doch tolerierten Bestandteil des deutschen Zeitbewusstseins geworden." Exakt dies, die radikalen, von Ressentiment geprägten Thesen einer linken Minderheit in Verbindung mit der Technik des Weglassens kann man heute überall, auf jedem Schritt und Tritt, antreffen, sie hämmern den Deutschen jedes Bewusstsein des Eigenen aus dem Kopf.

So steht auf dem Rödelheimer Ortsschild „Stadtteil gegen Rassismus" und die Kindergärten zieren riesige Plakatwände mit dem Slogan „Nein zu Rassismus". Alles schön und gut, doch was heißt diese Zivilreligion des Antirassismus praktisch? Doch wohl nicht, zu Fremden und anders Aussehenden höflich zu sein. Es heißt doch wohl dies, die ganze Welt nach Deutschland einzuladen. Würde das wenigstens offen gesagt! Man fährt dann arglos nach Mainz in das Römisch-Germanische Museum. Die fleißigen Lehrer der Berliner Republik sind auch dort am Werkeln. Das Imperium Romanum wird als gelungenes Beispiel eines Vielvölkerstaats präsentiert, in dem – man höre und staune – es schon eine doppelte Staatsbürgerschaft gegeben habe! Stimmt zwar nicht ganz, aber egal! Parallelen zur heutigen Situation in Deutschland werden in fahrlässiger, ja infantilisierter Weise gezogen. Das römische Bürgerdiplom eines vollintegrierten Syrers wird stolz präsentiert. Und im Orient haben sich die Menschen sogar schon damals anders gekleidet als in Gallien, man stelle sich nur vor! Die Völkerwanderung wird zu einem Erfolgsmodell umgedeutet, die problematischen Großgruppenbildungen des frühen Mittelalters werden benutzt, um mitzuteilen, dass „ethnisch" homogene „Stämme" und „Völker" niemals existiert hätten. Ach, liebe Nachtigall, ick hör dir trapsen.

Man kann dem wirklich breiten Bündnis gegen alles, was da vermeintlich „rechts" ist, kaum ausweichen. Es verfolgt einen überall hin. Die Zwangs-erziehung zum Migrationsbefürworter und impliziten Deutschenhasser wirkt ununterbrochen an jedem Ort. Die Geisteswissenschaften sind gleichgeschaltet, Geld gibt es für philosophische Lehrstühle nur noch, wenn sie sich mit „Toleranz, Gerechtigkeit, Demokratie, Diversität, Integration" befassen. Schauen Sie selbst mal nach, es ist wirklich trist. Letztlich dient alles, Kindergärten, Museen, Studium, der Unterstützung der Regierungspolitik. Gut gemeint ist eben nicht gut. Doch die Bemü-hungen der vielen Lehrer werden an ein jähes Ende kommen, wenn sie feststellen, dass immer mehr Menschen hier leben, die so genannten „neuen Deutschen", die keineswegs grün und links werden wollen, son-dern vollkommen immun gegen diese Propaganda sind. Das Gutgemeinte gebiert wie so oft noch viel Schlimmeres.

(Die Freie Welt)

27. September 2016

WIR LEBEN AUF EINEM ANDEREN PLANETEN

Man kann von Roman Polanski halten, was man will, das Motto zur Neuauflage seiner Autobiographie stimmt.

Beim bekannten französischen Verlag Fayard sind 2015 die Erinnerungen des polnisch-französischen Filmregisseurs Roman Polanski in einer Neuauflage erschienen („Roman par Polanski"). Polanski hat gegenüber der Erstausgabe des Jahres 1984 kaum etwas geändert, doch ziemlich unauffällig, am Anfang, noch vor der Widmung, eine kleine Anmerkung eingefügt, die man als Motto auffassen kann. Sie lautet übersetzt:

„Ich möchte, dass der Leser sich daran erinnert, dass dieses Buch vor mehr als dreißig Jahren geschrieben wurde. Liest man es heute wieder, könnte man meinen, dass wir auf einem anderen Planeten leben. Wir haben vergessen, wie tolerant und frei unsere Gesellschaft damals war.

Roman Polanski,

Herbst 2015".

Man muss nur an die heute allgegenwärtige political correctness, die Auswertung unserer Daten durch Google & Co. oder die staatliche Überwachung von Facebook denken, um die Richtigkeit dieser Aussage konstatieren zu müssen. Die Freiheit schrumpft täglich. Man erinnere sich nur daran, wie ungeprüft man früher fliegen konnte. Ja, unsere Gesellschaft ist heute auch wesentlich intoleranter als in den 70ern, denn was die Linke als Toleranz verkauft, ist entweder einseitig oder autodestruktiv, und hat mit echter Toleranz nichts zu tun. Junge Leute, das ist leider so, kennen es nicht anders. Vielleicht akzeptieren sie deshalb auch so viel, sehen keine Probleme. Für die Älteren ist es tatsächlich so, als lebte man auf einem anderen Planeten.

(Die Freie Welt)

28. September 2016

EIN NAZI-BEGRIFF UND SEINE VERWENDUNG

Der Kampf um die Sprache am Beispiel „Umvolkung" – ein Beispiel vor allem für die Ablenkung von der Sache selbst

Die Leipziger Bundestagsabgeordnete Bettina Kudla (CDU) hat letzten Samstag im Kurzbotschaftendienst Twitter zur Flüchtlingskrise geschrieben: „Die Umvolkung Deutschlands hat längst begonnen."

Unionsfraktionschef Volker Kauder (CDU) bezeichnete den Kommentar als „nicht akzeptabel" und „unerträglich". Warum? Weil die Nationalsozialisten den Begriff verwendet haben. Nun wird darüber diskutiert, ob Kudla aus der Partei ausgeschlossen werden soll, obwohl sie den Tweet gelöscht hat. Inhaltlich wird natürlich überhaupt nicht diskutiert.

Der Historiker Michael Fahlbusch definierte den Begriff in einem Vortrag mit dem Titel „Für Volk, Führer und Reich! Volkstumsforschung und Volkstumspolitik 1931-1945", gehalten am 10. Mai 2000 an der Universität Konstanz, folgendermaßen: „Das Ziel des ethnopolitischen Ansatzes bezeichnete der Leiter der NOFG [Nord- und Ostdeutsche Forschungsgemeinschaft], Albert Brackmann, als »Umvolkung«. Umvolkung stand als Synonym für die Germanisierung deutschfreundlicher Bevölkerungsgruppen in den eroberten Gebieten und die Zuweisung von bestimmten Völkern in ihnen angemessene Siedlungsräume." (Ein wissenschaftlich klingendes Synonym für „Umvolkung" ist Ethnomorphose.) Es handelt sich also um ein Wort, das deutsche Gewaltmaßnahmen zur ethnischen Säuberung eroberter Gebiete bezeichnet hat.

Ob der schon früher grassierende „Pangermanismus" ein Vorläufer dieser nationalsozialistischen Bevölkerungspolitik war und ob ähnliche Vorstellungen bei slawischen Denkern („Panslawismus", u. a. Tomáš Masaryks Buch „Das neue Europa"), die die Vertreibung der Deutschen zur Schaffung ethnisch homogener slawischer Staaten forderten, auch „Umvolkung" genannt werden könnten, ist umstritten. Tatsache ist, dass es den Tschechen, Slowaken, Polen und Russen gelungen ist, ethnische Säuberungen völkerrechtlich absichern zu lassen.

Wie ist es heute? Bemühen wir die Internet-Enzyklopädie „Wikipedia", die ja als links und insofern für die große Mehrheit der aktuellen Meinungsbildner als unbedenklich bezeichnet werden kann: „Der Begriff wird heute von rechtsextremen und rechtspopulistischen Gruppierungen in Kontinuität völkischer Denkmuster zur Kritik am Multikulturalismus und dem steigenden Anteil von Nicht-Deutschstämmigen (Ausländern und so genannten „Passdeutschen") in der Bevölkerung verwendet. [...] Rechtsextreme und rechtspopulistische Gruppen und Personen benutzen den Begriff als Schlagwort, um ihren Überfremdungsängsten gegenüber Einwanderern etwa wegen deren höherer Geburtenrate oder zu vieler Einbürgerungen zum Ausdruck zu bringen. Aufgrund des als zu hoch angesehenen Einwandereranteils in ihrer Heimat sei Europa von *Umvolkung* bedroht."

Man muss zunächst die heutige Verwendung des Wortes „Umvolkung"
betrachten, die rhetorisch gesehen „ironisch" genannt werden könnte:
Wenn „rechtsextreme" und „rechtspopulistische" Gruppen und Personen (eine demokratische „Rechte" scheint es für Linke nicht mehr zu
geben) den Begriff als gegen das deutsche Volk gerichtet verwenden,
nutzen sie ihn natürlich nicht im traditionellen Sinn, sondern sehen ganz
im Gegenteil eine Bevölkerungspolitik am Werk, die nationalsozialistische Methoden gegen das deutsche Volk anwendet, also gleichsam in
Fortsetzung der Politik der osteuropäischen Völker nach dem 2. Weltkrieg. Da brutale Gewaltmaßnahmen gegen das deutsche Volk im Sinne
einer „Umvolkung" heute aber offensichtlich nicht stattfinden, ist die
Verwendung des Begriffs polemisch. Das heißt aber nicht, dass der Sachverhalt, den er bezeichnen soll, nicht stimmen könnte.

Halten wir fest, was sachlich unstrittig zu sein scheint: Es gibt in Deutschland Multikulturalismus. Es gibt einen steigenden Anteil von Nicht-
Deutschstämmigen. Es gibt eine höhere Geburtenrate von Einwanderern. Es gibt viele Einbürgerungen von Ausländern. Es gibt einen hohen
Einwandereranteil. Es scheint nur darauf anzukommen, ob man das
positiv oder negativ bewertet.

Für einen denkenden Menschen stellt sich jetzt die Frage, wie diese
Sachverhalte, die eine Abnahme der deutschen und eine Zunahme der
nicht-deutschen Bevölkerung in Deutschland umschreiben, mit einem
einzigen Wort bezeichnet werden könnten. Man kann natürlich durch
Unterlassung „völkischer Denkmuster" Völker und insbesondere das
deutsche Volk für „konstruiert", also letztlich zu Erfindungen erklären.
Dann ist es vollkommen egal, wer hier lebt; dann gäbe es aber auch keine
„Türken" oder „Araber", womit diese vielleicht doch nicht einverstanden
wären. Man kann „Überfremdungsängste gegenüber Einwanderern"
wegzaubern, indem man behauptet, alle Menschen der Welt seien in
allem gleich und darum alle in Deutschland willkommen. Dann sind alle
Menschen, die die deutsche Grenze überschreiten, sofort automatisch
Deutsche. Das ist jedoch intellektuell unbefriedigend.

Man darf also vorsichtig fragen: Hätte die Leipziger Bundestagsabgeordnete Bettina Kudla (CDU) zum Beispiel den unbelasteten, nicht

„kontaminierten" Begriff „Bevölkerungsaustausch" verwendet, wäre das dann für Kauder &Co. besser „erträglich"?

(Die Freie Welt)

2. Oktober 2016

VOTUM DER UNGARN: 98% DER STIMMEN GEGEN DIE EINWANDERUNG

Die Hürde von 50% Beteiligung beim Referendum war zu hoch, zu demokratisch. In der Schweiz hätten die erreichten 40% Wahlbeteiligung genügt. Die deutsche Presse, die im Vorfeld konzertiert gegen diese demokratische Volksbefragung gehetzt hat, jubiliert: „Abstimmung ungültig." So einfach ist es nicht.

Warum haben die Deutschen nicht die Möglichkeit, über wesentliche politische Entscheidungen abzustimmen? Das Grundgesetz spricht davon, dass das deutsche Volk seine Macht über Wahlen und, ja, Abstimmungen ausübt. Leider ist ein Gesetz über Volksabstimmungen nie in Angriff genommen worden.

Ungarn hat immerhin diese demokratische Möglichkeit und diesmal zudem ein anspruchsvolles Quorum gefordert. Nun ist die Abstimmung formal gescheitert. Das zeigt deutlich genug, wie wenig diktatorisch Orbán regiert. Das werden wir allerdings in der deutschen Presse so nie lesen. Schon fordert Brüssel eine Konsequenz für die sogenannte Flüchtlingspolitik, nachdem es vorher, als das Referendum gültig zu werden drohte, dauernd hieß, dass es überhaupt keine Folge für die EU-Politik haben würde.

Orbán wird das Beste aus dem Ergebnis machen. Er wird darauf hinweisen, dass mehr Menschen in Ungarn gegen die Einwanderung gestimmt haben als 2003 für den Eintritt in die EU. 98% gegen die Einwanderung, das ist ein starkes Argument! Da hätten noch 30% mehr Wahlberechtigte abstimmen und dagegen sein können, es hätte nichts am Ergebnis geändert. Er wird das Ergebnis also nutzen, indem er die ungarische

Verfassung entsprechend ändert. Nur eine ungarische Regierung darf darüber entscheiden, wer dauerhaft ins Land kommt.

Die Ungarn seien, so die ersten Kommentare, nicht zur Wahl gegangen, weil sie „weltoffener" seien als ihre Regierung. Nun kann jeder nach Ungarn reisen, der will, oder dort studieren oder arbeiten. Nur in Deutschland bedeutet „Weltoffenheit", die ganze Welt zum Einreisen und Bleiben aufzufordern. Man muss leider sagen, dass die Deutschen kollektiv wahnsinnig geworden sind.

Bei „Anne Will" wird am Abend der Abstimmung schadenfroh darüber diskutiert, ob Ungarn speziell keine Muslime bei sich haben möchte. Man will das Land in eine „islamophobe" Ecke drängen. Der ungarische Botschafter in Deutschland Györkös darf natürlich wegen der PC nicht direkt darauf eingehen; doch im Grunde ist es ja schon eine Antwort, wenn er sagt, dass Ungarn nur die Menschen bei sich aufnimmt, die es will. Und wer will sich schon die Probleme Frankreichs oder Deutschlands aufhalsen?

In Wahrheit hat Ungarn aber auch schon viel früher als westliche Staaten Erfahrungen mit dem Islam gemacht, und zwar sehr intensive: 173 Jahre türkische Besatzung eines großen Teils des Landes mit einer an Genozid grenzenden Vernichtung der christlichen Ungarn. Im Jahr 1500 gab es 4 Millionen Ungarn, 200 Jahre später nur noch 2 Millionen. Insofern zeigt es die historische Ahnungslosigkeit westlicher Menschen, wenn sie sich fragen, warum die Ungarn zwar Ukrainer bei sich aufnehmen, aber keine Muslime aus dem Orient wollen.

(Die Freie Welt)

1. November 2016

BUCHEMPFEHLUNG: „GESCHICHTE DER WELTLITERATUR" VON ANTAL SZERB

Schlicht die beste einbändige Geschichte der Weltliteratur, die es gibt.

Der kolumbianische Philosoph Nicolás Gómez Dávila sagt mit einem seiner unübertrefflich geschliffenen Aphorismen: „Wir nennen Literaturgeschichte die Aufzählung der Werke, die sich der Geschichte entzogen." Ähnlich sah das der ungarische Literaturhistoriker, Romanschriftsteller und Essayist Antal Szerb (1901-1945). „Wenn wir strikt nur diejenigen Autoren und Werke in Betracht ziehen, die wirklich von weltliterarischer Bedeutung sind, schrumpft der unendlich scheinende Stoff in verblüffendem Maße zusammen. Die wirkliche Weltliteratur, könnte man sagen, findet Platz in einer sorgfältig ausgewählten Privatbibliothek, ihre Bände können entlang den Wänden eines grösseren Studierzimmers aufgestellt werden."

In der Verlagsinformation zum kürzlich auf Deutsch erschienenen Hauptwerk Szerbs („Geschichte der Weltliteratur", Schwabe: Basel 2016) heißt es weiter: „Literatur soll – so Szerbs Credo – in exemplarischer Weise die Ewigkeit repräsentieren, ihre Geltung von gesamtmenschlicher, überhistorischer Relevanz sein. Szerbs Begriff der Weltliteratur umfasst daher nur das, was er für das Beste hielt, will heißen: ausschließlich jene Autoren und Werke, die über die Jahrhunderte und alle Landesgrenzen hinweg Bestand hatten. Szerbs unerhörte Belesenheit, sein originelles und sicheres kritisches Urteil, sein leicht lesbarer und auch humorvoller Stil wiegen die Tatsache auf, dass seit 1941 [dem ungarischen Erscheinungsjahr] dies und jenes vielleicht nicht mehr vertreten werden kann, aber welche Literaturgeschichte, erst recht welche Weltliteraturgeschichte, wird da und dort nicht überholt?"

Indem ich auf dieses Buch eines ungarischen Autors hinweise, sehe ich mich nicht als Vermittler einer „anderen" oder „fremden" Literatur. Wenn der deutsche Leser Szerbs Weltliteraturgeschichte aufschlägt, empfindet er sofort die Verwandtschaft zu diesem europäischen Autor. Die ungarische Literatur ist nur eine Farbe ein und derselben vielfarbigen abendländischen Literatur und Kultur, weil sie, und das macht die Einheit aus, alle Epochen, also christlich-mittelalterliche Chroniken, Legenden und Lieddichtung, Renaissance, Reformation, Barock, Rokoko, Klassik, Romantik, Realismus und Moderne, durchlaufen hat. Es ist lächerlich, Kulturen, die diese Entwicklungen nicht mitgemacht haben, zum Abendland zu zählen. Aber auch zu „Europa", wie man heute offiziell lieber sagt, um diese abendländische Gemeinsamkeit zu verschleiern, können solche

Kulturen nicht gezählt werden: Sie gehören eben nicht „dazu". Aber dies nur nebenbei.

Was zählt Szerb zur Weltliteratur? „Die Literatur der beiden klassischen Sprachen, der griechischen und der lateinischen, des Weiteren die Heilige Schrift – das sind die gemeinsamen Grundlagen unserer Kultur –, sodann die Literatur der drei großen lateinischen Tochtersprachen, der französischen, italienischen und spanischen, sowie der beiden großen germanischen Sprachen, der deutschen und der englischen. Zu diesen gesellten sich im Laufe des 19. Jahrhunderts, durch das Zusammenwirken der Durchschlagskraft außergewöhnlicher Genies und eigenartiger geschichtlicher Konstellationen, die polnische, russische und skandinavische Literatur; nur diese wirken auf die Universalliteratur, nur diese sind Glieder in dem lebendigen Zusammenhang [der Sprecher und der Sprachvermittlung], von dem wir sprachen." Szerb weiß, dass diese Beschränkung ungerecht ist und sich in Zukunft durch Hinzutreten neuer Literaturen ändern kann, aber im Grunde hat er recht. Die sicherlich interessante und anspruchsvolle chinesische Literatur zum Beispiel hat, das kann man drehen und wenden wie man will, keinen großen Einfluss auf das „weltliterarische Bewusstsein" gehabt.

Die „Geschichte der Weltliteratur" von Antal Szerb kenne ich seit langem im ungarischen Original. Immer habe ich mir gewünscht, dass die Deutschen auch in den Genuss dieses Meisterwerkes kommen mögen. Vergessen Sie bitte die einschränkenden Bemerkungen in der oben zitierten Verlagsankündigung, dass „dieses oder jenes vielleicht nicht mehr vertreten" werden könne. Na und? Sie wären auch mit einer heute geschriebenen Literaturgeschichte nicht in allem d'accord. Das muss ja auch überhaupt nicht sein. Warum nun ist dieses Buch von 1941 immer noch ein Ereignis? Es handelt sich meiner bescheidenen Meinung nach, und ich überblicke die wichtigsten Literaturen Europas wenigstens in dieser Hinsicht ihrer Geschichtsschreibung, schlicht um die beste einbändige Weltliteraturgeschichte überhaupt. Dieses Urteil ist nicht so gewagt wie es scheint. Schauen wir ins Detail.

Natürlich schreibt Szerb sehr gut. Wer nur seinen Roman „Reise im Mondlicht" kennt, weiß, wie elegant Szerb formulieren kann. Es ist also schon von daher ein Vergnügen, diese „Geschichte" zu lesen, denn die sorgfältige Übertragung (András Horn) vermittelt Szerbs Stil bestens. Dann ist Szerb umfassend gebildet und beherrscht den gigantischen Stoff der 930 Seiten mühelos. Ich will hier gar nicht auf seine theoretischen Kriterien ausgehend von unter anderem Dilthey, Spengler und Freud eingehen, die im Nachwort von G. Poszler erörtert werden; ehrlich gesagt waren sie mir beim Lesen des Originals auch egal, so sehr hat sich die Begeisterung Szerbs für seinen Gegenstand auf mich übertragen. Was dieses Werk aber wirklich so heraushebt, ist die Tatsache, dass hier jemand, der selbst Schriftsteller und Künstler ist, gleichsam über seine Kollegen schreibt. Das führt zu ungewöhnlichen, manchmal auch ironischen Beobachtungen, die nur jemand machen kann, der die handwerklichen Tricks kennt und hinter die Kulissen der Selbststilisierung schauen kann. Man kann sagen: Szerb kennt seine Pappenheimer. Es ist müßig, Beispiele zu geben, weil man kein Ende finden würde, aber nehmen wir eins: „Schiller arbeitete immer wie ein Journalist vor Redaktionsschluss". Das ist treffend, holt den Klassiker ein wenig vom Sockel und macht ihn menschlicher, erkennt dabei aber seine Arbeitswut und Besessenheit voll an.

Man kann dem Basler Schwabe-Verlag nur gratulieren zu diesem Coup. Aufmachung und Kommentierung sind hervorragend, das Buch ist jeden Cent der 98.– Euro wert. Ich greife seit Jahrzehnten zu diesem Lebensbuch, einfach so oder, wenn ich neuere Darstellungen lese, weil es immer erhellende Vergleiche und Kontraste zu ihnen bietet. Die deutschen Leser können sich glücklich schätzen: Endlich können sie in die „Geschichte der Weltliteratur" von Antal Szerb eintauchen. Man muss sie nicht von Anfang bis Ende am Stück durchlesen; Szerb selbst schreibt vom „Herumblättern" in seinem Werk, das zum Lesen der Weltliteratur anregen soll. Es ist zu hoffen, dass junge Leser, denen neben Smartphone und Laptop vielleicht auch noch ein solches Werk geschenkt wird, sich anstecken lassen vom Optimismus Szerbs: „Wenn jemand von seiner frühesten Jugend an regelmäßig und als Hauptbeschäftigung liest, dann hat er, nell mezzo, in der Hälfte des menschlichen Lebensweges angelangt, einen großen Teil der Weltliteratur bereits gelesen, ohne es gemerkt zu haben." Warum aber sollte man das überhaupt tun? Weil, wie Marcel Reich-Ranicki sagte und dabei nur Szerb nachsprach, Literatur zwar nicht lebensnotwendig sei, doch das Leben mit Literatur schöner und lebenswerter.

(Die Freie Welt)

12. November 2016

DIE UNBELEHRBAREN

Donald Trumps Wahl allein wird nicht genügen, die Kräfteverhältnisse in Deutschland zu ändern.

Der Morgen des 9. November wird mir als einer der schönsten in Erinnerung bleiben: Im Frühstücksfernsehen um 7 die fassungslosen Mienen der linken Journaille, weil zu geschehen schien, was nicht erlaubt ist – nämlich eine unerwartete Entscheidung des Souveräns. Allen voran Dunja Hayali, die sich mit kaum verhohlenem Ekel herabließ, einen Republikaner, der in Deutschland für seine Partei wirbt, doch tatsächlich zu fragen, ob ein Sieg Trumps die zerstrittenen Republikaner wieder einigen würde. Ach, wie hätte sie sich gewünscht, die Partei würde zerfallen! Ein letzter Hoffnungsschimmer... Der befragte Republikaner antwortete seriös, ruhig, differenziert und beschämte die konsternierte Propagandistin.

Herrlich dann, die vor Entsetzen geweiteten Augen Klaus Klebers aus Übersee zu sehen, der, als Trump schon fast die erforderliche Zahl an Wahlmännern erreicht hatte, immer noch davon faselte, dass die Entscheidung theoretisch kippen könne. Noch sei es nicht soweit... Man sah Kleber nach dem letzten Strohhalm greifen, der sein festgefügtes Weltbild hielt... Da war der Wunsch wohl Vater des Gedankens. Ein Musterbeispiel sachlicher Berichterstattung.

Schließlich war Trump gewählt. Auf N24 stand eine kleine Reporterin namens Christina Lewinsky bei der Siegesparty der Republikaner. Als bekannt wurde, dass Frau Clinton die Regel brach, eine „Concession speech" zu halten und die versammelten Gäste dies mit (durchaus nachvollziehbaren) „Coward"-Rufen quittierten, sprach sie künstlich entrüstet von überaus unschönen Szenen und leitete gleich weiter, dass nun wohl

Trump seine Siegesrede halten würde, von der man ja schon vorher wisse, was man an Rüpelhaftem zu erwarten habe. Wie bekannt, wurde auch sie eines Besseren belehrt, wenn das überhaupt möglich sein sollte.

Auf die lächerlichen Bedingungen Dr. Angela Merkels für eine Zusammenarbeit mit Donald Trump einzugehen, erspare ich mir. Die Antwort kam postwendend: Der designierte Präsident hat nicht sie, sondern die britische Premierministerin als Erste eingeladen. Auch dass Frau v. d. Leyen, die die Bundeswehr erklärtermaßen (und perverser Weise) als „Unternehmen" führt, Trump ermahnt, dass „die NATO kein Unternehmen" sei, zeigt letztlich nur die Angst, dass die USA ihre schützende Hand zurückziehen könnten und damit das Desaster der Bundeswehr offenbar wird. Diese Berufspolitiker werden sich aber natürlich arrangieren.

Doch es hat sich in den letzten Tagen gezeigt, dass die linken Globalisierer, die Intellektuellen und Medienschaffenden nicht belehrbar sind und ihre Meinungsführerschaft kompromisslos behaupten wollen. Ich will nur zwei Beispiele anführen, um zu zeigen, mit wem man es zu tun hat. Das ist nicht mehr politische Gegnerschaft, sondern Feindschaft. Der „FAZ"-Autor Dietmar Dath bezeichnet am Tag nach der amerikanischen Präsidentenwahl die Wähler Donald Trumps als „Herdentiere". Er ist nicht der einzige, der in mindestens der Hälfte einer Nation nichts als „Tiere" sieht. Die „FR" titelt heute groß, dass Trump ein „Faschist" sei. Schlau wird dieses Wort als Zitat eines bekannten Soziologen gekennzeichnet, doch wir alle wissen, wie ein solches Wort auf Seite Eins wirkt: Alle Trumpwähler, sagt es, seien „Faschisten".

Natürlich werden diese Demokratiefeinde auf diese Weise einen US-Präsidenten Trump nicht so beiseiteschieben können wie zum Beispiel den Autor Pirinçci. Aber es ist zu erwarten, dass das mediale Trommelfeuer der „Besitzer der Wahrheit" gegen das „unvernünftige Pack" anhält, in den USA wie auch hier. Vorsichtige Selbstkritik wie die von „FAZ"-Herausgeber Jürgen Kaube wird selten und folgenlos bleiben. Ziel einer guten medialen Opposition wird es daher sein, kontinuierlich gegen die Lügen, Übertreibungen und Exzesse der selbsternannten Progressisten anzuschreiben, und zwar in der Form sachlich und in der Sache fest. Das ist deshalb wichtig, weil die Feststellung des Historikers Rolf Sieferle, der sich dieses Jahr leider das Leben nahm, stimmt: „Die Diskriminierung der AfD im Kontext des ‚Kampfs gegen rechts' funktioniert ein Stück weit. Man müsste angesichts der gemessenen Stimmung in der Bevölkerung erwarten, dass die AfD bei Wahlen über 30% der Stimmen erhält. Wenn es nur rund 15% sind, spricht dies dafür, dass die Diskriminierungskampagne einigen Erfolg hat."

Es dürfte so sein, dass viele Deutsche, wenn sie in sich gehen und ihre politische Überzeugung prüfen, erschrecken, wenn sie feststellen, dass sie konservativ oder rechts sind. Es muss das Bestreben der oppositionellen Medien sein, mindestens diese Deutschen zu überzeugen, dass sie keineswegs erschrecken müssen. Es ist keine „Krankheit", konservativ oder rechts zu sein. Es muss im politischen Diskurs wieder ebenso selbstverständlich werden zu sagen, man sei rechts, wie es leider schon immer selbstverständlich, um nicht zu sagen: chic war zu sagen, man sei links. Wer rechts ist, ist nicht gegen den Fortschritt, aber er will – im Gegensatz zur Linken – einen nicht-katastrophischen Wandel.

(Die Freie Welt)

15. November 2016

BREITBART NEWS KOMMT NACH DEUTSCHLAND

Eine Verstärkung kann nicht schaden.

Die „SZ" berichtet heute vom Vorhaben der US-amerikanischen Medienplattform „Breitbart News", auch in Deutschland und in deutscher Sprache zu berichten. Die „SZ" beschreibt „Breitbart News" als rechts, um nicht zu sagen: rechtsaußen. Damit ist sie sich mit dem hiesigen Mainstream einig. Einig ist man sich in der selbsternannten Qualitätspresse auch über Donald Trumps designierten Chefberater Stephen Bannon, der „Breitbart News" leitet: Er sei ein „Ultrakonservativer". Wenn Linke das von jemandem sagen, muss man aufhorchen: Da könnte jemand unkonventionelle Ansichten haben.

Interessant ist nun, dass die „SZ", von Kritikern auch liebevoll „Süddeutscher Beobachter" oder „Alpenprawda" genannt, darauf eingeht, dass die

Konservativen und Rechten in Deutschland eigentlich kein öffentliches Portal, keine mediale Stimme hätten. So viel Einsicht hätte ich von der „SZ" nicht erwartet! Es ist demnach keine Verschwörungstheorie rechter Spinner, sondern es stimmt also, dass der mediale Mainstream zu fast 100 Prozent links ist.

Dann zählt die „SZ" die wenigen konservativen und rechten Internetplattformen auf, die es gebe: „Politically incorrect" sei laut und rechtsextrem; Michael Klonovskys Weblog sei etwas abgehoben; „Tichys Einblick" sei, man traut seinen Augen kaum, seriös; die „Achse des Guten" sei immerhin witzig; „eigentümlich frei" sei „irgendwo dazwischen", würde aber im Netz keine große Rolle spielen. Die „Freie Welt" wurde nicht erwähnt. Manchmal ist ein Verschweigen sehr beredt.

Indirekt kann man den Bericht der „SZ" als ungewollte Aufforderung an „Breitbart News" lesen, doch unbedingt nach Deutschland zu kommen, um ein mediales Gleichgewicht wenn schon nicht herzustellen, so doch um ein großes Ungleichgewicht zu mindern. Es wäre ein greifbares Ergebnis der US-amerikanischen Präsidentenwahl: Die Medienlandschaft in Deutschland kommt in Bewegung. Noch besser freilich wäre eine genuin deutsche Zeitung oder Zeitschrift, die an die Größenordnung von „Spiegel", „Zeit" und „SZ" heranreichte. Als qualitativ hochstehendes Magazin außerhalb des Mainstreams wäre wenigstens noch „TUMULT" zu erwähnen, eine „Vierteljahresschrift für Konsensstörung", wie sie sich selber nennt: Die Störung des unerträglich drögen Konsenses der veröffentlichten Meinung in Deutschland ist aus demokratischer Sicht zwingend erforderlich.

Jedenfalls ist reichlich Luft nach oben, was die Zahl konservativer und rechter Blätter und Internetplattformen angeht. Wer eine Kursänderung der desaströsen deutschen Politik will, muss den Sieg der einzigen echten Opposition wollen, und dafür ist eine Durchbrechung des Propagandamonopols der Linken zwingend erforderlich. Ja, „Breitbart News" kann kommen!

(Die Freie Welt)

20. November 2016

ZWIESPÄLTIGE IRONIE

Auf dem Titel der „Frankfurter Allgemeinen Sonntagszeitung" heute[18]: Kritik an Dr. Angela Merkels multiplen Gesetzesbrüchen und anderen fatalen politischen Entscheidungen soll so ironisiert werden; sie sei nicht für alles verantwortlich. Doch, doch, kann man da nur sagen: Es gibt Verantwortung, Frau Dr. Merkel, wenn auch nicht fürs Wetter.

Deutscher Herbst

In Florida ist immer Sommer.

Deutschland hat Jahreszeiten.

Der November (unser Bild = Herbstwald mit beschneiten Gipfeln; Anmerkung AK)

geht schon vorüber, in der

Luft liegt die Ahnung von

Winter und Weihnachten.

Und Frühjahr.

Und Sommer.

Danke, Merkel!

***

In Florida ist immer Sommer. In Deutschland ist immer Merkel. Danke, Merkel!

(Die Freie Welt)

21. November 2016

VOR 100 JAHREN STARB KAISER FRANZ JOSEPH I.

Der Untergang der das österreichische Kaiserreich beerbenden k. u. k. Donaumonarchie besiegelte das Ende einer bei allen Spannungen lange erfolgreichen Perspektive, ein friedliches Zusammenleben vieler Völker in einem Staat zu ermöglichen. Die EU wird wohl nicht so lange halten.

Der letzte Kaiser des Vielvölkerstaates war Franz Joseph (1830 - 1916) nicht, aber mit ihm starb die Idee eines Reiches, das nicht national(istisch) organisiert war. Der Leitspruch der Donaumonarchie war: „Viribus unitis", also „Mit vereinten Kräften". Eigentlich sollte diese Idee heute anregend sein, doch verhindert die Tatsache, dass es sich eben um eine Monarchie handelte, die von dem obersten Souverän, einem Kaiser und König, zusammengehalten wurde, einen sinnvollen Anschluss in einer Zeit, die die Republik für alternativlos hält.

Die Historiker Manfred Rauchensteiner und Christopher Clark, die bedeutende Bücher zum Ersten Weltkrieg, der das Ende der k. u. k. Monarchie bedeutete, schrieben, haben sich in einem „Zeit"-Interview so geäußert:

ZEIT: Die banale Frage, ob der Erste Weltkrieg auch positive Folgen hatte, wird kaum jemals gestellt.

Clark: Das ist aber eine sehr wichtige Frage.

Rauchensteiner: Mitunter werde ich gefragt, ob die Habsburgermonarchie als Vorbild für die Europäische Union dienen könnte. Um Himmels willen, bloß nicht, dass die EU so enden sollte. Wir sollten uns dazu durchringen können, eine Art gemeinsames europäisches Gedenken zusammenzubringen. Aber in erster Linie sollten wir sehr demütig vor den Gräbern und Denkmälern stehen und sagen: Um Gottes willen, ihr armen Menschen.

Clark: Im Fall des Zweiten Weltkriegs kann man in Großbritannien oder in den USA sagen, es sei für die Freiheit gekämpft worden. Das mag stimmen. Solche Zuschreibungen greifen aber im Kontext des Ersten Weltkrieges nicht. Da stellt sich die Frage, welche Bedeutung haben dann all die Totenlisten heute? Ich finde genau richtig, was Sie gesagt haben: Man steht demütig vor den Gräbern. Denn diese jungen Männer, meistens fast noch Kinder, sind von ihrem Staat, von Österreich-Ungarn, an die Fronten geschickt worden. Sie haben für die Monarchie, für den Monarchen, meinetwegen auch für ihr Land das Leben geopfert. Nicht aber für eine große, heute noch gültige Idee. Lediglich für das Land. Dann ist die Frage aber schwierig, wenn die Idee, für die sie gestorben sind, heute nicht mehr gültig ist. Wie geht man mit diesen Toten um? Da bin ich der Meinung, dass man ihr Opfer als Herausforderung für das heutige Staatswesen anerkennt. Wir, die Staatsbürger der europäischen Länder, müssen daran arbeiten, diese Staaten in einen Zustand zu bringen, der es rechtfertigt, dass diese Menschen ihre Leben dafür gaben. Wissen Sie, was ich meine? Am Ende des Films *Der Soldat James Ryan* von Steven Spielberg, da lehnt der Offizier, der ausgeschickt wurde, um den Soldaten Ryan zu retten, von Kugeln durchsiebt an einer Mauer. Er liegt im Sterben. Er zieht Ryan zu sich herunter und sagt: „Earn this!" Verdiene dir das! Und wir müssen es uns verdienen, was die Toten des Ersten Weltkrieges gegeben haben. –

Clark sagt im Interview auch, dass er die Donaumonarchie fast ein bisschen liebgewonnen habe im Laufe seiner Studien, denn sie habe dem europäischen Nationalstaat ein alternatives Modell gegenübergestellt. Doch auch er spricht weiterhin von „Staaten" und „Ländern", im Gegensatz von Politikern wie Martin Schulz, die heute immer vollmundig von „Europa" sprechen, aber welches Europa sie meinen, wird nicht klar. Wenn man die Realität betrachtet, handelt es sich um ein Europa der Konzerne, eine Art ökonomische Unterfütterung der NATO. Die Donaumonarchie hatte einen kulturellen und spirituellen Schwerpunkt, der im heutigen Europa fast völlig fehlt. Ich sehe zudem die Favorisierung eines globalisierten Europas durch die EU-Politiker, die am liebsten die schrankenlose Einwanderung vieler Millionen Menschen aus Afrika und Asien mit einer entsprechenden demographischen Umwälzung betreiben würden. Demgegenüber war die Donaumonarchie ein dezidiert europäischer Vielvölkerstaat. Dem ermordeten Thronfolger Franz Ferdinand war es nicht vergönnt, in einer von ihm beabsichtigten Reform den slawischen Völkern des Reiches mit den Deutschen und Ungarn vergleichbare Rechte zu geben, was das Reich konsolidiert hätte.

Meine Großväter haben beide an der Isonzofront gegen Italien gekämpft. Heute ist Italien als Feind unvorstellbar. Das ist ein gewaltiger Fortschritt. Wie der Jugoslawienkrieg an sich und seine Beendigung durch die völkerrechtswidrige Bombardierung Belgrads gezeigt hat, wie auch die

Ukrainekrise heute zeigt, sollte es oberstes Ziel sein, erst einmal die Freundschaft zwischen den europäischen Völkern langfristig zu konsolidieren, anstatt fremde Völkerschaften mit ihren je eigenen Problemen nach Europa zu importieren. Der letzte große europäische Krieg ist gerade mal 70 Jahre her, der Friede ist brüchig. Durch die dumme globalistische Politik der EU-Bürokraten und -Politiker wird dieses Projekt eines bescheiden den europäischen Frieden zwischen den europäischen Völkern erhaltenden Bundes freier europäischer Nationen gefährdet. Das ist nicht das, was die Millionen von Toten der Weltkriege verdient haben.

(Die Freie Welt)

23. November 2016

DARF MAN IN DER POLITIK EINEN FEHLER MACHEN, DEN MAN SICHER NICHT KORRIGIEREN KANN?

Aus der Pressekonferenz des ungarischen Ministerpräsidenten V. Orbán am 21. November in Niš (Serbien)[19].

„Die Migration ist eine solche Sache, in der man nicht spaßen, Fehler machen, irren oder unbedacht Ergebnisse schaffen darf, weil man das später nicht mehr korrigieren kann.

Wo Migranten in Massen ankommen, dort ändert sich das Leben, und unsere Kinder und Enkel werden einmal fragen, warum wir das zugelassen haben, dass unsere Länder, ihre Kultur und ethnische Zusammensetzung sich ändern, und warum wir zugelassen haben, dass sie schlechter werden als sie es waren.

Ich fühle mit den Migranten, ich betrachte sie als Opfer, die die schlechten Regierungen ihrer Länder, die Menschenschmuggler und die verfehlte europäische Einladungspolitik gemeinsam hereingelegt haben, aber das Übel darf man nicht importieren, sondern man muss die Hilfe dorthin bringen, wo sie gebraucht wird."

(Die Freie Welt)

DR. MERKEL UND DER MAXIMO LIDER

Wenn Politiker die Geschichte anrufen, muss man aufhorchen!

Der jüngst verstorbene Fidel Castro war nun wahrlich kein Vorbild für einen Politiker und die kaum verhohlene Bewunderung, die ihm in den deutschen Feuilletons durch sentimental an ihre verlogene salonkommunistische Jugend denkenden Redakteure entgegengebracht wird, ist eigentlich skandalös. Aber Castro war immerhin mutig, was er oft genug bewiesen hat. Das unterscheidet ihn diametral von den deutschen Protagonisten der politischen Klasse.

Doch gibt es Gemeinsamkeiten. Dass die Partei „Die Linke" ihn verehrt, überrascht nicht. Überraschend ist nur, dass diese Verehrung die Partei nicht sofort von der Teilnahme an Wahlen ausschließt. Aber auch die CDU hat, versteckt zwar, bei Castro etwas entlehnt: den Glauben an die Geschichte.

Berühmt ist der Ausspruch Castros in seinem nach seiner Festnahme 1953 gehaltenen Plädoyer: „Verurteilt mich, es hat keine Bedeutung. Die Geschichte wird mich freisprechen." Daraus spricht die Überzeugung, den Gang der Geschichte zu kennen. Diese wahnhafte Überzeugung haben Marxisten, aber neuerdings auch Mitglieder der CDU.

Als Frau Dr. Merkel die sogenannte Flüchtlingskrise ausnutzte, um die deutschen Grenzen zu öffnen und so einen gewaltigen Sog für ungebremste Einwanderung nach Deutschland entfachte, der bis heute – entgegen allen Verlautbarungen – anhält, sagte der Kanzleramtschef, Flüchtlingskoordinator und Merkelsche Terrier Peter Altmaier gerne, „dass uns die Geschichte recht geben wird."

Für einen demokratischen Politiker ist das ein Offenbarungseid. Die Regierung steht also nicht einem Parlament Rede und Antwort (– was freilich ein funktionierendes Parlament voraussetzt!), die Regierung ist auch nicht den Gesetzen verpflichtet (– schon seit der Griechenlandkrise nicht!), die Regierung pfeift auf die Kontrolle der Öffentlichkeit (– die aber versagt, wenn schon Leute wie Alfred Grosser den Merkelschen Rechtsbruch gutheißen!).

Nein, die Regierung steht laut Peter Altmaier (– und Dr. Merkel sieht das sicher genauso –) vor dem Tribunal der Geschichte, die irgendwann in ferner Zukunft, wenn niemand mehr von den Akteuren lebt und es weder Konsequenzen für sie noch eine Korrektur ihrer Schandtaten mehr geben kann, ihr „gerechtes" Urteil sprechen wird. Oder auch nicht, wie man beim Maximo Lider sieht, der von der Geschichte eben doch verurteilt worden ist. Leider nur von ihr!

Denn es wäre in jedem Fall besser, wenn Politiker, die sich vollmundig auf die Geschichte berufen, von einem menschlichen Tribunal noch zu Lebzeiten zur Verantwortung gezogen würden.

(Die Freie Welt)

3. Dezember 2016

DAS EHERNE GESETZ

Der ungarische Ministerpräsident am 2. Dezember in Radio Kossuth[20], beim jüngsten seiner, von politischen Gegnern ironisch „Freitagsgebet" genannten, regelmäßigen Interviews zur Erläuterung der aktuellen Regierungspolitik.

Ich erlaube mir in unregelmäßigen Abständen, den geschätzten Leserinnen und Lesern Auszüge aus Reden oder Interviews Viktor Orbáns zu übersetzen und vorzustellen, weil eine so klare Sprache wie die seine in der deutschen Politik ausgestorben zu sein scheint, ausgenommen sie richtet sich gegen die Deutschen selbst.

Die Interviewerin kommt gegen Ende auf den nächsten EU-Gipfel zu sprechen und die erneute schwere Auseinandersetzung um die „Flüchtlingsquote", wiederholt Orbáns Verweis auf die Visegrader Vier, die wie David dem Goliath der Migrationsbefürworter gegenüberstünden, zitiert dann Miloš Zeman, dass weder Tschechien noch Frankreich die Quote akzeptieren würden, dass in Italien und Österreich Abstimmungen anstünden, dass François Hollande nicht mehr antreten würde, und will schon fragen, was das in Bezug auf die Quote bedeute, als Orbán einhakt:

„Schauen Sie, ich möchte hier eine stärkere Formulierung gebrauchen. Also, diejenigen Regierungen und die Länder, die nicht verstehen, dass die Leute keine Einwanderung wollen, keine Fremden unter sich sehen wollen, gerne denen helfen, die wirklich in Schwierigkeiten stecken, aber nicht solche Leute einlassen wollen, mit denen sie nicht werden zusammenleben können, deretwegen die öffentliche Sicherheit sich verschlechtert, weswegen die Terrorgefahr wächst. Sie denken überhaupt nicht, dass jedermann ohne Anstrengung auf das gute Leben Anspruch hat, dass man deshalb hierher kommen kann und an dem, was wir aufgebaut haben, teilhaben kann oder es uns wegnehmen kann. Also diese Regierungen, die diese Volksmeinung nicht beachten, werden alle stürzen und das ist nur eine Frage der Zeit. Und das passiert, nur müssen wir durchhalten, bis die Demokratie wiederhergestellt ist, weil heute in Europa die Demokratie zerfallen ist, kein demokratisches Gleichgewicht existiert. Das Volk denkt Anderes, als was seine Führer ihm aufzwingen wollen. Es kommt die Zeit, wo dieser Unterschied verschwindet, weil er nach den Regeln der Demokratie verschwinden wird, und wir wissen seit Petőfi, dass das Wasser der Herr ist und sich nicht das Wasser dem Schiff anpassen wird, sondern das Schiff wird sich dem Wasser anpassen. Das ist ein ehernes Gesetz und wird eintreten. Die nicht von Anfang an von dieser demokratischen Einstellung ausgegangen sind, auch die werden darauf kommen, dass sie entweder Demokraten werden oder stürzen. Und das geschieht heute in Europa. Der Reihe nach, Schritt für Schritt, ja, es ist meiner Meinung nach sogar in Amerika passiert. Das wird eintreten, wir müssen nur durchhalten, bis am Ende wir in der Mehrzahl sein werden, die, die klar sagen, dass wir in Europa keine Einwanderung wollen."

Orbán spielt auf ein Gedicht des Dichters Sándor Petőfi an, das dieser unmittelbar nach den revolutionären Ereignissen des März 1848 geschrieben hat; er geht im Gegensatz zum Dichter aber von einem durch Wahlen legitimierten demokratischen Wandel aus:

Ein Meer hat sich erhoben,
Aufbäumt sich seine Flut.
Im donnernden Getümmel
Erbeben Erd und und Himmel
Ob seiner wilden Wut.

Seht an den Tanz, den tollen,
Hört die Musik und wißt,
Habt ihr's noch nicht erfahren:
Das ist des Volks Gebaren,
Wenn es die Freiheit grüßt.

Das Meer heult auf im Sturme,
Die Schiffe taumeln rund
Mit Segeln, die zerrissen,
Und Masten, die zerplissen,
Hinab zum Höllengrund.

Ja, tobe, Sintflut, tobe,
Daß der erboste Gischt
Empörter Wogen brüllend,
Der Tiefe Schlund enthüllend,
Hoch zu den Wolken zischt.

Der Welt zur ew'gen Lehre
Schreib an des Himmels Zelt:
Die stolzeste Galeere
Versinkt im wilden Meere,
Die Flut bleibt Herr der Welt!

(Übersetzung: Martin Remané)

Ob die Österreicher und die Deutschen die Kraft haben werden, den Negativ-Mythos von ihrer einzigartigen historischen Schuld abzuschütteln, der verhindert, dass sie neue Wege abseits des linksliberalen

Establishments gehen, ist leider zu bezweifeln. Aber vielleicht gehen andere Völker Europas voran.

(Die Freie Welt)

5. Dezember 2016

DEUTSCHE SCHAFFEN ES (NOCH) NICHT

Ungarn, Polen, Groß-Britannien, die USA – sie alle haben dem linksliberalen Establishment die rote Karte gezeigt. Jetzt auch Italien. Nur Österreich zuckt ängstlich zurück.

Die jahrzehntelange Re-Education, die endlos wiederholte, immer gleiche Erzählung von der einzigartigen Kriegsschuld und dem einzigartigen Verbrechen, dies haben die Deutschen und natürlich auch die Österreicher, die ja ebenfalls Deutsche sind, so sehr noch in der zweiten und dritten Generation verinnerlicht, dass sie im Gegensatz zu anderen europäischen Völkern nicht in der Lage sind, den Ausbruch aus dem linksliberalen Konsens zu wagen. Das Dauerfeuer der Propaganda praktisch aller Medien wirkt. Viele Leute haben auch in der Anonymität der Wahlkabine Angst, und zwar vor sich selbst, das Kreuz an der „falschen" Stelle zu machen, weil sie sich sonst als „Nazis" vorkommen.

Deutschland und den Deutschen muss es offenbar noch viel schlechter gehen, damit sie reagieren. Es kann aber auch sein, dass die jungen Leute unter 35 mit der linksliberalen öffentlichen Einheitsmeinung konform gehen, weil sie ihr Lebtag nichts anderes gehört haben, dass sie mit der Art und Weise von Globalisierung, wie sie heute betrieben wird, der Ablehnung der eigenen, also deutschen Interessen, der Masseneinwanderung und der Islamisierung wegen einer vollkommen relativistischen Erziehung kein Problem haben. Dann, muss man offen sagen, haben die Deutschen es nicht besser verdient.

Die Wahl in Österreich hat gezeigt, dass sich das wahre Europa, also das, das sich nicht nur ausschließlich ökonomisch, sondern auch und vor allem kulturell definiert, (vorerst?) nicht auf die Deutschen verlassen kann. Andererseits, das muss man für Österreich anerkennen, würden bei einer

Parlamentswahl 48,3% für die FPÖ wahrscheinlich die absolute Mehrheit gegen die Van der Bellen-Front aus drei und mehr Parteien bedeuten. Dennoch: Die Hoffnung ruht zur Zeit auf den nicht-deutschen Völkern. Die Italiener haben Renzi nach Hause geschickt, nun kommt die nächste Schlacht im März: Die Holländer wählen ihr Parlament. Es folgt im April Frankreich. Der Weg zu einem wahrhaft demokratischen Europa ist wegen der überwältigend scheinenden Macht des linksliberalen globalistischen Establishments lang und schwer, aber es ist zwingend notwendig, ihn durchzuhalten. Es ist ein wahrhaft europäischer Weg.

(Die Freie Welt)

7. Dezember 2016

DIE DEUTSCHE HYSTERIE UND DIE SACKGASSE DER BERLINER REPUBLIK: DIE ANALYSE VON ISTVÁN BIBÓ WEITERGEDACHT

Der ungarische Staatsrechtler István Bibó hat zwischen 1942 und 1944, noch vor dem Ende der großdeutschen »Raserei« (S.15)[21], eine schonungslose Analyse der deutschen Geschichte geschrieben. Seine Eingangsfrage ist heute, wo Deutschland wieder eine hysterische Politik betreibt, aktuell: » *Was soll mit Deutschland geschehen? Hier liegt gegenwärtig das größte Problem.* [...] Infolge der Nicht-Konsolidierung dieses Gebiets brach hier, innerhalb von dreißig Jahren, bereits der Zweite Weltkrieg aus. *Wenn wir dies bedenken, dann können wir jener Prophezeiung, daß auch ein dritter Weltkrieg schwerlich woanders ausbrechen werde als hier, zu Recht einen Vertrauensvorschuss gewähren.* Was mit Deutschland zu tun ist, hängt hundertprozentig davon ab, was wir für die Ursache des von Deutschland über die Welt gekommenen Unheils halten.« (S. 9f.)

Die deutsche Hysterie heute

Meine *These* ist: Auch heute sind die Deutschen hysterisch, weil sie aus einer politischen Sackgasse kommen und wieder in einer solchen stecken. Auf die Außenpolitik wird noch einzugehen sein; jedoch auch innenpolitisch macht Deutschland eine immer deutlicher realitätsfremde, gegen sein Staatsvolk und die Steuerzahler gerichtete, ideologisch links motivierte Politik, was – je nach Sicht – zu einer Staatskrise bereits geführt hat oder erst noch führen dürfte. Über 70 % der Deutschen unterstützen bei Wahlen die Parteien, die für diese hysterische Außen- und Innenpolitik stehen, und sind deshalb auch als hysterisch zu bezeichnen. Das alles birgt ein erhebliches Krisenpotenzial in sich.

Legenden

Bibó nennt *zwei* »*Legenden*« (S.10) zur Ursache des deutschen Problems: Einer Legende nach seien die Deutschen konstitutionell *gut* und kultiviert; das ungerechte Friedensdiktat von Versailles habe dann als Reaktion abrupt zu Hitler geführt. Ein milder Friede hätte die Position der guten Deutschen wieder gestärkt. – Nun, wir wissen, dass es nicht zu einem milden Frieden kam. Nach der anderen Meinung seien die Deutschen konstitutionell *schlecht*, grausam, gewalttätig, Herdenmenschen, und Hitler ein natürliche Folge ihrer spätestens seit Luther verkorksten Geschichte. Nur eine harte Behandlung könne zu einer Besserung der Deutschen führen. Man weiß heute, dass von den Siegern genau dieser Weg beschritten wurde. Bibó hielt aber beide Auffassungen und damit beide Friedenslösungen für *falsch*.

Die Angelsachsen haben die der Hysterie komplementäre Angst als deutsche Störung auch schon in den dreißiger Jahren des letzten Jahrhunderts erkannt und mit der Unterwerfung, Zerschlagung und Umerziehung Deutschlands, wie von Bibó befürchtet, den falschen Schluss gezogen.

Beispiele für die irrationale *German Angst* heute waren die unverhältnismäßigen deutschen Reaktionen auf Vogelgrippe, BSE, Klimawandel oder Fukushima. Doch unterblieb eine angelsächsische Ursachensuche über kurzschlüssige Hinweise auf die Nazi-Diktatur oder vulgärpsychologische Vermutungen hinaus. Andere Autoren führen geistesgeschichtliche Ursachen für eine deutsche »Mentalität« an, so das Luthertum mit seiner Neigung, »Kontroversen dogmatisch und mit moralischem Rigorismus anzugehen«; ... mit der »Neigung zur Prinzipientreue, die in radikaler Verbohrtheit enden kann, in der Bereitschaft zu idealen oder gar utopischen Forderungen sowie einer spiritualistischen, verinnerlichten Grundhaltung, die häufig mit mangelndem Realismus bezahlt wird.«[22]

Obwohl man hierbei viele Eigenheiten der aktuellen Diskurse und der Politik in Deutschland wiedererkennt, hat Bibó von solchen massenpsychologischen Erklärungen ebenfalls Abstand genommen, weil er von einem *Primat der Politik* ausging. Voraussetzung dafür sei ein Gemeinschaftsgefühl, das Bibó »emotionale Demokratisierung« (S. 19) nennt, weil dieser Affekt tatsächlich große Teile oder sogar fast alle Menschen einer Gemeinschaft erreicht. Diese gefühlsmäßige Erfassung einer ganzen Gemeinschaft gibt es erst seit etwa der Französischen Revolution und ihrem *politischen* Konzept der Nation.

Die Ursachen der Hysterie

Deshalb offerierte Bibó eine *historisch-politische Erklärung* für das deutsche Problem bzw. die deutsche Hysterie, nämlich die politischen Sackgassen der deutschen Geschichte. Ausdrücklich lehnte er auch wirtschaftliche Gründe (wie zum Beispiel die Weltwirtschaftskrise) ab: »Die politischen Ängste und die Affekte, die zum Einsturz des politischen Gleichgewichts führen, sind zu gewaltig, als dass sie sich durch wirtschaftliches Interessiertsein erzeugen ließen.« (S. 18) Woher kommt nun laut Bibó eine politische Hysterie? Es handelt sich um einen permanenten Angstzustand, wie er »*nach großen historischen Erschütterungen* von Gemeinschaften [...], dem Zusammenbruch der politischen Autoritäten, nach Revolutionen, nach der Eroberung durch fremde Mächte, nach verlorenen Kriegen« (S. 21 f.) auftritt.

Das Besondere an diesen Erschütterungen muss sein, dass sie die *Belastbarkeit* der Gemeinschaft aus diversen Gründen *übersteigen. Die Erinnerung an die Erschütterung wird dominierend.* In Deutschland sind das nach 1945 die seit Generationen in den Deutschen durch Scham, Re-Education und zivilreligiöse Pflege tief verankerte Kollektivschuld am Holocaust, der man nicht ausweichen kann und die jeden Diskurs überlagert, sowie die nicht zu verarbeitenden Folgen der totalen Niederlage mit dem gewaltsamen Tod von weit über zehn Prozent seiner Bevölkerung innerhalb von dreißig Jahren, der Vertreibung von zwölf Millionen seiner Bewohner, der Vergewaltigung von bis zu drei Millionen deutscher

Frauen und prostitutionsähnlichen Verhältnissen vieler Frauen zu den Besatzern, der Zerstörung aller großen Städte mit der millionenfachen Erfahrung des völligen Ausgeliefertseins beim Bombenkrieg und der Kappung kultureller Kontinuität. Hinzu kommen die bekannten und sich fortpflanzenden Verwerfungen innerhalb der deutschen Familien durch die verdrängenden, verschweigenden oder lügenden Großeltern und Eltern mit ihren Kriegskindern und -enkeln.

Bibó schreibt, dass solche Erschütterungen »im politischen Bewusstsein der Deutschen *Angst und Unsicherheit* verbreiten und bei den Deutschen die Bereitschaft fördern, sich in *Halbwahrheiten und Scheinlösungen* zu flüchten«. (S. 171). Die Deutschen haben erfahren, »was es heißt, Deutscher zu sein, zwar mächtig und trotzdem schwach, siegreich und trotzdem verachtet, nach Gerechtigkeit suchend und doch als ungerecht verhasst, in allem hervorragend und trotzdem nicht respektiert, aufs strengste organisiert und trotzdem nicht felsenfest. Diese Erlebnisse erfüllen alle Durchschnittsdeutschen mit den ambivalenten Wünschen einer rohen Machtanbetung und dem Streben nach moralischer Genugtuung, aber auch mit der latenten Ahnung, irgendeinen psychischen Ballast mit sich zu führen, von dem es einmal sich zu befreien gelte.« (S. 172)

Die Symptome der Hysterie

Eine derartige Erschütterung kann laut Bibó diese Folgen haben: »Mit der eigentlichen großen kollektiven Hysterie haben wir es [...] erst bei einem gemeinsamen Auftreten sämtlicher charakteristischer Symptome zu tun: *Lossagung der Gemeinschaft von den Realitäten, Unfähigkeit zur Lösung der vom Leben aufgegebenen Probleme, unsichere und überdimensionierte Selbsteinschätzung sowie irreale und unverhältnismäßige Reaktion auf die Einflüsse der Außenwelt.*« (S. 22) Da Bibó jener »Metaphysik« (S. 23) gegenüber skeptisch ist, die Gemeinschaften als solchen psychische Störungen unterstellt, betont er, dass die kollektive Hysterie »die gemeinsame Wirkung individueller Seelenzustände« (ebd.) im Hinblick auf das politische Handeln sei.

Wichtig bei diesem Konzept ist auch, dass keine Individuen als »sichtbare Träger« (S. 24) der Hysterie herausdestilliert werden können. Um ein aktuelles Beispiel zu geben: Hysterisch im Herbst 2015 waren nicht nur die Politiker der kaum noch unterscheidbaren (Block-)Parteien, die ihre Kontrollfunktion vergessenden Medien, die verantwortungslose neoliberale Wirtschaft und die auf dem Bahnhof aus Selbsthass und Fernstenliebe illegale Einwanderer beklatschenden Willkommens- und Multikulturellen, sondern auch jene, die diese Irrationalität erkennend so irrational waren, ein Weiter so! zu wählen. Die kollektive Hysterie ist der *Zustand der gesamten Gemeinschaft.*

Die bisherigen Sackgassen der deutschen Geschichte

Bibó erklärt die deutsche Hysterie und daraus resultierende »Raserei« von 1933–1945 aus den *fünf großen politischen »Sackgassen in der deutschen Geschichte«* (S. 31 ff.): den Sackgassen des Heiligen Römischen Reiches Deutscher Nation, des Deutschen Bundes, des Wilhelminischen Kaiserreichs, der Weimarer Republik und von Hitlers Drittem Reich. Ausgehend von der Agonie des Heiligen Römischen Reichs, dem habsburgischen Verzicht auf die deutsche Kaiserwürde 1804, der Katastrophe Preußens 1806 und der folgenden dramatischen Hysterie waren die Deutschen auch weiterhin nur zu politischen Scheinlösungen fähig, die den hysterischen Zustand weiter a*ufrechterhielten*. Leider kann ich hier nicht ins Detail gehen. Doch kann zusammengefasst werden, dass Bibó das Problem als *nie gelöstes Nationalstaatsproblem* erkennt. *Obwohl heute der gesamte offizielle politische und veröffentlichte Zeitgeist es leugnet, gilt das immer noch.* Diese Erklärung zu leugnen, ist Kennzeichen des geschlossenen »hysterischen Weltbilds«, das ermöglicht, »dass die in einer Fehllage lebende Gemeinschaft diese aufrechterhalten kann« (S. 27 f.).

Die aktuelle Sackgasse der Berliner Republik

Sowohl die alte BRD als auch die DDR waren besetzte Staaten, gleichsam Kolonien der jeweiligen Supermacht, ohne eigene Verantwortung. Die Veränderung von 1989/90 hatte gravierende *Fehler, die den heutigen Zustand der Berliner Republik als sechste Sackgasse der deutschen Geschichte markieren.* Die wesentlichen Fehler sind:

1. Die sogenannte »Wiedervereinigung« war offiziell nichts als der »Beitritt der DDR zum Geltungsbereich des Grundgesetzes«, also in

Wirklichkeit der Anschluss der DDR an die alte BRD mit einhegender Westbindung und begleitender Ausdehnung der NATO nach Osten. So wie das Wilhelminische Kaiserreich in Wahrheit ein preußisches Großreich war und damit sogar die kleindeutsche Lösung auf einer Lüge beruhte, so *beruht die sogenannte »Wiedervereinigung«* Restdeutschlands zur Berliner Republik *auf einer Lüge*.

2. Die Forderung des Grundgesetzes, im Falle einer Wiedervereinigung eine Nationalversammlung zu bilden und eine neue Verfassung zu verabschieden, wurde missachtet. Es ist klar, dass ein Staat, der *verfassungstechnisch* einen solch *irregulären Anfang* nimmt, nicht unter einem glücklichen Stern stehen kann. Die Bereitschaft der politischen Elite, weiterhin Recht und Gesetz zu brechen, ist dadurch vorgezeichnet.

3. Der 2+4-Vertrag ist kein Friedensvertrag. Dies wirkt sich für Deutschland insofern zum Vorteil aus, als es keine Reparationen an all die Länder, die es im Zweiten Weltkrieg überfallen hat, zahlen muss. Inwieweit die Integration in die EU und die Einführung des Euro einen Ersatz für diese Reparationen darstellen, sei dahingestellt. Doch muss klar sein, dass der 2+4-Vertrag mit der aufrechterhaltenen Feindesklausel bedeutet, dass *auch das vereinigte Deutschland nicht wirklich souverän* ist. Deutschland könnte zum Beispiel theoretisch schon, aber faktisch nie aus der NATO austreten. Diese illusorische Situation muss als Scheinlösung bezeichnet werden. Ebenso muss das politische Handeln Deutschlands auf dieser Basis als Traumtanz gesehen werden.

4. Die DDR wurde von Westdeutschland quasi konfisziert. Das hatte einerseits den Vorteil, dass die politische Elite der DDR (im Gegensatz zum übrigen Ostblock) kaltgestellt wurde. Andererseits war das für 18 Millionen Deutsche subjektiv erniedrigend. Viele lebensfähige Betriebe wurden planiert et cetera. All das rächt sich heute, weil das nur beiseitegeschobene Vergangene nie wirklich vergangen ist. *Die DDR kehrt als DDR 2.0 zurück.* Dabei hilft, dass das politische System der DDR sehr vielen Menschen im Westen, vom Gepräge seiner Alltagswelt abgesehen, im Grunde sympathisch war. Dass es in Deutschland 26 Jahre nach dem Untergang der DDR beispielsweise wieder denkbar ist, dass eine Bundesregierung unter Einschluss der SED-Nachfolgepartei an die Macht kommt, spricht Bände für die Unfähigkeit zu rationalen Lösungen.

5. In der offiziellen Rhetorik wurde die »Wiedervereinigung« als Sehnsucht des »deutschen Volkes« verkauft. Das war neben ökonomischen Motiven vielleicht bei einem Teil der Montagsdemonstranten sowie einigen patriotischen Politikern der Fall, aber im Westen hielt sich die Begeisterung bei Anhängern der SPD und Grünen, also einem großen Teil des deutschen Volkes, in Grenzen; den Rest schreckten die gigantischen Kosten. Nicht nur Oskar Lafontaine hielt zwei demokratische deutsche Staaten für die beste Lösung. Und tatsächlich: Wer die ethnischen Interessen anderer Völker verachtet (wie zum Beispiel die Interessen der Russen in der Ukraine), selbst aber eine *ethnisch motivierte Grenzverschiebung* durchgeführt hat, ist verlogen; die Ostdeutschen hätten auch in einem Nachfolgestaat der ehemaligen DDR ohne »Wiedervereinigung« frei, demokratisch und marktwirtschaftlich leben können, wie die Österreicher. (Dass die »Wiedervereinigung« offiziell als Beitritt zum Geltungsbereich des Grundgesetzes bezeichnet wurde, zeigt jedoch, dass die Ethnie für die Politik nur noch rhetorisch eine Rolle spielte – es hätten auch Eskimos oder Senegalesen beitreten können.)

6. Bibó hat in seine Erörterungen auch Österreich einbezogen, einerseits als Frage, ob Deutsche (und das waren Österreicher bis zur Anerkennung der kleindeutschen Lösung im Zweibund-Vertrag 1879 und zwischen 1938 und 1945 ja ohne jeden Zweifel) in einem weiteren deutschen Staat einen getrennten Weg gehen könnten, andererseits als Menetekel, dass die *Vereinigung aller Deutschen* in einem Vaterland immer noch und wahrscheinlich auf immer eine *Illusion* bleiben wird. Man muss von einem Kompromiss sprechen, der eine von den Siegermächten erzwungene österreichische Nationsbildung voraussetzt. Dies wird allerdings von der Mehrheit der Deutschen überhaupt nicht mehr als Problem gesehen, was zeigt, dass sie das eigene Volk aufgegeben haben.

7. Während die mitteldeutsche (oder spätestens seit 1990 offiziell: ostdeutsche) Bevölkerung ethnisch weitgehend homogen ist, wurde in Westdeutschland seit etwa 1960 eine forcierte De-facto-*Einwanderungspolitik* betrieben, die damals trotz Vollbeschäftigung offiziell ökonomisch motiviert war. Diese Politik wird seit der »Wiedervereinigung« auf ganz Deutschland ausgedehnt. Angeblich sollen damit heute ein selbstverursachtes, den Sozialstaat und die Renten gefährden-

des demographisches Problem und ein Fachkräftemangel behoben werden, was beides als vorgeschobener Grund bezeichnet werden muss. Es geht mittlerweile offen um die Schaffung eines *multikulturellen Vielvölkerstaats*, in dem das »Deutsche« nicht mehr ethnisch, sondern durch eine abstrakte »Verfassungstreue« von Menschen aus aller Herren Ländern definiert sein soll.

8. Die *Zivilreligion* der Berliner Republik ist spätestens seit dem kurz vor der »Wiedervereinigung« beendeten Historikerstreit der Holocaust als unvergleichliches Verbrechen mit der endgültigen Implementierung des Bewusstseins der Kollektivschuld und des Antirassismus in jedem einzelnen Staatsbürger. Solche Dogmen sind immer Denkhindernisse. Deutschland sieht sich jedoch als Staat, der seine verbrecherische Vergangenheit vorbildlich aufgearbeitet hat und deshalb *moralisch* über jedem anderen Staat steht. In einem historisch einmaligen Vorgang hat es seine Grenzen für illegale Masseneinwanderung geöffnet, was große Teile der Deutschen als moralisch legitimiert unterstützt haben. Nicht nur damit hat sich Deutschland vom genuin Politischen verabschiedet. Deshalb ist heute nicht mehr klar, dass von deutschem Boden kein Krieg mehr ausgehen darf; nach dem Jugoslawienkrieg und weiteren Kriegseinsätzen agiert Deutschland auch in der Ukrainekrise weniger politisch als moralisch, was immer gefährlich ist.

Die Berliner Republik ist mit so vielen *Gründungsmängeln* behaftet, dass erneut von einer deutschen Unfähigkeit zur Lösung der »vom Leben aufgegebenen Probleme« gesprochen werden muss. Ein Staat, der auf Lügen und Illusionen beruht, hat keine echte Chance und bildet eine Sackgasse. Er ist die »Halbwahrheit«, die der unsichere Hysteriker hören will und die ihn bestätigt. Bibó schreibt: »Die Deutschen versuchten, die innere Labilität dadurch auszugleichen, *dass sie den jeweiligen absurden Kompromiss beziehungsweise die jeweiligen absurden politischen Umstände für heilig, ewig und unantastbar erklärten.* [...] So sehr die politische Hysterie der Deutschen auf historische und nicht auf konstitutionelle Ursachen zurückgeht, so hat diese Serie von Erschütterungen und Sackgassen dennoch dazu geführt, dass wir heute bis zu einem gewissen Grad von einer *Deformierung des gesamten deutschen Charakters* sprechen können.« (S. 171 f.)

Die Berliner Republik, als heiliger, ewiger und unantastbarer »bester Staat auf deutschem Boden« gefeiert, ist der absurde Kompromiss eines ethnisch begründeten, aber die Ethnie nicht umfassenden Staats, der diese Ethnie erklärtermaßen zum Teil eines Vielvölkerstaats machen will. Sie ist der absurde Kompromiss einer sich souverän wähnenden Halbkolonie, die als Polizeitruppe einer Supermacht agiert. Sie ist der absurde Kompromiss eines sich moralisch überlegen fühlenden Waffenexporteurs, einer vorgeblich selbstlosen Hegemonialmacht gegenüber Subkolonien. Sie ist der absurde Kompromiss eines immer öfter von Sozialisten und Kommunisten regierten kapitalistischen Staats, eines sich demokratisch gerierenden Staats, in dem immer häufiger Zensur ausgeübt wird und seit Jahren keine echte Opposition mehr existiert. Die Selbstverherrlichung dient ebenso wie das Negieren von Problemen dem Versuch der Aufrechterhaltung dieses absurden Kompromisses.

Die hysterische Außenpolitik

Es genügt, einen Blick auf die außenpolitischen Folgen der deutschen Hysterie zu werfen. Die Außenpolitik Deutschlands ist eine widersprüchliche und irrationale Machtpolitik. Man gründet, zwar ohne Österreicher, einen »Staat aller Deutschen«, gönnt den Serben aber keinen Staat, der alle Serben umfasst. Man akzeptiert die gewaltsame Vertreibung der Deutschen aus den Ostgebieten, unterbindet aber ethnische Säuberungen auf dem Balkan, während man sie im Nahen Osten duldet. Man erhält zweimal einen Schuldenschnitt (1953 in London und durch den 2+4-Vertrag), verweigert diesen aber Griechenland. Man geriert sich als das friedlichste Land auf Erden, fast ohne Armee, ist aber einer der führenden Rüstungsexporteure. Man übt durch die schiere wirtschaftliche Kraft einen immer offensiveren hegemonialen Druck auf die Nachbarn aus, was in Europa mittlerweile erhebliche Verwerfungen erzeugt. Man betont, Hauptnettozahler in der EU zu sein, erwähnt aber nie, dass man auch Hauptprofiteur der EU ist. Man lädt mindestens eine Million illegaler orientalischer Migranten nach Deutschland ein und will diese dann unter massivem Druck auf die europäischen Nachbarn verteilen. Man suspendiert die eigenen Staatsgrenzen und zwingt doch andere Staaten dazu, ihre Grenzen zu schützen. Man schaut wieder einmal auf alle anderen Völker hinab, diesmal in einem Anfall von »moralischem Imperialismus«

(Viktor Orbán). Man tut demütig, ist aber fast stolz darauf, dass der Holocaust als das größte Verbrechen aller Zeiten gilt, und glaubt es mit der Aufnahme von Millionen Afrikanern und Orientalen sühnen zu können, was natürlich nicht funktioniert. Die deutsche Politik zeigt nach außen eindeutig eine nach Bibó »unsichere und überdimensionierte Selbsteinschätzung«. (S. 22)

Schlussbetrachtung: Der Tod als Heilung

Was könnte die deutsche »Krankheit zum Tode« heilen? Es kann nicht ewig mit der sechsten Sackgasse, dem jüngsten Kompromiss, weitergehen. Das Problem wird zu einer Auflösung drängen; alles deutet wieder auf eine Scheinlösung hin. Bibó konnte seine Studie nicht abschließen, er gibt in seinem damals für die Schublade geschriebenen Entwurf keine direkte Empfehlung für die Zeit nach 1945 und sagt nur, dass das Übel nicht unheilbar ist. Nicht nur der dafür mindestens notwendige gute Friedensschluss wurde jedoch versäumt.

Die Berliner Republik selbst scheint, wenn ihre Protagonisten denn zu einer Selbstreflexion fähig sein sollten, in der *Auflösung des deutschen Volkes in einem Vielvölkerstaat und der Selbstauflösung dieses Staats in einem europäischen Superstaat* die Lösung des absurden Kompromisses, den sie darstellt, zu sehen. Das erscheint ihr bei ihrem geschlossenen und vollkommen hysterischen Weltbild als so unabweisbar richtig, dass sie in einer letzten Machtentfaltung alle anderen Völker und Nationen Europas mitziehen will: Ein *erweiterter Selbstmord* als Sühneopfer für die leidende Welt, in einer irrealen Mischung aus Hybris und Demut. Und das für die Hysterie Typische ist: Der größte Teil des deutschen Volkes scheint nichts dagegen zu haben, sondern feiert den Untergang oder akzeptiert ihn wenigstens. Hier zeigt sich der wahnhafte und zerstörerische Charakter der deutschen Politik, ja die Deformierung des deutschen Charakters besonders gut. Ob der *Tod als Heilung einer Krankheit* gesehen werden kann, sei ebenso bezweifelt wie die Erwartung, dass andere Völker, die nicht hysterisch sind, diesen Weg widerstandslos mitgehen werden. Es wird leider wieder Unheil von Deutschland ausgehen.

(TUMULT)

7. Dezember 2016

EIN URTEIL UND SEINE FOLGEN

Mit allen Mitteln soll der ungehinderte Zuzug von Migranten in die EU ermöglicht werden.

Am 16. September 2015 griffen sogenannte Flüchtlinge, die vor dem ungarischen Grenzzaun bei Röszke lagerten, die ungarische Polizei mit Steinen, Stöcken und Flaschen an und verletzten 15 Beamte (und außerdem Journalisten) teilweise schwer. Die Polizei drängte die Randalierer, die den Grenzzaun einreißen wollten, mit Tränengas und Wasserwerfern wieder zurück auf die serbische Seite, wobei etwa 100 sogenannte Flüchtlinge verletzt wurden. Die Bilder dieses Ereignisses gingen um die Welt und wurden vor allem in Deutschland, das sich damals im willkommenskulturellen Delirium befand, zum Anlass genommen, Ungarn, das lediglich den Schengener Vertrag einhielt, Unmenschlichkeit vorzuwerfen.

Ein 40-jähriger syrischer sogenannter Flüchtling, der mit Sicherheit wenigstens beim Eindrücken eines Tores der Sperranlage beteiligt war, wurde vor einigen Tagen in erster Instanz von einem ungarischen Gericht zu 10 Jahren Gefängnis verurteilt. Er soll zusätzlich Steine auf Polizisten geworfen und per Megaphon zur Gewalt und dem Sturm auf die Grenzanlagen aufgerufen haben. Der sogenannte Flüchtling behauptet dagegen, er wollte über das Megaphon deeskalierend einwirken. Die Zeugen waren vor allem Polizisten, was den „Pester Lloyd", eine linke Zeitung, veranlasste, alle für befangene Lügner zu erklären. Die Zeugen der anderen Seite, die natürlich unbedingt glaubwürdig gewesen wären, waren leider nicht greifbar: Sie befinden sich wahrscheinlich in Deutschland. Das Gericht stufte die Taten des Mannes als „terroristisch" ein, weil sie gegen staatliche Organe gerichtet waren.

Amnesty International, dessen Vertreter bei der Urteilsverkündung anwesend sein konnte, obwohl es sich bei Ungarn um einen diktatorischen Unrechtsstaat handelt, protestierte gegen die „drakonische Härte" des Urteils, das auf „unglaublich vagen" Beweisen beruhe. Man habe einen „Familienvater" verurteilt, „dessen einziges Ziel es gewesen sei, seine alten Eltern und seine Familie in Sicherheit nach Europa zu begleiten". Zudem folge das Gericht „einer der schlimmsten derzeit in Europa festzustellenden Tendenzen", nämlich einer übermäßig weit gefassten Definition von Terrorismus. Das Urteil sei in zweiter Instanz zu kassieren. Obwohl es sich nur um Ungarn handelt, ist nämlich trotzdem eine Berufung möglich.

Nun haben sich auch die USA in die ungarische Rechtsprechung eingemischt. Ein Sprecher des Außenministeriums teilte in einer Stellungnahme seine „Besorgnis" über das Urteil mit und forderte die ungarische Regierung auf, „mithilfe von unabhängigen zivilen gesellschaftlichen Gruppen eine transparente Untersuchung" der Vorfälle von Röszke zu veranlassen. Die USA würden „die Angelegenheit auch in Zukunft mit strenger Aufmerksamkeit beobachten".

Die Kritiker dieses Urteils erwähnen die Straftaten des Verurteilten nur am Rande, weil sie gar keine mehr erkennen können. Illegaler Grenzübertritt scheint vor allem in Deutschland kein Straftatbestand zu sein, aber auch bei der UNO wird in der Strafandrohung schon eine Verletzung des Genfer Abkommens gesehen. Gewalt gegen Polizisten genießt seit Joschka Fischer in gewissen Kreisen hohes Ansehen. Islamisch motivierte Gewaltaufrufe (der Syrer hielt bei der Urteilsverkündung den Koran in der Hand) sind als kulturelle Eigenheit zu akzeptieren und führen, wenn sie selten genug erfolgreich sein sollten, ohnehin nur zu vernachlässigbaren Einzelfällen.

Der ungarischen Justiz wird vorgeworfen, unverhältnismäßig geurteilt zu haben, weil Hooligans bei Fußballspielen angeblich weit brutaler als der Syrer vorgingen, aber keine so hohen Strafen bekämen. Das nahmen Kritiker zum Anlass, Ungarn „Staatsterrorismus" vorzuwerfen. Dass sie damit ihren eigenen Vorwurf aushebeln, der Terrorismusbegriff sei zu weit gefasst, merken sie nicht. Oder sie denken, andere merken es nicht. Die ungarische Justiz spricht dagegen in einem solchen Fall bisher unbekannter Gefahren von „Generalprävention".

Die Kritiker versteigen sich sogar zu der lächerlichen Unterstellung, die Polizei habe die Exzesse bei Röszke provoziert, „um Orbán die richtigen Bilder zu liefern". Es ist kaum vorstellbar, dass die ungarische Regierung das mediale Inferno begrüßt hat, das sich über Ungarn ergossen hat und nicht wenige Deutsche sogar von einem Ungarnurlaub hat Abstand nehmen lassen. Es gibt ja viele weitere Möglichkeiten, Druck auf einen EU-Staat auszuüben. Dass Ungarn dem bisher standgehalten hat, ist objektiv erstaunlich.

Die interessanteste Entwicklung ist nicht etwa die auf die Tränendrüse drückende Erklärung von Amnesty International, sondern die Einmischung der Obama-Administration, die von der ungarischen Regierung sofort zurückgewiesen wurde: Die kaum verhüllte Anweisung, das Urteil zu korrigieren, erinnert stark an Zustände während der Sowjetherrschaft. Man kann nur hoffen, dass die Trump-Administration sich in der Migrationsfrage an die Ankündigungen des designierten Präsidenten halten wird.

Das Verhalten der sogenannten Flüchtlinge bei Röszke ist indiskutabel und eine Mahnung für die Zukunft Europas gewesen. Sich als „Flüchtling" den Zutritt zu einem Staat seiner Wahl mit Gewalt erzwingen zu wollen, wird Schule machen, wenn man nichts dagegen unternimmt. Wehret den Anfängen, heißt es nicht zu Unrecht. Ein Staat, der sich wie Deutschland alles gefallen lässt, wird von den „Neubürgern" verachtet werden. Die Folgen sind heute schon greifbar. Man mag die Strafe des Syrers in Ungarn für zu hoch halten, besonders wenn man, wie in Deutschland, von Strafe nichts mehr hält, sondern für Täter vor allem Verständnis zeigt, doch entspricht sie den Anti-Terror-Gesetzen Ungarns. Das Strafmaß ist nicht einmal ausgeschöpft, sodass nicht nur die Verteidigung in Revision geht, sondern auch die Anklage: Ihr ist das Urteil zu milde. Was kommt, bleibt abzuwarten.

(Die Freie Welt)

13. Dezember 2016

FREIE WELT – DIE INTERNET- UND BLOGZEITUNG: WIE LANGE NOCH?

Regierungskritische Webseiten werden zunehmend von Teil- oder vollständigen Schließungen bedroht. Die regierungsnahe Amadeu-

Antonio-Stiftung beteiligt sich an der Denunziationswelle, die auch die „Freie Welt" betrifft.

Eine Hamburger politikberatende Großagentur hat Unternehmen aufgefordert, nicht mehr Anzeigen bei angeblich irgendwie „rechten" politischen Webseiten wie der „Achse des Guten" und „Tichy Einblick" zu schalten. Von „rechtsextrem" oder „rechtsradikal" ist gar nicht mehr die Rede bei derlei Denunziation, die diesen Seiten das nackte Überleben verunmöglichen soll. Fritz Goergen schreibt heute auf „Tichys Einblick": „Was wirklich zu denken gibt, ist, wer im Netz öffentlich hämische Freude über den entstandenen wirtschaftlichen Schaden bei Achgut und Tichys Einblick äußerte. Denn diese Einstellungen bleiben." Es ist mittlerweile unglaublich, wer sich aus Feigheit und vorauseilendem Gehorsam solchen „Empfehlungen", einer oppositionellen Webseite zu schaden, fügt.

Kantige Journalisten wie Henryk Broder und Dirk Maxeiner lassen sich natürlich nicht so einfach unterbuttern. Sie machten den Skandal öffentlich und Broder setzte noch einen drauf: „Seht Euch vor, ihr seid an den Falschen geraten. Euch mache ich, wenn es sein muss, am frühen Morgen fertig, noch bevor ich meinen Hund Gassi geführt habe." Das ist der Ton, in dem man mit den linken Denunzianten sprechen muss.

Die Agentur, deren schandbaren Namen ich hier nicht nennen will, berät die Bundesregierung. Diese wiederum macht ja unter der Führung der Minister Maas und Schwesig Gesinnungsjagd auf „rechte" Äußerungen im Netz und anderswo, immer ohne zu erklären, was denn an „rechts" verfolgungswürdig sein soll, wenn es nicht „rechtsextrem" oder „rechtsradikal" ist. Broder sagt zurecht: „Es ist kein Makel, rechts zu sein, so wie es kein Makel ist, für Recht und Ordnung zu sein. Eine Öffentlichkeit ohne ‚rechte' Seiten ist keine demokratische Öffentlichkeit, und ein parlamentarisches System ohne ‚rechte' Parteien ist kein demokratisches System."

Tatsächlich wurden die auf dem von der Amadeu-Antonio-Stiftung gegründeten Internet-Portal „netz-gegen-nazis.de" zu findenden Hinweise auf die „Achse des Guten" und „Tichys Einblick", die ich gestern selbst noch gesehen habe, heute gelöscht. Ein Teilerfolg. Denn die „Freie

Welt", gestern auf „netz-gegen-nazis.de" noch als „freiewelt.net" eindeutig als jener Blog erkennbar, auf dem ich hier schreibe, heißt heute nur noch „Freie Welt" (siehe Screenshot).

Auch dieser Hinweis muss gestrichen werden, denn es ist unfassbar, dass die Autoren dieses Blogs als „Nazis" verunglimpft werden. Aber offenbar haben die feigen Gehilfen von Frau Kahane vor den „kleineren" Portalen mit weniger Lesern weniger Angst als vor den „großen" und weithin gelesenen Seiten wie der „Achse des Guten". Deshalb glauben sie, diese „kleinen" Portale und ihre Autoren beschimpfen und beleidigen zu können.

Und schauen Sie auf dem Screenshot unten, wer da mitmacht! Bei den Sportbünden und der Feuerwehr mag noch eine gutgemeinte Erziehungsabsicht dahinter stehen, die aber doch bevormundend ist. Sicher nicht naiv ist aber die „Zeit": Wie kann man noch guten Gewissens eine früher ehrwürdige Wochenzeitung in die Hand nehmen, die sich heute an dieser Hatz beteiligt! So viel steht fest: Es geht an's Eingemachte!

Darum habe ich heute für die „Freie Welt" gespendet. Das sollte jeder Leser und jede Leserin tun. Denn alternative und oppositionelle veröffentlichte Meinungen werden er oder sie immer schwieriger finden. Ohne Leser, die aktiv werden in diesem Sinne und auf andere Weise, werden die Totengräber dieser Demokratie in Deutschland gewinnen – und das darf nicht sein!

(Die Freie Welt)

20. Dezember 2016

ANSCHLAG IN BERLIN: DER ÖFFENTLICHE RAUM IST UNSICHER GEMACHT WORDEN

Nicht erst seit heute ist klar, was die jubelnde Aussage vor allem grüner Politiker bedeutet, dass Deutschland sich zum Negativen hin ändern wird. Noch aber kann die Bremse getreten werden. Man darf nur nicht Angst vor der eigenen Courage haben.

Wer etwas älter ist, kann sich an ein Deutschland erinnern, das berühmt war für seine öffentliche Sicherheit. Frauen konnten in aller Regel ohne Furcht nachts durch dunkle Straßen gehen. Auch Bekleidung, die früher „gewagt" genannt wurde, hat außer Kopfschütteln oder dummen Bemerkungen keine wirklich aggressiven Reaktionen hervorgerufen. Menschenansammlungen wie Open-Air-Konzerte, Weihnachtsmärkte, Volksfeste waren sicher, soweit das nach menschlichem Ermessen möglich ist. Natürlich brach mal ein Riesenrad zusammen oder bei einer Panik wurden Menschen zu Tode getrampelt, doch das liegt in der Natur von Technik und Massenansammlungen. Es hat nie hundertprozentige Sicherheit gegeben (und die wurde auch von niemandem erwartet), doch bedeutet dieses Mantra der Politiker heute etwas ganz anderes.

Ja, seit einigen Jahren ist das regelmäßig anders, und zwar aus bewusster politischer Absicht. Jede multikulturelle Gesellschaft ist gewalttätig, weil verschiedene Ethnien und bestimmte Religionen nicht konfliktfrei miteinander auskommen. Deutschland hat nur kurz ein paar Kolonien und deshalb eigentlich den Vorteil gehabt, nicht zwingend die Einwanderung von kulturell völlig fremden Menschen, in aller Regel aus problematischen sozialen Schichten, zulassen zu müssen. Trotzdem ist Deutschland mit aller Gewalt zu einem Einwanderungsland gemacht worden, durch dauerhafte Aufnahme von ursprünglich lediglich als Gäste bezeichneten Arbeitskräften, Nachzug von weitest definierten Familien, De-facto-Aussetzung von Abschiebung auch in berechtigten Fällen oder Integration von sogenannten Flüchtlingen, die eigentlich keinen Anspruch auf Bleibe haben.

Warum muss in Deutschland über Abriegelung von Festen durch Betonpoller nachgedacht werden? Warum über Zäune um Volksfeste? Warum über schwerbewaffnete Polizeipräsenz an Kreuzungen? Warum über „züchtigere" Kleidung? Jeder weiß, woran das liegt. Es liegt nicht an spanischen, russischen oder griechischen Einwanderern. Auch nicht an indischen oder ostasiatischen Menschen. Es liegt schon gar nicht an buddhistischen oder christlichen Flüchtlingen. Es liegt einzig und allein an einer von der Politik in sträflicher Weise verharmlosten Minderheit, die angeblich kaum eine Rolle spielt, von der aber ununterbrochen medial und politisch die Rede ist.

Als die „RAF" mordete, hat kein einziger Politiker gesagt, man müsse sich an Anschläge gewöhnen. (Natürlich nicht, denn die Anschläge betrafen sie, die Politiker!) Obwohl die „RAF" Millionen klammheimlicher Sympathisanten hatte, von denen sicher eine ganze Menge heute in politischer Verantwortung steht, konnte der Sumpf von Gewalt ausgetrocknet werden. Heute geht die Zahl der Sympathisanten von Attentätern auch in die Millionen, doch stellt die Politik die Sympathisanten ebenso wie die Militanten unter den Schutz ein und desselben Gesetzes. Von einer konsequenten Verfolgung kann keine Rede sein, wozu die klare Benennung des Gegners die erste Voraussetzung wäre. Weil das so ist, wird den Opfern der zunehmenden Gewalt gesagt, sie müssten eine Haltung „mürrischer Indifferenz" einnehmen. Die neue Gewalt wird billigend in Kauf genommen. Wenn die Rede von Verantwortung noch einen Sinn hat, darf man sagen: An den Händen der Bundesregierung klebt Blut der eigenen Bürger. Dass eine Regierungschefin davon spricht, dass Attentate wie das in Berlin „unbegreiflich" seien, macht sie und ihre Regierung für diese Aufgabe untauglich: Alles an derlei Verbrechen ist begreiflich, wenn man die Fakten nicht verdrängt.

Mehr Polizei? Der Ruf nach ihr kommt auf, doch ist deren Prestige durch Jahrzehnte der Denunziation derart ruiniert, dass junge Deutsche kaum Nachwuchs stellen dürften. Wie beim Militär, so wird man auch bei der Polizei auf die kräftigen jungen Männer mit bestimmtem Migrationshintergrund zurückgreifen müssen. Ob dadurch die Sicherheit steigt? Auch das Securitypersonal besteht zu einem großen Teil bereits aus einer gewissen Klientel. Ist das schon Generalverdacht, der hier geäußert wird? Nein, es ist ein Zitat aus berufenem Mund, in jeder Fußgängerzone von jungen Aktivisten zu hören: „Besteht die Polizei erst vorwiegend aus Brüdern, dann gilt göttliches Gesetz!" Natürlich werden die Bewerber durchleuchtet, wie es so schön heißt, aber in die Köpfe kann man bekanntlich nicht hineinschauen. Auch das war früher nicht nötig, denn ein Deutscher war gewöhnlich loyal zu Deutschland und das musste nicht extra gecheckt werden.

Die Sicherheit in Deutschlands öffentlichem Raum ist dahin. Wer sich daran nicht gewöhnen will, muss endlich umdenken, und das radikal. Das bedeutet die Einschränkung der Freiheit für eine Religion, die primär gar keine ist. Man kann nicht ständig Äpfel mit Birnen vergleichen. Und es bedeutet Remigrationsmaßnahmen großen Ausmaßes, vor denen Deutschland wegen seiner bekannten Vergangenheit Angst hat, aber zu Unrecht: Während die Minderheitenpolitik damals auf der irrationalen Annahme einer komplett eingebildeten Gefahr beruhte und loyale Staatsbürger betraf, könnte das heute wohl niemand, der bei Verstand ist, sagen. Schließlich bedeutet es den Abschied von der überkommenen multiethnischen, multikulturellen Konzeption beziehungsweise deren Einschränkung auf kompatible Elemente sowie eine entsprechend dem 21. Jahrhundert angepasste Konzeption eines Staatsvolks, nämlich den Deutschen, nicht etwa als „Verfassungspatrioten", sondern als kulturelle und Schicksals-Gemeinschaft, zu der sicherlich mittlerweile viele friedliche und säkulare Einwanderer seit 1960 gehören. Aufnahme bedeutet wie zu allen Zeiten Assimilation und allein schon die Erhöhung eines Assimilationsdrucks würde viele der Probleme beseitigen, die heute immer drängender werden.

Sind solche Antworten eine unzulässige „Instrumentalisierung" des soeben Geschehenen? Nein, denn Politik besteht daraus, Antworten auf

Ereignisse und Entwicklungen zu formulieren. Wenn eine Politikerin wie Göring-Eckardt auf ein Ereignis wie das in Berlin twittert, „nichts sonst jetzt" zu tun, dann ist das nicht pietätvoll, sondern verräterisch: Sie will im Grunde, dass alles so weitergeht wie bisher. Tatenlosigkeit kann nicht Aufgabe von Politik sein, und sie ist eine entschlossene Richtungsänderung nach korrekter Analyse auch den immer mehr Opfern falscher Politik mehr als schuldig. Wenn dazu die etablierten Parteien nicht fähig sind, müssen die Wähler eben die verbliebene Alternative wählen. Noch haben sie, weil die Diskriminierungskampagne der Leitmedien ein Stück weit wirkt, Angst vor der eigenen Courage. Die muss man jetzt spätestens verlieren.

(eigentümlich frei)

21. Dezember 2016

HILFLOSIGKEIT UND GEISTIGE VERWIRRUNG

Auszug aus Meldungen des jungen Tages.

Ein Blick auf den so genannten Live-Ticker von „Google News" offenbart die Krise eines Staates und eines Volkes.

1. Gestern um 23:41 Uhr ein meines Erachtens symptomatischer Versprecher des deutschen Innenministers: „Es gibt Menschen, die ringen noch mit ihrem Leben." Ja, es stimmt, unsere Gesellschaft hängt insgesamt wirklich nicht mehr am Leben und hat sich aufgegeben. Man ringt nur noch ein wenig, um das Ende hinauszuschieben.

2. Nachts um 1:04 Uhr: Der polnische Fahrer lebte zum Zeitpunkt des Anschlags offensichtlich noch. Es fanden sich Spuren eines Kampfes, Messerstiche, Schussverletzungen. Grund genug für linke Genossen, die Möglichkeit zu erwägen, dass es sich um Agents provocateurs der polnischen Regierungspartei gehandelt haben könnte. Verschwörungstheorien gibt es nicht nur bei Rechtsextremen. Tatsache ist: Man weiß nichts. Ein Versagen der deutschen Polizei.

3. Um 3:28 Uhr sagt Herr Haseloff: „Wir befinden uns nicht im Krieg." Leider übersieht er, dass es auch einseitig erklärte Kriege gibt. Der IS,

egal ob in diesem Fall schuldig oder nicht, führt lediglich weiter, was seit Mohammed Pflicht jedes Mohammedaners ist: Krieg gegen Ungläubige. Wer diesen globalen Krieg fahrlässig mit den jüngsten kolonial und ökonomisch motivierten Kriegen westlicher Großmächte im Nahen Osten ursächlich verknüpft, übersieht die jahrtausendealten Angriffe der Mohammedaner auf alles, was ihrer Meinung nach „ungläubig" ist.

4. Um 5:18 Uhr glaubt ein Polizeisprecher an einen schnellen Fahndungserfolg, nachdem man peinlicherweise einen kurzzeitig verdächtigen „23-jährigen Pakistani" laufen lassen musste, einen „Flüchtling", der interessanter Weise erst seit kurzem in Deutschland weilt, aber mehrere Alias-Namen trägt und schon vorbestraft ist, was kaum mehr als Besonderheit auffällt.

5. Eine „neurechte Gruppierung", so wird um 6:09 Uhr gemeldet, will eine Mahnwache am Kanzleramt abhalten. Die Leitmedien verurteilen auffällig einhellig jedes Ansinnen, die Verantwortung für den Anschlag irgendwie mit der Bundesregierung in Zusammenhang zu bringen. Aber selbst wenn es rechtsradikale Provos gewesen sein sollten, wäre sie durch ihre Politik des „Multikulturalismus" und der „Offenheit" nicht schuldig im Sinne der Gesetze, aber doch verantwortlich.

6. Wie immer in solchen Fällen sagen Psychologen, so heute um 6:41 Uhr, wir sollten so weiterleben wie bisher. Jeder Idiot weiß, dass das nicht geht: Der öffentliche Raum in Deutschland ist unsicher geworden. Man wäre dumm, würde man so weiterleben wie bisher.

7. Die freie Presse des Auslands wird selektiv um 6:49 Uhr zitiert: Die „NYT" schreibt gegen die so genannten „Populisten", die mit ihrer Kritik an der Regierungspolitik in eigentümlicher linker Logik angeblich als Unterstützer des IS und überhaupt aller Terroristen fungieren. Widerstand ist also unzulässig, nur das Nachgeben bringt die Lösung. Natürlich: eine „Lösung" im Sinne der globalistischen und kulturmarxistischen Linken.

8. Es ist 8:22 Uhr: „Heute um 13 Uhr wird es am Berliner Breitscheidplatz eine Aktion mit großer Symbolik geben. Berliner und Flüchtlinge treffen sich hier, um gemeinsam »We are the World« zu

singen." Die infantile Verblödung schreitet voran. Aber na ja, böse Menschen singen keine Lieder... sei´s drum.

9. Der Berliner Senat will die Videoüberwachung nicht ausweiten (8:45 Uhr). Klar gibt es liberale Argumente gegen die Videoüberwachung, aber die dürfte man kaum bei einem rot-rot-grünen Senat verorten. Ihm geht es um den „Schutz" seiner vermeintlichen zukünftigen Klientel. Statt einer Ausweitung der Videoüberwachung bekommen Polizisten Bodycams. Weil Polizei ja an allen Ecken präsent ist...

10. Um 9:43 Uhr wird ein Zitat des Heiligen Helmut (Schmidt) eingeblendet: „*Der Terrorismus hat auf Dauer keine Chance. Denn gegen den Terrorismus steht nicht nur der Wille der staatlichen Organe, gegen den Terrorismus steht der Wille des ganzen Volkes.*" Das Problem ist nur, dass das Zitat nicht mehr stimmt. Kein Politiker der Bundesregierung und der offiziell nicht an der Regierung beteiligten Parteien im Bundestag würde heute noch vom „Volk" reden. Und ob alle Teile der in Deutschland lebenden „Bevölkerung", speziell jene, die „noch nicht so lange hier leben" (Merkel, Gauck), wirklich mit ihrem Willen gegen den Terrorismus stehen, sei in dieser Totalität bezweifelt.

11. Die „Berliner Morgenpost" wagt es, wie 10:03 Uhr gemeldet wird, mit einem Zitat aus dem Lukasevangelium das Christentum zu instrumentalisieren. Auf dem Titel prangt: „Fürchtet euch nicht!" Obwohl gerade Berlin GOtt- und glaubenslos ist wie kaum eine andere deutsche Stadt, funktioniert ein Bezug zum Christentum immer noch, wie es schon bei der „Willkommenskultur" funktionierte. Nur eben falsch. Wie sollen uns nicht deshalb nicht fürchten vor weltlichen Gefahren, weil wir sie schon irgendwie in den Griff bekommen, sondern weil mit der Menschwerdung Jesu, der zweiten Person der dreieinen GOttes, das Reich GOttes schon angebrochen ist. Bekanntlich ist es aber nicht von dieser Welt.

12. Wahnsinn! Es ist 11:04 Uhr. Im Fußraum des Anschlags-LKW soll erst jetzt ein Dokument gefunden worden sein, das auf den Täter deuten könnte. Wie schon in Paris, wo die Massenmörder ihre Ausweise liegenließen, weist sich der Täter von Berlin selbst aus! Natürlich bringt eine solche Bluttat auch einen hartgesottenen Täter in eine psychische Grenzsituation, in der er Fehler macht, vielleicht gehört aber das

Bekanntwerden auch zur terroristischen Strategie des Attentats dazu, jedenfalls muss man sich angesichts solcher Umstände Gedanken machen, wie frei die Arbeit der Polizei noch ist.

(Die Freie Welt)

22. Dezember 2016

INTELLEKTUELLE KAPITULATION

Jürgen Kaube, ehemals ein ernstzunehmender Journalist, ist intellektuell zerbrochen.

In einem beschwichtigenden Artikel in der gestrigen „FAZ" unter dem Titel „Dringend verdächtig"[23] lehnt er jeden Zusammenhang zwischen der „Flüchtlings"-Politik und dem zunehmenden islamischen Terror in Deutschland ab. Man dürfe, so das ewige und in diesem Fall ewig falsche Mantra, nicht verallgemeinern. Schließlich sei Breivik ein Norweger und die Nordiren hätten ja auch Terror verübt, ohne dass man alle Norweger und Nordiren im Ausland unter Generalverdacht gestellt hätte.

Welchen Blödsinn müssen wir uns in einer früher respektablen Zeitung von einem ihrer Herausgeber anhören? Haben Breivik oder Genossen seiner Organisation, die es nicht gibt, jemals in anderen Ländern gemordet? „Radikalisieren" sich dauernd irgendwelche Nordiren im „Irish Pub" von Madrid oder Berlin und töten Dutzende oder gar Hunderte von Spaniern oder Deutschen? Breivik wie Nordiren haben konkrete Feinde bekämpft, seien sie eingebildet oder real, und nicht den gesamten Teil der Menschheit, der nicht zu ihnen gehört oder nicht an dasselbe glaubt wie sie! Wie tief ist man geistig gesunken, um derart absurd falsche Vergleiche zu ziehen?

Am Schluss kommt Kaube zur ebenfalls endlos wiederholten Konklusion, dass man den IS aufwerten würde, wenn man den durch den Islam dem Westen seit 1400 Jahren erklärten Krieg ernst nähme. Man würde damit den IS zum wahren Vertreter der islamischen Welt machen. Ja, was ist der IS denn sonst? Seine Leute sind die muslimischsten Muslime, die konsequentesten Anhänger des Islam, die treusten Gefolgsleute des arabischen Propheten.

Dass der IS die innerlich anerkannte Avantgarde aller Muslime ist, erkennt man leicht am völligen Fehlen jener weltweiten machtvollen Demonstrationen in islamischen Ländern, die zuverlässig sofort stattfinden zum Beispiel beim Erscheinen einer kleinen Karikatur. Man erkennt es außerdem an den kaum wahrnehmbar leisen Reaktionen der Muslime in Deutschland, die sich durchaus deutlicher äußern können.

Denn Muslime können sonst sehr wohl fordern: „mit erhobenem Zeigefinger religiöse Toleranz, die dieselbe Religion anderen nie und nirgends zugesteht, religiöse Ausnahmeregeln, die das gesetzlich verbriefte Recht auf Tierschutz, das Recht auf körperliche Unversehrtheit oder das Verbot der Polygamie zur Makulatur machen, Staatsverträge mit Islamverbänden, Islamkonferenzen und Islam-Büros, Fakultäten für Islamtheologie, bekenntnisreligiösen Islamunterricht, islamische Caritas und islamische Pflegeheime, islamische Feiertage, Islamic Banking, islamische Menschenrechte und Scharia-Rechtssprechung, religiöse Einrichtungen wie Gebetsraume, Minarette, Muezzinrufe, Integrationsimame, Militär-Imame und Gefängnis-Imame, immer mehr und immer größere Moscheen, religiöse Speiseregeln, Kleidungsregeln, Unterrichtsregeln, Baderegeln, Begräbnisregeln, Kinderehen, Zwangsheirat, Mischehenverbot und Ehrenmorde, Beseitigung von Sparschweinen, Pappschweinen, Kruzifixen und Gipfelkreuzen, Blindenhunden und sonstigen Hunden in Taxis, Einschränkung oder Abschaffung von Meinungsfreiheit, Miniröcken, Musik, Karneval, Kunst und Karikaturen" (nach dem Freie Welt-Kommentator ropow).

Was reitet Journalisten wie Kaube, so offensichtlich falsch zu argumentieren? Entweder sind sie tatsächlich unfähig, die Realität zu erkennen und damit auch nicht mehr legitimiert, in einer Zeitung zu schreiben, oder sie wollen absichtlich irreleiten, um etwas zu erreichen. Was mag das wohl sein?

(Die Freie Welt)

22. Dezember 2016

WER KENNT SEINE PAPPENHEIMER?

Wie reagiert Deutschland? Zwei Prognosen.

Die kurdisch-deutsche Journalistin Mely Kiyak, die ständig „gegen rechts kämpft", schrieb mal in ihrer „FR"-Kolumne: „Wäre den Sauerländer [Islamisten] das Attentat geglückt und hätten sie überdies zehn Menschen immer am helllichten Tag hingerichtet, wäre in diesem Land kein Stein auf dem anderen geblieben. Hätte der Chef des BKA weitermachen können? Wäre es denkbar, dass kein einziger Politiker rausgeflogen wäre?"

Ich habe dagegen lange gedacht, dass in Deutschland kein islamisches Attentat Pariser Ausmaßes erfolgen werde, weil die Sache ja für die Jungs auch so optimal läuft und sie sich die zügigen Fortschritte nicht unnötig vermasseln wollen. Falls aber doch eines stattfinden werde, dann aufgrund der wohl richtigen Einschätzung, dass diese Gesellschaft sturmreif ist. Ich war mir ziemlich sicher, dass die Deutschen sich nach einem Attentat noch bei den Tätern entschuldigen würden.

Sagen wir so: Mely Kiyak hat nach Berlin nicht recht behalten. Jeder Stein ist auf dem anderen geblieben. Ein Freund von mir sagte am Telefon traurig, die Deutschen seien würdelos. Ich wollte erst widersprechen, aber konnte es nicht.

(Die Freie Welt)

2017

2. Januar 2017

MUSLIME IN DER POLITIK: LOYALITÄTEN UND RISIKEN

Rumänien zeigt uns, wo Probleme liegen, die wir nicht sehen wollen.

Zwar haben die westlichen Medien schon wieder einhellig vor „Nationalismus" und „Populismus" anlässlich der rumänischen Wahlen gewarnt, aber es ist diesesmal im Sinne der linken veröffentlichten Meinung gutgegangen: Die Richtigen, also die Sozialdemokraten, haben gewonnen. Dann folgte das, was man überall, eben auch in Rumänien, von einer sozialistischen Partei erwarten kann und muss: Im internationalistischen beziehungsweise multikulturellen Geist wurde eine muslimische Politikerin aus der tatarischen Minderheit für das Amt des Premierministers vorgeschlagen.

Dann ereignete sich das Unerwartete. Obwohl es sich um eine Angehörige von gleich zwei Minderheiten und damit (nach deutschem Verständnis) um eine doppelte Heilige handelt, lehnte der rumänische Präsident Johannis die Ernennung von Sevil Shhaideh ab. Eine Begründung gab er nicht, wozu er laut rumänischer Verfassung auch nicht verpflichtet ist.

Zu erfahren war allerdings, dass der Ehemann Shhaidehs ein Syrer ist, der 20 Jahre für Assad gearbeitet hat und ein Anhänger sowohl dieses Präsidenten als auch der im Westen als Terrororganisation eingestuften Hisbollah ist. Daher ist wahrscheinlich, dass Sevil Shhaideh, obwohl eine Frau und damit (nach deutschem Verständnis) sakrosankt, als Sicherheitsrisiko für Rumänien und als Zumutung für die anderen EU-Mitgliedsstaaten eingestuft wurde.

Gibt es in Deutschland ähnliche Probleme? Offiziell natürlich nicht, da Deutschland nicht mehr in Kategorien von Sicherheit und Ordnung für seine Bürger denkt. Die Polizeikräfte sind drastisch reduziert worden, eine Armee ist praktisch nicht mehr existent, die Grenzen sind weit offen.

Trotzdem gibt es mohammedanische Politiker, deren Loyalität zu Deutschland subjektiv vielleicht nicht zweifelhaft, objektiv dennoch gefährdet ist.

Da ist einmal Sahra Wagenknecht (Die Linke), Oppositionsführerin des Deutschen Bundestags, deren Mutter eine (Ost-) Deutsche und deren Vater ein iranischer Moslem ist. Damit ist sie nach islamischer Auffassung Muslima. Weil sie als überzeugte Linke sicherlich Atheistin ist, darf sie jederzeit von jedem (orthodoxen) Moslem als Apostatin getötet werden. In einer ähnlichen Situation befindet sich Yasmin Fahimi, ehemalige Generalsekretärin der SPD, ebenfalls Tochter einer (West-) Deutschen und eines Iraners. Auch sie hat einen islamisch kompatiblen Vornamen, was kein Zufall ist. Die deutsche Mutter gibt in binationalen Beziehungen meist ihre Kultur auf, während der muslimische Vater genau weiß, dass der Nachwuchs seine Religion übernimmt und deshalb entsprechend handelt. Sollte Fahimi als Sozialdemokratin ebenfalls glauben, religiös „neutral" denken zu dürfen, kann sie sich auch niemals unvoreingenommen und frei zum Islam, dem drängendsten politischen Problem der Gegenwart, äußern.

Aydan Özoğuz (SPD), die deutsche sogenannte Integrationsbeauftragte, mahnte nach bundesweiten Razzien gegen mit dem IS kooperierende Islamisten zu mehr „Augenmaß" und unterstellte der deutschen Polizei Willkür. Diese Frau drückt auch bei Kinderehen beide Augen zu. Das ist kein Zufall. Ihr Bruder, der schiitische Deutschtürke Dr. Yavuz Özoğuz aus Delmenhorst, hat 2005 über ein von ihm betriebenes radikalislamisches Internetportal, den „Muslim-Markt", den deutschen Orientalisten Dr. Hans-Peter Raddatz durch einen als Gebet getarnten Aufruf mit dem Tode bedroht, weil dieser islamkritische Bücher geschrieben hat. „Report Mainz" berichtete damals darüber. Özoğuz hat sich als unschuldig dargestellt und von einem „Rufmord" gesprochen. Der Verfassungsschutz sah die Sache aber genauso wie Dr. Raddatz, weshalb dieser Personenschutz bekam.

Ein weiterer Bruder der Integrationsbeauftragten ist ebenfalls Fundamentalist. Die Problematik der Familie Özoğuz war bei Amtsantritt von Aydan Özoğuz bekannt, scheint aber kein Hindernis für ein Staatsministeramt zu sein. Aydan Özoğuz hat sich nur lau von ihrem fundamentalistischen Bruder distanziert, vom Mordaufruf meines Wissens gar nicht. Das ist, obwohl trotzdem eigentlich nicht hinnehmbar, nicht nur aus dem orientalischen Clanwesen, sondern aus dem konsequent geglaubten Islam heraus verständlich. Wer ist das wirklich, der da für die deutsche Bundesregierung arbeitet? Eine radikale oder nur eine konsequente Muslimin, was auf dasselbe hinausläuft?

Aiman Mazyek, der 2005 zwar nicht mehr Sprecher und noch nicht Vorsitzender des Zentralrats der Muslime, aber doch offizielles Sprachrohr der deutschen Muslime war, hat im migrationspolitischen Magazin des WDR „Cosmo TV" Verständnis für den Aufruf zum Mord an Dr. Raddatz gezeigt, weil der Autor sich das durch seine Veröffentlichungen selbst zuzuschreiben habe. Jede Kritik am Islam, ja die bloße Weigerung, ihn anzunehmen, ist bekanntlich nach konsequent islamischer Auffassung bereits ein Angriff, der Gewalt rechtfertigt. Deshalb müssen Islamkritiker wie Hamed Abdel-Samad ebenfalls unter Polizeischutz leben oder können sich wie Sabatina James nicht frei bewegen, mussten andere wie Ayaan Hirsi Ali sogar Europa verlassen oder sind schon ermordet wie Theo van Gogh. All das nehmen die politische Elite und die Presse als „normal" hin und zeigen damit deutlich die Richtung von „Normalität" an, in die es geht.

Cem Özdemir wird wahrscheinlich der nächste baden-württembergische Ministerpräsident. Ihn wird kein anderer Politiker ernennen, also auch nicht verhindern. Wahrscheinlich werden die Deutschen den „schwäbischen Türken" oder „türkischen Schwaben" sogar in seiner neuen Position begrüßen. Er hat sich als überzeugter, aber relativ liberaler Moslem schon so oft im Streit mit seinen orthodoxeren Glaubensgenossen in die Nesseln gesetzt, dass an seiner Loyalität wohl nicht gezweifelt werden darf. Dennoch muss man sich auch bei ihm fragen, ob er in Grenzfällen gegen seine mohammedanischen Brüder und Schwestern entscheiden würde. Der Druck, der auf ihm lasten würde, wäre gewaltig, seine Erpressbarkeit wäre größer als bei jedem Deutschen vergleichbarer politischer Statur. Aber die Deutschen wissen natürlich alles besser, erst recht als die Rumänen.

Ein muslimischer Kollege hat mich einmal gefragt, wie die Deutschen sich eine politische Teilhabe von Muslimen an ihrer Demokratie eigentlich vorstellen würden. Es sei doch klar, dass diese immer größere Minderheit sich dezidiert muslimisch äußern würde. Gelatinefreie Süßigkeiten seien da noch die kleinste Forderung. Eine Einflussnahme auf säkulare und abtrünnige Muslime in politischer Verantwortung wird selbstverständlich sein. 2017 könnte Rot-Rot-Grün mindestens zwei muslimische Politiker in Ministerämter bringen. Man darf schon gespannt sein.

(eigentümlich frei)

5. Januar 2017

LAMMERT: DAS VOLK MUSS WEG

Unter der Überschrift „Wer sind wir?" setzt der Bundestagspräsident gleichsam den Meißel an: Der Satz auf dem Giebelfries des Reichstags „Dem deutschen Volke" wird mittelfristig beseitigt werden.

Norbert Lammert geht in seinem heutigen Beitrag in der „FAZ"[24] bei der Identitätsfrage noch scheinbar behutsam vor. Aber auch er fragt schon: „Wer oder was ist deutsch?" Und er stellt fest: „»Volk« ist ein schillernder Begriff, alles andere als eindeutig." Natürlich, denn alles andere als verkomplizierendes Zerreden stünde der eigentlichen Absicht seines Texts entgegen. Da ist dann wieder (diesmal mit einem Wieland-Zitat von 1792) von den Stämmen der Schwaben oder Sachsen die Rede, die gegen das deutsche Volk in Stellung gebracht werden – einfach nur noch zum Kotzen. Als wären die Stämme nicht deutsch. Ich kann (obwohl nicht biodeutsch) wahrscheinlich wie jeder andere Deutsche in einer halben Minute feststellen, ob jemand deutsch ist, ohne Ethnologie studiert zu haben; es gibt eben Dinge, die sich einer Definition entziehen. Hingegen wird man die naheliegende Beschreibung der „Deutschen" als desjenigen Volkes überwiegend germanischer Abstammung, das seit über 1000 Jahren grob zwischen Rhein und Oder lebt und sich selbst seit dieser Zeit „deutsch" nennt, bei Lammert vergeblich suchen. Es sei aber an Karl Poppers Warnung erinnert: Definitionen helfen niemand, sie seien „ruinös" für das Denken, denn sie täuschen eine falsche Präzision vor und führen an der echten Aufgabe vorbei, die darin bestehe, politische Vorschläge zu diskutieren[25]. Der klar verständliche Vorschlag, den Lammert eigentlich meint, aber in dieser Deutlichkeit noch vermeidet, lautet: Das deutsche „Volk" soll als Souverän von einer in Deutschland lebenden „Bevölkerung" abgelöst werden. Das wäre ein klarer Vorschlag im Sinne Poppers, über den wirklich diskutiert werden könnte, denn dann wüsste man, woran man ist.

Lammert arbeitet mit dem Taschenspielertrick der Politikerelite, die tatsächlich zunehmende Vernetzung der Weltwirtschaft unter dem Schlagwort der Globalisierung mit dem Projekt ebendieser Elite, neben den Warenströmen auch die Migration grenzenlos zu machen, gleichzusetzen. „Deutschland ist anders als vor hundert Jahren – glücklicherweise", schreibt er und meint damit nicht etwa, dass Deutschland nicht mehr wie vor hundert Jahren weltführend in Wissenschaft und Technik ist, sondern dass „17 Millionen Menschen mit ausländischen Wurzeln" in Deutschland leben. Das sind jedoch überwiegend Einwanderer aus europäischen Nachbarländern, die sich wegen ihrer kulturellen Nähe nach kurzer Zeit problemlos einpassen, wie das ja seit jeher so war. Hugenottische Franzosen und katholische Polen sind aber nie das Problem gewesen. Was ist denn neu an der heutigen Situation? Das eigentliche Problem spricht Lammert, unredlich wie er ist, nur indirekt durch ein abstoßendes Zitat des persischen Vorzeigemoslems der bundesrepublikanischen Elite Navid Kermani an, der das Volk, unter dem er sehr gut leben kann, stellvertretend für viele seiner Glaubensgenossen beleidigt: „Man stelle sich nur vor, man würde in allem, was man tut, denkt, fühlt, Deutscher sein, nur als Deutscher agieren, essen, lieben – das wäre doch ziemlich grauenhaft." Warum eigentlich? Lammerts Autorassismus kommt hier durch seine implizite Bejahung der Kermanischen Beleidigung sehr gut zum Ausdruck.

Nebenbei feuert Lammert naturgemäß gegen die AfD, ohne sie beim Namen zu nennen: Es sei „ebenso geschichtsblind wie politisch unsensibel", den „antiliberal und rassistisch besetzten Begriff des »Völkischen»" wiederzubeleben; das mag ja sein, doch weshalb den Begriff des Volkes gleich mit in den Mülleimer schmeißen? „Populismus" sei „ein Phänomen, das die allgemeingültige Definition scheut wie der Propagandist das sachliche Argument." Nun, was die Definition angeht, habe ich schon

Karl Popper dazu zitiert; was wiederum die Propaganda angeht, glaube ich, dass Lammert ein Eigentor geschossen hat. Welche Parteibücher haben denn die Intendanten und Chefredakteure der zurecht so genannten Mainstream-Medien? Er meint Pegida und die AfD, wenn er schreibt: „Wer das Abendland gegen tatsächliche und vermeintliche Bedrohungen verteidigen will, muss seinerseits den Mindestansprüchen der westlichen Zivilisation genügen: Toleranz üben, die Freiheit der Meinung, der Rede, der Religion wahren und den Rechtsstaat achten." Das Wort „Abendland" aus Lammerts Munde klingt wie Hohn... Wer die Regierungspolitik der letzten Jahre beobachtet hat, weiß, wer es ist, der weder Toleranz übt (und von „Pack" und „Dunkeldeutschen" spricht) noch die Meinungs- und Redefreiheit wahrt (und nach einer Zensurbehörde noch ein Wahrheitsministerium plant). Und ob eine als Religion getarnte Ideologie, die den Rechtsstaat verachtet, unter die Religionsfreiheit fällt, sei bezweifelt – doch denkt Lammert nicht etwa darüber nach, sondern über die Einschränkung der Volkssouveränität: Plebiszite kommen für ihn als angeblich undemokratisch nicht in Frage. „Nicht populäre" Richtungsentscheidungen seien nur durch das repräsentative System möglich gewesen, er nennt die soziale Marktwirtschaft, die Wiederbewaffnung, die Nato-Mitgliedschaft und den Euro: Bei zwei bis drei dieser Entscheidungen glaube ich, dass es besser gewesen wäre, sie wären nicht so gefällt worden.

Besonders widerlich finde ich einen Bezug Lammerts auf den Roman Boris Pasternaks („Doktor Shiwago"). Dort äußert der Held tatsächlich seine Skepsis gegenüber dem Begriff des „Volkes", doch weshalb? Er will nicht nur vor einem Missbrauch des Volksbegriffs durch „Kaiser, Könige und Politiker" warnen, sondern die Völker überhaupt durch das christliche Individuum überwinden. Davon findet sich beim post-christlichen CDU-Mitglied Lammert selbstverständlich keine Spur. Sicher aber ist, dass Politiker wie Lammert sich niemals auf das Volk berufen werden. Wieder vernebelt er, wenn er betont, dass „gewählte Repräsentanten" doch auch zum „Volk" gehören würden; was nutzt das aber, wenn sie stracks gegen das Volk arbeiten und darin ihren Stolz und ihre Befriedigung finden?

Der zentrale Punkt des Artikels liegt in folgenden Sätzen versteckt: „Nach dem formalen Volksbegriff des Grundgesetzes entscheidet die Staatsangehörigkeit darüber, wer zum Souverän gehört und wer nicht. Die Betroffenheit ist kein hinreichendes Kriterium – anders als es der im Jahr 2000 im nördlichen Innenhof des Reichstagsgebäudes platzierte und mit wiederum demonstrativer Geste als Gegenfolie zum Giebelfries dienende Schriftzug »Der Bevölkerung« des Künstlers Hans Haacke suggeriert." Noch unterscheidet Lammert vorsichtig berechnend zwischen „Volk" und „Bevölkerung" als Souverän, doch tut er alles dafür, dass auch noch der letzte und neueste Teil der immer „bunter" gemischten Bevölkerung durch den Erhalt der Staatsangehörigkeit „formal" zum „Volk" gehört und damit zum Souverän wird, wodurch sich der Unterschied zwischen dem deutschen „Volk" und der „Bevölkerung" aufhebt. Ob das dem Geist der Grundgesetzes entspricht? Im Gegensatz zu Lammert versteht jeder Türke den Unterschied zum „formalen Volksbegriff" genau: Spricht ein Türke von den Deutschen, meint er sich nicht mit, auch wenn er die deutsche Staatsangehörigkeit besitzt. Anders und klar gesagt: Das deutsche Volk wird als Souverän abgeschafft. Wer solche Politiker wie Lammert hat, braucht sich um Feinde nicht zu kümmern. Das dergestalt interpretierte repräsentative System der Bundesrepublik Deutschland ist nicht reformierbar, es braucht eine Neubestimmung.

(Die Freie Welt)

16. Januar 2017

DIE THEORIE HINTER DEM ZEITGEIST DER BELIEBIGKEIT: REZENSION VON ALEXANDER ULFIGS „WEGE AUS DER BELIEBIGKEIT"

Der Philosoph Daniel von Wachter unterschied in einem Vortrag[26] vor drei Jahren zwischen zwei Arten von „Philosophie": es gebe einmal die „literarische oder existenzielle Philosophie", die „oft dunkel, geheimnisvoll, kryptisch, quasireligiös" sei, sich „oft unklar und unscharf ohne Definitionen", dafür aber „mit langen Sätzen" ausdrücke. Diese Art von Philosophie stelle „keine klare Frage", formuliere „keine klare These", bringe „keine Argumente" und „keine Untersuchung der alternativen Positionen". Von Wachter nennt als Beispiele Sartre und Camus, die vor allem Literatur produziert haben, ferner Nietzsche, der kaum Argumente bringe, sowie Heidegger, dessen „Wortbrei" kein Mensch lesen könne, aber auch Hegel, der kaum klare Thesen nenne und gegen deren Gegenthesen verteidige.

Dieser Art „Philosophie" steht die „wissenschaftliche Philosophie" gegenüber, die „Antworten auf bestimmte Fragen" sucht und dafür „klar, präzise, gründlich, detailliert" mit „Argumenten und Gründen" operiert, dabei klare Thesen" aufstellt und „auch die alternativen Positionen untersucht". Von Wachter nennt als Beispiele Aristoteles und besonders die christlichen Denker des Mittelalters, namentlich Thomas von Aquin. Das neue Buch des Philosophen und Soziologen Alexander Ulfig mit dem Titel „Wege aus der Beliebigkeit" gehört glücklicherweise eindeutig zur wissenschaftlichen Philosophie. Er bietet in ihm, wie der Untertitel präzise sagt, klare „Alternativen zu Nihilismus, Postmoderne und Gender-Mainstreaming", also auch und gerade politisch sehr einflussreiche Strömungen der Gegenwart.

Das Werk besteht aus einer Einleitung und zwölf Abhandlungen zu unterschiedlichen Themen. Offenkundig handelt es sich um eine Aufsatzsammlung und keine durchgehende Monographie, doch ist Ulfig dennoch eine Vereinheitlichung gelungen. Beim Lesen findet sich ein roter Faden und der Bezug zu den genannten Hauptthemen. Ulfig formuliert klar und auch für Laien verständlich; beispielhaft sei die erste Abhandlung vom „Mythos von der »sozialen Konstruktion«" genauer vorgestellt.

Ulfig bringt nach einer Übersicht über seinen Argumentationsgang seine These vor, nämlich dass es keine sozialen Konstrukte gebe, wie das die Postmoderne zum Beispiel beim soziokulturellen Geschlecht, dem Gender, behauptet. Er definiert zunächst den Begriff der „Konstruktion" und weist nach, dass der Begriff von den Vertretern der Gender Studies, deren zu seiner konträre Positionen Ulfig ausführlich referiert, unklar verwendet wird. Danach geht er begrifflich in die Tiefe und führt aus, dass „Konstruktion" mit „Produkt" verwechselt werde, das heißt wir seien zwar entgegen der Behauptung der Genderisten nicht in der Lage, unsere Identität frei zu konstruieren, sondern seien ein Produkt der Sozialisation, was uns aber keineswegs komplett determiniere. Schließlich zeigt Ulfig die Grenzen des sozialen Konstruierens (oder besser von dessen Konzeption) auf, der jeder Bezug auf die empirische Realität fehle, wodurch eine wissenschaftliche Überprüfbarkeit anhand dieser Realität unmöglich werde. Trotzdem behaupten die Vertreter der Gender Studies im Einklang mit der Postmoderne, es handle sich bei ihren Vorstellungen um Wissenschaft, was nur möglich ist, weil auch wissenschaftliche Theorien als „Konstruktionen" und damit gleichwertig aufgefasst werden, egal ob sie überprüfbar sind oder nicht. Die Politik akzeptierte diesen Nonsens, was zur Einrichtung von Lehrstühlen für Gender Studies an den Universitäten führte. Diese dienen der Durchsetzung des politischen Programms des Gender-Mainstreamings, das heißt nicht der bislang eigentlich angestrebten universellen Gleichberechtigung gesellschaftlicher Gruppen, sondern ganz offiziell einer partikularistischen Lobbypolitik für eine bestimmte Gruppe von Frauen. Zwei weitere Kapitel schließen direkt daran an, um Klientelpolitik durch mehr innerparteiliche Demokratie zu verhindern und eine an Qualifikation orientierte Stellenvergabe zu fordern.

Damit zeigt sich eine durchgehende Tendenz des Buches, über die wissenschaftliche Philosophie aktuelle politische Probleme zu behandeln, indem deren philosophische Ursachen aufgedeckt werden: Ulfig bietet die Theorie hinter dem Zeitgeist. Ulfig argumentiert überhaupt im ganzen Buch universalistisch (so auch für universelle versus partikularislamische Menschenrechte) und für das Individuum gegen kollektivistische Vereinnahmungen, wie sie zum Beispiel die überwunden geglaubte Beurteilung nach dem Geschlecht darstelle, was Männern eine Kollektivschuld für die angebliche Misere der Frauen zuweise. Ulfig tritt für die Werte der Aufklärung ein, die von einflussreichen postmodernen Denkern wie Foucault und Lyotard geleugnet werden; er verteidigt die Objektivität (und damit die Möglichkeit von Wahrheit), die dem relativistischen Denken zum Opfer gefallen sei, wie auch die Hierarchie von wissenschaftlichen Paradigmen (und Kulturen), die keineswegs gleichwertig seien, wie das die Postmoderne behaupte.

Am bedrohlichsten dürfte für unsere Zeit der postmoderne Nihilismus und Anti-Humanismus sein. Aus der Leugnung von allgemeinverbindlichen Werten resultiere, so Ulfig, die Rechtfertigung einer parteiischen

Politik nur für bestimmte Gruppen, aus der Ablehnung des Humanismus wiederum die Leugnung der menschlichen Freiheit und letztlich Würde. In Verbindung mit der unterentwickelten Ethik des Marxismus, von dem die Postmoderne abstammt, ergebe sich daraus eine Gewaltbereitschaft der Linken bei der Durchsetzung ihrer partikularistischen politischen Ziele, ironischerweise im Sinne von Nietzsches „Wille zur Macht".

Ulfig gelingt in seinem neuen Buch überzeugend eine nachvollziehbare Diagnose: Unsere Zeit krankt an der Beliebigkeit. Insofern gehört sein Buch im weitesten Sinne zur Kulturkritik. Seine Therapie besteht im Rückgriff auf die Werte der Aufklärung des 18. Jahrhunderts, des „Zeitalters der Vernunft", die seiner Untersuchung nach teils missverstanden, teils verlassen worden seien. Ob die Aufklärung wirklich noch als Remedium für unsere Zeit taugt, wird von nicht Wenigen, auch dem Rezensenten, bezweifelt. Michel Houellebecq zum Beispiel, sicher kein Philosoph, aber der vielleicht bedeutendste Literat unserer Zeit, hat knapp verkündet, die Aufklärung sei gescheitert. Ulfig würde das möglicherweise mit der Begründung zurückweisen, die Aufklärung sei noch nicht so wie von den Aufklärern beabsichtigt zum Zuge gekommen. Meines Erachtens ist viel wichtiger, dass Ulfig mit nüchternen Argumenten, also mit den Mitteln der uralten wissenschaftlichen Philosophie, zeigt, dass die postmodernen Thesen falsch sind. So lange dieses Ergebnis nicht breiter akzeptiert wird, schwächt die Dekonstruktion von Werten (wie dem Leistungsprinzip und den Menschenrechten) und die Relativierung von Wissen unsere Gesellschaft, die dadurch immer undemokratischer und anfälliger für Angriffe von Ideologien wird. Diese Gefahr hat Ulfig auf einem hohen gedanklichen und argumentativen Niveau erkannt und benannt, weshalb das Buch unbedingt allen politisch interessierten Lesern zu empfehlen ist.

*Alexander Ulfig: **Wege aus der Beliebigkeit: Alternativen zu Nihilismus, Postmoderne und Gender-Mainstreaming**, Deutscher Wissenschafts-Verlag: Baden-Baden 2016. Taschenbuch. Euro 24,95.*

(Cuncti)

19. Januar 2017

HÖCKE UND DIE ZWERGE

Der „unbequeme Redner" Björn Höcke (AfD) hat in Dresden eine Rede gehalten.

Ich habe sie mir auf YouTube[27] komplett angehört. Die künstliche Aufregung, die jetzt von „Spiegel" bis „Bild" entfacht wurde, verstehe ich nicht. Er hat eine „erinnerungspolitische Wende um 180 Grad" gefordert, weil er die Bundesrepublik Deutschland nicht ausschließlich auf dem Holocaust gegründet, sondern die gesamte deutsche Geschichte zum Fundus der Erinnerung gemacht sehen will. Das scheint mir angesichts der einseitigen Fixierung des offiziellen Deutschland auf Auschwitz nicht unangebracht und vermessen zu sein. Dass er das Berliner Holocaustdenkmal als „Denkmal der Schande" bezeichnet, weist doch auf genau das, was die Errichter des Denkmals wollten, und dass Höcke die Einzigartigkeit der leicht perversen Tatsache, dass ein Volk in seiner Hauptstadt ein solches Denkmal errichtet, erwähnt, sollte jene, die voll des einzigartigen deutschen Sündenstolzes sind, nicht sonderlich erregen. Keine Sorge, möchte man ihnen zurufen, keine Angst, die Deutschen bleiben trotzdem nach wie vor die Weltmeister sowohl des Verbrechens als auch der Vergangenheitsbewältigung! Es ist von Leuten wie Thomas Oppermann (SPD) scheinheilig, Höcke zu unterstellen, er leugne die Schande, gleichzeitig aber Millionen Antisemiten ins Land zu lassen.

Ob es klug ist, die Zivilreligion der Bundesrepublik zu thematisieren, sei dahingestellt. Der verstorbene Historiker Rolf Peter Sieferle hat davor gewarnt, weil einen derzeit politisch nichts angreifbarer macht als dies. Wir haben andere Sorgen. Andererseits darf es kein Tabu geben, das man nicht ansprechen darf, weil man sonst die Probleme nicht angehen kann, hier also die Schuldkultur und den resultierenden Selbsthass der Deutschen. Um das Gleichgewicht wiederzufinden, das die Deutschen verloren haben, muss eine Diskussion über diese Themen möglich sein. Eine alternative Partei ist daher immer in der Zwickmühle. Ich kann nicht wirklich sagen, was politisch opportun ist: schweigen, um keine Angriffsfläche zu bieten, oder reden und Missverständnisse provozieren? Es geht um jedes Wort, und da agiert Höcke vielleicht unglücklich, doch hat er nicht von einem „schändlichen Denkmal" gesprochen, was ihm jetzt die, die nicht richtig Deutsch können wollen, unterstellen. Freilich kann ein Wolfgang Schäuble sagen, die Deutschen würden „in Inzucht degenerieren", wenn sie nicht grenzenlos Orientalen ins Land ließen: Da regt sich kaum etwas im Blätterwald.

Wahrscheinlich erschrecken viele Umerzogene in Wirklichkeit nicht vor einer nicht erfolgten Holocaustleugnung, sondern vor der häufigen Verwendung des Wortes „Patriotismus" durch Höcke, auch wenn es mit Adjektiven wie „tief" und „bescheiden" versehen wird. Ihnen sei die Kinderhymne von Bertolt Brecht empfohlen, deren letzte Strophe lautet: „Und weil wir dies Land verbessern / Lieben und beschirmen wir's /

Und das liebste mag's uns scheinen / So wie andern Völkern ihrs." Noch Willy Brandt war Patriot, eine heute für einen Linken unvorstellbare Option. Umerzogen oder durch Einsicht klug geworden sein, das sind zwei verschiedene Dinge.

Dass mit den Bombardierungen der deutschen Städte (und der Auslöschung ganzer Stämme, worauf Höcke nicht eingeht) unter anderem die deutsche „kollektive Identität" erschüttert, wenn nicht ausgelöscht werden sollte, was mit der Re-Education dann sehr erfolgreich fortgesetzt wurde, geben die US-Amerikaner ohne weiteres zu, es ist in jedem amerikanischen Lexikon nachzulesen. Höcke erzählt da also nichts Neues. In diesem Zusammenhang erwähnt er die berühmte Rede Richard von Weizsäckers zum 8. Mai, der ein Datum der Befreiung gewesen sei. Jeder, der noch deutsche Menschen kennt, die diesen Tag bewusst miterlebten, weiß, dass er als Zusammenbruch erlebt wurde, als totale Niederlage, wie es die Alliierten beabsichtigten. Der Bundespräsident hat die Niederlage zur Befreiung eines von totalitärer Herrschaft vergewaltigten Volkes umdefiniert. Man kann das aus der Sicht des Widerstandes und der Emigration so sehen, aber selbst dem besseren Deutschland blutete, wie dem erwähnten BB, das Herz, als es die Trümmerwüsten sah. Ich hätte vielleicht nicht wie Höcke gesagt, die Rede sei „gegen das eigene Volk" gerichtet gewesen, weil auch eine heilende Absicht hinter ihr gestanden haben dürfte, aber ich glaube zu wissen, was er meint: Von Weizsäcker habe nur die Position der Sieger übernommen.

Höcke macht in einem großen Teil seiner Rede etwas, was von keinem einzigen Funktionär einer der etablierten Parteien getan würde: Er kritisiert die eigene Partei massiv. Sie werde, so Höcke, irgendwann im satten Funktionärstum „erstarren". Sie müsse deshalb so lange wie möglich eine „Bewegungspartei" bleiben, was bedeute, immer im Kontakt mit den Bürgern auf der Straße zu bleiben. Er prophezeit der Partei einen „langen entbehrungsreichen Weg". Das ist schon wegen der teilweise gewalttätigen Anfeindung, der AfD-Politiker ausgesetzt sind, völlig einsichtig. Er fordert die jungen Leute der AfD auf, unbedingt einen Beruf zu erlernen, damit sie nicht abgehobene Berufspolitiker aus dem Treibhaus werden, die vom Leben keine Ahnung haben, wie dies leider vor allem bei der

SPD und den Grünen der Fall ist. Das kann jeder Demokrat doch nur unterschreiben.

Und dass Höcke als Ziel der AfD anstrebt, irgendwann bei Wahlen 51% zu bekommen, um einen „vollständigen Sieg" zu erringen, ist, wenn man ehrlich ist, das Ziel jedes Politikers und jeder Politikerin jeder einzelnen Partei, sonst bräuchte er oder sie gar nicht in die Bütt zu steigen. Die AfD, laut Höcke die „letzte evolutionäre, friedliche Chance für das deutsche Volk", soll „Geschichte schreiben": Aber das ist doch das Mindeste, was von einer politischen Partei verlangt werden muss. Björn Höcke nun (wieder einmal) zum Nazi zu machen und Fotos zu veröffentlichen, die ihn mit dem nach vorne ausgestreckten rechten Arm winkend zeigen, ist so perfide wie billig. Jeder, der eine Meinung abseits der Trampelpfade vertritt, wird im denkbar langweiligsten Reflex von medialen Zwergen, die ununterbrochen den Kampf gegen rechts kämpfen und denen nichts Neues mehr einfällt, zum Nazi erklärt. Auf Facebook meinte Höcke, sich gegen diese Kritik verteidigen zu müssen. Das war unnötig und hat immer den Beigeschmack des schlechten Gewissens, das er nicht zu haben braucht. Da hat der Autor Akif Pirinçci schon kerniger formuliert, dass man ihn Nazi oder Klobürste nennen könne, es sei ihm gleich. Höcke soll nun mit der Methode, die bei Pirinçci funktionierte, das gleiche Schicksal bereitet, ihm also mit einem falschen Zitat der politische Garaus gemacht werden. Es wird Zeit, dass solche Methoden nicht mehr funktionieren.

Ich habe mir die an 500 Gäste der Jungen Alternative gerichtete Rede also angehört. Was mir als „Wessi" auffiel, waren die Reaktionen dieses Dresdner Publikums. Sie waren nicht so geglättet wie es solche eines westdeutschen Publikums wären. Sprechchöre wie „Volksverräter" kämen hier den Leuten auch bei Erwähnung Angela Merkels nicht so leicht über die Lippen. Etwas lächeln musste ich aber bei folgendem: Manchmal verfielen die Leute, wohl unbewusst, in den eisernen rhythmischen Beifall aus realsozialistischen Zeiten, der große Begeisterung ausdrücken soll, obwohl Höcke kaum kommunistisch ausgerichtete Zuhörer gehabt haben dürfte. Da sieht man, wie die Erziehung auch auf jene abfärbt, die die Ideologie der DDR ablehnen. Oder umgekehrt: Wie patriotisch doch die DDR gewesen sein muss.

(Die Freie Welt)

20. Januar 2017

DER GRATISMUT GEWISSER KÜNSTLER WIRD ZUM „WIDERSTAND" STILISIERT

Heute am Morgen höre ich in der Presseschau von hr2 folgende Nachricht:

Viele Künstler und Galerien in den Vereinigten Staaten sind gegen Donald Trump. Das ist ihr gutes Recht. Wahrscheinlich sind sie Anhänger von Hillary Clinton. Nun wollen sie bei der Amtseinführung Trumps protestieren; die Galerien schließen, um ihren Mitarbeitern das Protestieren zu ermöglichen. Gegen Protest ist gar nichts zu sagen.

Der hr2-Moderator redet aber von „Widerstand". Das ist eine Verhöhnung aller Menschen, die je wirklich Widerstand geleistet haben. Wann hat der President-elect je einen Künstler verboten oder unterdrückt, sodass dieser „Widerstand" leisten musste? Ich vermute stark, dass auch die Demonstrationen gegen Trump ohne ein Niederkartätschen der Teilnehmer vonstattengehen. Besonderer Mut, gegen den übrigens demokratisch gewählten Präsidenten zu protestieren, dürfte jedenfalls nicht erforderlich sein.

Hier von „Widerstand" zu reden, ist ein weiterer perfider Versuch von deutschen Medien, die Öffentlichkeit in übler Weise einseitig zu beeinflussen.

(Die Freie Welt)

23. Januar 2017

DER ALTE UND DER NEUE US-PRÄSIDENT: TRUMPS GROSSARTIGE ANTRITTSREDE

Dem amerikanischen Volk die Macht zurückgeben.

Der neue US-Präsident wollte am 20. Januar nach seiner Vereidigung eine „philosophische" Rede halten. Wenn man darunter versteht, dass sie sich an einem christlichen Menschenbild orientiert, dann war es eine solche. Und sie war rhetorisch brillant.

Ob Donald Trump gegen ein fast übermächtiges Establishment von Profipolitikern, Lobbyisten und Medien sein Programm durchsetzen kann, wird die Zukunft zeigen. Aber schon heute kann man sagen, dass seine viel geschmähte Inaugurationsrede grandios war.

Die Kommentare der überwiegend links eingestellten Medien in Deutschland waren, verhalten gesagt, negativ. Trump wurde als populistischer Schauspieler bezeichnet, der gegenüber dem offenbar sakrosankten farbigen Demokraten Obama stark abfalle, und es wird ihm sein Reichtum vorgehalten. Doch hat schon die Journalistin Oriana Fallaci gesagt, dass sich Reiche wenigstens nicht bereichern müssten, das sei ihr Vorteil in der Politik, und in der Tat: Das Kabinett Trumps muss genauso wenig wie er diesen Job machen.

Es sei jedem Kritiker empfohlen, sich die Rede Obamas vom 20. Januar 2009 anzuschauen. Sie enthält übrigens weitgehend dieselben Ingredienzen wie die seines Nachfolgers, ohne dass Obama dafür getadelt worden wäre. Man wird von der Ähnlichkeit vieler Themen überrascht sein. Doch ist Obama rhetorisch schwach; Trump formuliert klarer und letztlich besser. Und es gibt entscheidende inhaltliche Unterschiede.

Obama begann wie heute Trump damit, die Gegenwart als „Krise" zu zeichnen: *„Dass wir mitten in einer Krise stecken, wird nun überall verstanden. Unsere Nation befindet sich im Krieg gegen ein weit gespanntes Netz der Gewalt und des Hasses. Unsere Wirtschaft ist schwer geschwächt – als Folge von Habgier und Unverantwortlichkeit auf Seiten einiger, aber auch wegen unseres kollektiven Versagens, schwere Entscheidungen zu treffen und die Nation auf eine neue Ära vorzubereiten."* Er nennt sehr allgemein die „Habgier" in Anspielung auf die gerade tobende Finanzkrise und die Zocker, doch offenbar sind für ihn alle (und damit keiner) schuld. Man kann das „versöhnend statt spaltend" nennen, aber es ist nur verlogen, denn er verschweigt den entscheidenden Anteil des demokratischen Präsidenten Clinton.

Trump ist da viel eindeutiger, er operiert gekonnt mit dramatischen Gegenüberstellungen: *„Zu lange hat eine kleine Gruppe in der Hauptstadt unseres Landes von der Regierung profitiert, und das Volk hat die Kosten getragen. Washington blühte, aber das Volk hat nichts von dem*

Reichtum gehabt. Politikern ging es gut, aber die Arbeitsplätze wander-
ten ab und die Fabriken schlossen. Das Establishment schützte sich selbst,
aber nicht die Bürger unseres Landes. Ihre Siege waren nicht eure Siege,
ihre Triumphe waren nicht eure Triumphe." Diese Sätze sind klar und
wuchtig. Trump klagt nicht das Kollektiv aller Bürger an, sondern „das
Establishment". Das ist ein echter Unterschied zu Obama. Aber Trump
ist ja auch ein Quereinsteiger.

Worin besteht die Krise? Obama und Trump beschreiben sie ziemlich
ähnlich, doch formuliert Trump poetischer. Obama: „*Häuser wurden*
verloren, Arbeitsplätze abgebaut, Unternehmen geschlossen. Unser
Gesundheitssystem ist zu kostspielig, zu viele unserer Schulen versagen,
und jeder Tag bringt weitere Beweise, dass die Art, wie wir Energie
verbrauchen, unsere Gegner stärkt und unseren Planeten bedroht."
Trump: „*Mütter und Kinder leben in Armut in den Innenstädten; verros-*
tete Fabriken liegen verstreut wie Grabsteine in der Gegend herum. Ein
teures Bildungssystem lässt unsere jungen und schönen Schüler ungebil-
det. Und schließlich sind da die Kriminalität, die Gangs und die Drogen,
die so viele Leben und unser Land so viel Potential gekostet haben."

Obama kündigte eine schwierige Kraftanstrengung aller an, um die Krise
zu überwinden: „*Heute sage ich euch, dass die Herausforderungen, vor*
denen wir stehen, real sind. Sie sind ernst, und es gibt viele von ihnen.
Wir werden sie weder mühelos noch in kurzer Zeit bewältigen. Aber das
sollst du wissen, Amerika, sie werden bewältigt! An diesem Tag haben
wir uns versammelt, da wir Hoffnung über Angst, Einigkeit im Ziel über
Konflikt und Zwietracht stellen. An diesem Tag sind wir gekommen, um
das Ende von engstirnigen Klagen und falschen Versprechungen zu
verkünden, von gegenseitigen Schuldzuweisungen und abgenutzten
Dogmen, die viel zu lange unserer Politik die Luft abgeschnitten haben."

Auch Trump verspricht nicht das Blaue vom Himmel, egal was die deutschen Medien schreiben, und sieht alle in der Pflicht: „*Wir, die Bürger*
Amerikas, sind vereint in einer großen nationalen Kraftanstrengung, um
unser Land wieder aufzubauen – und sein Versprechen für alle Bürger
wiederherzustellen. Zusammen werden wir den Kurs Amerikas und der
Welt auf Jahre hinaus bestimmen. Wir werden auf Herausforderungen
stoßen. Es wird nicht immer leicht sein. Aber wir werden es schaffen."

Obama erinnerte dann in einer langen historisch-patriotischen Passage an die amerikanischen Pioniere, die ihr Land, Amerika, mit gewaltiger Arbeit und unzähligen Opfern groß gemacht hätten: *„Wenn wir die Größe unseres Landes bekräftigen, verstehen wir doch, dass Größe nie als gegeben betrachtet werden kann. Sie muss verdient werden. [...] Es war nie der Weg der Mutlosen. [...] Vielmehr waren es jene, die Risiken auf sich genommen haben, die Handelnden, die Macher, die uns auf diesen langen und zerklüfteten Weg zu Wohlstand und Freiheit mitgenommen haben – manche von ihnen gefeiert, aber häufiger waren es Männer und Frauen, deren Leistung unbekannt geblieben ist. Für uns haben sie ihren geringen weltlichen Besitz zusammengepackt und haben auf der Suche nach einem neuen Leben Ozeane überquert. Für uns haben sie bei Ausbeutern geschuftet und den Westen besiedelt, haben den Hieb der Peitsche ertragen und die harte Erde gepflügt. Für uns haben sie gekämpft und sind sie gestorben, an Orten wie Concord und Gettysburg, in der Normandie und in Khe Sanh."*

Trump blickt weniger zurück als Obama, er blickt nach vorne. Doch ist es, wie gezeigt, einfach nicht wahr, dass nur Trump, wie behauptet wurde, an die blutigen – und einigenden – Opfer für die Freiheit erinnert, wenn er sagt: *„Ein neuer Nationalstolz wird unsere Seelen anrühren und unsere Meinungsverschiedenheiten überbrücken. Es ist an der Zeit, sich an eine alte Soldatenweisheit zu erinnern: Ganz egal ob wir schwarz sind oder braun oder weiß – wir bluten alle das gleiche rote Blut der Patrioten. Wir genießen die gleichen glorreichen Freiheiten, und wir alle grüßen die gleiche, großartige amerikanische Flagge. Und egal, ob ein Kind in Detroit oder in der Prärie Nebraskas geboren wird – beide schauen auf in den gleichen Nachthimmel, sie füllen ihre Herzen mit den gleichen Träumen, und sie empfangen ihren Lebensatem vom selben allmächtigen Schöpfer."* Der letzte Satz hat Töne, die für Obama undenkbar waren.

Wieder ist die Rhetorik beider Präsidenten ganz ähnlich, wenn sie von dem reden, was innenpolitisch gemacht werden soll; bei Obama klingt es so: *„Wir werden die Straßen und Brücken bauen, die Stromnetze und Digitalleitungen, die unseren Handel nähren und uns miteinander verbinden. Wir werden der Wissenschaft wieder den ihr zukommenden Platz zuweisen und die Wunder der Technik nutzen, um die Qualität des*

Gesundheitssystems zu steigern und ihre Kosten zu senken. Wir werden die Sonne, den Wind und das Erdreich nutzbar machen, um unsere Autos und Fabriken anzutreiben. Und wir werden unsere Schulen, Fachhochschulen und Universitäten umwandeln, damit sie den Herausforderungen einer neuen Zeit gerecht werden. All das können wir schaffen. Und all das werden wir schaffen." Da ist es, sein Motto: „We can do it", „wir schaffen das", das später eine Vasallin kopierte.

Trump sagt eigentlich dasselbe, nur arbeitet er mit prägnanteren Wiederholungen: *„Wir werden unsere Jobs zurückbringen. Wir werden unsere Grenzen zurückbringen. Wir werden unseren Wohlstand zurückbringen. Wir werden unsere Träume zurückbringen. Wir werden neue Straßen und Highways bauen, und Brücken und Flughäfen und Tunnel und Eisenbahnschienen quer durch unser wundervolles Land. Wir werden unserem Volk wieder Wohlstand und Arbeit bringen – unser Land wieder aufbauen mit amerikanischer Arbeitskraft."*

Und auch er betont wie Obama den zwingend eintretenden Erfolg: *„Lasst euch von keinem sagen, dass etwas unmöglich ist. Keine Herausforderung ist für das Herz und den Kampfgeist Amerikas zu groß. Wir werden nicht versagen. Unser Land wird wieder blühen und Wohlstand erleben. Wir stehen am Beginn eines neuen Jahrtausends, bereit, die Mysterien des Weltraums zu entschlüsseln, die Erde von Krankheiten zu befreien und die Energien und Technologien der Zukunft zu nutzen."*

Obama redete auch patriotisch, doch blieb er bemerkenswert vage, wen er mit „wir" meinte: alle? Minderheiten? Schwarze? Muslime? Er bot einmal die sozialistische Andeutung, *„dass eine Nation nicht länger gedeihen kann, wenn sie nur die Wohlhabenden begünstigt."* Hier ist Trump wieder ganz deutlich: Er meint mit „wir" vor allem die „vergessene" Unterschicht und den Mittelstand des eigenen Landes, also den „Nächsten" und die Mehrheit: *„Die vergessenen Frauen und Männer unseres Landes werden nicht länger vergessen sein. Alle hören euch jetzt zu. Millionen von euch sind gekommen, um Teil einer historischen Bewegung zu werden, einer Bewegung, wie sie die Welt noch nie gesehen hat. Im Zentrum dieser Bewegung steht ein entscheidender Gedanke: dass eine Nation existiert, um ihren Bürgern zu dienen. [...] Eine Fabrik nach der anderen schloss oder zog ins Ausland um, ohne einen Gedanken an* *die Millionen amerikanischer Arbeiter, die zurückgelassen wurden. Unserem Mittelstand wurde der Wohlstand entrissen und über die ganze Welt verteilt. Aber das ist Vergangenheit. Wir schauen jetzt nur noch in die Zukunft."*

Obama verwandte viel Zeit auf die Darstellung seiner Sicht von Weltpolitik: Er sprach vom Irak und von Afghanistan, er glaubte noch an Verständigung mit der islamischen Welt: *„Der islamischen Welt sage ich, wir suchen einen neuen Weg nach vorn, gegründet auf gegenseitigem Interesse und Respekt. Denjenigen Führern auf der Welt, die Konflikt säen wollen oder die den Westen für die Krankheiten ihrer Gesellschaft verantwortlich machen, sage ich, wisst, dass euer Volk euch daran messen wird, was ihr bauen könnt, nicht an dem, was ihr zerstört."* Er versprach den armen Ländern Hilfe und forderte von den reichen mehr ökologisches Denken. Freilich sprach dabei auch der Weltpolizist: *„Wenn wir die Straße betrachten, die sich vor uns erstreckt, denken wir in bescheidener Dankbarkeit an diejenigen tapferen Amerikaner, die genau zu dieser Stunde in abgelegenen Wüsten und fernen Bergen patrouillieren."*

Das ist nicht die Präferenz Trumps. Während Obama ziemlich lau sagte: *„Wir werden uns nicht für unsere Art zu leben entschuldigen, noch werden wir bei deren Verteidigung nachlassen"*, spricht Trump auch hier Klartext: *„Wir werden ein freundschaftliches Auskommen mit den Nationen der Welt anstreben. Aber wir denken dabei stets daran, dass es das Recht einer jeden Nation ist, zuerst nach ihren eigenen Interessen zu handeln. Wir wollen unsere Art zu leben niemandem aufzwingen. Sie soll ein Beispiel sein, dem andere folgen können."* Das klingt letztlich auch für die Nicht-Amerikaner wesentlich entspannter als die nicht besonders überzeugenden Einlassungen Obamas. Amerika zwingt niemandem mehr etwas auf. Das deutsche Establishment verliert seine transatlantische Unterstützung.

Der zentrale Slogan Trumps wiederholt sich mehrfach in seiner Rede: „Amerika zuerst!" Darum geht es ihm, und wenn Kritiker die Gefahr des Protektionismus sehen, dann müssen sie erst erklären, warum der Freihandel nicht so erfolgreich war und ist, wie sie immer behaupten, warum zum Beispiel auch in Deutschland die Infrastruktur zerfällt, die Reallöhne sinken und Millionen von illegalen Fremden ohne Arbeit subventioniert werden. Trump setzt darauf: „*Von diesem Tag an wird eine neue Vision die Geschicke unseres Landes bestimmen. Von diesem Moment an heißt es: Amerika zuerst. Jede Entscheidung über Handel, Steuern, Einwanderung oder Außenpolitik wird danach getroffen werden, ob sie amerikanischen Arbeitern oder amerikanischen Familien nutzt. Wir müssen unsere Grenzen vor den Angriffen anderer Länder schützen. Sie wollen unsere Waren produzieren, unsere Firmen stehlen und unsere Jobs vernichten. Diese Grenzen zu schützen, wird uns Wohlstand und Stärke bringen. Mit jedem Atemzug werde ich für euch kämpfen – und ich werde euch niemals enttäuschen. Amerika wird wieder siegen, siegen wie niemals zuvor.*“ Es soll kein Sieg über ein anderes Land sein, sondern ein Sieg im Inneren. Davor zittert die Linke.

Und schließlich ein letzter Unterschied: Auch Obama musste sich in „God's Own Country“ auf Gott beziehen und er tat das auch, doch eher verschämt. Denn Obama ist Multikulturalist, Globalist und träumt von einer verschmelzenden Menschheit: „*Wir sind eine Nation von Christen und Muslimen, Juden und Hindus – und von Nichtgläubigen. Wir sind geformt von jeder Sprache und Kultur von jedem Ende dieser Erde. Und weil wir das bittere Gesöff des Bürgerkriegs und der Trennung gekostet haben und aus diesem dunklen Kapitel stärker und geeinter hervorgegangen sind, können wir nicht anders als zu glauben, dass der alte Hass eines Tages verschwindet, dass die Trennlinien der Stämme sich bald auflösen, dass unsere gemeinsame Menschlichkeit zum Vorschein kommt, während die Welt kleiner wird, und dass Amerika seine Rolle spielen muss bei der Förderung einer neuen Ära des Friedens.*“ Er würde nie etwas gegen Masseneinwanderung tun.

Trump überzeugt in seinem Glauben wesentlich mehr, weil es kein beliebiger Gott ist, an den er glaubt. Auch außenpolitisch ist Trump letztlich realistischer und darum überzeugender. Die Menschheit verschmilzt nicht, es werden Unterschiede bleiben. Der Reichtum ist nicht unendlich teilbar, weshalb man diejenigen schützen muss, die einen gewählt haben, also die US-Amerikaner: „*Wir haben die Grenzen anderer Länder verteidigt und uns gleichzeitig geweigert, dasselbe mit unseren eigenen Grenzen zu tun. [...] Angst muss niemand haben – wir werden beschützt, und werden immer beschützt sein. Beschützt von den*

großartigen Männern und Frauen unseres Militärs und der Ermittlungs-
behörden, und vor allem: beschützt von Gott." Es macht sich keine
Illusionen über den Islam wie Obama: „*Wir werden alte Bündnisse stär-*
ken und neue formen. Wir wollen die zivilisierte Welt im Kampf gegen
den radikalen islamischen Terror einen, den wir vom Antlitz der Erde
tilgen werden." Trump sagte nicht: islamistisch!

Kern der Rede Trumps ist es, „dem amerikanischen Volk" die Macht
zurückzugeben. Das kann nur jemand sagen, der nicht zur politischen
Klasse gehört. Obama hätte es nicht sagen können. Trumps Erinnerung
an die Leitlinie wahrer Demokratie lautet: „*Wirklich wichtig ist nicht,*
welche Partei an der Regierung ist – sondern die Frage, ob unsere Regie-
rung vom Volk kontrolliert wird." Das nennen Linke „Populismus".

Am Ende seiner Rede erinnerte Obama erneut sehr langatmig an die
entschlossenen Revolutionäre des Unabhängigkeitskriegs, um die Nation
zum Handeln zu bewegen. Trump ist viel feuriger: „*Amerikaner in Städ-*
ten nah und fern, klein und groß, von Ozean zu Ozean, hört diese Worte:
Ihr sollt niemals wieder ignoriert werden. Eure Stimmen, eure Hoffnun-
gen, eure Träume machen Amerikas Schicksal aus. Euer Mut, eure Güte
und eure Liebe leiten uns für immer auf diesem Weg. Zusammen machen
wir Amerika wieder stark. Zusammen machen wir Amerika wieder reich.
Zusammen machen wir Amerika wieder stolz. Zusammen machen wir
Amerika wieder sicher. Zusammen machen wir Amerika wieder groß."

Trump spaltet keineswegs, wie die deutsche Presse schreibt, aber er will
Entscheidungen treffen, die nicht jedem gefallen sollen, was nur ehrlich
ist; er gründet seinen Aufruf nicht wie Obama auf eine schwammige
„Vielfalt", sondern auf ein patriotisches Bekenntnis zu Amerika, das aber
wie jedes echt patriotische Bekenntnis nicht diskriminiert: „*Die Grundla-*
ge unserer Politik wird eine absolute Loyalität zu den Vereinigten
Staaten von Amerika sein, und durch unsere Loyalität zu unserem Land
werden wir die Loyalität zueinander wiederentdecken. Wenn ihr euer
Herz dem Patriotismus öffnet, dann gibt es keinen Platz für Vorurteile.
Die Bibel sagt uns, wie gut und angenehm es ist, wenn die Völker Gottes
zusammen in Einheit leben. Wir müssen unsere Gedanken offen ausspre-
chen, unsere Meinungsverschiedenheiten offen diskutieren, aber immer
Solidarität anstreben. Wenn Amerika geeint ist, dann ist Amerika absolut

unaufhaltsam." Und richtig, nicht der Koran oder andere Schriften sagen den Amerikanern diese Wahrheiten, sondern es ist die Bibel.

Die Rede Donald Trumps hat meist aus den falschen Gründen großes Interesse erweckt. Die Beachtung hat sie aber verdient, denn es war eine großartige Rede. Im Grunde wissen das natürlich auch die deutschen Qualitätsmedien. Das ist es ja auch, was sie so quält und gegen Trump anschreiben lässt.

PS: Die Übersetzungen sind im Internet erreichbar. Ich habe, wo nötig, PC-motivierte Fehler korrigiert. So wird „immigration" oft mit dem globalistisch inspirierten Kunstwort „Zuwanderung" übersetzt („Einwanderung" ist korrekt), und Trumps Formulierung „radical islamic terrorism" wird oft mit „radikaler islamistischer Terrorismus" bereits islamophil uminterpretiert.

(eigentümlich frei)

30. Januar 2017

TRUMPS EINREISEVERBOT: KONSEQUENT UND NICHT ANTIMUSLI-MISCH

Man kann diverse Argumente anführen gegen das Dekret des US-Präsidenten, Bürger von sieben nordafrikanischen und nahöstlichen Staaten nicht in die USA einreisen zu lassen. Aber der Vorwurf des „antimuslimischen Rassismus" ist sicher falsch. Und die Kritiker bleiben jede Antwort schuldig, wie man ein Land schützen soll gegen Menschen, die Toleranz missbrauchen.

Donald J. Trump hat ein Einreiseverbot für Bürger aus Irak, Iran, Syrien, Libyen, Somalia, Sudan und der Jemen ausgesprochen – Menschen aus diesen Ländern dürfen 90 Tage lang nicht in die USA einreisen. Flüchtlingen aus Syrien wird zudem auf unbestimmte Dauer der Zugang zu den USA verwehrt. Damit zieht Trump die Konsequenz aus der Erkenntnis, dass nicht alle Muslime Terroristen sind, aber alle Terroristen Muslime. Auch der vorurteilsfreie Blick in die Vorstädte und Stadtteile französischer und deutscher Großstädte offenbart Probleme, die die USA zusätzlich zu jenen mit Afroamerikanern nicht auch noch haben müssen.

Toleranz ist keine Einbahnstraße. Es kann nicht so weitergehen, dass Millionen Menschen aus seit Jahrhunderten totalitär beherrschten Gebieten, die Andersdenkenden keinen Millimeter Freiraum geben, ohne Obergrenze in westliche Staaten einreisen können. Die Annahme, es handle sich bei diesen Menschen mehrheitlich um Widerstandskämpfer und Dissidenten, die begeisterte Anhänger der westlichen Demokratie sind, ist absurd.

Viele naive Amerikaner protestieren gegen Trumps Dekret, weil sie die Puritaner der „Mayflower" mit sunnitischen Immigranten gleichsetzen. Die deutsche Presse, die offen Rechtsbruch und illegale Masseneinwanderung praktisch geschlossen unterstützt, schäumt, obwohl Deutschland vom Dekret gar nicht betroffen ist; zum Beispiel schreibt die „SZ": „Die Einreise-Dekrete jedenfalls laufen auf einen nach religiösen und ethnischen »Kriterien« pauschal diskriminierenden Bann hinaus. Man könnte, will man es scharf formulieren, auch sagen, es handelt sich um politisch motivierten Rassismus."

Das ist natürlich Blödsinn. Die Mehrzahl der muslimisch beherrschten Länder sind vom Dekret nicht betroffen. Außerdem ist es zeitlich begrenzt und soll nach Erarbeitung strengerer Prüfmethoden bei der Einreise aufgehoben werden. Seriösere Nachrichtenmacher wie der „DLF" melden zudem: „Die Auswahl der sieben Länder könnte aber auch einen anderen Hintergrund haben: Es sind genau die Staaten, die von der Obama-Administration 2015 mit Einreise-Restriktionen belegt wurden. Und auf diese Gesetzgebung seiner Vorgänger-Regierung bezieht sich Trump auch in seinem Dekret." Das wird häufig nicht erwähnt.

Der schon lange stereotype „Rassismus"-Vorwurf funktioniert in Deutschland. In den USA dürfte er nicht funktionieren. Rationaler ist die Kritik, dass mit Saudi-Arabien unverständlicherweise ein besonders gefährliches Land nicht von der Maßnahme betroffen ist. Was bedeutet diese Kritik aber? Das Dekret müsste entweder andere Staaten betreffen oder es müsste eigentlich noch strenger sein. Beides dürfte Globalisten nicht gefallen. Vorwürfe wiederum, dass Trump mit Saudi-Arabien

Geschäfte mache und es deshalb schone, sollten gerade aus Deutschland nicht erhoben werden.

Die Stichhaltigkeit der Kritik an der Pauschalität des Dekrets hängt davon ab, wie man den Islam einstuft, als Religion oder als Ideologie. Dass in Deutschland durch die Religionsfreiheit immer auch der radikale Islam mitgeschützt wird, kann kaum bestritten werden; pauschalisierende Maßnahmen wären daher auch in Deutschland unvermeidbar, würde der deutsche Staat noch funktionieren. Der deutsche Staat schützt aber seine Bürger nicht mehr effektiv, was schon die absurden Vergleiche zeigen, dass die Chance, bei Verkehrsunfällen zu sterben, höher sei als der Tod durch Terrorismus.

Gegen friedliche Gläubige, so das ebenfalls pauschale Argument, könne man doch nichts haben. Allerdings wissen nur Wenige, was ein gläubiger Moslem täglich betet. Er betont nicht nur, was er glaubt, er erwähnt auch ständig, was er nicht glaubt und wogegen er ist: nämlich gegen alle „Ungläubigen". „Leite uns den rechten Pfad, den Pfad derer, denen Du gnädig bist, nicht derer, denen Du zürnst und nicht derer, die in die Irre gehen." In die Irre gehen nach islamischer Auffassung Christen, Juden und alle Polytheisten. „Wahrlich, der Mensch ist in einem Zustand des Verlusts, außer denjenigen, die glauben." Also sind alle außer den Muslimen in einem Zustand des Verlusts. „Er ist Allah, der EINE, Allah, der Immerwährende, ER zeugt nicht." Das ist eine explizite Ablehnung des christlichen Dogmas der Gottessohnschaft Jesu. Warum hat ein Moslem das nötig? Reicht ihm sein Glaube nicht? Muss er ausdrücklich Andersgläubige im täglichen Gebet herabwürdigen? Nein, leider sind auch friedliche Muslime ein Sicherheitsproblem, denn sie hetzen täglich im Gebet gegen Andersgläubige. Das ist Rassismus und Extremismus pur. Das ist der scheinfriedliche Boden, auf dem die Saat der Gewalt aufgeht. Dagegen muss vorgegangen werden dürfen. Trumps Dekret ist davon meilenweit entfernt. Doch muss ein wehrhafter Staat einen Anfang machen beim Schutz seiner Bürger. Das hat Donald J. Trump getan.

(Die Freie Welt)

6. Februar 2017

SOZIALISMUS IST DER KOSENAME FÜR KOMMUNISMUS (I)

Diese politische Wahrheit darf man nie vergessen!

Viktor Orbán zeichnet sich ausweislich seiner Reden als theoretisch äußerst bewusster und fundierter Politiker aus. Obwohl er machtbewusst ist, was jeder erfolgreiche Parteipolitiker sein dürfte, fehlt ihm trotz einer mittlerweile langen Karriere jenes selbstwidersprüchliche und prinzipienlose Agieren, wie das zum Beispiel für Frau Dr. Merkel und andere Exemplare der deutschen politischen Klasse typisch ist. Man kann bei ihm tatsächlich noch von rational begründeten Prinzipien ausgehen.

Zu diesen Prinzipien gehört ein klarer Antikommunismus. Man sollte meinen, das sei westlicher Konsens, doch wäre diese Annahme, dächte man sie ernst, ein törichter Fehler. Obwohl der Kommunismus sich ebenso massenmörderisch ad absurdum geführt hat wie der Nationalsozialismus, gibt es heute immer noch berühmte Philosophen wie Alain Badiou oder Slavoj Žižek, die sich offen als Kommunisten bezeichnen, was erstaunlicherweise keine öffentlich-mediale Entrüstung hervorruft wie ein Bekenntnis zum Faschismus. Die Leute sind als Autoren, Lehrer und Interviewpartner gefragt.

Auch in der Politik gibt es Menschen wie die Fraktionsführerin der Partei Die Linke, Sahra Wagenknecht, die sich lange als Kommunistin bezeichnete, bevor sie einen nicht sehr überzeugenden rhetorischen Wandel vollzog. Natürlich ist sie immer noch Kommunistin. Diesen „Wandel" kennt man bei Kommunisten zur Genüge, es gab ihn schon bei der SPD in Bad Godesberg 1959, als diese Partei die revolutionäre Perspektive des Kommunismus aufgab, um in der Nachkriegs-Bundesrepublik regierungsfähig werden zu können.

Die SPD kommunistisch? Man wird bei ihr darauf hinweisen, dass sie in der DDR von den „echten" Kommunisten der KPD zur Einheitspartei SED geschluckt worden sei, es also ungerecht wäre, sie als identisch mit diesen zu sehen. Doch hat das niemand so behauptet. Zudem gab es immer Richtungskämpfe zwischen unterschiedlichen linken Parteien, die aber inhaltlich niemals überbewertet werden sollten.

Was war denn (um der Anschaulichkeit halber auf einer persönlicheren Ebene zu bleiben) der Unterschied zwischen Erich Honecker und Herbert Wehner? Er lag doch vor allem darin, dass Herbert Wehner auf die Anwendung revolutionärer Gewalt verzichtet hat. Was aber die Ziele angeht, haben die Sozialisten nie auf die Durchsetzung der kommunistischen Agenda verzichtet, nur sollte sie eben auf friedlichem Wege erreicht werden.

Auch Viktor Orbán hat in Ungarn mit solchen Wendehälsen reichlich Erfahrung machen können. Die Kommunisten der Staatspartei wurden 1990 plötzlich zu „demokratischen Sozialisten" und regierten lange Jahre weiter. Im Westen hat das niemanden gestört, im Gegenteil wurden „sozialistische" Führer von ihm mit Preisen geehrt. Es hat zwanzig Jahre gedauert, bis das ungarische Volk das völlige moralische und politische Versagen der Kommunisten, denn das blieben die „Wendehälse" natürlich innerlich, mit deren vernichtender Abwahl quittierte.

Orbán prägte aus diesen Erfahrungen heraus das Wort, dass Sozialismus nichts anderes als der Kosename für Kommunismus sei. Es handelt sich um eine reine Propagandabezeichnung, da das Etikett „Kommunist" in den meisten europäischen Ländern, so auch in Deutschland, (noch) nicht für die Anerkennung der Regierungsfähigkeit förderlich ist. Wer sorgfältig die Politik des „sozialdemokratischen Zeitalters" 1966 bis 1982 untersucht, wird feststellen, dass kulturrevolutionäre Entscheidungen getroffen wurden, die auf eine Umwandlung der Gesellschaft im kommunistischen Sinn hinzielten. Wer heute die linkspopulistische Agitation eines Martin Schulz verfolgt, wird exakt die Muster erkennen, die für einen Kommunisten typisch sind.

Es ist wichtig, sich immer daran zu erinnern, dass Sozialismus nur ein Kosename ist. Wie der gemütliche Schorsch eigentlich ein ungemütlicher Georg ist. Denn der Verzicht auf Gewalt bei den „Sozialisten" bedeutet nur, dass sie in ihrer Strategie und Taktik wesentlich subtiler geworden sind. Die menschenfeindlichen kommunistischen Ziele werden (statt mit Gewalt) mit massenpsychologischen und anderen Tricks verfolgt und umgesetzt.

(Die Freie Welt)

17. Februar 2017

TRUMPS PRESSEKONFERENZ

Immerhin: Freund und Feind bezeichnen sie als „denkwürdig".

Am Mittwoch gab Donald J. Trump eine Pressekonferenz[28], die ursprünglich nur zur Ankündigung eines neuen Arbeitsministers gedacht war und zu einer über eine Stunde dauernden Sitzung ausuferte. Man kann sich diese wirklich denkwürdige Pressekonferenz im Internet anschauen und anhören – und man sollte es auch tun. Es ist ein Genuss.

Auf „SPON" wird der Präsident nun (in gewohnt kommunistischer Weise) als geistig krank bezeichnet, weil er nicht etwa reuig in die Defensive gegangen ist, wie das die deutsche Presse nach ihren Angriffen von den Angegriffenen gewohnt ist, sondern ganz im Gegenteil selber zum Angriff überging. Ich will nicht auf Inhalte eingehen, denn diese können, wie das in der Natur der Sache liegt, immer unterschiedlich bewertet werden. Es geht um den prinzipiellen Umgang mit einer mehrheitlich linken, von vorneherein feindlichen und aggressiven Presse.

Und dass auch in den USA die Presse mehrheitlich der demokratischen Partei zugewandt ist (wie die hiesige der SPD und den Grünen), ist kein Geheimnis. Entsprechend wird nach dem Schock über Trumps Wahlsieg nun ausschließlich schlecht über dessen Regierung geschrieben. Die Presse, die eigentlich keine politische Funktion hat, sondern nur berichten sollte, will ihre Macht zeigen und schafft durch ihre, wie gesagt, 100%-ig negativen Kommentare, die mit Berichten kaum mehr etwas zu tun haben, eine virtuelle Realität, gegen die die neue republikanische Regierung ankämpfen muss.

Das ist schwer und das kann man nur offensiv machen. Helmut Kohl hat zwar die nötige Elefantenhaut besessen, die jahrelange „Birne"-Verunglimpfung auszuhalten. Aber auch er hat leider die angekündigte „geistig-moralische Wende" gegen den linken Zeitgeist nicht durchsetzen können. Der Abstieg Deutschlands zu einer multikulturellen, multiethnischen und nihilistischen „Allerwelts"-Gesellschaft ging weiter, ganz im Sinne der internationalistischen (heute chic globalistisch genannten) Linken.

Man muss bei der Presse ansetzen, um etwas zu ändern. Mindestens ein Gleichgewicht der Berichterstattung und Kommentierung muss erreicht werden. Viktor Orbán hat das in Ungarn nach seiner Niederlage 2002 vorbereitet und nach seinem grandiosen Sieg 2010 vollendet. Diese neue Ausgewogenheit der Presse, die durch Schaffung bisher nicht vorhandener, rechts orientierter Medien erreicht wurde, hat zu wütenden Angriffen der westlichen Presse geführt, die von einer angeblichen Einschränkung der Pressefreiheit sprach, die jedoch nicht einmal die Ungarn feindlich gesonnene EU erkennen konnte. Das Einzige, was passiert ist, war die Stärkung einer nicht-linken Presse.

Ob Breitbart ausreicht, eine echte Gegenöffentlichkeit zu schaffen, kann ich nicht beurteilen. Ich vermute, das muss noch ausgeweitet werden; Menschen, die reich und politisch interessiert genug sind, entsprechende Organe zu finanzieren, dürfte es geben. Jedenfalls hat Trump völlig richtig agiert, indem er offensiv agiert. Anders wird den ununterbrochenen Angriffen der Presse nicht standzuhalten sein. Die Fitness und Ausdauer des Präsidenten bei der besagten Pressekonferenz war jedenfalls bewundernswert. Wenn er diese ungemein schwierige Anfangsphase seiner Regierung so, mit dieser unbeirrten Power, übersteht, dann werden die undifferenzierten Angriffe der Presse immer langweiliger und merklich abebben. Aufhören werden sie nie, denn selbst Erfolge Trumps werden zu medialen Wutausbrüchen führen, würden sie doch alle linken Träume zerstören.

In Deutschland ist die Situation dagegen verzweifelt. Sogar bislang seriöse Blätter wie die „FAZ" sind sich nicht zu schade, primitive Propaganda zu betreiben, die karikaturistisch verkleidet ist. Eine Gegenöffentlichkeit gibt es fast nur im Netz. Unter einer zu erwartenden rot-rot-grünen Regierung wird gegen diese Gegenöffentlichkeit unter dem Vorwand des „Kampfs" gegen „Hass", „Fake news" und „Rechts" noch schärfer vorgegangen werden. Ob 2021 dann die zu befürchtende Herunterwirtschaftung Deutschlands zu einer heilsamen Krise führen könnte, das weiß niemand. Die Deutschen brauchen wahrscheinlich das Vorbild und die Hilfe der Nachbarvölker.

(Die Freie Welt)

18. Februar 2017

BILLIGUNG VON UNRECHT OHNE KONSEQUENZ?

Wie nicht nur die deutsche Presse Unrecht gutheißt und was daraus für den Bürger folgt.

Der französische Publizist Alfred Grosser äußerte im Jahr nach der so genannten „Flüchtlingskrise" anlässlich eines Vortrags an der Universität in Frankfurt am Main, den ich gehört habe, dass die diesbezügliche Entscheidung der Bundeskanzlerin Merkel „richtig" gewesen sei. Die Begründung für diese Ansicht war entlarvend: Es sei moralisch „richtig" gewesen, nicht nach dem geltenden Recht zu handeln. Politisches Handeln müsse diese „Freiheit" haben. Doch handelt es sich in Wirklichkeit um Willkür.

Auf dem Titel der heutigen „FAZ" prangt das Foto einer jubelnden Gruppe von Schwarzafrikanern neben einem Zaun. Die Legende lautet: „Endlich drüben: Diese Migranten haben es geschafft, den sechs Meter hohen Zaun nach Ceuta zu überwinden." Eine daneben stehende Meldung informiert darüber, dass Hunderte Migranten

- illegal und

- unter Anwendung organisierter Gewalt

sich Zutritt nach Europa verschafft haben. Diese kriminelle Tat wird von der „FAZ" offensichtlich gutgeheißen: „Endlich drüben". Das Blatt suggeriert mit diesem Wort, obwohl es sich um genau entgegengesetzte Phänomene handelt, erstens eine Nähe zu den DDR-Flüchtlingen, die ebenfalls nach „drüben 'rübergemacht" haben, und zweitens den (falschen) Eindruck, Zäune würden „niemanden aufhalten".

Unter dem Foto zitiert dieselbe Zeitung die deutsche Verteidigungsministerin unter dem sozialdemokratisch verkürzten Namen „Leyen" mit einer „Ermahnung" der USA, die „gemeinsamen Werte" zu achten, was einer unfreiwilligen Komik nicht entbehrt.

Der Philosoph Gottfried Wilhelm Leibniz, der als ausgebildeter Jurist auch ein politischer Denker war, hat als Ziel eines Staates vier konstitutive Elemente definiert:

- „den öffentlichen Frieden,

- die Sicherheit der Bürger,

- die Achtung Gottes (heute analog, obwohl nicht adäquat: des Grundgesetzes) und

- die Achtung der Obrigkeit" (heute wohl: der Staatsorgane).

Dies ist nur unter Einhaltung der Gesetze bzw. des Rechts möglich. Insbesondere Sicherheit darf der Bürger verlangen, denn nur „auf dieser Grundlage beruht sowohl der Gehorsam als auch das Pflichtgefühl der Bürger. Weil nämlich derjenige, der mir die Sicherheit garantieren kann, mich zu Recht zwingen kann, bin ich daher in einem Staat, soweit ich in ihm meines Lebens sicher sein kann, dazu verpflichtet, auf Geheiß des Staates von anderen Hilfsmitteln zum Schutz des Lebens abzusehen."

Selbstjustiz ist damit solange ausgeschlossen, solange der Staat die Sicherheit garantiert. Sobald jedoch der Staat „mir ein Unglück zuzufügen droht oder mir die Mittel zur Sicherung meines Lebens entzieht", darf ich mich ihm zu Recht widersetzen. Diese Legitimation steht zwar selten fest, ist aber gegeben, wenn „mit Gewissheit feststeht, dass davon [vom Widerstand] ein größeres Gut abhängt." Diese staatsrechtlichen Überlegungen sind im Wesentlichen heute noch gültig.

Schon die so genannte „Wiedervereinigung" war ein Rechtsbruch, weil es sich in Wirklichkeit um den Anschluss der DDR handelte sowie grundgesetzwidrig weder eine Nationalversammlung zusammentrat noch ein Friedensvertrag abgeschlossen wurde. Außerdem wurde entgegen der Absprache die NATO nach Osten ausgedehnt. Ein Staat, der auf einem Rechtsbruch beruht, ermutigt seine politische Klasse zu weiteren Rechtsbrüchen. Dies ist folgerichtig bei der Teilnahme am völkerrechtswidrigen Jugoslawienkrieg geschehen, ebenso bei den Beschlüssen im Rahmen der Finanzkrise und der so genannten „Griechenlandhilfe", die im Widerspruch zu anerkannten Verträgen erfolgten. Der Bruch des Schengener Abkommens war der bisher letzte größere Rechtsbruch einer deutschen Regierung. Die Begründungen für die Rechtsbrüche sind entweder moralisch, wie bei Grosser und dem Titelbild der „FAZ", oder gehen in Richtung eines höheren politischen Nutzens („Wir schaffen das!", „geschenkte Menschen", Demographie und so weiter). Die Tatsache der Rechtsbrüche wird im Grunde nicht wirklich geleugnet; die deutschen Regierungen haben sich im Grosserschen Sinn eben „die Freiheit genommen".

Ohne jeden Zweifel aber kann dieser rechtsbrüchige Willkürstaat die Sicherheit seiner Bürger nicht mehr garantieren. Diese Tatsache wird auch von der Politik, Wissenschaftlern und den Medien anerkannt durch die absurden Vergleiche des neuen migrationsbedingten Risikos von Terror-, Mord- und sexuellen Anschlägen mit den Risiken von Haushalts- und Verkehrsunfällen. Es handelt sich ersichtlich um scheinargumentative Ausweichmanöver. Tatsache ist, dass, um Leibniz zu zitieren, der Staat „mir ein Unglück zuzufügen droht oder mir die Mittel zur Sicherung meines Lebens entzieht". Ferner ist die Wiederherstellung des Rechtszustands ein „größeres Gut". Die Konsequenz aus diesen Feststellungen scheint eindeutig.

(Die Freie Welt)

25. Februar 2017

MERKEL: DIE MASKE IST GEFALLEN

Auf einer Veranstaltung in Mecklenburg-Vorpommern hat A. Merkel einen Satz gesagt, der endgültig jede Hoffnung auf den Erhalt des deutschen Staatsvolks vernichtet hat.

Lassen Sie sich diesen Satz auf der Zunge zergehen: „Das Volk ist jeder, der in diesem Land lebt." Lesen Sie ihn und setzen Sie ihn zur Präambel des Grundgesetzes in Beziehung, wo vom „Deutschen Volk" die Rede ist, das sich „in Verantwortung vor Gott und den Menschen" eine Verfassung gegeben habe. (Ja, das Adjektiv zu Volk wurde wirklich großgeschrieben, um jeden Zweifel zu beseitigen, dass es sich um das Volk der Deutschen handelt, und ja, es war tatsächlich ein Gottesbezug vorhanden.) Mit dieser Formulierung spielt die Kanzlerin natürlich auch auf den berühmten Satz an, den die Montagsdemonstranten gerufen haben und verdreht ihn. Denn dass sie unter dem deutschen Volk nicht mehr das versteht, was die Demonstranten für die deutsche Einheit darunter verstanden haben und was jeder Türke, der von Deutschen spricht, darunter versteht, ist sowieso schon lange klar. Doch sind damit nicht einmal mehr das ius soli, also das Recht des Bodens, auf dem geboren zu sein die Staatsbürgerschaft nach sich zieht, und die Staatsbürgerschaft selbst (die nebenbei gesagt schon problematische Aufweichungen des Volksbegriffs bezeichnen) Bedingungen, zum Volk zu gehören. Nein, die deutsche Kanzlerin geht noch weiter und überholt mal wieder die SPD von links: Wahlrecht für alle Nicht-Deutschen, wie es die SPD anstrebt? Das kann diese vollkommen prinzipienlose Frau locker überbieten. Jeder, der die deutsche Grenze illegal übertreten hat und jetzt hier lebt, jeder, der warum auch immer sich in diesem Lande aufhält, komme er, woher er wolle, gehört zum Volk.

„Das Volk ist jeder, der in diesem Land lebt." Jedem muss klar sein, dass dies auch offiziell das Ende der Deutschen als dem Staatsvolk der Bundesrepublik Deutschland bedeutet. Von irgendwelchen Protesten auf der Stralsunder CDU-Veranstaltung hat man übrigens nichts gehört. Wenn ein solcher Satz, der die gleiche Sprengkraft hat wie jener des unseligen Präsidenten Wulff, ohne irgendeinen Protest, ja ohne den berechtigten Aufstand, den er nach sich ziehen müsste, gesagt werden kann, dann ist das Deutsche Volk verloren.

(Die Freie Welt)

4. März 2017

„STERBEHILFE": EINE KLEINE SPRACHLEHRE

„FAZ" vom 4. März: „Recht auf Gift für Suizid in Ausnahmefällen" von Helene Bubrowski.

Ich will gar nicht darauf eingehen, ob es ein „Recht" auf Suizid überhaupt gibt. Heute gibt es ja vor allem in Deutschland Luxus-„Rechte" auf alles Mögliche, auf Gesundheit, intakte Umwelt, Wohnung, Nahrung, Urlaub, Kultur, „Bildung" und vieles mehr, die aber auf Voraussetzungen beruhen, die kaum jemand mehr einhalten will. Deshalb wird es diese angeblichen „Rechte" bald nicht mehr geben.

Noch aber wird fleißig an den Grundlagen unseres Rechts- und Sozialstaats gerüttelt und gesägt, damit es mit dem Absturz umso schneller geht. Dazu gehören sprachliche Verdrehungen, die die Realität verleugnen. Als Beispiel eignet sich ein Satz, der im oben genannten Artikel steht. Anlass war eine Entscheidung des Bundesverwaltungsgerichts, in Sonderfällen die Ausgabe von tödlichen Arzneimitteln zu erlauben. (Übrigens ist das auch so eine bewusst subkutan verabreichte sprachliche Absurdität: ein „Arzneimittel", das per se und nicht nur in Überdosierung tödlich ist. Früher nannte man das immer ein Gift, wie hier nur im Titel.) Geklagt hatte ein Mann, dessen Frau an einer fast kompletten Querschnittslähmung litt.

Die Journalistin Bubrowski formuliert nun so: „Die Frau nahm sich daraufhin in der Schweiz mit Hilfe des Vereins Dignitas das Leben."

Die Frau konnte das aber nicht, denn sie war fast komplett querschnittsgelähmt. Der Satz müsste also sprachlich richtig heißen: „Die Frau wurde daraufhin in der Schweiz vom Verein Dignitas im gegenseitigen Einvernehmen (oder: auf Verlangen) getötet." Eigentlich sollte dieser Satz für Befürworter des „assistierten Suizids" akzeptabel sein, oder?

Ich überlasse es den Leserinnen und Lesern, zu entscheiden, warum der sprachlich richtige Satz nicht im Artikel steht. Wir wissen, was solche sprachlichen Verrenkungen bedeuten, wir kennen solche Euphemismen aus früherer Zeit: „Sonderbehandlung" statt Ermordung, „Endlösung" statt Massenvernichtung. Könnte es das dumpfe Bewusstsein sein davon, dass etwas nicht stimmt? Könnte es der letzte Rest eines schlechten Gewissens sein?

(Die Freie Welt)

14. März 2017

DER RAUCH SATANS

Päpste und Bischöfe der Katholischen Kirche mühen sich nach Kräften, ihren atheistischen und andersgläubigen Feinden zu gefallen, indem sie

Glaubensgrundsätze aufgeben. Ein Beispiel, wie diese Absicht gegen ihren Willen unterlaufen wird.

In den letzten Jahrzehnten häufen sich Fälle, die einen am Sprichwort: „Päpstlicher sein als der Papst" zweifeln lassen. Denn Päpste, die den Koran küssen wie Johannes Paul II. oder Muslimen die Füße waschen wie Franziskus, dürften vor Johannes XXIII. und Paul VI. schlicht nicht denkbar gewesen sein. Es ist vielleicht doch kein Zufall und nicht ganz ohne Druck gewesen, dass ausgerechnet der Papst, der in Regensburg eine denkwürdige Rede gehalten hat, die den Gründer des Islam kritisch hinterfragte, als erster Papst nach 800 Jahren zurücktrat. Er hat auf jeden Fall die Agenda von Brüssel, Obama und diversen NGOs gestört, die darin besteht, die muslimische Masseneinwanderung nach Europa nicht zu problematisieren, um es vorsichtig auszudrücken.

Das Zweite Vaticanum formulierte das Verhältnis zu den anderen Religionen neu. So neu, dass man sich als (katholischer) Christ fragen könnte, warum man überhaupt noch Christ sein soll, wenn es angeblich auch andere Wege zum Heil gibt. In der Konzilserklärung „Nostra aetate" hieß es, dass die Kirche „nichts von alledem ab[lehne], was in diesen (nämlich anderen) Religionen wahr und heilig" sei. Es war Paul VI., der 1972, also schon sechs Jahre nach dem Ende des Konzils davon sprach, dass der „Rauch Satans [...] durch irgendeinen Riss in den Tempel Gottes eingedrungen" sei. Damit meinte er „den Zweifel, die Unsicherheit, die Infragestellung", die die Kirche erfasst hätten.

Eine berühmte Formulierung im genannten Konzilstext zu den „Muslim" oder Mohammedanern, die noch 1442 vom Konzil von Florenz als zum ewigen Feuer verdammt befunden wurden, lautet in der offiziellen deutschen Übersetzung: „Mit Hochachtung betrachtet die Kirche auch die Muslim, die den alleinigen Gott anbeten, den lebendigen und in sich seienden, barmherzigen und allmächtigen, den Schöpfer Himmels und der Erde". Aus dieser Übersetzung könnte man schließen, dass es sich um den gleichen Gott handelt, den Muslim und Christen anbeten. Doch das ist schon eine Interpretation, freilich eine, die jenes seltsame Verhalten des polnischen wie des argentinischen Papstes erklärt.

Doch scheint der lateinische Originaltext keineswegs so eindeutig zu sein. Das Original („Ecclesia cum aestimatione quoque Muslimos respicit qui unicum Deum adorant, viventem et subsistentem, misericordem et omnipotentem, Creatorem caeli et terrae") kann nämlich auch so übersetzt werden, dass die Muslim nicht zwei oder fünf Götter, sondern „einen einzigen Gott" anbeten, der zwar lebendig, in sich seiend, barmherzig, allmächtig sowie Schöpfer ist, bei dem es sich aber doch nicht um den gleichen Gott wie den, zu dem die Christen beten, handelt.

Das kann denklogisch auch nicht der Fall sein, denn der in Jesus Christus geoffenbarte Gott ist dreifaltig. Bischof Huber, ein Vorsitzender der EKD, der heute ebenfalls nicht mehr denkbar wäre, sagte noch 2004: „Ob Gott derselbe Gott ist, muss man ihm selber überlassen. Als Menschen können wir nur über das Gottesbekenntnis urteilen. Wir haben als Christen keinen Grund zu sagen, wir würden uns zum gleichen Gott wie die Muslime bekennen." Ein Bedford-Strohm würde das nicht mehr sagen.

Verteidiger der relativistischen und globalistischen Interpretation behaupten, die Großschreibung von Deus würde eindeutig machen, dass es sich um „DEN" und nicht „EINEN alleinigen (oder einzigen) Gott" handeln würde, doch ist das fadenscheinig, denn Deus wird in kirchlichen Dokumenten immer großgeschrieben. Die Formulierung bleibt also zweideutig. Insofern tritt hier, in diesem unscheinbaren Detail, dem Wirken Satans, um im Bild Pauls VI. zu bleiben, der Heilige Geist entgegen, der die Kirche vor ihren eigenen Modernisten und Verirrungen schützt.

(Die Freie Welt)

15. März 2017

DER WÄHLER KURZES GEDÄCHTNIS

Zum Wahlausgang in den Niederlanden.

Bei hoher Wahlbeteiligung scheint der „rechtsliberale" Regierungschef Mark Rutte (VVD) mit seiner Partei bei der heutigen Parlamentswahl in den Niederlanden gesiegt zu haben.

Der wichtigste, wenn nicht einzige Grund für diesen Sieg scheint die vor ein paar Tagen gezeigte einigermaßen harte Haltung gegenüber der Absicht türkischer Politiker gewesen zu sein, in den Niederlanden Wahlkampf für Erdoğan zu machen.

Damit zeigt sich, dass die Wähler offenbar dem recht durchschaubaren Manöver Ruttes auf den Leim gegangen sind. Der Zeitpunkt war genau richtig und Rutte hat ihn genutzt. Das war ein billiger, aber effektiver Trick.

Das Gedächtnis der Wähler ist offenbar so kurz, dass nur noch medial aufgebauschte Sensatiönchen knapp vor der Wahlentscheidung wirken. Langfristige Probleme wie die schleichende Veränderung der Zusammensetzung der Bürgerschaft dringen gar nicht mehr durch. Rutte war bekanntlich als EU-Vorsitzender am Türkei-Deal beteiligt, bei dem in einem geheimen Zusatz die garantierte Aufnahme von 250.000 „syrischen Flüchtlingen" jährlich zugesagt wurde. Das erklärt auch die Freude des Berliner Personals über den Wahlausgang.

Die mediale Dauerpropaganda und Gehirnwäsche wirkt in Verbindung mit zunehmender Unbildung. Damit ist die Voraussetzung der Demokratie, nämlich die politische Urteilskraft des Souveräns, nicht mehr gegeben. Dies aber wird langfristig so bleiben. Da hilft auch keine hohe Wahlbeteiligung.

In einigen Tagen wird Ruttes neue Koalitionsregierung genau so weitermachen wie die alte bisher auch. Freiheitsrechte werden weiter eingeschränkt, noch mehr Kompetenzen an Brüssel abgegeben, die Masseneinwanderung von nichtintegrierbaren Menschen wird fortgesetzt. Die Umsetzung des sogenannten „Malta-Plans"[29] wird forciert. Holland ist verloren.

Nachtrag vom 16. März: Die reine Migrantenpartei „Denk" schafft auf Anhieb auf nationaler Ebene drei Sitze im Parlament. Ich gratuliere!

(Die Freie Welt)

17. März 2017

CHRISTENTUM UND AfD

Die „Deutschen Wirtschafts-Nachrichten" melden: „Die Deutsche Bischofskonferenz hat die AfD offiziell für Katholiken für nicht wählbar erklärt. Das ist ein Novum: So deutlich hat die Katholische Kirche noch nie eine politische Partei abgelehnt."

Dazu ist ohne jede Aufregung und Polemik nur zu sagen, dass ein Katholik den kirchlichen Hirten in Glaubensfragen folgen muss. Eine solche erkenne ich hier nicht. *In politicis* kann ein Katholik selbstverständlich anderer Meinung als die Kirchenoberen sein.

Der Katholizismus befindet sich in einer Krise, weil er sich – wenigstens in Deutschland – immer mehr verprotestantisiert. Die EKD verwechselt zum Beispiel Nächstenliebe mit Sozialismus. Auch solche Verirrungen wie die südamerikanische Befreiungstheologie, aus der ja der von Linken und Atheisten gefeierte aktuelle Nebenpapst geistig herstammt, gehören in diesen Kontext. Es wird zu viel über Politik und zu wenig über Sünde und Erlösung gepredigt.

Immer mehr stellt sich die vom Publizisten Michael Klonovsky gestellte Frage: „Ich bin gespannt, wer der nächste Papst nach Benedikt XVI. wird."

(Die Freie Welt)

19. März 2017

WARUM ERDOĞAN & CO. MIT IHREN NAZI-VERGLEICHEN IRGEND-WO RECHT HABEN

Im Grunde machen die türkischen Politiker nämlich nichts anderes als unsere.

Deutschland ist spätestens seit September 2015 ein Land, in das jeder einreisen und in dem dann auch praktisch jeder bleiben kann, der will. Ein Land, das die Würde eines souveränen Staats, der eine Grenze hat, längst verloren hat. Ein würdeloses Land. Aber „bunt" immerhin.

Wer gegen die obergrenzenlose und unkontrollierte Einwanderung von Fremden ist, wird von den im Deutschen Bundestag befindlichen Parteien beziehungsweise deren Politikern als „Nazi" beschimpft und verunglimpft.

Die hier lebenden Millionen Türken ohne deutsche Staatsangehörigkeit betrachten dieses Land, in das jeder Beliebige einreisen kann, ohnehin schon als eigenes, nämlich türkisches. Das kann man sogar verstehen. Sie haben hier immerhin im Gegensatz zu den „Flüchtlingen" gearbeitet. Aber Deutschland, so wie es sich gibt, können sie nicht als ihr Land betrachten, sie verachten es.

Warum sollten dann türkische Politiker nicht auch nach Deutschland einreisen können, wenn das jeder kann, und sich hier nicht an ihre Landsleute wenden, wenn das sowieso nicht mehr „Deutschland", sondern ein Vielvölkerstaat mit starkem türkischem Außenposten ist?

Es ist nur logisch, was Erdoğan und Kollegen sagen. Wer nicht jeden nach Deutschland einreisen lässt, ist ein „Nazi". Erdoğan sagt nur, was Merkel & Co. auch sagen. Aber diesmal wird es eben zu Merkel & Co. gesagt. So wird man von seinen Taten eingeholt; es ist der Fluch der bösen Tat.

Natürlich ist es auch würdelos, Türken in Deutschland Wahlkampf machen zu lassen, aber dann ist die ganze Einwanderungspolitik der globalistischen Parteien würdelos. Das beste Deutschland wäre ein deutsches Deutschland, das sich die Menschen, denen es einzuwandern die Ehre gibt, aussucht. Dieses Deutschland würde auch von besagten Türken geachtet werden, in dieses Land würde man sich auch eher integrieren. Aber wer den Nazi-Vergleich einmal zu so billiger Münze gemacht hat, darf sich nicht wundern, wenn andere mit gleicher Münze zurückzahlen.

(Die Freie Welt)

22. März 2017

FISCHER, MERKEL UND DIE SCHLEUSER

Merkels Alleingang im September 2015 war nichts Neues. Sie hat nur auch in dieser Hinsicht die Grünen und deren schüchterne Versuche aus dem Jahr 2000 links überholt. Die Presse hätte auf diese Kontinuität hinweisen müssen – hat sie aber meines Wissens nicht.

Erinnern Sie sich? Das Bündnis von Politikern und Schleusern ist schon etwas älter. Nur dass heute auch noch Beifall geklatscht wird.

Aus der „Welt" vom 7. Februar 2005: „Noch schweigt der deutsche Außenminister zum Thema ‚Schleuser-Erlaß'. Spätestens vor dem Untersuchungsausschuss aber, vor den die Union die gesamte Führungsspitze des Ministeriums, einschließlich Staatssekretäre und zuständiges Ressort zitieren will, wird Joschka Fischer erklären müssen, wie er dazu steht, dass die im März 2000 verkündeten Visumerleichterungen es zeitweise rund 300.000 Ausländern ermöglichten, völlig unkontrolliert in die Bundesrepublik einzureisen. Daß diese Erleichterungen in großem Stil von Schleuserbanden genutzt wurden, deren Treiben mit ‚modernem Sklavenhandel' wohl kaum zu drastisch beschrieben ist, nicht zu reden von Leuten wie den tschetschenischen Terroristen, die für den Überfall auf das Moskauer Musiktheater verantwortlich waren, von Prostituierten und natürlich Schwarzarbeitern. Fischer wird erklären müssen, wie ein Beamter aus seinem Haus auf die Idee kommt, auf die Warnung eines Botschafters vor ‚mafiosen Strukturen' mit der Kapriole zu reagieren, eine restriktivere Visapolitik werde nur dazu führen, daß ‚die Abgewiesenen auf ungesetzlichen Wegen versuchen würden, nach Deutschland zu kommen', wie der ‚Spiegel' berichtet."

Na also, nichts Neues unter der Sonne! 2015 gab es keine Visumerleichterungen, sondern es kursierten Videos des Auswärtigen Amts in Syrien, die Deutschlands Asylregeln erklärten und zum Kommen aufriefen. Daraufhin sind halt durch Frau Dr. Merkels unkontrollierte Grenzöffnung keine tschetschenischen, sondern arabische Terroristen gekommen. Die Schleuserbanden treiben ihren Sklavenhandel in eher noch größerem Stil. Und haben wir das 2015 nicht auch gehört, nur aus noch berufenerem Munde, dass Deutschlands Grenzen nicht zu schützen seien und die „Flüchtlinge" sowieso kämen?

Fazit: „Deutschland muß von außen eingehegt, und innen durch Zustrom heterogenisiert, quasi ‚verdünnt' werden." Joschka Fischer hat diese seine Absicht der „replacement migration", von manchen so bösartig wie treffend „Umvolkung" genannt, nicht annähernd so gut umsetzen können wie Frau Dr. Merkel.

(Die Freie Welt)

28. März 2017

STRATEGIE DER LINKEN: SOZIALISMUS IST DER KOSENAME DES KOMMUNISMUS (II)

Die Wahrheit muss schweigen. „Sozialismus ist der Kosename des Kommunismus": Dieses hierzulande unbekannte Diktum Viktor Orbáns sollte man gründlicher bedenken. Denn im Grunde verfolgen auch sogenannte „sozialistische" Parteien kommunistische Ziele, nur subtiler.

Die Linke, deren Grundimpuls vom Historiker Ernst Nolte als das „Aufbegehren" beschrieben wurde, hat neben vielen Paradoxien doch auch viele Gemeinsamkeiten. Trotz einer Aufsplitterung in verschiedenste Gruppierungen können identische Ziele festgemacht werden, die bei aller Differenz der Methoden von praktisch allen verfolgt werden. So hat zum Beispiel der russische Mathematiker Igor Schafarewitsch als eine alle historischen Epochen überbrückende Gemeinsamkeit unterschiedlichster Erscheinungen des „Sozialismus" den „Todestrieb" ausgemacht: Er lebt immer über seine Verhältnisse und auf Kosten der Zukunft.

Die lange Zeit beherrschende Richtung der Linken war marxistisch; heute kommt eine ex-marxistische Zeitgeistlinke dazu, die weniger ökonomisch, dafür mehr identitätspolitisch und kulturrelativistisch ausgerichtet ist: fast noch schlimmer. Der wesentliche behauptete Unterschied zwischen „sozialdemokratischen", „sozialistischen" und kommunistischen Parteien war das Verhältnis zur revolutionären Gewalt. Doch konnte ein neutraler Beobachter nie genau sagen, ob es sich um einen ehrlichen Wandel oder lediglich um taktische Vorgaben handelte. Ein Herbert Wehner war eben doch Genosse eines Erich Honecker gewesen und die Bildung einer Einheitspartei in der DDR war kein Zufall, der einen vollkommen überrascht hätte. Schon Menschewiki und Bolschewiki zeigten eine gefährliche Nähe.

Das Godesberger Programm der SPD war der Erkenntnis geschuldet, mit offenem Klassenkampf in einer von den angelsächsischen Siegermächten gelenkten Bundesrepublik keinen Staat machen zu können. Doch hat die „Sozialdemokratie" in ihrem „goldenen" Zeitalter 1966 bis 1982 zum Beispiel mit der Nivellierung, das heißt: Ruinierung des deutschen Bildungssystems und dem ethischen Kahlschlag unter anderem mittels Abtreibungs-„Reform" genuin kommunistische Ziele „erfolgreich" umgesetzt. Sie war dabei in ihren Mitteln nicht zimperlich bis zur Illegalität, wie der Stimmenkauf beim Misstrauensvotum bewies.

Während die Karrieren von ehemaligen Nationalsozialisten in der alten BRD (spät, aber immerhin und zu Recht) angeprangert wurden, war man bei den kommunistischen Wendehälsen nach 1990 seltsam (oder vielleicht doch erwartungsgemäß?) milde gestimmt. Die kommunistischen Massen- und Völkermorde durften jederzeit relativiert werden, was das Zeug hielt. Und der westdeutschen Linken war das System der DDR im Grunde, bis auf ein paar Unbequemlichkeiten des Alltags, gar nicht so unsympathisch gewesen. Da wuchs in der DDR 2.0 wirklich zusammen, was zusammengehörte.

Die 100 Prozent Zustimmung für Martin Schulz anno 2017 sind ein klares Zeugnis dafür, dass die SPD eine Kaderpartei geblieben ist, da mag an der Oberfläche geschehen sein was will. Die anstehende Vereinigung mit den kulturrevolutionären Grünen und dem „elenden Rest dessen, was überwunden schien" (Wolf Biermann) zu einer Rotfront-Regierung wird zeigen, dass über allen vermeintlich trennenden Gräben doch dieselbe rote Fahne des „Aufbegehrens" gegen alles, was den Menschen lieb und teuer ist, weht.

Die Linken sind immer Feinde der Ehe, der Familie, der Religion, des Eigentums, des Volkes und der Nation, die abzuschaffen sind: beispielsweise Volk oder Nation zugunsten einer gesichtslosen „Menschheit",

Ehe und Familie zugunsten einer beliebig austauschbaren „Verantwortung", Religion (und Kultur) zugunsten eines hedonistisch infantilisie-infantilisierenden „Glücks". Man kann fast alle politischen Maßnahmen linker Regierungen daraufhin überprüfen. Alle natürlichen und gewachsenen Bindungen des Menschen sollen offiziell zugunsten von mehr „Freiheit", in Wirklichkeit zur besseren Beherrschbarkeit dergestalt fragmentierter Individuen zerstört werden. Denn die entstandenen Lücken müssen und können mit mehr Staat gestopft werden. Das Kollektiv dieser gleichgemachten Ameisen leistet diesem keinen Widerstand mehr. Letztlich sind die neuen psychopolitischen Methoden, dies zu erreichen, viel subtiler und wohl auch effektiver als die revolutionäre Gewalt. Das Endziel ist und bleibt der Kommunismus. Man nennt es im 21. Jahrhundert nur nicht mehr so, denn man hat gelernt, die Leute nicht zu verschrecken.

Der ungarische Ministerpräsident Viktor Orbán hat diese kommunistische Taktik, einer immergleichen Sache durch einen harmloseren, sympathischeren Namen mehr Zugkraft geben zu wollen, durchschaut. Er formuliert: „Sozialismus ist der Kosename des Kommunismus". Es handelt sich um das gleiche Verfahren wie bei dem Wort „Freistellung" für Entlassung. Ersteres klingt einfach besser. Dass unsere Qualitätsmedien, als der Mann aus Würselen beschämende 605 von 605 Stimmen bekam, nicht aufgeschrien haben, dies erinnere an Kim Jong-un und andere Größen, disqualifiziert sie ein weiteres und wohl nicht letztes Mal. Wer das genannte Wort Orbáns verinnerlicht hat, dem geht ein Licht auf, denn es handelt sich nur um das Bekenntnis der SPD zu ihren kommunistischen Wurzeln. Armes Deutschland, wie werden deine Söhne und Töchter dich zurichten! In deinem Hause wird laut gebrüllt, was Lüge ist. Aber die Wahrheit muss schweigen. Ist es so?

(eigentümlich frei)

7. April 2017

ORBÁN UND SOROS

Dass der ungarische Ministerpräsident kein Freund des Milliardärs Soros ist, dürfte bekannt sein. Doch was jetzt in deutschen Medien über das neue ungarische Universitätsgesetz geschrieben wird, ist bestenfalls einseitig.

Die deutsche Berichterstattung zum neuen ungarischen Universitätsgesetz ist sogar erschreckend einseitig. Ich darf den Leserinnen und Lesern der „Freien Welt" wieder einmal, meinen ungarischen Sprachkenntnissen geschuldet, eine Informationsalternative bieten.

In Deutschland wird die Sache so dargestellt, dass das Gesetz quasi nur eine einzige Universität betreffen würde, nämlich die großenteils vom ungarisch-amerikanischen Milliardär G. Soros finanzierte CEU (Zentraleuropäische Universität). Das ist offensichtlich falsch. Ich beziehe mich auf die Darstellung des Nachrichtenportals „Origo", die ich natürlich nicht überprüfen kann, die aber wenigstens diskutiert werden müsste.

Demnach arbeiten achtundzwanzig ausländische Universitäten in Ungarn regelwidrig, teilweise gesetzwidrig. Der charakteristischste Fehler sei der, dass Diplome vergeben würden, obwohl im Mutterland gar kein Unterricht stattfinde, was aber Vorschrift sei.

Die Probleme seien sehr verzweigt. Oft werde der Unterricht nicht innerhalb des ungarischen Rechtsrahmens durchgeführt, so seien einige Universitäten in Wirklichkeit gar nicht in Ungarn tätig, haben also keinen Campus, oder sie haben keinen ungarischen Partner, oder nur auf dem Papier, das heißt fiktiv. Auch das komme vor, dass der ausländische Partner über kein Programmakkreditierungsrecht verfüge, zum Beispiel weil in Ungarn entsprechend qualifizierte Ausbilder fehlen. Die ausländische Einrichtung stelle ein Dokument aus, das staatlich nicht anerkannt ist, sodass ungarische Hörer, die Geld bezahlt haben, geschädigt würden, weil das Dokument nicht voll gültig sei.

Die Université Pantheon Assas Paris II arbeite nicht innerhalb des erforderlichen rechtlichen Rahmens. Auch bei der Middlesex University sei dies so, sodass hier schon die Zulassung widerrufen werden musste.

Bei der CEU, die umgangssprachlich auch Soros-Universität genannt wird, liegen ebenfalls Unregelmäßigkeiten vor. Sie verfüge nicht über eine Programmakkreditierung und habe bei der Datenübermittlung mindestens Versäumnisse, so biete sie Ausbildungen an, die überhaupt nicht registriert seien. Soweit „Origo".

Interessant ist, dass man in Deutschland von den anderen Universitäten nichts hört, nur von der „Soros-Universität". Offenbar haben die anderen Universitäten kein Problem mit der Nacherfüllung der rechtlichen Vorschriften. Herr Steinmeier, der davon sprach, dass in Ungarn der Wissenschaft die Luft zum Atmen genommen würde, sollte zur Kenntnis nehmen, dass im neuen Gesetz von Lehrinhalten nirgendwo die Rede ist, wohingegen in Deutschland Wissenschaftler, die nicht dem links-„liberalen" Mainstream folgen, erheblichen Repressalien ausgesetzt sind oder durch Denunziation und andere Beeinflussungen von Bewerbungsverfahren gar nicht erst auf einen Lehrstuhl gelangen. Zu dieser Problematik der Sachfremdheit gehört auch die in jedem Bewerbungsverfahren formulierte Bevorzugung von Frauen „bei gleicher Qualifikation". Von den verheerenden Auswirkungen des Maas'schen Netzwerkdurchsetzungsgesetz auf die Meinungsfreiheit in Deutschland ganz zu schweigen.

Abschließend möchte ich noch meine eigene Bewertung bringen, die aus der Kenntnis der in der Universitätspresse der CEU erschienenen wissenschaftlichen Bücher beruht. Es ist unzweifelhaft, dass diese Werke eine hohe Qualität haben. Das Problem ist die politische Ausrichtung der Autoren, der Geist, der in diesen Publikationen vorherrscht. Die CEU sollte, so die offizielle Absicht des Gründers Soros, einen so genannten „liberalen" Geist nach Mitteleuropa bringen, was nach der kommunistischen Einheitsdiktatur wünschenswert war. Es ist aber zu vermuten, dass das Lehrpersonal entsprechenden Voraussetzungen genügen musste, sodass hier sicher auch nicht nur die Qualifikation eine Rolle gespielt haben dürfte. Nun ist „liberal" schon länger vor allem in Mitteleuropa nur eine Floskel, hinter der sich eine globalistische Agenda verbirgt. Ob Orbán durch mehr Druck auf ausländische Universitäten verhindern will, dass die nächste Generation von Ungarn im Geiste von Soros erzogen wird, mag mit ein Grund sein für das neue Universitätsgesetz. Angesichts der einseitig links-„liberal" ausgerichteten Universitätslandschaft West- und Mitteleuropas bin ich mir nicht sicher, ob etwas Gegensteuerung bei der Zusammensetzung der Professorenschaft nicht wünschenswert wäre, damit, wenn schon beeinflusst wird, dies nicht nur von einer Seite aus geschieht.

Nachtrag vom 6. Mai 2017: Weil immer wieder die Behauptung vorgebracht wird, es handle sich beim Fall der CEU um eine rückwirkende Beurteilung, was tatsächlich eisernen Rechtsgrundsätzen nicht entspräche, biete ich noch einen Link[30] an, in dem der Autor auf die Gesetzeslage genauer eingeht. Tatsächlich ist die CEU aufgrund eines Sondergesetzes, das dem damals gültigen ungarischen Hochschulgesetz nicht entsprach, gegründet worden.

(Die Freie Welt)

27. April 2017

KLARE SPRACHE: ORBÁN VOR DEM EU-PARLAMENT

Im Anschluss an meinen letzten Beitrag zur leidigen Frage des ungarischen Hochschulgesetzes, das nun von der EU zum Vorwand genommen wird, gegen Ungarn ein Verfahren zu eröffnen, bringe ich Ausschnitte aus Viktor Orbáns Rede in der gestrigen Plenarsitzung des Europäischen Parlaments.

Die Argumente der Gegner, um nicht zu sagen: Feinde Ungarns und überhaupt der europäischen Nationen sind nicht nur in Sachen der CEU (Zentraleuropäischen Universität) dürftig:

„Es geht das Gerücht um, dass die ungarische Regierung die Privatuniversität des amerikanischen Finanzspekulanten George Soros in Budapest per Gesetz geschlossen hat. Der Rektor dieser Universität schrieb den Lehrkräften und Studierenden Folgendes, ich zitiere: »Ich möchte betonen, dass die Existenz der Zentraleuropäischen Universität nicht in Gefahr ist, die Universität wird unter allen Umständen ihre Tätigkeit weiter ausüben.« [...] Dieser Vorwurf ist also grundlos. Er ist nicht auf Fakten gestützt. Die Lage ist absurd. Es ist so, als würde man jemanden des Mordes beschuldigen und verurteilen, obwohl das Opfer des mutmaßlichen Verbrechens lebt und sich bester Gesundheit erfreut, und sogar selbst auf den Verurteilten zeigt und Mörder ruft. Die Wahrheit aber ist, dass die vom ungarischen Parlament verabschiedete, beschränkte Gesetzesänderung 28 in Ungarn tätige ausländische Universitäten betrifft. Sie soll lediglich die einschlägigen, geltenden Regelungen vereinheitlichen, Möglichkeiten für Spekulation und Missbrauch eindämmen, Transparenz einfordern und im Vergleich mit europäischen Universitäten bestehende bisherige Privilegien abschaffen.

Sie sind hier für europäische Gesetzgebung zuständig. Als Ungarns Ministerpräsident und als Regierungschef eines EU-Mitgliedstaates ist es meine Pflicht, sicherzustellen, dass die Universitäten in Europa und Ungarn gegenüber ihren Konkurrenten von außerhalb der EU nicht benachteiligt werden. Egal, wie mächtig und wie reich ihr Eigentümer ist.“

Dürftig ist es, zu betonen, dass manche Regelungen des Gesetzes nur die CEU betreffen. Das mag stimmen, aber liegt das unbedingt am Gesetz, wenn es um 28 Universitäten geht? Könnte es nicht sein, dass es an der CEU liegt, also an ihrem Sonderstatus?

Schauen wir auf ihre Geschichte. 1991 mit einer 420 Millionen-Spende von George Soros gegründet, war die CEU zunächst auf zwei Campus in Budapest und Prag angesiedelt, musste jedoch – Achtung! – auf Druck der tschechischen Regierung um Vaclav Klaus 1996 komplett nach Budapest umziehen. Die Gründe waren sicherlich nationalistische (Soros ist Ungar; die CEU vertritt eine „offene“, also multikulturalistische Gesellschaft), aber auch ideologische (Klaus hielt die CEU für ein linksliberales U-Boot). Tschechien war damals kein EU-Mitgliedstaat, weshalb es auch keine großen Proteste und schon gar kein Verfahren gab.

Eine andere interessante Information ist, dass die CEU zwar in New York und Ungarn akkreditiert ist, aber der Lehrbetrieb nur in Ungarn stattfindet. Das heißt mit anderen Worten, dass man einen amerikanischen Abschluss zu ungarischen Preisen erzielen kann. Anderswo nennt man das ungerecht und Ausbeutung. Orbán hat völlig recht, wenn er von „Privilegien“ spricht.

Von diesen Fakten abgesehen hat Orbán auch mit seiner Charakterisierung von Soros sachlich recht:

„Ich weiß, dass die Kraft, die Größe und das Gewicht Ungarns viel kleiner ist als das von Ihnen, und auch kleiner als das von George Soros, dem amerikanischen Finanzspekulanten, der Ungarn angreift, und der durch seine Finanzspekulationen zwar das Leben von Millionen Europäern zerstört hat, und in Ungarn wegen Spekulation bestraft wurde, und auch ein erklärter Feind des Euro ist, hier jedoch so hoch im Kurs steht, dass er von den höchsten Leadern der Europäischen Union empfangen wird. Dies ist aber nicht Grund genug, uns aufgrund von Unwahrheiten zu verurteilen, denn Gerechtigkeit darf nie von der Größe eines Landes abhängen. [...]

Wir vertreten ganz klar den Standpunkt, dass wir keine verpflichtende Ansiedlung von Migranten in unserem Land möchten, da diese nach unserer Ansicht mit den Gründungsverträgen der Europäischen Union nicht vereinbar ist. Mit wem sie zusammenleben möchten, sollten die Bürger Ungarns selber entscheiden können. Es ist eine wichtige Information, dass George Soros und seine Nichtregierungsorganisationen jährlich eine Million Migranten in die Europäische Union bringen möchten. Dieses Programm hat er persönlich öffentlich angekündigt, und er hat dazu auch ein Gelddarlehen angeboten. Darüber haben Sie mit Sicherheit auch gelesen. Diesen Vorschlag lehnen wir ab."

Die ganze Rede findet man (wie Orbáns Reden immer) auf der Webseite des ungarischen Ministerpräsidenten[31].

(Die Freie Welt)

18. Mai 2017

DIE LANGSAME AUSZEHRUNG DER DEUTSCHEN

„Deutschland wird nicht mit einem Knall sterben. Es vergeht still mit den Deutschen und mit der demografisch bedingten Auszehrung ihres intellektuellen Potentials. Das Deutsche in Deutschland verdünnt sich immer mehr, und das intellektuelle Potential verdünnt sich noch schneller. Wer

wird in 100 Jahren »Wanderers Nachtlied« noch kennen? Der Koran-schüler in der Moschee nebenan wohl nicht." *(Thilo Sarrazin)*

Wie das vor sich geht, zeigt folgendes aktuelle Beispiel aus der Praxis:

Eine deutsche, gebildete Frau, nach eigener Aussage evangelische Christin, heiratet einen „aufgeklärten, modernen" türkischen Herrn [Kinder von männlichen Muslimen sind immer qua Geburt Muslime, egal wie „modern" jene sind; es sei denn sie werden zum Beispiel getauft und entsprechend erzogen]. „Da sie konservativ sei", nimmt sie dessen Namen an [= erstes Einknicken]. Ihre künftigen Kinder will sie nicht taufen lassen, sie sei gegen Kindertaufe, die Kinder sollten sich später ‚für oder gegen' entscheiden dürfen [= zweites Einknicken]. Die Jungs würde sie aber beschneiden lassen [= drittes Einknicken]. Mit der Nachfrage konfrontiert, dass das eigentlich ihrem Verhalten bezüglich der Taufe widerspreche, sagt sie, dass sie sich das noch gar nicht so überlegt habe [= verinnerlichte Christianophobie und Islamophilie]. Etwas zu früh wäre noch die Frage gewesen, wie denn die Kinder einmal heißen würden. Wenn man sich aber umschaut, wird man sehen, dass Kinder von Muslimen und deutschen Frauen **fast immer** muslimische [Fatima, Reza] oder muslimisch kompatible [Jonas, Elias] Namen haben [das wird das vierte Einknicken sein]. Die Kinder aus dieser Konstellation heißen nie Helga oder Fritz. Wir kennen das auch aus der Politik: Yasmin und Sahra. Die Männer sagen natürlich, das sei nur wegen der schönen Namen und die „toleranten" deutschen Frauen glauben das, weil sie keine Ahnung haben.

Das ist die Zukunft, weil bereits heute ein Großteil der unter 20-jährigen männlichen Bevölkerung Deutschlands muslimisch ist und diese nach der Wiederwahl Merkels bis 2021 noch um mindestens ein bis zwei Millionen Männer diesen Alters und Glaubens zunehmen wird. *Die deutschen Frauen werden nehmen, was da ist und in aller Regel, wie beschrieben, kulturell einknicken. Quod erat demonstrandum.*

(Die Freie Welt)

22. Juni 2017

EUROPAPOLITIK EINFACH ERKLÄRT

Aus dem Tagebuch von Michael Klonovsky übernommen ist folgende von dem Historiker Karlheinz Weißmann und einem Leser erstellte Liste europäischer Politiker, die zeigt, warum einige von ihnen eher an die Zukunft denken und einige eher nicht.

Obwohl auch Leute, die keine Kinder haben, Solidarität und Generationendankbarkeit verspüren können, weil sie selbst einmal Kinder waren, scheint die Entsolidarisierung im kinderarmen Westeuropa weit verbreitet. Das zeigt auch das Unverständnis vieler Westdeutscher mit den Mitteldeutschen, die gegen die Masseneinwanderung mit ihren unvermeidlichen Folgen sind. Sie wollen oder können sich nicht vorstellen, dass jemand gegen den Vielvölkerstaat ist, obwohl er oder sie noch nicht so viele Migranten im eigenen Lebensumfeld hat. Sie können kein Mitgefühl mehr mit Menschen entwickeln, die ermordet, überfallen oder vergewaltigt wurden, weil sie zufällig selber dieses Schicksal noch nicht erlitten haben. Das ist „Hinterhof-Politik": Mir geht´s doch gut, wo ist das Problem? Man denkt nur an sich selbst. Im europäischen Osten scheint die Entsolidarisierung noch nicht so weit fortgeschritten. Das scheint das auch in der Politik so zu sein, wie folgende Liste eindrücklich zeigt:

Emmanuel Macron, französischer Staatspräsident, hat keine Kinder,

Angela Merkel, Bundeskanzlerin, hat keine Kinder,

Theresa May, Premierministerin Großbritanniens, hat keine Kinder,

Paolo Gentiloni, Ministerpräsident Italiens, hat keine Kinder,

Mark Rutte, Ministerpräsident der Niederlande, hat keine Kinder,

Stefan Löfven, Ministerpräsident Schwedens, hat keine Kinder,

Xavier Bettel, Premierminister Luxemburgs, hat keine Kinder,

Jean-Claude Juncker, Präsident der Europäischen Kommission, hat keine Kinder.

Auch Nicola Sturgeon, First Minister of Scotland, hat keine Kinder.

Andrzej Duda, Präsident Polens, 1 Kind

Beata Szydło, Ministerpräsidentin Polens, 2 Kinder

Miloš Zeman, Präsident Tschechiens, 2 Kinder

Bohuslav Sobotka, Ministerpräsident Tschechiens, 2 Kinder

Andrej Kiska, Präsident der Slowakei, 4 Kinder

Robert Fico, Ministerpräsident der Slowakei, 1 Kind

János Áder, Präsident Ungarns, 4 Kinder

Viktor Orbán, Ministerpräsident Ungarns, 5 Kinder.

Manchmal ist eine Erklärung für die Politik der Visegrád-Staaten ganz einfach.

(Die Freie Welt)

26. Juni 2017

EINE REISE NACH DEUTSCHLAND

Die Reise zu der 2. Liszt-Biennale nach Thüringen wird für einen Frankfurter zum Offenbarungserlebnis.

Eine knappe Woche in Thüringen hat mich doch ziemlich überrascht. Ich stehe quasi immer noch unter Schock. Auf nagelneuen Autobahnen, durch eine herrlichgrüne, laubwaldgeprägte, ungewohnt dünn besiedelte Landschaft bin ich per Auto zunächst in eine traditionsreiche Musikstadt gelangt, wo, wie ich von zwei Tischnachbarn erfahre, der „Sondershäuser Verband" sein 150-jähriges Gründungsjubiläum begeht, ungestört übrigens. Schon das ist bei einer Verbindung bemerkenswert.

Am nächsten Tag gelange ich in eine berühmte Universitäts- und Kulturstadt. Beim Tanken muss – ich kenne das nicht mehr – die Windschutzscheibe gereinigt werden. Es scheint hier zum Glück noch Insekten zu geben. Dann eine weitere Irritation, etwas stimmt nicht: Das Hotelpersonal ist deutsch. Ich bin noch skeptisch, aber auch das Personal an der Bar und das Zimmerpersonal ist deutsch. Dann das multikulturell andressierte Aufatmen, gottseidank: Ein Kellner im Restaurant ist Inder.

Ich bin trotzdem verwirrt. Wo bin ich hier? Ein Ausflug in eine Kulturstadt im Werratal bestätigt den Eindruck, dass ich mich mitten in Deutschland befinde, wo tatsächlich Deutsche leben. Man ist übrigens weltoffen, wie es heute heißt, denn in den Orchestern spielen viele Ostasiaten; ich spreche mit Russen, Ungarn, Italienern, die hier studieren oder arbeiten. Es fehlt lediglich eine bestimmte Klientel. Vermisse ich etwas? Ich beobachte weiter, schalte meine kritisch-negative westdeutsche Besserwisserei ein: Es gibt natürlich auch hier Plattenbauten, es gibt auch hier rot- und blaugefärbte Haare, es gibt leider auch hier brachiale Tattoos an delikaten Stellen. Aber die Leute sprechen fehlerfrei deutsch und vermitteln keinerlei Aggressivität. Ein dem Frankfurter ungewohnter Friede.

Es ist Pfingsten. Schauen wir auf die Gebildeten: Den äußerlich verkommensten Eindruck unter ihnen machen westdeutsche Touristen. Die Thüringer sind – offenbar bewusst – festlich gekleidet. Auch bei den Konzerten fällt mir eine feierliche Haltung auf. Kultur wird gewürdigt. Huster verlassen leise den Konzertsaal. Das ist mir aus Frankfurt völlig unbekannt. Ich bin ganz offensichtlich in einem anderen Land.

Die Hauptstadt schließlich erkenne ich nach 20 Jahren nicht wieder, sie hat sich herrlich gemacht. Im Marien-Dom sind die Menschen bei der Besichtigung still, offenbar erziehen die Thüringer die Touristen – ich vergleiche das mit den Zuständen im Kölner Dom. Die vertrauensvollnaive Nachlässigkeit, mit der hier wertvollste Kunstwerke offen zugänglich sind, erschüttert mich. Ich spreche mit einer Angestellten der Dominformation darüber. Ja, man wisse, dass das in Zukunft vielleicht nicht mehr so geht. In einem Antiquariat der Altstadt treffe ich einen Dissidenten der DDR, der – in der Stadtpolitik außerordentlich kundig – die vom Westen lancierte Rückkehr der DDR 2.0 beklagt. Auch hier ist schon die Umdefinition des öffentlichen Raums im Gange, Thälmann kann stehen bleiben, Bonifatius muss weg. Mir wird schummrig: Ich muss etwas essen. Kein Problem, es braucht ja nicht Döner, es darf auch deutsche Küche sein, in einem schönen Gärtlein. Bei Bier aus Apolda. Auch hier sehe und höre ich nur Deutsche, Dialekte, die die große Vielfalt innerhalb dieses Volkes bezeugen. Unser Beinahe-Bundespräsident Navid Kermani wäre darüber empört: Hier könnte er sich nie „pudelwohl" fühlen. Das Parkhaus verlasse ich nach Begleichung eines lächerlichen Betrags.

Am nächsten Tag das letzte Konzert der Biennale in einem als Tagungszentrum genutzten Schloss. Wieder fehlt diese kaltschnäuzig-glatte professionelle Art des Westens; alles atmet eine ungeschützte Herzlichkeit. In den Gängen Bilder, gemalt von einer vielbegabten Frau, die früher einmal mit einem dann ausgebürgerten kommunistischen Liedermacher zusammenlebte, der heute als reaktionär gilt. So ändern sich die Zeiten.

(Tabula Rasa)

18. Juli 2017

LINKE GEWALT MIT ANSAGE: LINKE SCHLÄGER WERDEN GEDULDET

Die G20-Gewaltorgien sind kein Zufall, sie erwachsen einem linken Antifa-Milieu, das in deutschen Großstädten seit Jahren gezüchtet wird. Eine Analyse zum Fallbeispiel Frankfurt.

Als ich Mitte der 80er nach Frankfurt am Main kam, hat mich das enge Nebeneinander von Spätpunks und Yuppies an der Universität, von Drogensüchtigen und Bankern in der Taunusanlage nicht gerade fasziniert, aber interessiert. Ein treffend KoZ abgekürztes, gleichzeitig als Studenten- (und noch nicht Studierenden)-Café genutztes Kommunikationszentrum stand emblematisch mit Nica-Kaffee, kaputtem Mobiliar und den Besuchern vor die Füße kotzenden Kötern für die alternative Szene. Aus einer nebenan befindlichen Kita wehte sanft Uringeruch durch die sommers geöffneten Fenster herein. In einer mit linker und linksextremer Literatur gutsortierten Studentenbuchhandlung eine Tür weiter saß zerberusartig streng der langhaarige Giselher, dessen Nase ständig lief – ob wegen Heuschnupfens oder Kokainmissbrauchs, sei dahingestellt. Sein Name wies auf die politische Einstellung seiner Eltern, gegen die er, wie so viele, rebellierte.

Die zeitliche Dimension des staatlichen Versagens gegenüber linker Gewaltverherrlichung und linker Gewaltanwendung, gegenüber linkem Antisemitismus und linker Geschichtsklitterung ist enorm. Sie erstreckt sich von den 1980er Jahren bis in heutige Tage. In „Krankfurt" war damals die unsentimentale Härte der unverdeckten Realität der Republik zu spüren. „Keine Atempause, Geschichte wird gemacht, es geht voran!" Walter Wallmann war gerade noch dabei, aus „Krankfurt" eine lebenswertere Stadt zu machen. Doch die „Widersprüche", um im marxistischen Jargon zu reden, waren nicht zu leugnen: Bei einer gewalttätigen „Demonstration" gegen eine Versammlung der NPD wurde der linksradikale Günter Sare von einem Wasserwerfer angefahren und getötet, weil er, szenetypisch bekifft, nicht ausweichen konnte. Das führte zu Straßenschlachten zwischen der „autonomen Szene" und der Polizei, bis Wallmann ein Demonstrationsverbot aussprach.

„Die Erde ist unbewohnbar wie der Mond", so könnte ein Motto für das damalige Frankfurt gelautet haben. Nur einen Monat nach Sares Tod sollte ein auf dem Zwerenz-Roman beruhendes Stück von Rainer Werner Fassbinder aufgeführt werden, bei dem kaum verhüllt der jüdische Immobilienspekulant Ignatz Bubis als Vorbild für eine Rolle missbraucht wurde, nämlich in antisemitisch karikierender Weise. Die Aufführung wurde durch handgreiflichen linken Protest verhindert, aber die Problematik eines linken Antisemitismus war damit nicht aus der Welt. Meist linke Journalisten behaupteten, das Stück sei nicht antisemitisch, und tatsächlich gelang es ihnen mit der Zeit durch das Erlangen der medialen Deutungshoheit, diesen Makel der Linken vergessen zu machen, bis er als Antizionismus wiederkam. Der Schal des eigentlich nicht existierenden Volkes der Palästinenser wurde hierzulande zum Zeichen der Anerkennung von Flugzeuge entführenden und sprengenden oder friedliche Sportler ermordenden Terroristen.

Gewaltorgie als „Sonntagsspaziergang" verniedlicht

Im KoZ hingen Aufrufe, sich an den „Sonntagsspaziergängen" gegen die Startbahn West zu beteiligen. Dabei handelte es sich schlicht um Sabotageaktionen und reine Gewalt. Das ging mehr oder eher weniger gut, bis es zu Schüssen auf Polizisten kam, durch die zwei Beamte ermordet und mehrere schwer verletzt wurden. Es ist symptomatisch, dass das Andenken an diese ermordeten Polizisten weniger hartnäckig wachgehalten wird als jenes von Günter Sare, der bis heute von der „Antifa-Frankfurt" verehrt wird. Darum seien ihre Namen hier genannt: Klaus Eichhöfer und Thorsten Schwalm. Die Identität der verurteilten Mörder übrigens wird heute noch sorgfältig von den Medien geschützt. Obwohl die „Demonstrationen" gegen die Startbahn West danach aufhörten, blieb die Anarchoszene weitgehend unbehelligt.

Sie bekam sogar ein Domizil von der Stadt. Auch hier ist der Name Programm: ExZess. Bei diesem angesprayten und heruntergekommenen Gebäude handelt es sich um einen Treffpunkt der „Antifa", wobei eine im Nebengebäude untergebrachte, nicht einmal schlechte Theaterbühne und -truppe als kulturelles Feigenblatt dient. Von hier aus rollte der „Schwarze Block" gern mal über parkende Autos hinweg. Angezündet wurde noch wenig, demoliert aber schon oft und viel. Ich durfte die vermummte Truppe einmal selbst erleben. Ich kam mit meinem Kleinwagen von einem Besuch, es war fast Mitternacht, aus einer Seitenstraße auf die Berger Straße zu, auf der Hunderte von Schwarzgekleideten die Straße hinabmarschierten. An der Kreuzung wachte ein 40-jähriger in Lederjacke und deutete mir (übrigens rührend umweltbewusst) mit einer Handbewegung an, den Motor auszumachen, denn der Zug war offenbar noch lange nicht zu Ende. Ich fragte, ob nicht eher ich Vorfahrt hätte gegenüber einem nicht angemeldeten Aufmarsch. Das war der Lederjacke schon zu viel und sie meinte, gleich würden ein paar kommen und das Auto demolieren, wenn ich nicht mache, was er sage. Ich habe den Rückwärtsgang eingelegt und bin davon, während er mir nach wollte, schäumend vor Wut. So etwas muss man als Bürger nicht haben. Aber es wird ganz offenbar als Folklore „toleriert".

Das Ziel: Zerstörung aller Bindungen und Werte

Es gibt das ExZess heute immer noch. Sogar eine Bibliothek befindet sich darin. Einmal, vor ein paar Jahren, habe ich als Bücherfreund sie mir angeschaut. Der jugendliche Bewacher sah mich skeptisch an und meinte, ich (er meinte: jemand wie ich) würde da nichts für sich finden. Da solle er sich mal nicht täuschen, entgegnete ich, und tauchte in die extremistische Literatur ein. Da stand wirklich alles in den Regalen, was es auf die Zerstörung aller menschlichen Bindungen wie Ehe, Familie und Volk abgesehen hat: Kommunismus eben, den „Todestrieb in der Geschichte" (I. Schafarewitsch) auslebend. Schriften von Massenmördern und Volksverhetzern fanden sich da vollkommen unbehelligt versammelt; Stalins und Maos Werke prangten neben denen Lenins. Aber auch Marx ist an den kommunistischen Verbrechen gegen die Menschlichkeit nicht unbeteiligt, denn auch er hatte ja ein schwieriges Verhältnis zur Ethik, um es vorsichtig zu sagen. Doch waren schließlich schon Robespierre, die „terreur" und die Guillotine, die Massaker in der Vendee und Lyon „links". Es ist unfassbar, wie die Last von Menschheitsverbrechen wie dem Gulag, dem Holodomor, dem Großen Sprung nach vorn oder den Killing Fields auf keinem einzigen Linken lastet, während jeder, der auch nur konservativ ist, als „Rechter" sich mit Auschwitz auseinandersetzen soll.

Dreißig Jahre sind vergangen seit den Achzigern, in denen die „Antifa" ihren Anfang nahm. Nichts ist seitdem passiert. Gar nichts. Diese Schlägertrupps sind immer noch aktiv und werden sogar indirekt vom Staat finanziert. Sie schüchtern Bürger ein, die eine andere als linke Meinung haben. Die Webseiten der „Antifa" werden nicht gelöscht, obwohl es von Hassreden nur so wimmelt. Unbescholtene Bürger dürfen von ihnen als „braun" denunziert werden und Heiko Mass macht nichts. Aber auch frühere Justizminister, diese vielleicht aus Feigheit, von links als „rechtsextrem" verunglimpft zu werden, haben nichts unternommen. Ereignisse wie in Hamburg anlässlich des G20-Gipfels sind nicht nur nicht überraschend, sondern sie werden billigend in Kauf genommen. Anders ist das, was alle interessierten Bürger an besagtem Wochenende gesehen haben, nicht erklärbar. Aber die Indolenz und Entsolidarisierung der Bundesbürger ist erschreckend, was der Laxheit der Parteien Vorschub leistet. Manche aus meiner Bekanntschaft meinten, die Berichte seien übertrieben, als ob nicht auch weniger schon viel zu viel wäre. Manche ließen durchblicken, dass es doch nicht so schlimm sei, es sei ja keiner gestorben; man merkte den Tenor: Hauptsache, sie selbst sind nicht betroffen. Irgendwie sei der Protest gegen „die Reichen" doch richtig, irgendwo habe es nicht die Falschen getroffen, aber wenn bei mir eingebrochen wird, rufe ich halt doch die verdammten Bullen.

Links denken, rechts leben

Es ist nicht falsch, diese leider weit verbreitete verkorkste Grundhaltung als „links denken, rechts leben" zu bezeichnen. In diesem geistigen Fluidum kann gar nicht gegen die „Antifa" vorgegangen werden. Dazu passt die freche Weigerung der Linken, also der Sozialdemokraten, der Grünen und der Partei Die Linke, ja sogar von Teilen der CDU, die Hamburger Gewaltorgie als etwas anzuerkennen, das mit „links" zu tun hat. Aber kennen wir das nicht schon? Auch der islamische Terror hat seit zwanzig Jahren angeblich nichts mit dem Islam zu tun, und der IS wird in den Leitmedien wie gleichgeschaltet immer als der „sogenannte Islamische Staat" bezeichnet. Da wächst zusammen, was zusammengehört. Zwar hat die in Parteien organisierte Linke offiziell auf Gewalt verzichtet, nicht aber auf die „robuste" Unterstützung durch gewaltbereite Hilfstruppen unter Einheimischen und Migranten. Als ob da ein Unterschied wäre.

„Interessant ist, ob den plötzlichen Ankündigungen gebotener Linksextremistenbekämpfung irgendwelche Taten folgen werden", schreibt Michael Klonovsky auf seinem Blog. „Wenn der Staat es ernst meint, erklärt er den schwarzen Mob zur terroristischen Vereinigung, was zur Folge hätte, dass nicht mehr dem einzelnen steinewerfenden Vermummten eine Straftat nachgewiesen werden muss, sondern seine Zugehörigkeit zur randalierenden Meute als Straftatbestand ausreicht. [...]" Wahrscheinlich aber werde nichts passieren: „Dann [...] wissen wir definitiv: Es ist so gewollt." Man muss nicht warten mit dieser Schlussfolgerung, denn seit dreißig Jahren passiert nichts. Wir wissen so heute wie schon gestern: Es ist so gewollt.

(The European)

23. Juli 2017

VIKTOR ORBÁN: DIE REDE EINES STAATSMANNS

Der ungarische Ministerpräsident Viktor Orbán über die Lage Europas und die notwendige Reform der EU. Das nennt man Weitsicht. Westeu-

ropas Stern sinkt aus eigener Schuld, Mitteleuropa ist die Zukunft Europas überhaupt.

Am Samstag, den 22. Juli, hielt Viktor Orbán auf einer jährlichen Veranstaltung in Siebenbürgen eine Rede, die ihn als einen Staatsmann ausweist, wie es derzeit kaum einen anderen in Europa geben dürfte. Der Rahmen, ein mehrtägiges Studentenlager mit begleitender sogenannter Sommeruniversität, also politischen Fortbildungsvorträgen, erlaubte es, wie Orbán am Beginn seiner knapp einstündigen Ausführungen auch sagte, etwas unverstellter zu formulieren als dies in der politischen Arena möglich ist. Eine so klar verständliche und trotzdem differenzierte politische Sprache ist mir hierzulande völlig unbekannt. Daher möchte ich den deutschen Lesern einen Großteil dieser Rede in Übersetzung zugänglich machen. Der mündliche Stil ist dabei bewusst beibehalten.

Zunächst ging Orbán auf die seiner Meinung nach wichtigsten politischen Veränderungen des letzten Jahres ein, zu denen er das Erstarken der Visegráder Vier zählte, die mit einer Stimme sprächen, ferner die erste ausländische Rede des US-Präsidenten Donald Trump[32], die dieser „nicht wie Obama in einer Stadt namens Kairo, sondern in einer Stadt namens Warschau" gehalten habe. Entsprechend unerhört sei der Inhalt gewesen, mit der Frage, ob der Westen „den Willen habe zu überleben" und der Antwort, „wie die Polen zu kämpfen – für Familie, Freiheit, Land und Gott".

Nach Erläuterungen zur ungarischen Innenpolitik, mit bemerkenswert selbstkritischen Tönen, was anstehende und noch ungelöste Probleme angeht (Demographie, nation building, Internet und Digitalisierung), kam Orbán auf das Problem der Masseneinwanderung und meinte: „Die ethnische Zusammensetzung eines Landes zu ändern ist identisch mit der Veränderung der kulturellen Identität", so tabubrechend sich „kulturelle Identität" auch anhöre. Die Angriffe der EU und besonders deutscher Politiker wegen seiner Politik wies er mit Hinweis auf den rein ungarisch finanzierten Grenzzaun, von dem besonders Deutschland profitiert habe, und die in Ungarn billig produzierenden deutschen Firmen zurück. Dann folgte der bemerkenswerteste Teil seiner Rede:

„Es gibt einen Soros-Plan[33]. Der besteht aus vier Punkten. Er selbst hat ihn niedergeschrieben, das Soros-Imperium selbst hat ihn veröffentlicht und mit der Rekrutierung zur Durchsetzung dieses Plans begonnen. Der Plan lautet so, dass man jährlich mehrere Hunderttausend, möglichst eine Million, jedes Jahr eine Million Migranten aus der muslimischen Welt auf das Gebiet der EU holen muss. Sein zweiter Punkt ist, dass man jedem von ihnen bei der Ankunft Euro im Wert von 4,5 Millionen Forint (= 15.000 Euro; AK) geben muss, das finanziert der Urheber des Einfalls gerne, aber das ist jetzt zweitrangig, es lohnt sich auch darüber nachzudenken. Aber nicht dies, nicht der geschäftliche Nutzen ergibt das Wesentliche der Empfehlung, sondern damit kann man das kontinuierliche Einströmen aufrechterhalten. Also die das wollen, dass jährlich mindestens eine Million Einwanderer hereinkommen, die müssen das aufrechterhalten, was man im europäischen politischen Jargon eine Sogwirkung nennt, jenen Mechanismus, dass sie kommen wollen. Und wenn sie sie verteilen, und alle bekommen so einen Betrag, der übrigens höher ist als ein jährliches ungarisches Durchschnittseinkommen, dann ist klar, dass es kein Problem mit dem Nachschub gibt. Der dritte Punkt des Soros-Plans ist, dass die angekommenen Migranten im Rahmen eines verpflichtenden und dauerhaften Mechanismus auf die Länder Europas verteilt werden müssen. Der vierte, dass man eine europäische Einwanderungsagentur errichten muss, die den Nationalstaaten jedes Entscheidungsrecht in Sachen Migration wegnehmen muss und die auf Brüsseler Niveau angehoben werden muss. Das ist der Soros-Plan.

Jetzt, da wir von der Zukunft Europas reden, dann müssen wir zuerst den Satz aussprechen, dass dazu, dass Europa leben können soll und Europa weiterhin den Europäern gehören soll, zuallererst die EU ihre Souveränität gegenüber dem Soros-Imperium wiedererlangen muss (Ergänzung AK: Die EU folgt, wie schon Kanzlerin Merkel, den Empfehlungen der ESI[34], einem „think tank", der von Soros und angeschlossenen Organisationen finanziert wird[35]). Solange das nicht erfolgt, gibt es keine Chance, dass Europa weiterhin den europäischen Menschen gehören kann. Die EU müsste dann, nachdem wir unsere Souveränität wiedererlangt haben, von uns reformiert werden. [...] Das Erste und Wichtigste wäre, die sogenannte Kommission der EU dorthin zurückzulenken, wo ihr vom Grundvertrag, mit dem man die EU selbst geschaffen hat, ihr Platz zugewiesen wurde. Der Grundvertrag[36] sagt klar, dass die Kommission keine politische Körperschaft ist, sie hat nur eine einzige Aufgabe, eine Art Wachhundrolle, sie wacht über die Einhaltung des Grundvertrags. Deshalb delegieren zwar Nationalstaaten Kommissare dorthin, aber nach der Delegierung zerreißt diese Verbindung und diese Leute müssen dort, in der Kommission über die Einhaltung des europäischen Grundvertrags wachen. Heute ist das nicht der Fall. Heute ist der Fall, dass die Kommission sich selbst als politische Körperschaft definiert. Präsident Juncker selbst hat gesagt, dass er eine politische Körperschaft erschafft, die eine politische Rolle spielt. Daraus resultieren alle Probleme, daher kommt alles Übel, weshalb heute die Nationalstaaten in der EU leiden. Daher kommt, dass, während ich im Rat der Ministerpräsidenten, wo Einstimmigkeit erforderlich ist, gegen das Quotensystem mein Veto einlegte, dies austricksend von Seiten der Kommission ein solches juristisches Verfahren eingeleitet wurde, zu dessen Beendigung nur noch vier Fünftel der Mitgliedsstaaten erforderlich waren und mein einzelnes Veto beziehungsweise Ungarns Veto nicht half. Sie haben uns hereingelegt und ausgetrickst, sie haben jene Vertrauensbasis gesprengt, die vorher die 28 Ministerpräsidenten der EU verbunden hat. Das ist die politische Rolle, aus der man umgehend die Kommission herausdrängen muss. Wenn wir das hinter uns haben, dann müssen wir klar machen, dass die Reform Europas mit nichts Anderem beginnen kann als damit, dass wir die Migranten stoppen und der Einwanderung ein Ende machen und im nationalen Einflussbereich jeder wieder seine Grenzen schützt. Wenn wir auch das hinter uns haben, dann muss man mit einem gemeinsamen Programm die widerrechtlich nach Europa gelangten Migranten hinaustransportieren, zurücktransportieren, irgendwo nach außerhalb des Gebiets der EU. Das klingt streng, aber die, die widerrechtlich hereingekommen sind, die muss man vom Gebiet der EU hinaustransportieren. Wenn wir auch das hinter uns haben und zur Kenntnis genommen haben, dass die Briten die EU verlassen haben und eine der größten Armeen der Welt aus der EU entfernt ist, und während wir die Zusammenarbeit innerhalb des Rahmens der NATO verstärken, müssen wir einsehen, dass der europäische Kontinent nicht militärisch schutzlos bleiben kann beziehungsweise seine Verteidigung nicht von jemand Anderem erhoffen kann. Die Anwesenheit der Amerikaner ist wichtig, die NATO-

Mitgliedschaft ist wichtig, aber Europa muss auch in sich über ein solches militärisches Potenzial verfügen, mit dem es in der Lage ist sich zu verteidigen. Kurzum, wir müssen mit dem Aufbau einer europäischen Streitmacht beginnen. Dazu parallel müssen wir bemerken, dass die EU in der Weltwirtschaft kontinuierlich an ihrer wirtschaftlichen Wettbewerbsfähigkeit verliert, wir müssen die Wettbewerbsfähigkeit wiederherstellen, das bedeutet aber Steuersenkungen und flexible Arbeitsbedingungen. Wenn wir das hinter uns haben, dann müssen wir unseren erweiterungsmüden westeuropäischen Freunden ehrlich sagen, dass es ohne die völlige EU-Integration des Balkans keinen Frieden in Europa geben wird. Deshalb muss man die EU erweitern, und man muss an erster Stelle den Schlüsselstaat Serbien schnellstmöglich in die Reihe der EU-Mitglieder aufnehmen, so absurd dieser Gedanke jetzt auch erscheinen mag. Und wenn wir auch das hinter uns haben, dann müssen wir zwei umfassende historische Verträge abschließen, die eine sowohl ökonomische als auch militärische als auch politische Dimension haben. Wir brauchen einen historischen Vertrag mit der Türkei und einen anderen mit Russland. Und wenn wir das alles beendet haben, dann können wir sagen, dass wir die EU reformiert haben, die im Lauf der nächsten Jahrzehnte mit den anderen Kontinenten wettbewerbsfähig sein kann.

Kurzum zusammengefasst: Wo stehen wir jetzt in Europa? Meine zusammenfassenden Feststellungen sind die folgenden. In Europa sind die christdemokratischen Parteien entchristlicht, sie erfüllen die Werte- und Kulturerwartungen der liberalen Medien und Intellektuellen. Das zweite wichtige Element der Lage ist, dass die linke Politik ihren Grund verloren hat, die sozialdemokratischen Parteien sind auch keine Sozialdemokraten mehr. Das Proletariat ist ihnen verloren gegangen, wenn man so sagen darf. Die Anzahl und Kraft der organisierten Arbeiterschaft ist dezimiert, am meisten deshalb, weil man eine Menge Fabrikarbeit außerhalb der EU ausgelagert hat, deshalb sind die sozialdemokratischen Parteien auch nicht mehr das, was sie waren. Sie haben nur eine einzige Politik: Sie sind mit den die neoliberale Wirtschaftspolitik vertretenden globalen Unternehmensgruppen ein Bündnis eingegangen und konzentrieren sich auf die Bewahrung eines einzigen Gebiets, nämlich die Bewahrung ihres Einflusses auf die Kultur. Das ist das zweite wichtige Element des heutigen Europa. Und die dritte wichtige Sache, die passiert, ist nämlich die, dass sie heute Europa dafür vorbereiten, dass es sein Gebiet einem neuen, vermischten, moslemisierten Europa übergibt. Wir sehen die bewusste, Schritt für Schritt erfolgende Implementierung dieser Politik. Dafür, dass all das eintreffen kann, muss das Gebiet übergebbar sein, muss die Entchristlichung Europas fortgesetzt werden, wir sehen die Bemühungen dafür, statt der nationalen Identitäten sollen Gruppenidentitäten bevorzugt werden und die politische Governance soll von der Herrschaft der Bürokratie abgelöst werden. Davon spricht der kontinuierliche und schleichende Einflussentzug von Seiten Brüssels in Richtung der Nationalstaaten. Das ist heute die Lage in Europa, meine Damen und Herren, auf diesem Schlachtfeld ringen heute die mitteleuropäischen Länder."

Abschließend prophezeite er genau deshalb, wegen der Haltung der jetzigen ungarischen Regierung weitere Einmischungen des Auslands in den ungarischen Wahlkampf, die jedoch niemanden überraschen könnten, da die Methoden bekannt seien: „finanzielle Erpressung, politische Drohung, diese Meldung, jene Meldung, Medienkampagne, Verleumdungsfeldzug, Vertragsverletzungs-verfahren, dieser Artikel, jener Artikel." Er glaube aber, dass Ungarn hierauf auch in Zukunft „nüchtern und kultiviert, er könne auch sagen, in europäischem Stil" reagieren und seine Interessen vertreten werde.

Orbán beendete seine Rede mit der Feststellung, dass „wir 27 Jahre lang hier in Mitteleuropa daran geglaubt haben, dass Europa unsere Zukunft ist und wir jetzt glauben, dass wir die Zukunft Europas sind."

(Die Freie Welt)

28. Juli 2017

ZUM ABERTAUSENDSTEN MAL: LÜCKENPRESSE

Einen Leserbrief an die „FAZ" zu schreiben ist verlorene Liebesmüh´. Er wird sowieso nicht veröffentlicht. Deshalb bleibt nur, mag es auch in einem vergleichsweise kleinen Rahmen sein, ständig an die journalistischen Mängel der deutschen Presse zu erinnern.

Heute erschien ein ganzseitiger Artikel in der „FAZ" unter dem Titel: „Die eingebildete Verschwörung"[37]. Die Journalisten Gerald Braunberger, Stephan Löwenstein und Reinhard Veser zeigen ein Plakat der ungarischen Regierung mit dem „Konterfei eines lachenden George Soros" und beginnen die Legende mit dem Satz: „Anstachelung antisemitischer Empfindungen?", also mit einem Fragesatz, von dem aber in raffinierter Weise beim Leser natürlich nur das Wort „antisemitisch" übrigbleiben soll. So suggestiv geht es weiter.

Weil der Besprechungsraum der von Soros (aber „nur" zu „etwa einem Drittel") finanzierten NGO namens „Helsinki-Komitee" „klein" sei, könne hiervon kein Einfluss ausgehen, behaupten die Autoren. Dümmer geht es kaum: kleine Räume, kleiner Einfluss. Für wie dumm halten diese Journalisten ihre Leser?

Um nicht ganz einseitig zu erscheinen, wird auch etwas Kritik an Soros und seinen Spekulationsgeschäften geübt. Es wird sogar gesagt, dass er mit seinen Prognosen nicht immer recht hatte. Na so was. Ansonsten gehe es ihm, der aus den direkten Geschäften schon längst ausgestiegen sei, nur um „Rechtsstaatlichkeit". Frau Bakonyi vom „Helsinki-Komitee" beklagt, dass die ungarische Regierung auf alle, die nicht ihrer Meinung seien, „Druck ausübe". Ein Blick auf die in Ungarn veröffentlichte öffentliche Meinung zeigt, dass eine Vielfalt herrscht, die es in Deutschland zum Beispiel nicht mehr gibt. Vom „Druck", den die deutsche Regierung auf Andersdenkende ausübt, wollen wir gar nicht reden.

Drei eklatante Fehlleistungen machen den Artikel aber zu einem üblen Pamphlet.

1. Der Vorwurf des Antisemitismus wird ohne jede Begründung erhoben; das gezeigte Plakat kann nur auf Umwegen antisemitisch interpretiert werden. Dass es Leute gibt, also nicht nur Linke wie die Autoren, sondern auch Rechtsextreme, die das tun, heißt nicht, dass das Plakat antisemitisch ist, denn es muss möglich sein, einen Mann, der ohne Mandat politischen Einfluss hat, zu kritisieren, auch wenn er zufällig Jude ist. Der israelische Ministerpräsident Netanjahu hat bei seinem kürzlichen Besuch in Budapest Ungarns Leistung im Kampf gegen Antisemisitismus ausdrücklich gelobt. Davon schreiben die Autoren nichts.

2. Im Untertitel schreiben die Autoren: „Er [Viktor Orbán] wirft ihm [Soros] vor, Millionen von Migranten nach Europa umsiedeln zu wollen, um Profit zu machen. Wie kommt Orbán bloß darauf?" Im ganzen Artikel sucht man vergebens nach der nur zu offenkundigen Antwort, nämlich dem Statement von George Soros selbst. Es ist in der „Welt" nachzulesen und heißt „Soros-Plan"[38]. Soros hat diesen Plan später modifiziert, aber im Grunde bleibt es dabei: Millionen von Migranten nach Europa umzusiedeln. Alle Punkte sind offizielle Politik der EU geworden. Und da fragen die Autoren: „Wie kommt Orbán bloß darauf?" Ja, wie bloß?

3. Eine Verschwörungstheorie („Soros als Strippenzieher") ist immer schlecht. Sogar die „Weisen von Zion" werden von den Autoren als Vergleich bemüht, um die Absurdität der Vorwürfe gegen Soros zu zeigen. Das ist natürlich auch nur suggestive Rhetorik. Es wäre ihre Pflicht, solchen Theorien harte Fakten entgegenzusetzen. Es gibt harte Fakten. Was macht Soros zum Beispiel auf einem EU-Gipfel bei dem EU-Kommissionspräsidenten Junckers, der auf Nachfragen sagt, über den Inhalt des Gesprächs ließe er nichts verlauten und er empfange, wen er wolle? Da müssten Journalisten ansetzen. Warum sucht man im Artikel vergebens nach der „ESI" (European Stability Initiative), einem von Soros (teil-)finanzierten „think tank", der sowohl die Kanzlerin Merkel als auch die EU berät, und zwar in Richtung eines kontinuierlichen Nachschubs an muslimischen Einwanderern aus Afrika und dem Orient? So versteckt sind diese Ideengeber nicht. Wenn man die „ESI" vor den Lesern verschweigt, kann man sie natürlich scheinheilig fragen, wie Orbán bloß auf so etwas Abwegiges komme, dass Soros Millionen von Migranten nach Europa umsiedeln wolle.

Diese drei Fehlleistungen machen den Beitrag zu einem miesen propagandistischen Angriff auf eine ausländische Regierung, die im Wahlkampf steht. Aber von hier aus, wo „die Guten" leben, ist das ja erlaubt. Umgekehrt ist es verboten. Zweierlei Maß. Schlechter kann Journalismus kaum sein.

(Die Freie Welt)

3. August 2017

EINE FATALE ILLUSION: AUSCHWITZ ALS EINIGENDES BAND ZWISCHEN „ALTEN" UND „NEUEN" DEUTSCHEN

Auschwitz! Darüber kann man in Deutschland nicht diskutieren. Und dieser Artikel will das auch nicht, sondern eine Rede kommentieren, eine Rede zu Auschwitz, die ein „Mensch mit Migrationshintergrund" gehalten hat. Er scheint dabei vollkommen frei gewesen zu sein, denn er gehört zu einer sakrosankten Minderheit. Darf denn nur er diese Thesen zu Auschwitz formulieren? Aber dann darf ich als deutsch-ungarischer Mensch doch erst recht kommentieren! Zumal es Menschen wie mich angehen soll, wie zu zeigen ist. Nun denn, es sei gewagt: Vor ein paar Wochen sprach der Liebling des deutschen Feuilletons, der persische Schriftsteller deutscher Sprache Navid Kermani zum zwanzigjährigen Bestehen des Lehrstuhls für Jüdische Geschichte und Kultur an der LMU München.

Unter dem Titel „Auschwitz morgen – die Zukunft der Erinnerung" ist die Rede in der FAZ vom 7. Juli auf zwei Seiten (!) der Printausgabe veröffentlicht worden. Was Kermani fordert, ist nicht nur zu 100% identisch mit allem, was die Linken aller Couleur in Medien, Hochschule und Politik fordern, und darum extrem wohlfeil, weil derart zeitgeistkonform, wie man es irgend nur sein kann. (Eigentlich ist schon das eine Schande für einen Autor, der als eigenständig ernstgenommen werden will.) Doch nein, er übertrifft die linke Benchmark noch, er macht den 150%-igen: Er fordert nicht nur, dass die deutsche Schuld an der „Holocaust" genannten und mit dem Namen einer polnischen Kleinstadt symbolisierten Massenvernichtung der europäischen Judenheit durch die deutschen Nationalsozialisten ewig lasten soll auf den Deutschen, was ohnehin linker Konsens ist, sondern auch auf allen, die nach Deutschland einwandern, um „selbstverständlich und gern Bürger der Bundesrepublik" zu sein, also, so sieht Kermani das wohl, um „Deutsche" zu sein. So wie er selbst durch die Sprache dazugehöre, also „nicht durch die Herkunft, durch blonde Haare, arisches Blut oder so einen Mist".

Wörtlich: „so einen Mist." Wenn ein Schriftsteller Begriffe vermengt und in der Wortwahl entgleist, ist das verräterisch: Denn nicht blonde

Haare und arisches Blut, aber das ius sanguinis, also die Herkunft, war auch in der schon einwandfrei demokratischen Bundesrepublik lange Zeit Kriterium für das Dazugehören, bis es von einer linken Regierung zur Schaffung neuer Wählerschichten abgeschafft wurde. So soll gelungene Integration in der Theorie Kermanis wohl gehen: „Wer sich in Deutschland einbürgern lässt, wird auch die Last tragen müssen, Deutscher zu sein. Spätestens in Auschwitz wird er sie spüren, wenn er sich den Aufkleber [bei einer Führung, der jemanden als deutsch identifiziert] an die Brust heftet." Die Erinnerung soll, wenn alle Zeitzeugen gestorben sind, durch Besuche am Ort des Schreckens perpetuiert werden.

Ausführlich beschreibt Kermani seinen eigenen Besuch in Auschwitz, mit allen grauenhaften Details, die bei der Führung erzählt werden, und in Warschau am Denkmal des Ghettoaufstands, wo Willy Brandt kniete. Er geht also bei der Scham und der Schuld, die er verspürte oder verspüren wollte, von seiner „Beobachtung" aus, einem eigenen Erleben, von dem er annimmt, es könne verallgemeinert werden.

Da Kermani selbstverständlich keine Deutschen im ethnischen Sinn mehr kennt, lediglich im Negativen, bei den Massenmördern, die sich allerdings selbst ja auch „rassisch"-ethnisch sahen, woraus aber nur Kurzschlüssige folgern, alles Ethnische müsse falsch und gestrig sein, versucht er, über die Kultur ein Gemeinsames zu finden für das, was „deutsch" sein könnte. Aber auch dies Gemeinsame könne nur „zerbrochen" sein und darum nicht ungebrochen „deutsch".

Er wählt als Beispiele für eine angeblich falsche Vereinnahmung deutscher Kultur durch Identitäre ausgerechnet Goethe und Heine, den „Alten" sicherlich wegen des West-Östlichen Divans und seiner angeblich schrankenlosen Orientbegeisterung, den anderen natürlich wegen seines Judentums und beide besonders wegen ihrer Kritik an Deutschland, die mit dem heutigen Selbsthass aber auch nicht das geringste zu tun hat, sondern speziell bei Heine aus verzweifelter Liebe geschah („Denk ich an Deutschland in der Nacht..."). Kultur macht er, der Schriftsteller Kermani, etwas sehr verkürzt an der Sprache fest.

Von hier aus meint er etwas gefunden zu haben, das über die Zeitgenossenschaft hinaus, die trotz des „Mythos Auschwitz" (ja, auch er verwendet diesen Begriff!) irgendwann endet, das Schuldbewusstsein verewigen könnte: „Daher ist der Holocaust für Deutschland nicht allein eine Schuldgeschichte. Er ist zugleich eine Verlustgeschichte." Der Verlust sei immer („für 3000 Jahre") fähig, vergegenwärtigt zu werden. Der Verlust einer einzigartigen kulturellen Symbiose, die bis zu 50% der deutschen Kultur überhaupt erst ermöglicht habe, wie Kermani sehr plakativ und etwas vermessen behauptet. Als Illustration der These muss besonders der Kritiker Marcel Reich-Ranicki herhalten, der freilich, ich weiß es als Frankfurter genau, sehr wohl „deutsche" Kultur kannte, „deutsche" Musik, „deutsche" Literatur und der die Deutschen nicht für unfähig hielt, selbst Kultur hervorzubringen.

Wieso die jüdisch-deutsche Literatur die „nationalen Kategorien" gesprengt habe, wie Kermani behauptet, erschließt sich nicht, hatten sich doch die Juden vollständig assimiliert zu „deutschen Juden", wie sie sich denn auch damals nannten. Kermani beendet seine Rede auf Persisch, um damit listig anzudeuten, dass er und andere „Menschen mit Migrationshintergrund", die ja stündlich mehr werden, in Zukunft vielleicht eine ähnliche Symbiose zustandebringen könnten. Persisch, Türkisch, Arabisch, Wolof, ein jedes das neue Hebräisch. Es soll heute ja „bunter" werden in Deutschland, als es nur mit Juden allein gewesen war. Vielleicht wird es aber auch zu bunt.

Einen vernichtenden Einwand gegen diese „Verlustthese", die ganz für sich gesehen ja (übrigens auch für Ungarn) cum grano salis etwas für sich hat, brachte Hannah Arendt schon anno 1964 in ihrem Buch über den Eichmann-Prozess. „Es gibt nicht wenige", und Kermani gehört leider dazu, „besonders unter den Gebildeten, die heute noch öffentlich die Tatsache beklagen, dass Deutschland Einstein aus dem Lande gejagt hat – ohne zu begreifen, ein wieviel größeres Verbrechen es war, Hänschen Cohn von nebenan zu töten, auch wenn er kein Genie war."

Kermani erwähnt – und das sei keineswegs verschwiegen – sicherlich auch die namenlosen Opfer der Massenerschießungen im Osten mit dem Untergang einer ganzen Welt, doch zeigt seine Betonung des „Verlusts", worauf seine Argumentation zielt: die ungebremste Masseneinwanderung nach Deutschland als Bereicherung, als „Gewinn" zu begründen. Auch Kermanis Gerede von der Schuld hat Arendt erledigt: „Es hat sich wohl inzwischen herumgesprochen, dass es eine Kollektivschuld nicht gibt und auch keine Kollektivunschuld und dass, wenn es dergleichen gäbe, niemand je schuldig oder unschuldig sein könnte." Es zeigt den verkommenen Zustand des heutigen Diskurses, dass man hinter diese bereits erreichten Einsichten zurückgefallen ist.

Was die deutsche „Gedenkkultur" seit dem Historikerstreit angeht, hat Egon Flaig das Entscheidende dazu geschrieben: „Wenn die Memorial-kultur überwiegend Verbrechen erinnert, dann wird der Bezug auf die kollektive Vergangenheit negativ; und dann verschwindet die Dankbar-keit gegenüber jeglicher vorangegangenen Generation und verkehrt sich in Ablehnung. Geschieht das, dann kommt der Gegenwart die Orientie-rung abhanden, und sie findet nur noch Halt in einem Hypermoralismus, der selber keine Maßstäbe mehr hat." Kermani spricht schlecht über das, was an Gutem in der deutschen Geschichte erinnert werden könnte; was soll einen Einwanderer denn dazu bewegen, sich zu integrieren? Wo hinein soll er sich denn integrieren, wenn dies Gemeinsame überwiegend aus Verbrechen bestehen soll? Er wird doch geradezu dazu gezwungen, nur auf seinen ökonomischen Vorteil zu sehen.

Auch die europäische Einigung wird von Kermani bedenkenlos nur mit dieser speziellen Vergangenheit, also dem Holocaust, verknüpft, der Vernichtung des als „fremd" Empfundenen. Dabei gab es im 20. Jahrhun-dert auch noch zwei europäische Bürgerkriege, davon einen ganz ohne rassistischen Massenmord (in Europa, in der osmanischen Türkei sehr wohl). Anstatt nun erst einmal die Fähigkeit der europäischen Völker, miteinander friedlich auszukommen, für längere Zeit, sagen wir für mindestens 100 Jahre, zu erproben, wurden sogleich zwischen 15 und 30 Millionen kulturell völlig Fremde aus vielen Ländern und Völkern nach Europa hineingelassen, was die Europäer, die sich schon untereinander kaum grün sind, überfordern wird. Das Wiederaufleben alter Allianzen zeigt an, dass die nur unzureichend und flüchtig übertünchten Differen-zen durch die Masseneinwanderung offengelegt werden. Daran sind auch solche ahistorischen, ideologisch geprägten Gedankenspiele schuld wie sie Kermani hier liefert.

Nun erlaube ich mir abschließend, eine ähnlich von eigenem Erleben ausgehende Sicht der Dinge zu geben.

Auch ich, ein in Deutschland geborener Sohn ungarischer Eltern, habe Auschwitz besucht, schon 1980 zusammen mit einem Schulkameraden aus dem Leistungskurs Geschichte. Der Nationalsozialismus und die Massenvernichtung der europäischen Juden war ein prominentes Thema im Unterricht gewesen und die deutsche Verantwortung wurde klar herausgearbeitet. Nüchtern lautete der Auftrag für die Zukunft: Das sollte sich nie wiederholen, ebensowenig wie jemals wieder Krieg von deutschem Boden ausgehen sollte. Man ging aber nicht gebückt unter der Last einer unerträglichen Schuld. Auch empfand ich beim Besuch von Auschwitz keine persönliche Schuld. Wieso auch? Ich hatte doch nichts Böses getan. Freilich habe ich mich geschämt und war ich empört über die endlosen und pathologisch erfindungsreichen Grausamkeiten und Morde, die Menschen, in diesem Fall Deutsche, anderen Menschen, in diesem Fall Juden, antun beziehungsweise verüben können. Es ist keine Relativierung des Holocaust, auch wenn Kermani das insinuiert, wenn man (zum Beispiel aus Gunnar Heinsohns „Lexikon der Völkermorde"), weiß, dass es viele weitere bestialische Massenmorde in der Menschheitsgeschichte gegeben hat und sich auch dieser schämt; im Gegenteil, man relativiert umgekehrt den Tod so vieler nichtjüdischer Menschen und es ist es eigentlich unerträglich, wenn die Deutschen auch hier die „Besten", weil „Bösesten" sein wollen, und diese „Unvergleichlichkeit" auch noch von jemandem „mit Migrationshintergrund" unterstützt wird. In den 3000 Jahren, von denen Kermani spricht, fürchte ich, wird sich so Manches relativiert haben.

Jetzt aber wieder zu meinen Beobachtungen. Im Ausland, zum Beispiel in Frankreich, war auch ich gemeinsam mit meinen deutschen Freunden gewissen Anfeindungen („Nazi", „boche") ausgesetzt, so wie Kermani das von seinen Mitschülern berichtet. Er, der „physiognomisch" eben als Nicht-Deutscher erkennbar war, wie er selbst schreibt, war jedoch davon ausgenommen. Genau hier beginnt die Lüge im Narrativ Kermanis und der heutigen Linken überhaupt. Ich war zwar äußerlich nicht als Ungar erkennbar, hätte mich aber zu erkennen geben können und wäre flugs die Anfeindungen los gewesen. (Dass die Ungarn den deutschen Nazi-Schergen bei der Ermordung der ungarischen Juden leider aktiv zugearbeitet haben, wissen nur die Wenigsten.) Denn es ist doch klar, dass jemand mit meinem Namen kein Deutscher ist, mag er auch in Deutschland geboren und komplett in die deutsche Kultur assimiliert sein. Erst recht ist er es nicht, wenn er „vielleicht auch gar nicht deutsch werden [will] im Sinne einer Identifikation mit Fahne, Küche und Brauchtum", wie Kermani so schön schreibt. Und schon gar nicht werden Türken, Afghanen, Syrer, Nigerianer und Pakistanis Schuld oder auch nur Scham empfinden bei der Erwähnung des Holocaust.

Jeder von ihnen hat über seine Volkszugehörigkeit hinaus auch noch ein Herkunftsland, etwas, das die Juden vor der Gründung Israels nicht hatten; sie halten auch in der dritten und vierten Generation, wahrscheinlich noch länger den Kontakt. Sie wissen genau, und würden es auch sagen, fragte man sie, wer „die Deutschen" sind im Gegensatz zu ihnen, mögen sie selbst auch hundertmal deutsche Staatsbürger sein. Es ist eine linke Illusion zu glauben, mit der Erinnerung an Auschwitz ein verbindendes Gemeinsames schaffen zu können.

(TUMULT Blog)

19. August 2017

GELENKTE PRESSE, GELÄHMTE DEMOKRATIE: POLITIK UND GLOBAL PLAYER BILDEN EINE TOTALITÄRE PHALANX

Sogenannte Global Player machen mit einer bestimmten Politik gemeinsame Sache. Das gefährdet die Demokratie. Zumeist wird dieses Spiel klandestin betrieben, mehr oder weniger sorgfältig, kaschiert – aber manchmal, ganz selten, fallen die Kulissen.

Zweimal durfte die des Deutschen kaum mächtige Kanzlerin der Deutschen in der Talkshow von Anne Will allein und exklusiv ihre sogenannte „Flüchtlings"-Politik erklären. Es waren Tiefpunkte des Journalismus. Will stellte jeweils dieselbe Frage mehrmals, um ihre nervöse Gesprächspartnerin nicht aus dem Konzept zu bringen. Merkel wiederum durfte unbehelligt eine einzige Frage eine Stunde lang (nicht) beantworten. Diese Zeit bekommt sonst niemand. So geht höfisches Schleimen.

Bekannt ist, dass Merkel bereits zu Beginn der Finanzkrise mit Herausgebern von Leitmedien konferiert hat, um eine Sprachregelung zu treffen, wie über diese Krise berichtet werden soll und wie nicht. Es wird kolportiert, sie habe die Leute „einbestellt". Dieser ausgebildete Propagandakader der FDJ weiß, wie es geht. Man mag sich vielleicht noch wundern, dass ihre Masche bei angeblich unabhängigen Journalisten funkte. Das Ergebnis ist bekannt. Seitdem kreist das Wort von der „Lügenpresse". Mehr Einigkeit zwischen Presse und Regierung war jedenfalls nie; statt dieser wird die einzige Opposition kritisiert, die es gibt.

Merkels halböffentliches Arbeitsessen mit Facebook-Chef Mark Zuckerberg ist eher noch in der Erinnerung der Allgemeinheit. Da ging es darum, was dieser Weltkonzern tun könne, um zu verhindern, dass Leute „anti-migration stuff" auf Facebook schreiben, wie Merkel sich ausdrückte. Der Konzernchef war ganz Ohr: „Wir arbeiten dran." Merkels joschkagrüne Botschaft, Deutschland zu „verdünnen", muss außerordentlich zünden. Man kann gerade Leute wie Zuckerberg verstehen, dass sie von der Idee begeistert sind. Dass jetzt „Private" Zensur üben, muss man als staatliches „Outsourcing" verstehen.

Eine tolle Plattform, um den Amtsbonus zu zementieren

Am 16. August erreichte die Medienkampagne Merkels einen neuen Höhepunkt, wenn man so sagen darf. Jeden, der in seinem PC, Tablet oder Smartphone die bekannteste Suchmaschine aufrief, grinste folgende Meldung unter dem Namenszug und dem Sucheingabeschlitz an: „Angela Merkel live im Interview auf YouTube. Heute um 13:30 Uhr." OMG!

Haben Sie davon gehört, dass Vorsitzende anderer Parteien in den Vorzug dieser „Spezialbehandlung" kommen werden? Das ist unwahrscheinlich. (Nachtrag: Dem Popanz M. Schulz widerfuhr die Ehre pro forma dann doch.) Wo bleibt da die Ausgeglichenheit und Unparteilichkeit? Aber wer stellt noch so altbackene Fragen veralteter Demokratie? Merkel muss ein überzeugendes Verkaufsargument haben, wenn amerikanische kapitalistische Konzerne spuren. Ist es ihre Ankündigung, die deutsche Autoindustrie zu ruinieren? Nicht einmal dem letzten Monarchen ist in Deutschland so gehuldigt worden und von Ausländern schon gar nicht.

Für diejenigen, die sich noch für freie Bürger und nicht für Untertanen halten (obwohl Untertanen des Kaisers in vielem mehr Freiheiten hatten als wir heute), stellt sich die Frage, wie man einer Phalanx aus globalen Konzernen, Medien und Machtpolitik noch widerstehen kann. Es handelt sich um eine Übermacht ungeheuren Ausmaßes. Die Erfassung ist totalitär. Die Luft wird immer dünner. Die nächsten vier Jahre werden entscheidend sein.

(The European)

22. August 2017

ISLAMISCHER TERROR IN BARCELONA: DAS WAR DAS EIGENTLICHE ZIEL!

Dass die Sagrada Família, eine der wichtigsten Kirchen der Christenheit, das ursprüngliche Anschlagsziel von Barcelona war, ist ein Wendepunkt, der die europäischen Christen, die nicht nur Taufscheinchristen sind, zwingen wird, sich politisch zu entscheiden. Die Alltoleranz und Allverzeihung wird nicht genügen.

Das ursprüngliche Ziel der gläubigen Muslime, die in zwei dschihadistischen Angriffen in Barcelona und Umgebung fünfzehn Menschen ermordet und fast hundert Menschen verletzt haben, war die Basilika Sagrada Família, eines der großen Gotteshäuser der römisch-katholischen Christenheit und das Zeichen eines langfristigen, viele Generationen übergreifenden geistig-künstlerischen Projektes, zu welchem das im säkular-kapitalistischen Jargon „der Westen" genannte Abendland kaum noch, aber hier immerhin fähig ist.

Der Plan scheiterte kurzfristig. Man stelle sich aber vor, dieses Ziel wäre erreicht worden. Die Zahl der Toten wäre mutmaßlich in die Hunderte gegangen. Sie wäre entsprechend der „Hierarchie der Opfer" (Martin Lichtmesz) in der Öffentlichkeit absehbar schnell vergessen gewesen, denn es handelt sich für die globalistische politische Elite wie für die überwiegend linke Presse um Späne, die beim multikulturalistischen Hobeln eben fallen und vernachlässigbar sind. Für diese Prognose genügt ein Blick auf die Opfer des Dschihad der letzten Jahre, deren Namen niemand kennt, während die Opfer sogenannter „rechter" oder „rassistischer" Gewalt seit Jahren zum Beispiel durch einen künstlich in die Länge gezogenen Gerichtsprozess oder durch Umbenennung von Straßen ständig im Gedächtnis gehalten werden.

Hätte die Amtskirche vor islamischem Terror gekuscht?

Die weitgehende Zerstörung eines der bedeutendsten christlichen Gotteshäuser wäre, so wage ich zu behaupten, ebenfalls nach kurzer, meist gespielter Empörung mit einem resignativen Achselzucken ad acta gelegt worden. Immerhin wäre vielleicht eine durch Spenden und eine kleinere staatliche Beihilfe angeschobene Reparatur des rein materiellen Schadens versucht worden. Atheisten, die Mehrheit der heute schreibenden Zunft, hätten Gelegenheit für einige brillante Essays über die grundsätzliche Vergänglichkeit religiöser Kultur gefunden. Aber auch viele gläubige Christen hätten sich hinter dem angeblichen Gebot des Allverzeihens versteckt, das durch nichts Anderes motiviert gewesen wäre als durch Angst. Und das in Wahrheit nichts Anderes bedeutet hätte als ein ausdrückliches oder unausgesprochenes Einverständnis mit dem Bösen, das ihnen und ihrer Religion angetan worden wäre. Wobei ihnen dieses Böse übrigens seit 1.400 Jahren, und nicht erst seit dem Kolonialismus oder dem Irakkrieg, angetan wird. Sich dies bewusst zu machen, mag für Christen schmerzhaft oder gar schockierend sein. Es ist aber die Realität.

Im islamischen Einflussbereich ist die Zerstörung von allem, was vor die Zeit des arabischen Propheten fällt, ohne weiteres diskussionsfähig, weil es der sogenannten „Zeit der Unwissenheit" angehört; Ausnahme ist, wenn damit Geld verdient werden kann. Jeder gläubige Moslem verflucht Juden und Christen täglich siebzehnmal im Gebet. Diese tägliche Gehirnwäsche bewirkt bei vielen Moslems – bei sehr vielen! –, dass sie christliche Bau- und Kunstwerke bestenfalls durch eine islamische Umwidmung für erhaltenswürdig erachten. Die Beispiele dafür sind vielfältig, sie reichen von der Kathedrale von Famagusta auf Zypern bis zur St.-Afra-Kathedrale von Mossul (Mar-Afram), die der Islamische Staat in Ardh-al-Khalifa umbenannt hatte: zu deutsch „Land des Kalifen".

Wäre also die weitgehende Zerstörung der Sagrada Família nach kurzer, meist gespielter Empörung mit einem resignativen Achselzucken ad acta gelegt worden? Diese Behauptung scheint aber auch deshalb stichhaltig, weil die Zerstörung von Kulturgut auch zum Repertoire der Linken gehört, wie man an der Sprengung von Kirchen in kommunistischen Staaten unschwer sehen konnte. Die Marienkirche in Wismar und die Universitätskirche in Leipzig könnten noch im Gedächtnis mancher Menschen hierzulande präsent sein. Aber man kann es heute auch an den Attacken auf Standbilder konföderierter Generäle in den USA erleben kann, oder auch – momentan noch subtil – an der deutschen Hexenjagd auf Namen nicht „links"-kompatibler Dichter.

Unheilige Allianz: politische Linke und radikale Moslems

Wieder einmal zeigt sich, dass Christen hier einer merkwürdigen Koalition gegenüberstehen: einer gebremst gewaltbereiten Linken mit ihrem islamischen Kurzzeit-Verbündeten, der allerdings offen gewaltbereit ist. Das Problem der Linken ist nur, die Gewalt von sich abzuhalten und auf die sogenannten „Menschen da draußen auf den Straßen und Plätzen" zu lenken. Angst lähmt, weshalb — wie immer — die Reaktion auf die Zerstörung der Sagrada Família auch nur Blümchen und Kerzenlichter am Ort des Anschlags gewesen wäre anstatt ein sich Wehren. Das soll für die linken Politiker, Intellektuellen und Medienschaffenden auch so bleiben, denn die einzige geistige Kraft, die noch ein wenig gegen die Multikulturalisierung Europas ankämpft, ist ja wohl das Christentum. Wo liegt also die tiefere Ursache für die Alltoleranz der Linken gegenüber dem Islam, auch dem gewalttätigen Islam? Die Linke ist dem Christentum gegenüber fanatisch intolerant. Die Zerstörung des Christentums ist eben sowohl im linken wie im islamischen Interesse. Daran wird gemeinsam gearbeitet.

Sich wehren dürfen aber auch Christen. Es gibt genügend Vorbilder dafür aus der Vergangenheit, und Ostmittel- und Osteuropa sind heutige Beispiele für christliche Gesellschaften, die nicht ergeben auf islamische Angriffe reagieren, sondern vorbeugen, wie die Visegráder Vier, oder zurückschlagen, wie Russland. Übrigens leben auch in diesen Ländern Muslime, teilweise schon länger als im Westen, aber eben in einem kulturell und soziologisch-demographisch kompatiblen Ausmaß. Auch das ist Prävention. Eigentlich müssten auch Atheisten mit im Boot sein, denn sie sind das natürliche Ziel gläubiger Muslime, aber sie sind durch ihre

Christianophobie im Verbund mit der „antirassistischen" Ideologie gehemmt. Sie werden es irgendwann blutig bereuen.

Der Kampf um das Gottesbild

Die ganze Rede von Migration, Wirtschaft, Öl, Einfluss-Sphären, Radikalisierung und Neokolonialismus ist angesichts dieses Ringens nur Ablenkung und „Folklore". Das ist das menschliche „Kribbeln und Wibbeln", von dem Theodor Fontane sprach. Ob die Rente mehr oder weniger steigt, ob Dieselautos abgeschafft werden oder ob der Sozialstaat implodiert, ist derzeit wichtig, aber nicht das zentral und grundsätzlich Wichtige. Es geht immer nur um die wesentlichen geistigen Entscheidungen, und die fallen entweder gegen oder für Gott. Ob es ihn gibt, weiß niemand genau, aber die Pascalsche Wette gilt. In diesem Fall bedeutet das Gottesbild alles. Wenn es logischerweise nur einen Gott geben kann, dann ist nur eines der menschlichen Gottesbilder richtig.

Der Kampf um dieses Gottesbild ist entscheidend und – von der Pascalschen Wette ausgehend – der einzige, der sich lohnt. Dass sich gläubige Muslime überhaupt ein Ziel wie die Sagrada Família ausgesucht haben, ist zwar nur für Ute Mustermann oder Otto Normalverbraucher überraschend, aber doch ein geistiger Dammbruch und Wendepunkt. Es geht jetzt, für jeden offenkundig, ums Eingemachte. Nicht nur die Christen werden sich – so sie Christen sind – entscheiden müssen, welche Politik sie unterstützen wollen.

(The European)

23. August 2017

DER AKTUELLE NEBENPAPST IST POSTKATHOLISCH

Die soeben veröffentlichte Papstbotschaft für den Weltgebetstag der Flüchtlinge und Migranten am 14. Januar 2018 („Die Migranten und Flüchtlinge aufnehmen, beschützen, fördern und integrieren") ist eine theologische Katastrophe und für Katholiken natürlich nicht verpflichtend. Einige Anmerkungen für alle, die sie nicht gelesen haben.

Ein Papst kann nur in Glaubensdingen für sich beanspruchen, wahrhaft autoritativ zu sprechen. Alles Andere, so besonders die politischen und ökonomischen Stellungnahmen von Papst Franziskus, ist nicht verpflichtend, insbesondere wenn, wie bei dem argentinischen Papst, theologische Defizite wahrnehmbar sind, wie leider schon oft von verschiedenster Seite bemerkt wurde.

Die genannte Botschaft hat schwere Mängel, die jedem Laien auffallen sollten. Ihr Motto lautet: „Der Fremde, der sich bei euch aufhält, soll euch wie ein Einheimischer gelten und du sollst ihn lieben wie dich selbst; denn ihr seid selbst Fremde in Ägypten gewesen. Ich bin der Herr, euer Gott" (Lev 19,34). – Das mag wohl sein, dass der einzelne Fremde so behandelt werden soll, aber nicht gemeint sein kann von der Satzlogik her, dass so viele Millionen kommen, bis es mehr Fremde als Einheimische gibt, und zweitens scheinen Feinde der Einheimischen mit diesem Spruch aus Leviticus auch nicht gemeint zu sein.

„Jeder Fremde, der an unsere Tür klopft, gibt uns eine Gelegenheit zur Begegnung mit Jesus Christus, der sich mit dem aufgenommenen oder abgelehnten Gast jeder Zeitepoche identifiziert (vgl. Mt 25,35.43)". Auch hier fragt man bestürzt: Aber Gäste gehen doch irgendwann wieder? Gegen zeitlich klar begrenzte Hilfe dürften nur wenige Europäer etwas haben, doch genau damit hapert es.

Franziskus fährt fort: „Der Herr vertraut der mütterlichen Liebe der Kirche jeden Menschen an, der gezwungen ist, die eigene Heimat auf der Suche nach einer besseren Zukunft zu verlassen". Praktisch jeder Mensch kann sich Zustände ausmalen, die irgendwie besser sind als das, was er gerade hat. Die bessere Zukunft als Fluchtgrund ist ein Blankoscheck: Jeder ist Flüchtling. Das ist Wahnsinn.

„Wenn wir das gegenwärtige Szenario betrachten, so bedeutet aufnehmen vor allem, den Migranten und Flüchtlingen breitere Möglichkeiten für eine sichere und legale Einreise in die Zielländer anzubieten." Es war bisher definitionsgemäß so, dass man als Flüchtling eben keine bequeme und sichere Flucht vor sich hatte, denn man musste ja vor Bedrohungen fliehen. Nach dieser neuen Auffassung handelt es sich schlicht um eine gesponserte Reise mit den Schleusern und NGOs als Reise-, Shuttle- und Transitunternehmen. Europa soll also die Völkerwanderung, die mittelfristig seine Kultur auslöschen kann, auch noch finanzieren.

Franziskus setzt das Recht aus wie alle westeuropäischen Staaten: „Die kollektiven und willkürlichen Ausweisungen von Migranten und Flüchtlingen sind keine geeignete Lösung." Das hätten EU-Bürokraten schreiben können, ebenso wie die angesichts des Terrors mit bisher Hunderten von Ermordeten und Tausenden von Vergewaltigten verrückte Forderung: „...die Sicherheit der Personen [ist] stets der Sicherheit des Landes voranzustellen."

In diesem rechtsfreien Ton geht es weiter: „...sind Bemühungen notwendig, um alternative Lösungen zur Verwahrung für diejenigen vorzuziehen, die das Landesgebiet ohne Genehmigung betreten." Illegale sollen legal gemacht werden, so wie es als erklärtes Ziel Dr. Angela Merkel auch vorschwebt.

Fast schon witzig ist die Formulierung, „den Migranten [durch] eine angemessene konsularische Betreuung das Recht [zu sichern], die Ausweispapiere immer mit sich zu führen." Und leider lässt sich der Papst zu folgendem links-grünen Gerede hinreißen, dass „Migranten, Asylbewerber und Flüchtlinge [...] eine echte Ressource für die Gemeinschaften stellen, die sie aufnehmen." Vielleicht als Billiglöhner in einem turbokapitalistischen Alptraumstaat der Zukunft, für den die Linke heute die theoretische Unterstützung liefert, mit einem Verlust der bürgerlichen Rechte und Freiheiten. In der Globalisierung treffen sich das grenzenlose Kapital und die grenzenlose Migration.

Furchtbar auch das billige Verscherbeln der Staatsangehörigkeit: „In Achtung des allgemeinen Rechtes auf eine Nationalität muss diese allen Kindern zum Augenblick ihrer Geburt zuerkannt und entsprechend bescheinigt werden. Die Staatenlosigkeit, in der sich Migranten und Flüchtlinge zuweilen wiederfinden, kann leicht durch eine Gesetzgebung [...] vermieden werden." Franziskus denkt als Katholik global, aber er ist leider Globalist im schlechtesten Sinne.

Tragikomisch zu nennen ist die Forderung, dass „allen sich im Staatsgebiet aufhaltenden Ausländern die Bekenntnis- und Religionsfreiheit gewährleistet wird", wie das in den Herkunftsländern ja gang und gäbe ist, wie man weiß. Christenverfolgung in allen islamisch beherrschten Staaten? Dieser Papst kümmert sich darum nun wirklich nicht. Und den Vogel schießt er mit seinem Bekenntnis zum Familiennachzug im Sinne der Großfamilie ab: „Ihre Integrität soll stets durch die Begünstigung der Wiedervereinigung der Familien – einschließlich der Großeltern, Geschwister und Enkel – gefördert werden, und sie soll niemals wirtschaftlichen Erfordernissen unterworfen werden." Das ist George Soros pur, und leider auch Politik der UNO, dort „replacement migration" genannt.

Dieses durch und durch sozialistische und globalistische Schreiben schließt tatsächlich dann doch mit etwas Religiösem: „Heute, am 15. August, feiern wir das Hochfest der Aufnahme Mariens in den Himmel. Die Gottesmutter erfuhr die Härte des Exils am eigenen Leib (vgl. Mt 2,13-15), sie begleitete liebevoll den Weg ihres Sohnes bis hin zum Kalvarienberg und ist auf ewig dessen Herrlichkeit teilhaftig." Ja, es scheint, dass der Papst will, dass wir alle Märtyrer werden und auf diese Weise der himmlischen Herrlichkeit teilhaftig. Das ist sehr schön, aber die Nachfolge Christi war nie so gemeint, dass man den eigenen Tod provozieren soll.

Der Rücktritt Benedikts XVI. erscheint nach Lektüre dieser „Botschaft" dubioser denn je, als sollte da jemand, der hemmend wirkt, weichen. „Ein so tief in der Historie verwurzelter Mann exponiert sich mal so nebenbei vor der Geschichte als der zweite zu Lebzeiten zurückgetretene Papst seit Petrus" (Ulrich Hintze) – und es gibt kaum Spekulationen über diese Entscheidung, die ja wie ein laut sprechendes Zeichen wirkt. Nun behauptet er aber, aus eigenem Willen gehandelt zu haben. Doch war es auch ein freier Wille? Jedenfalls kann man dem Zweitpapst aus dem Kontinent der Befreiungstheologie nicht vorwerfen, er wirke nicht als Schmiermittel für die reibungslose Masseneinwanderung nach Europa. Im Gegenteil: Er ist Beschleuniger.

Die Katholische Kirche hat immer, auch in ihren politisch mächtigsten Zeiten, als Gegengewalt gewirkt, gegen die staatlichen Mächte. Nie hat sie in dem nun erreichten Ausmaß mit „dem Staat" gemeinsame Sache gemacht. Auch dies ist – neben vielen theologisch bedenklichen Annäherungen – eine weitere Protestantisierung, die der Staatskirchen-EKD und ihrem Gebaren beinahe schon ähnelt. Die fast zum Mimikry degenerierte Anpassung des Nebenpapstes an die politischen Gewalten ist eine erschreckende Neuigkeit im Katholizismus und komplett abzulehnen. Nicht umsonst hat Josef Ratzinger die Befreiungstheologie immer verurteilt. Nun muss er ihren temporären Sieg erleben.

Es bleibt zu hoffen, dass die postkatholischen Exzesse von Franziskus auf Kritik in der Weltkirche stoßen, die nun wirklich vielfältig genug ist. Man muss sich ja schon an den Kopf fassen, wenn sogar der Dalai Lama sagte, dass „zu viele" Menschen kämen, „dass das Ziel sein sollte, dass sie zurückkehren und beim Wiederaufbau ihrer eigenen Länder mithelfen und dass Europa, zum Beispiel Deutschland, kein arabisches Land werden könne." Seitdem ist der Dalai Lama aber auch kein Liebling der Linken mehr. Die pilgernde Kirche rechnet nicht in Jahren, sondern Jahrhunderten, und sie hat schon so manchen absurden Mann auf dem Thron Petri verkraftet. Insofern darf man gespannt sein, wer der nächste wahre Papst nach Benedikt XVI. sein wird.

(Die Freie Welt)

30. August 2017

Das wahre Problem bei Frau Özoğuz

Dass der AfD-Spitzenkandidat Gauland die „Integrationsbeauftragte" in Anatolien „entsorgen" wollte, soll „Volksverhetzung" und „rassistisch" sein. Die ganze gespielte Aufregung und die Anzeige des früheren Bundesrichters Fischer soll nur von den wahren Problemen ablenken.

Man kann eine Menge von Äußerungen und Plänen der Frau Özoğuz sammeln und anführen, die zeigen, dass diese Frau im Grunde die Scharia in Deutschland diskussionsfähig machen will. Das kommt nicht von ungefähr. Sie steht ja nicht allein, sondern große Teile der Regierung und leider auch der deutschen Bevölkerung unterstützen sie, sicher jene Türken, die Erdoğan wählen, und die arabischen Neuankömmlinge sowieso, wohl aber auch viele links eingestellte Deutsche.

Aber sie steht auch nicht allein damit, was ihre Herkunft angeht. Ihre Brüder sind bekannte rechtgläubige, also radikale Muslime, genau das, was als „Islamisten" bezeichnet wird. Darauf angesprochen, hat Frau Özoğuz gesagt, sie sei „Frau genug", selbständig zu denken. Mag sein, dass es so ist, auch wenn man weiß, dass in türkischen Familien etwas andere Verhältnisse herrschen.

Nein, die Äußerungen Gaulands sind nicht das wahre Problem. Dass es eine Muslimin wie Frau Özoğuz bis in die Bundesregierung geschafft hat, ist der eigentliche Skandal. Hat man niemanden Anderen gefunden, der oder die nicht belastet ist? Die Brüder haben gegen Islamkritiker Todesdrohungen ausgesprochen. Das ist bekannt. In einem funktionierenden Staat würde eine Frau, mag sie sich distanziert haben oder nicht, als Angehörige einer solchen Familie als Sicherheitsrisiko eingestuft werden und wäre niemals „Integrationsbeauftragte".

Dass Frau Özoğuz trotzdem in der Bundesregierung sitzt, zeigt, dass die Unterwanderung des deutschen Staates bereits begonnen hat. Ein islamistisches Umfeld stört nicht. Islamistische Agenden werden im Gegenteil offen und positiv diskutiert. Die Übernahme einiger „vernünftig klingender Scharia-Gesetze" (Nathan Warszawski) dürfte nur noch eine Frage der Zeit sein. Dagegen klagt der frühere Bundesrichter Fischer natürlich nicht. Seinesgleichen wird sich locker anpassen können, wie schon einmal vor 80 Jahren.

(Die Freie Welt)

17. September 2017

DIE FAZ LÜGT WIE GEDRUCKT

Ein Artikel vom Freitag, den 15. September 2017, mit dem Titel: „Orbán plant Kampagne gegen Milliardär Soros" von Stephan Löwenstein.

Das Blatt schreibt, dass „die Bürger des Landes [Ungarn] durch eine »nationale Konsultation« die Gelegenheit erhalten sollten, ihre Meinung über einen angeblichen »Soros-Plan« zu äußern". Der „Soros-Plan" sehe „angeblich vor, Jahr für Jahr Millionen Migranten aus Asien und Afrika nach Europa zu bringen und auf die europäischen Länder zu verteilen. Mitarbeiter von Soros-Stiftungen bestreiten, dass es einen Plan in dieser Form gebe".

Man lese dazu einfach den von George Soros persönlich verfassten Artikel in der „Welt" vom 2. Oktober 2015 mit dem Titel: „George Soros' Plan für Europas Flüchtlingskrise"[39], in dem Soros alle „angeblichen" Punkte genau aufführt. „Erstens muss die EU in absehbarer Zukunft mindestens eine Million Asylsuchende jährlich aufnehmen" und ihnen für zwei Jahre pro Kopf 15.000 Euro jährlich zahlen. Ländern wie der Türkei sind zweitens 20 Milliarden zu zahlen für Lager und weitere Hilfen. Die Aufnahme und Verteilung von Asylsuchenden soll drittens zentral von einem Büro der EU gesteuert werden, also den Ländern aus der Hand genommen werden. Die Reiserouten der Asylsuchenden sollen viertens gesichert, also gleichsam bequeme Shuttleservices eingerichtet werden. Und weltweite Standards sollen fünftens für Organisation und Finanzierung der Migrationsströme eingerichtet werden.

Es ist nicht schwer, in diesem Plan exakt die Politik der EU und Frau Merkels zu erkennen. Man kann nun spekulieren, inwieweit hier zufällige oder absichtliche Zusammenhänge bestehen. Aber den Plan gibt es. Und es zeugt schon von journalistischer Naivität oder Dreistigkeit, der Versicherung von Soros-Stiftungen zu glauben, dass es einen Plan „in dieser Form" nicht gebe.

Löwenstein bezeichnet die Konsultation, also Volksbefragung als „Kampagne", um dieses demokratische Mittel der Politik als „populistisch" zu diffamieren, schreibt dann noch etwas von „Suggestivfragen", als ob die Frage der letzten Konsultation, ob man wolle, dass Brüssel oder Ungarn die Einwanderungspolitik bestimmen solle, suggestiv gewesen wäre, und kann doch nicht verbergen, dass er ganz einfach lügt.

Übrigens greift Soros am Ende seines Artikels ausdrücklich den ungarischen Ministerpräsidenten Viktor Orbán an, natürlich wegen seines Widerstands gegen die EU-Flüchtlingspolitik. Die „FAZ" wirft Orbán vor, willkürlich gegen Soros vorzugehen, ja sogar aus Antisemitismus.

Nach Lektüre des Soros-Artikels weiß man, dass Orbán sich gegen einen Angreifer wehrt, der ein Feind der europäischen Völker ist.

(Die Freie Welt)

21. September 2017

VON DER WISSENS- ZUR SPAßGESELLSCHAFT: DER GESELLSCHAFTLICHE WANDEL IN ZWEI FOTOS

Kulturpessimismus ist oft billig. Doch manchmal kommt man nicht umhin, innerhalb eines Zeitraums einen Wandel zum Schlechteren hin zu konstatieren. Von der Wissens- zur Spaßgesellschaft – so kann man kurz das mit der 68er-Bewegung über Deutschland hereingebrochene Unglück beschreiben.

Trotz (oder wegen) Wikipedia und der vielen anderen elektronischen Möglichkeiten nehme ich gerne immer noch den guten alten „Volks-Brockhaus" in die Hand. Das war die einbändige Fassung der großen Brockhaus-Enzyklopädie, eines legendären vielbändigen Giganten an seriösem Wissen. Einbändigkeit bedeutete die knappe Vermittlung jenes „Wissensbestands, der in Schule und Alltag zum nötigen Rüstzeug" gehören sollte, wie im Vorwort festgestellt wurde.

Wie haben die Zeiten sich geändert! Und nicht zum Guten. Dass sowohl die Enzyklopädie als auch der „Volks-Brockhaus" als Bücher längst eingestellt sind, ist angesichts der Digitalisierung klar. Gerade solche Texte schreien geradezu nach räumlicher Komprimierung, denn bei der bloßen Wissensvermittlung spielen haptische und künstlerische Ansprüche sicherlich eine kleinere Rolle als bei Literatur oder Museumskatalogen. (Heute wäre allerdings schon der Name des Lexikons unmöglich, da ein deutsches „Volk" heute lediglich ein Konstrukt sein soll.)

Rein mengenmäßig hat sich das Wissenswerte sogar vermehrt. Aber es ist beliebig und unstrukturiert geworden. Seit mehreren Hundert Jahren schon kann ein einzelner Mensch das Wissen seiner Zeit nicht mehr überblicken, doch gab es mit guten Schulen, die noch Wissen statt Kompetenz vermittelt haben, und besagten Standardwerken, deren Inhalt von etablierten Fachkommissionen erstellt wurde, die Möglichkeit, sich wenigstens das anzueignen, was man eine solide „Allgemeinbildung" nannte.

Vorbei. Es wird behauptet, dass eine solche Bildung in der heutigen „globalisierten" Welt nicht mehr nötig sei, aber die Alarmmeldungen aus den Schulen und Universitäten sind nicht mehr zu überhören. Doch nicht Bologna und Pisa sollen mein Thema sein, sondern der „Geist", der dieser Entwicklung schon lange zugrundeliegt. Es handelt sich um den Ungeist der Infantilisierung.

Schauen wir auf den Einband des Volks-Brockhaus von 1965. Deutschland prosperierte noch unter einer von Ludwig Ehrhard geführten Regierung, aber das Wirtschaftswunder näherte sich dem Ende, was im Jahr darauf zur ersten Großen Koalition führte.

Wir sehen ein „klassisches" Design, das Seriosität ausstrahlt. Den Deckel ziert das Emblem des Verlages, der Greif, der das Schild mit den Verleger-Initialen und dem Jahr der Verlagsgründung hält: ein historischer Bezug. Sonst ist auf dem einfarbig blauen Einbanddeckel nichts zu sehen.

Der Buchrücken deutet ebenfalls nach klassischem Muster mit vergolde-
ten Querstreifen fünf Bünde an; oben steht der Titel (Der Volks-
Brockhaus), unten nur A-Z. Das ist alles. Wer dieses Buch zur Hand
nimmt, soll wissen, dass es solides, geprüftes, verbindliches, gewissermaßen sakrales Wissen enthält. Eine gewisse Ehrfurcht wird vermittelt vor
dem, was Generationen an Riesen erarbeitet haben, auf deren Schultern
wir Zwerge sitzen. Ein Buch für Erwachsene und solche, die es werden
wollen.

Wenden wir uns nun dem „Volks-Brockhaus" von 1972 zu. Wir wissen:
Es ist das Jahr der Olympiade mit ihrem popkulturellen Design. Ein
frischer Wind weht durch Deutschland, der aber (schon damals) von
arabischen Terroristen sogleich vergiftet wird. Die sozialliberale Koalition unter Willy Brandt behauptet, mehr Demokratie zu wagen, beginnt
aber mit dem sozialistischen Umbau der BRD.

Das Cover ist zeitgeistig „buntig" geworden. Der Titel füllt in grellgelber
Schrift auf signalrotem Grund fast die gesamte Fläche aus, als ob die
potentiellen Leser leseschwach geworden seien. Die platte Werbung hat
diesen Hort des Wissens erfasst: Es wird in schwarzer Schrift mit der

Neuheit und der Anzahl der Stichworte geprahlt. Die „leichte Sprache" deutet sich schon an: A-Z genügt nicht, es muss „von A bis Z" heißen. Auf dem Buchrücken finden sich keine besonderen graphischen Elemente; oben steht der Titel, unten der Verlagsname und -ort.

Es ist sofort klar, was hier geschehen ist: Wissen ist kein aus sich heraus anzustrebendes hehres Ziel, sondern soll „Spaß" machen, weil man ansonsten „keine Lust" auf Lesen hat. Die Buntheit des Einbands vermittelt eine Infantilität, der die „Jugendkultur" mit ihrem häufig gleichfalls infantilen Freiheitsbegriff entsprach. Man kann natürlich auch positiv sagen, dass das Ganze poppig und jung geworden ist, aber im Vergleich mit der früheren „Seriosität", die ja sachbezogen und grundsätzlich altersunabhängig ist, scheint hier ein ideologisches Moment die Oberhand ergriffen zu haben: Was nicht „passt", soll weg. Die Kulturrevolution klopft an.

Dabei ist der Inhalt des „Volks-Brockhaus" großenteils natürlich ähnlich seriös geblieben; neben aktuellen Stichworten kamen Farbbilder vermehrt hinzu. (Die Auflage von 1978 war dann komplett farbig illustriert.) Der Abbau des sakralen Wissens ging eben schrittweise vonstatten. Jedenfalls scheint mir an diesen zwei Bildern ziemlich genau gezeigt werden zu können, was in der Zeit von 1965 bis 1972 sich in Westdeutschland geändert hat.

Leider hat sich der Trend zur Infantilisierung bis in die Gesellschaft und Politik fortgesetzt. Dass heute nicht nur eine Partei fast unwidersprochen die „Buntheit" als Qualität eines Staatswesens anzupreisen wagt, dass heute in der Schule niemand mehr durchfallen soll, dass heute nach Terroranschlägen in infantiler Hilflosigkeit Katzenbilder als „Trost" gepostet werden, all diese Erscheinungen deuten sich schon in der gezeigten Veränderung zum Erbärmlichen an. Daran ändern auch die bedeutenden digitalen Erfindungen nichts.

(Tabula Rasa)

Nach der Wahl: Die verpasste Chance

Das deutsche Volk hatte heute eine der letzten Chancen, wenigstens teilweise noch selbst über sein Schicksal zu bestimmen. Außenpolitisch wird es ohnehin von Anderen bestimmt, nun aber wird es in Bälde auch innenpolitisch fremdbestimmt sein.

Man muss sich das einmal vorstellen: Etwa 40% der deutschen Wähler haben linke Parteien gewählt, also Parteien, die sich die Zerstörung aller natürlichen und gewachsenen Bindungen wie Ehe, Familie, Volk und Nation auf die Fahnen geschrieben haben. Dies nach all den (freilich verleugneten) Lehren aus der totalitären Vergangenheit! Natürlich werden Wähler dieser Parteien (SPD, Grüne, Linke) darauf hinweisen, dass sie in der zunehmend ungerechten Verteilung des Reichtums und der zunehmenden Privatisierung ehedem staatlicher Bereiche die berechtigten Gründe für ihre Wahlentscheidung sehen. Nur: Daran hat sich unter den Regierungen mit SPD- und/oder Grünenbeteiligung seit 1998 nichts geändert, im Gegenteil. Auch ein Herr Ramelow hat nichts bewirkt. Bei diesen „linken" Wählern spielen noch alte Träume aus den 70ern des letzten Jahrhunderts eine irrationale Rolle; die Parteien hingegen haben sich in den globalistischen und nivellierenden Ablauf des „freien" Flusses von Waren, Geld und Menschen, der ihren kulturmarxistischen Zielen sehr wohl dient, längst schon reibungslos eingefügt. Die Folge dieser „linken" Träume könnten nun ein Außenminister Özdemir und eine Was-auch-immer-Ministerin Göring-Eckardt sein.

Für mich überraschend glatt hat es eine Ein-Mann-FDP wieder in den Bundestag geschafft, mit einem aalglatten Vorsitzenden, der deutlich an den französischen Präsidenten Macron erinnert. Auch hier ist die Wahlentscheidung unverständlich. Schauen wir ins Wahlprogramm: Weltbeste Bildung mit Studiengebühren und Digitalisierung der Schulen (nützt nichts, wenn die Qualität durch Leistungsforderung nicht erhöht wird); ist für Leiharbeit, auch „Zeitarbeit" genannt (neoliberal, weil prekäre Verhältnisse trotz Multi-Jobs); Arbeiten bis 68, 69 oder 70 soll ermöglicht werden (auch neoliberal); für die gleichgeschlechtliche Ehe und eine rechtliche Stärkung von Regenbogenfamilien, eine assistierte

Selbsttötung soll ermöglicht und Cannabis legalisiert werden („liberal" von seiner schlechtesten, nämlich linken Seite); in Sachen Einwanderung geht es sowieso „liberal" weiter, in Sachen Integration ist die FDP gegen Assimilation (es geht also auch weiter mit der Islamisierung); ferner ist die FDP pro-EU im heutigen schlechten, Brüsseler Sinn und gegen Russland. Wer wählt eine solche Partei? Auch hier hoffen die Wähler nostalgisch auf ein freiheitliches Korrektiv, doch ist diese „humanistische" Partei, mehr noch ihr Vorsitzender, mittlerweile eine globalistische Marionette.

Bei Merkel weiß man wenigstens, was man hat. Eine in ihrer vollkommenen Prinzipienlosigkeit berechenbare, machtbesessene (Ex-?)Kommunistin, welche die transatlantische Agenda der linken US-Demokraten treulich erfüllt. Auch hier geht es um die Umsetzung der Globalisierung, die ja nichts Anderes ist als Amerikanisierung. Donald Trump stört da mit seinem isolationistischen und „nationalistischen" America first, weil sich andere Staaten wie Ungarn und Polen darauf berufen können, souverän sein zu wollen. Das ist aber dem Ziel eines alles überwachenden technokratischen EU-Superstaates mit ansonsten ungebändigter Wirtschaft im Wege. Auch hier wie bei den Linken und den Liberalen geht es um Egalisierung, Nivellierung, Globalisierung, also um immer weniger Rechte für das deutsche Volk. Aber tatsächlich hat das deutsche Volk all die Rechtsbrüche der Kanzlerin mit dieser Wahl legitimiert; sie ist nun nicht mehr alleine dafür haftbar zu machen.

Nur eine Partei hat sich dem einzigen Thema gewidmet, dessen Umsetzung (im Gegensatz zu wirtschaftlichen Agenden) tatsächlich unumkehrbar ist, nämlich die mit massiven finanziellen Anreizen vorangetriebene Umwandlung Deutschlands in einen multikulturellen Vielvölkerstaat. Ist diese vollzogen, dann sind die ethnischen Deutschen nur noch eine Minderheit im ehemals eigenen Land, dann ist auch jeder Widerstand gegen einen globalistisch geprägten Superstaat dahin, denn die eingewanderten Menschen haben keinen Zusammenhalt und auch andere Sorgen, um sich über derlei Gedanken zu machen. Wählen werden sie jene, die ihnen ein im Vergleich zu ihren Herkunftsländern gutes Auskommen versprechen und ihnen sagen, dass sie „Deutsche" sind. Diejenigen, „die schon länger hier wohnen", haben jedenfalls nichts mehr zu sagen. Heute hat diese einzige Partei, die dieses Thema kritisch ansprach, ctwa 13% der Stimmen bekommen. Das wird nicht reichen, um irgendetwas zu ändern.

Ich tippe nun auf eine Jamaika-Koalition. Es geht dann gleich weiter mit dem Familiennachzug, also der Einwanderung von weiteren etwa 2 Millionen jungen Menschen vor allem aus dem Orient. Wirtschaftlich geht es ebenfalls ungebremst weiter in die oben skizzierte Richtung. Vielleicht stürzt diese künstlich zusammengeschusterte Regierung bald; wenn nicht:

War´s das.

(Die Freie Welt)

4. Oktober 2017

BEGLEITUNG DES ZEITGESCHEHENS

Mein Verleger bittet um Werbung in eigener Sache: Drei als „Politische Schriften" zusammengefasste Bücher mit Artikeln von mir aus den letzten Jahren sind jetzt im Gerhard Hess-Verlag erschienen.

Ich möchte die Gelegenheit nutzen, um dankbar an Frau Susanne Kablitz, die libertäre Autorin, Publizistin und Verlegerin des Juwelen-Verlages, zu erinnern. Sie hatte meine drei genannten, etwa 100 Seiten kurzen, pamphletartigen Bücher am 11. Januar in Verlag genommen. Anlässlich eines Interviews in der „Sachsen-Depeche"[40] vom 30. Januar antwortete sie auf die Frage, welche weiteren Buchprojekte sie für das Jahr schon ankündigen könne: „Da kommen viele gute Sachen. Die Buchprojekte, die anstehen, sind zum einen »Wiederholungstäter« wie Ramin Peymani. Aber auch Thomas Bovet, Dieter Ber und Torsten Heinrich stehen mit zweiten Werken im Verlag in den Startlöchern. Und auch erstklassige »Ersttäter« sind dabei. Jürgen Stark zum Beispiel oder Prof. Adorján Kovács."

Leider nahm sich Susanne Kablitz am 11. Februar das Leben, nachdem sie einen Tag zuvor einen von patriotischer Verzweiflung erfüllten Artikel veröffentlicht hatte: „Dieses Land ist unrettbar verloren"[41]. Man wird nicht ganz fehlgehen in der Annahme, dass auch der Suizid des Historikers Rolf Peter Sieferle ähnlich motiviert war: Es sieht nicht gut aus für uns.

Die drei Bücher mit den Titeln

„Der Islam als die Illusion der Deutschen"[42], „Die irrationale Linke"[43] und „Die Verwirrung der öffentlichen Vernunft"[44] wollen demgegenüber nicht in Zweckoptimismus verfallen, aber sie kommentieren den politischen Wahnsinn der 10er Jahre zwar ohne Illusionen, doch kämpferisch. Den Leserinnen und Lesern der „Freien Welt" sind viele der Beiträge bekannt; für sie dürften die „Drillinge" nicht interessant sein, doch könnte sich der Kauf als Geschenk lohnen oder sie sprechen eine Empfehlung an Freunde und Bekannte aus, die an Blogs nicht interessiert sind oder lieber richtige Bücher in der Hand halten.

Der Gerhard Hess-Verlag hat die drei Bücher als Broschur in einer ansprechenden Aufmachung und zu dem erschwinglichen Preis von jeweils 12,80 Euro herausgebracht. Die den Inhalt beschreibenden Rückentexte können auf den Links gelesen werden, die den Titeln zugeordnet sind. Ich habe immer gesagt, dass die nächsten vier Jahre entscheidend sein werden. Mögen die drei Bücher ihren kleinen Beitrag leisten dafür, dass die Entscheidung in Richtung einer für Deutschland und Europa positiven Zukunft von miteinander befreundeten und verbündeten souveränen Nationalstaaten fällt.

---

*Adorján Kovács: **Politische Schriften: Der Islam als die Illusion der Deutschen, Die irrationale Linke, Die Verwirrung der öffentlichen Vernunft**, alle drei Bücher erschienen im Gerhard Hess-Verlag in Bad Schussenried 2017, jeweils 12,80 Euro.*

(Die Freie Welt)

10. Oktober 2017

MILLIONENFACHE EINWANDERUNG ALS „KOMPROMISS"

Die sogenannte „Einigung" von CDU und CSU auf so etwas Ähnliches wie eine „Obergrenze" ist eine Katastrophe.

Alle schreiben von den ungefähr 200.000 Menschen, die in Zukunft mindestens nach Deutschland kommen dürfen, und das bekanntlich dauerhaft. Realistisch gesehen ist das mit der Dauer so, und den Grünen, die bald mitregieren, ist das alles sowieso zu wenig.

Niemand schreibt, dass damit in den nächsten 10 Jahren mindestens 2 Millionen Menschen aus dem Orient und Afrika nach Deutschland kommen sollen, und der Familiennachzug ist da noch überhaupt nicht berücksichtigt. Man kann in diesem Zeitraum ohne Übertreibung mit 3 bis 4 Millionen Menschen rechnen.

Das ist demographischer Wahnsinn und bedeutet den ungebremsten Austausch des deutschen Volkes, weil es sich bei den Einwanderern um junge Menschen handelt. Das ist also offizielle Politik der Union, wie man sich immer wieder klar machen muss. Aber man muss auch realistisch sein, was den politischen Willen sehr vieler in Deutschland lebender Menschen angeht.

Erst kürzlich sagte eine Frau zu mir, dass es ihr egal sei, wenn in Deutschland nur noch Schwarze aus dem subsaharischen Afrika leben würden. Es gebe eben Wandel und die Wanderung sei sowieso nicht aufzuhalten. Der deutsche Selbsthass und die Sehnsucht nach dem Verschwinden sind weit verbreitet.

Übrigens: Frankreich nimmt einmalig nur 10.000 Menschen auf, und die Lichtgestalt der Linken, Monsieur Macron, will Auffanglager in Libyen.

(Die Freie Welt)

11. Oktober 2017

Die „Pariser Erklärung": Ein Europa, wo(ran) wir glauben können

Am 7. Oktober 2017 wurde im Internet in neun europäischen Sprachen eine Erklärung veröffentlicht, die Mut macht, dass doch nicht alle Intellektuellen zu Erfüllungsgehilfen der westlichen politischen Klasse geworden sind. Ich habe die (nur auf Englisch veröffentlichte) Einleitung übersetzt und füge den Link zur „Pariser Erklärung" bei.

Im Mai 2017 traf sich eine Gruppe konservativer Gelehrter und Intellektueller in Paris. Sie wurden durch ihre gemeinsame Besorgnis über den gegenwärtigen Stand der europäischen Politik, Kultur, Gesellschaft – und vor allem über den Zustand des europäischen Geistes und der europäischen Vorstellungskraft – zusammengeführt. Durch Wahnvorstellungen und Selbsttäuschung und ideologische Verzerrung zerstreut Europa sein großes zivilisatorisches Erbe.

Anstatt einfach die Hände in fruchtloser Angst zu ringen oder der reichlichen Literatur, die den „Niedergang des Westens" diagnostiziert, einen weiteren Band hinzuzufügen, glaubten die Pariser Teilnehmer, dass es wichtig sei, eine Erklärung abzugeben und dies öffentlich zu tun. Sie drückten ihre Bindung an das „wahre Europa" aus und taten dies mit Gründen, die von allen anerkannt werden können. Dabei war es zunächst notwendig, über dieses wahre Europa, das unter den modischen Abstraktionen unserer Zeit verborgen liegt, Rechenschaft abzulegen.

Das Ergebnis ist „Ein Europa, wo(ran) wir glauben können". Diese Pariser Erklärung ist ein schallender Aufruf für ein erneuertes Verständnis und die Anerkennung des wahren Genies Europas. Es ist eine Einladung an die Völker Europas, das Beste in unserer Tradition aktiv zurückzugewinnen und gemeinsam eine friedliche, hoffnungsvolle und edle Zukunft aufzubauen.

Bitte schließen Sie sich dieser Erklärung[45] an.

7. Oktober 2017

Philippe Bénéton (France)

Rémi Brague (France)

Chantal Delsol (France)

Roman Joch (Česko)

Lánczi András (Magyarország)

Ryszard Legutko (Polska)

Roger Scruton (United Kingdom)

Robert Spaemann (Deutschland)

Bart Jan Spruyt (Nederland)

Matthias Storme (België).

(Die Freie Welt)

16. Oktober 2017

ANTIFA UND BUCHMESSE 2017: EIN GROSSER SIEG FÜR DIE KONSERVATIVEN. BERICHT EINES AUGENZEUGEN

Nachdem zuletzt zwei Stände sogenannter „rechter" Verlage auf der aktuellen Frankfurter Buchmesse des Nachts verwüstet beziehungsweise leergeräumt worden sind, gab es am 14. Oktober den offenen Angriff der Antifa auf eine Veranstaltung des Verlags Antaios. Doch etwas ganz Neues ist geschehen: Obwohl die Messeleitung ihr Hausrecht nur sehr zögerlich ausübte, sind die Konservativen nicht gewichen, haben nicht klein beigegeben, sondern haben das letzte Wort behalten.

Bei der Eröffnung der Buchmesse am Dienstag haben die Reden der Verantwortlichen bereits Schlimmes fürchten lassen. Juergen Boos, der Chef der Buchmesse, behauptete zwar, die Meinungsfreiheit hochhalten zu wollen, und rühmte sich, sogar „rechten" Verlagen Stände zugewiesen zu haben, doch müsse man auf jeden Fall gegen diese Verlage aktiv vorgehen. Ins selbe Horn stießen der Vorstand des Börsenvereins des Deutschen Buchhandels und der Oberbürgermeister der Stadt Frankfurt. Als später dann noch die Namen der Verlage und deren genaue Standnummern veröffentlicht wurden, war klar, dass hiermit die Antifa zum Angriff aufgefordert wurde.

Nach den zwei oben skizzierten „Aktionen" in der Stille der Nacht, bei denen man fragen muss, wie denn die Bewachung der Messe funktioniert, kam es am Sonntag zum Eklat. Starker Andrang junger, teilweise schwarz gekleideter Leute zu einer Veranstaltung des Antaios-Verlags zeigte, wo die Reise hingehen soll. Zunächst kam es nur zu vereinzelten Störungen bei einem Interview mit der Philosophin Caroline Sommerfeld und dem Publizisten Martin Lichtmesz. Dort ging es um den Umgang mit Linken. Diese bestätigten mit weitgehend unkoordiniertem Gebrüll ihre Gesprächsunwilligkeit und -unfähigkeit, was Lichtmesz zu launigen Bemerkungen über die bolschewistische Art der Auseinandersetzung veranlasste, die diesen Linken anhaftet. Sogar der unerwartete Auftritt von Björn Höcke, der sachlich von der Notwendigkeit des gewaltfreien Dialogs zwischen Rechten und Linken sprach, erregte keine große Störung; ich konnte auch ihn akustisch gut verstehen. (Allerdings tauchte hier die Polizei auf und musste einige Randalierer, die sich um hochgehaltene Plakate stritten, mit physischer Kraft aus dem Verkehr ziehen. Davon war auch ein Stadtverordneter betroffen, der keineswegs „zusammengeschlagen" wurde, wie in der Qualitätspresse gelogen wird. Auch dass Björn Höcke im Mittelpunkt der Angriffe gestanden habe, wie besagte Presse schreibt, ist falsch.) Fast ruhiger noch verlief das Gespräch mit dem verfemten Autor Akif Pirinçci. Er berichtete von der Art seiner feige-denunziatorischen Ausstoßung durch Verleger, Kollegen, Buchhandel und Nachbarn. Hier kam es zu dem unverständlichen, beleidigenden Zwischenruf: „Such dir einen Psychiater!", den Pirinçci in seiner unnachahmlichen Art konterte: „Ich bin schon in Behandlung, sie ist 22."

Als dann aber mit Martin Sellner ein Aktivist und Denker der identitären Szene die Bühne betreten wollte, brach ein von Einpeitschern organisierter Orkan an Trillerpfeifen und brüllendem Skandieren los. Es seien nur einige der skandierten Sprüche aufgezählt, die mir, der ich einen guten Platz hinter der Empfangstheke eines Standes in unmittelbarer Antifa-Nähe hatte, besonders im Gedächtnis blieben. „Halt die Fresse" gemahnte an den guten sozialistischen Umgangston von Andrea Nahles, während

„Nie wieder Deutschland" deutlich an Claudia Roth erinnerte, ebenso wie „Deutschland ist Scheiße, ihr seid die Beweise". Dass alle, die nicht linksextreme Ansichten haben, der Antifa als „Nazis" gelten, ist ohnehin klar.

Nun geschah das Unglaubliche. Die Konservativen schlichen nicht etwa gebückt unter der Schuld Deutschlands an allen möglichen und unmöglichen Untaten von dannen, sondern wehrten sich. Gegenchöre erhoben sich, von Martin Sellner organisiert. „Jeder hasst die Antifa" und „Europa, Jugend, Reconquista" wurden lautstark angestimmt. Der Lärm wuchs zu einem Inferno an, die gebrüllten Sprüche wechselten sich ab. Zum Glück blieb es bei lediglich kleineren körperlichen Auseinandersetzungen.

Juergen Boos, der Buchmesseleiter, war mittlerweile auch aufgetaucht und wollte das, was er mit zu verantworten hatte, nun mit einem Megaphon beenden. Eigentlich hätte er die angemeldete Veranstaltung schützen und die nicht angemeldete Protestaktion unterbinden müssen. Das wurde aber nicht gemacht, weshalb ihm, als er die Bühne in diesem Hexenkessel bestieg, von den Konservativen entgegenschallte: „Heuchler, Heuchler!", eine Charakterisierung, die ich leider, auch wenn er hätte zu Wort kommen sollen, für angemessen halte.

Einer der linksextremen Brüller meinte, besonders schlau zu sein, als er mir auf meine kopfschüttelnde Bemerkung, warum er gegen Deutschland sei, wo er doch selber deutsch sei, sagte: Als deutscher Patriot müsse man doch gegen den Nazismus sein, das sei doch patriotische Pflicht, da seien wir uns doch einig. Meine Frage, warum er dann als Patriot „Nie wieder Deutschland" brülle, wollte er mir dann nicht mehr beantworten. Nebenbei bemerkt fielen besonders die hysterischen Furien auf, junge enthemmt agierende Frauen. Zwischen einer Identitären und einer dieser Furien entspann sich an meinem Stand ein Schreidisput, bei dem ich dazwischenfragte, warum man denn „die Fresse halten solle". Die Furie keifte zurück, ich dächte wohl, sie habe Angst, einen Mann zu schlagen. Dann drehte sie auf dem Absatz um und folgte der abziehenden Masse, der wohl von den Einpeitschern ein entsprechendes Signal gegeben worden war.

Allen meinen Erwartungen zum Trotz waren die Konservativen immer noch am Platz. Sie hatten zwar aufgrund der Schwäche der Messeleitung das letzte Interview nicht durchführen können, doch gehörte ihnen das Schlusswort, in dem noch einmal die unrühmliche Rolle der Messeleitung hervorgehoben wurde, die die freie Meinungsäußerung nicht gewährleisten konnte oder wollte. Mittlerweile war der Veranstaltungsort abgesperrt, und aus dem Deckenlautsprecher tönte unbeteiligt die Stimme vom Band: „Wir schließen und wünschen einen guten Abend."

Als man am Wachpersonal vorbei nach draußen ging, war klar, dass etwas geschehen war. Die Konservativen weichen nicht mehr. Sie sind jung, und sie sind viele. Sie stehen offen und stolz zu ihrer Meinung. Die linke Gewalt setzt sich nicht mehr durch. Etwas Wichtiges ist geschehen.

(eigentümlich frei)

1. November 2017

WIE SICH WESTLICHE DEMOKRATIE WANDELT: EINE EUROPÄISCHE PERESTROIKA WÜRDE DIE EU NICHT ÜBERLEBEN. REZENSION VON ROMAN LEGUTKOS „DER DÄMON DER DEMOKRATIE"

Als die rote Fahne über dem Kreml niederging, glaubte man für eine geschichtliche Sekunde an Perestroika und Demokratie. Doch diejenigen, die im Osten unter erheblichen Risiken gegen das unmenschliche System gekämpft hatten, wurden sofort zur Seite geschoben, und zwar in allen Ostblockstaaten. Auch in Deutschland kennen wir dies Phänomen.

Als vor bald dreißig Jahren der kommunistische Ostblock unterging, fiel Beobachtern sofort auf, dass die Dissidenten, also diejenigen, die im Osten unter erheblichen Risiken gegen das unmenschliche System gekämpft hatten, sofort zur Seite geschoben wurden und im neu entstehenden liberal-demokratischen System sich plötzlich, nach ein paar Retuschen, die ehemaligen Kommunisten in hohen Entscheidungspositionen wiederfanden. Das galt für alle Ostblockstaaten. Als Beispiele seien für Ungarn die Namen Gyula Horn und Ferenc Gyurcsány, für Polen Aleksander Kwaśniewski und Leszek Miller genannt, und auch für Deutschland muss allein das nicht nur finanziell dubiose Überleben einer

Partei wie der PDS als Skandalon gewertet werden („der elende Rest dessen, was als überwunden galt").

Doch wirklich nachdenklich muss einen politisch interessierten Menschen machen, dass diese kommunistischen Politiker nicht nur geduldet, sondern hofiert und ausgezeichnet wurden. Horn, ein aktiver Unterdrücker des ungarischen Aufstands von 1956, bekam den renommierten Karlspreis; andere Beispiele lassen sich leicht finden. In Deutschland war die Aufwertung der PDS durch die Vereinigung mit einer westdeutschen kommunistischen „Wahlalternative Arbeit und soziale Gerechtigkeit" WASG zur anerkannten Partei Die Linke ein verdächtiges Zeichen dafür, dass den liberalen Demokraten Westeuropas die Kommunisten sympathischer waren als die Antikommunisten. Diese Antikommunisten, um nur einen Namen wie Vera Lengsfeld zu nennen, gerieten ins machtpolitische Abseits. Und wenn sie doch Wahlsiege wie der Fidesz in Ungarn oder die PiS in Polen aufzuweisen hatten, dann wurden sie sofort vom liberal-demokratischen Establishment in auffällig rabiater Weise bekämpft.

Die unheimliche Allianz

Diese Sachverhalte lassen daran denken, dass es Gemeinsamkeiten von Kommunismus und liberaler Demokratie geben könnte, denn es ist ja nicht so, dass die westlichen so genannten „Sozialisten", also in der Wolle gewaschene Kommunisten, allein für diese Politik verantwortlich wären. Das wäre ja noch zu verstehen. Nein, es sind gerade die Vertreter der liberalen Demokratie, die in allen wesentlichen Parteien unangefochten anerkannt wird, deren Politik zu einer immer auffälligeren Ähnlichkeit zwischen beiden Systemen – dem des Kommunismus und dem der liberalen Demokratie – führt.

Das Totschlagargument der fundamentalen System-Unterschiede, die kein vernünftiger Mensch leugnen würde, ist unbefriedigend: Während liberale Demokraten vor allen möglichen gefühlten oder vermuteten Gefahren wie Xenophobie, Nationalismus, Intoleranz und ähnlichem lautstark warnen und aggressiv dagegen vorgehen, verwundert es schon, warum die sehr leicht erkennbare Gefahr, nämlich die immer häufigere

Wahrnehmbarkeit von Entwicklungen wie im Kommunismus, vollständig ignoriert wird.

Wie die Gefahr zu erkennen ist

Der polnische Philosoph und Politiker Ryszard Legutko hat 2012 genau zu dieser Gefahr ein Buch veröffentlicht, das nun im Karolinger-Verlag in einer guten Übersetzung von Krisztina Koenen erschienen ist. Legutko ist Kenner der klassischen griechischen und der politischen Philosophie. Er lehrt an der Jagellonen-Universität in Krakau. Unter dem Kommunismus hat er eine oppositionelle Samisdat-Zeitschrift herausgegeben, nach der Wende war er kurz Bildungsminister in einer konservativen Regierung und lange Zeit Mitglied des Europäischen Parlaments. Er kennt also die Problematik aus Theorie und Praxis: eine im europäischen Osten für Intellektuelle weit häufigere Normalität als im Westen.

Legutko ordnet seine Untersuchung der „totalitären Strömungen in liberalen Gesellschaften", so der Untertitel des Buches, nach folgenden Themenbereichen an, die er nacheinander vergleichend analysiert: Geschichte, Utopie (Erziehung), Politik, Ideologie und Religion. Nehmen wir die Geschichte: Während für die Kommunisten evident war, dass mit dem Kommunismus die höchste Entwicklung aller Gesellschaften überhaupt erreicht war und jede gegenteilige Meinung von ihnen sofort als verbrecherisch gebrandmarkt wurde, ist dies bei der liberalen Demokratie kaum anders. Das kann jeder selber an sich ausprobieren, der öffentlich zu äußern wagt, dass er sich eine andere Entwicklung als diejenige einer liberalen Demokratie überhaupt vorstellen kann. Wie im Marxismus werden Abweichungen von der herrschenden Ideologie immer weniger geduldet – natürlich unter dem Mantel der Toleranz. Der ungarische Ministerpräsident Viktor Orbán hat zum Beispiel von einer „illiberalen Demokratie" gesprochen, die bestimmte Fehler der liberalen Demokratie (wie die PC, die Vulgarisierung des Bildungssystems oder die Selbstauslieferung an die Ökonomie) vermeiden soll, und hat dafür nur wütende Angriffe der liberalen Demokraten bis hin zu konkreten Drohungen gegen eine legitim gewählte Regierung geerntet.

Legutko schreibt wunderbar einfach, dabei aber niemals vereinfachend. Man merkt, dass hier ein langes Nachdenken zu klaren Ergebnissen geführt hat, die sorgfältig begründet werden, wobei auch Gegenargumente berücksichtigt, abgewogen und gegebenenfalls widerlegt werden. Nicht unerwartet konzentrieren sich die zunehmend negativen Eigenschaften der liberalen Demokratie in den Institutionen der EU, deren Reformierbarkeit Legutko freilich skeptisch sieht – denn wer verzichtet schon freiwillig auf Macht? „Eine europäische Perestroika würde die EU nicht überleben", sagt der Autor wohl richtig, und wer auf die Biografien von Leuten wie Barroso und Mogherini schaut, erkennt das geschilderte Schema von den gewendeten Kommunisten wieder, die zu verlässlichen Partnern der liberalen Demokratie bei der Schaffung des „neuen Menschen" geworden sind – auch eine Gemeinsamkeit von Kommunismus und liberaler Demokratie.

Denn Legutko weiß aus eigener Erfahrung, dass die Menschen, die gegen den alle Kulturwerte zerstörenden Kommunismus aufgestanden sind, dies in der Regel für Gott, Familie, Volk, Heimat und Tradition getan haben, alles Werte, die auch einem liberalen Demokraten wenig bis nichts bedeuten. Das Problem geht tiefer, und Legutko argumentiert, dass „der moderne Mensch, der beide Systeme entwickelt hat, ein Mensch der Mittelmäßigkeit ist, nicht von Natur aus, sondern als Ergebnis eines Programmes. Von Anfang an wurde von ihm erwartet, den großen moralischen Herausforderungen gleichgültig gegenüberzustehen und der Gefahr des moralischen Absturzes nicht bewusst zu sein. [...] Beide Systeme stellten sich den Menschen als eine Kreatur mit gewöhnlichen Eigenschaften vor, und gerade diese Gewöhnlichkeit sollte ihn dafür anfällig machen, diese Welt durch seine eingeschränkte Sicht zu betrachten und Ideale, Kunst und Bildung auf sein eigenes beschränktes Maß herunterzuziehen – im Gegensatz zur alten Auffassung, die ihnen eine erhöhende Kraft zusprach." Die Barbarei des Kommunismus war vorkulturell, diejenige der liberalen Demokratie ist postkulturell.

Wie immer in den wesentlichen Entscheidungen der Weltgeschichte geht es um das Menschenbild. Wohin die Reise geht, kann Legutko natürlich nicht sagen. Geht sie in Richtung der „Verschmelzung des

Menschen mit dem System und des Systems mit dem Menschen"? Oder wird es ein Aufbegehren geben? Letztlich wird es davon abhängen, ob es im Bewusstsein des Menschen eine Vorstellung von etwas Höherem gibt, das sein Menschenbild aus der Mittelmäßigkeit befreit. Mit diesem Buch, dessen Lektüre auf jeder Seite ein Augenöffner ist, ist eine fulminante Analyse der Gefahren gelungen, die die liberale Demokratie, so wie sie heute verstanden wird, in sich birgt. Es wundert nicht, warum dieses Meisterwerk nicht in einem der großen deutschen Mainstream-Verlage erschienen ist, die sich eigentlich ob seiner Originalität darum hätten reißen müssen. Man kann dem Buch nur möglichst viele Leser wünschen.

Ryszard Legutko: **Der Dämon der Demokratie: Totalitäre Strömungen in liberalen Gesellschaften**, *deutsch von Krisztina Koenen, Karolinger: Wien und Leipzig 2017, 192 Seiten, gebunden, 23 Euro.*

(The European)

6. November 2017

NACH WIE VOR: FEMINISMUS TOPPT ANTISEMITISMUS

Im Jahre 2010 schrieb ich anlässlich eines antisemitischen Ausfalls von Alice Schwarzer, dass nur Feministinnen solches erlaubt wird. Das ist immer noch so.

„Feminismusgebot schlägt Antisemitismus-Verbot", so lautete die damalige Überschrift. Einzig die feministisch-genderistische Ideologie darf in unserer westlichen Gesellschaft antisemitisch sein.

Man kann zum Beispiel die politischen Machenschaften eines Börsenspekulanten nicht kritisieren, wenn dieser ein Jude ist, ohne Antisemitismus vorgeworfen zu bekommen. Die politischen Vorwürfe haben zwar nichts mit seinem Judentum zu tun und sein Judentum ist niemals auch nur angedeutet worden, man wird von den westlichen Qualitätsmedien trotzdem immer unter Antisemitismusverdacht gestellt werden. Es ist offenbar nicht erlaubt, einen dubiosen Finanzmenschen zu kritisieren, wenn er zufällig Jude ist. Als Jude ist er immer Opfer.

Nun ist ein jüdisch-amerikanischer Hollywood-Produzent von vielen vergesslichen Frauen angeklagt worden, sie vor langer Zeit angeblich sexuell belästigt zu haben. Es fällt auf, dass in der Qualitätspresse niemand diesen Frauen vorwirft, sie könnten diese Vorwürfe aus antisemitischen Gründen erheben. Ihnen wird zugestanden, nur edle Motive zu haben. Als Frauen sind sie immer Opfer, und zwar größere Opfer als es die Juden für die westliche Presse zu sein haben.

Marcel Reich-Ranicki hat in seiner launigen Art einmal zu dieser herbeifantasierten Opferrolle der Frauen gesagt, er wolle gern glauben, dass das Schicksal der Frauen ein ganz schlimmes sei und sie furchtbar zu leiden hätten, doch habe er nie gehört, dass irgendjemand jemals vorgehabt hätte, sie komplett auszurotten. So recht er hat, so falsch wäre es, in Juden nur Opfer zu sehen. In Frauen schon gar nicht.

Das Beispiel des Produzenten, wie auch schon das eines französischen Präsidentschaftskandidaten, zeigt jedoch, wie stark die feministisch-genderistische Ideologie in unserer Gesellschaft ist, wenn sie sogar das sakrosankte Antisemitismusverbot schwächt. Es zeigt leider auch, dass der Antisemitismusvorwurf zu einer taktischen Beliebigkeitswaffe verkommen ist und den Antisemitismus gerade in den westlichen Qualitätsmedien im Grunde niemand ernst nimmt.

(Die Freie Welt)

16. Dezember 2017

WELEDA WIRBT FÜR DIE MASSENEINWANDERUNG

Vor einigen Tagen horchte ich bei einer Radio-Werbung auf. Da hieß es in einem Spot des Schweizer Naturkosmetik-Konzerns Weleda: „Schenken Sie Vielfalt. Denn Vielfalt ist ein Geschenk." Bei der Verwendung dieser in den Medien bis zum Erbrechen häufig gebrauchten Reizwörter konnte es sich nicht um einen naiven Zufall handeln. Und tatsächlich!

Heute stand ich bei einer U-Bahn-Haltestelle vor einem Weleda-Plakat, das zwei lächelnde Frauen zeigt; die eine hell-, die andere dunkelhäutig. Darunter steht der Slogan: „Vielfalt ist ein Geschenk". Obwohl in der

Radiowerbung bei dem Wort „Vielfalt" noch primär an die große Auswahl der Produktpalette gedacht werden konnte, musste das zweite Wort „Geschenk" schon einen Verdacht schüren. Wieso soll „Vielfalt" ein „Geschenk" sein?

Mit dem dazugehörigen Bild ist alles klar. Es geht nur noch sekundär um die Produkte von Weleda. Die Darstellung der braunhäutigen Frau neben der blonden sagt uns klar, worum es geht: Die Deutschen bzw. Europäer sollen nur noch einen Teil der deutschen bzw. europäischen Bevölkerung ausmachen. (Und damit kein Missverständnis aufkommt: Natürlich können Fremde zu Deutschen werden, egal welche Hautfarbe sie haben, wenn sie nur einen Assimilationswillen besitzen. Aber ist davon überhaupt noch die Rede?) Mit Vielfalt ist ohne jeden Zweifel die multikulturelle Gesellschaft gemeint, welche die kulturelle Integration gerade ablehnt und die übrigens überall auf der Welt eine gewalttätige ist, was einen kapitalistischen Konzern aber nicht stört: Verluste werden ja sozialisiert. Die Grenzen, sagt dieses Plakat, müssen für die unkontrollierte Masseneinwanderung offen bleiben, deren Opfer Weleda jedenfalls gleichgültig sind. Letztlich wirbt das Unternehmen für illegale Migration, da die bildlich gezeigten Verhältnisse (fifty-fifty) legal nicht zu erreichen wären.

Damit niemand denkt, das sei eine Überinterpretation, gibt es an der nächsten Haltestelle gleich ein weiteres Plakat aus dieser Serie von Weleda, und wahrscheinlich ist die Aktion deutschlandweit. Dort lächelt uns ein bärtiger „Inder" neben einem helläugigen „Syrer" an. Ob diese Gruppe je die typische Klientel für Weleda-Produkte darstellen wird, sei dahingestellt; der Kapitalist hofft es. Beide gehören jedenfalls zu den „Menschengeschenken" (Göring-E.), sie sind die „Goldstücke" (Schulz), die uns die politischerseits gewünschte „Vielfalt" des Vielvölkerstaates bringen.

Ein zweiter, aber ebenso verlogener Strang der Weleda-Werbung ist der Feminismus und die „Diversity". Es gibt nämlich auch Plakate mit offenbar lesbischen (und selbstverständlich diskriminierten) Frauen, angeblich immer noch benachteiligten Rothaarigen, zwanghaft attraktiven Greisinnen und jenen typischen Handwerkerinnen, die, wie wir alle wissen, die Misere des deutschen Handwerks beheben. Man staunt, wie sehr ein kapitalistisches Unternehmen linke Ideologien übernehmen kann. – Aber bleiben wir beim demographischen Engineering.

Es ist schon seit Jahren Usus der Propagandawerbung, mit der wir bombardiert werden, dass auf Plakaten, in Anzeigen und so weiter immer mindestens ein Nichtweißer oder eine Nichtweiße abgebildet werden muss, egal ob das mit der Realität wenig oder nichts zu tun hat. Auch in diesen Fällen wird schon überzogen: Wenn das „Deutsche Ärzteblatt" eine Krankenhausszene für ein Titelbild inszeniert, sieht man nur türkische Ärzte; wenn die „Deutsche Bahn" für die erste Klasse wirbt, sitzt da ein seriös bebrillter schwarzer Bankertyp im Abteil; bei der Windelwerbung hat die deutsche Frau natürlich ein dunkelhäutiges Kind. Aber diese Werbung, so penetrant propagandistisch sie auch ist, kann noch allgemein mit „Toleranz" in Verbindung gebracht werden, man könnte noch den guten Willen erkennen, gegen „Rassismus" zu sein. Es könnte sich noch um Inhalte handeln, die sich nicht gegen die einheimische Bevölkerung richten.

Doch die Weleda-Werbung geht einen Schritt weiter. Sie verwendet bewusst die Reizwörter einer bestimmten politischen Richtung und untermalt sie mit Bildern, die eindeutiger nicht sein könnten. Da es sich bei Weleda um ein anthroposophisches Unternehmen für „natürliche" Kosmetik handelt, überrascht eine Nähe zu Propagandaworten und -inhalten der Grünen nicht, für die ja Deutschland „ein Stück Scheiße" und dessen deutsche Bevölkerung zu „verdünnen" ist. Aber auch die Migrations- und „Flüchtlingsquoten"-Agenda der EU wird von Weleda auf diese Weise unterstützt. Werbung wird zu politischer Propaganda: „Vielfalt ist ein Geschenk." Der Slogan soll sich in die Hirne fressen. Dabei ist er eine Lüge. Kaum jemand käme nach Europa, gäbe es die Rundum-Versorgung nicht. Die „Geschenke" werden in Wirklichkeit teuer bezahlt. Die Sogwirkung ist politisch beabsichtigt und findet hier eine weitere Verstärkung.

Der Werbespruch zeigt auch, wie stark die politische Sprache sich jener der Werbung angenähert hat. Die Schlagworte sind austauschbar. Der „antirassistische" Kampf für einen Ersatz der autochthonen Bevölkerung Europas durch Menschen aus aller Welt tritt in eine neue Phase. Migration ist eine Frage der Menge. Vom Erhalt unserer Kultur redet niemand mehr. Nicht nur die „Antifa" zündelt für anti-weißen Rassismus, auch kapitalistische Konzerne machen dabei mit.

(Die Freie Welt)

31. Dezember 2017

VIKTOR ORBÁN: „WIR WOLLEN NICHT, DASS UNSERE FRAUEN UND TÖCHTER AN SILVESTER BELÄSTIGT WERDEN" ODER: WIR MÜSSEN „BESCHÜTZEN, WAS WIR UND WER WIR SIND"

Einleitung Dr. David Berger:

Der ungarische Ministerpräsidenten Viktor Orbán gehört zu den wichtigsten Hoffnungsträgern, wenn es um das Überleben Europas geht. Ein Überleben, das immer mehr auch nur noch gegen EU gesichert werden kann.

Am 23. Dezember veröffentlichte die ungarische Zeitung „Magyar idők" (Ungarische Zeiten) einen Artikel von Viktor Orbán, der an alle wahren Europäer, seien sie religiös oder nicht, gerichtet ist. Er lässt an Deutlichkeit nichts zu wünschen übrig. Wir dokumentieren den Text in der Übersetzung von Professor Adorján Kovács, dem ich ganz herzlich dafür danke, dass er PP den Text zur Verfügung gestellt hat.

***

Wir erwarten das große Fest der christlichen Welt, die Geburt unseres Herrn Christus. In der Stille des Wartens erheben wir unseren Blick, wir lösen uns von den alltäglichen Problemen, der Horizont der Seele weitet sich. In diesem besonderen Zustand können wir die Bilanz des Jahresendes ziehen und neu bedenken, welche Rolle wir im nächsten Jahr auf der Welt spielen werden.

Wir Europäer – eingestanden, uneingestanden, wissentlich oder unwissentlich – leben in einer nach Christi Lehre eingerichteten Kultur. Ich zitiere hier den bekannten Ausspruch unseres verstorbenen Ministerpräsidenten **József Antall**:

IN EUROPA IST SOGAR DER ATHEIST EIN CHRIST.

Wir Ungarn blicken mit Recht auf uns als eine christliche Nation.
Unsere Muttersprache, durch die wir die Realität verstanden und gestaltet haben, ist mit der keiner anderen europäischen Nation verwandt. Das hat auch eine wertvolle Konsequenz.

Wir wissen von Babits [dem 1941 verstorbenen Schriftsteller], dass der ungarische Geist aus der Begegnung unseres aus dem Osten gebrachten Charakters mit der christlichen westlichen Kultur geboren wurde. Und daraus wiederum die ungarische Weltanschauung und Denkungsart, können wir ergänzen. Aber es hat auch viele Schwierigkeiten, Unverständnis, Verlassenheit und gelegentlich das Lebensgefühl von Fremdheit verursacht.

Trotzdem hat uns unser christliches Wesen, unser lebendiger Glaube in der Mitte Europas erhalten. Deshalb können wir bis zum heutigen Tag unsere muttersprachliche Kultur annehmen, und wir sind stolz darauf, dass wir mit der tausendjährigen Leistung unserer Nation zum Aufstieg Europas beigetragen haben.

Gemäß dem Markus-Evangelium lautet das zweite Gebot Christi folgendermaßen: „Liebe deinen Nächsten wie dich selbst." Derzeit erwähnt man dieses Gebot Christi in Europa viel. Damit will man uns vorwerfen, dass wir, obwohl wir uns als Christen bekennen, es trotzdem nicht wollen, ja auch nicht zulassen, dass von anderen Kontinenten ankommende Millionen sich in Europa niederlassen können.

Aber sie vergessen den zweiten Teil des Gebotes. Die Lehre besteht nämlich aus zwei Teilen: **Wir müssen unsere Nächsten lieben, aber wir müssen uns auch selbst lieben.** Uns selbst zu lieben bedeutet auch, dass wir all das auf uns nehmen und beschützen, was wir und wer wir sind.

Uns selbst zu lieben bedeutet, dass wir unsere Heimat, unsere Nation, unsere Familie, die ungarische Kultur und die europäische Zivilisation lieben.

Innerhalb dieser Rahmen konnte sich und kann sich immer und immer wieder unsere Freiheit, die ungarische Freiheit entfalten.

Über Jahrhunderte haben wir so gelebt, dass wir wussten: **Die ungarische Freiheit ist zugleich die Garantie für Europas Freiheit.** Mit diesem Sendungsbewusstsein hielten wir stand bei der osmanischen Eroberung, das gab [1848] das Schwert in die Hand Petőfis und seiner Generation und das gab auch [1956] den Pester Jungens Mut. Unser Grundgesetz drückt das so aus:

„WIR SIND STOLZ DARAUF, DASS UNSER KÖNIG STEPHAN DEN UNGARISCHEN STAAT VOR TAUSEND JAHREN AUF EINER FESTEN BASIS ERRICHTET UND UNSERE HEIMAT ZU EINEM TEIL DES CHRISTLICHEN EUROPAS GEMACHT HAT. WIR ERKENNEN DIE NATIONSERHALTENDE ROLLE DES CHRISTENTUMS AN. "

Wenn wir die Grenzen unserer Identität ziehen, dann kennzeichnen wir die christliche Kultur als Quelle unseres Stolzes und unserer erhaltenden Kraft. Das Christentum ist Kultur und Zivilisation. Wir leben darin. Es ist nicht davon die Rede, wie viele in die Kirche gehen oder wie viele ehrlich beten.

Die Kultur ist die Realität des täglichen Lebens. Wie wir reden, wie wir miteinander umgehen, welche Entfernung wir zueinander halten, wie wir uns einander nähern, wie wir in diese Welt eintreten und wie wir sie verlassen.

Für die europäischen Menschen bestimmt die christliche Kultur unsere alltäglichen Sitten. In Grenzsituationen gibt das uns Maß und Richtung. Die christliche Kultur korrigiert uns in den Widersprüchen des Lebens. Sie bestimmt unsere Auffassung vom Wesen der Gerechtigkeit und Ungerechtigkeit, von der Beziehung von Mann und Frau, vom Erfolg, von der Arbeit und von der Ehre.

Unsere Kultur ist die Kultur des Lebens. Unser Ausgangspunkt, das Alpha und Omega unserer Lebensphilosophie ist der Wert des Lebens, die von Gott verliehene Würde jeder Person – ohne dieses könnten wir weder die „Menschenrechte" noch ähnliche moderne Konstruktionen wertschätzen. Auch deshalb ist es für uns fraglich, ob sie in das Leben von auf anderen Pfeilern erbauten Zivilisationen exportiert werden können.

Die Fundamente des europäischen Lebens werden jetzt angegriffen.
Die Selbstverständlichkeit des europäischen Lebens ist in Gefahr geraten, diejenigen Dinge, die nicht reflektiert, sondern nur ausgeführt werden müssen. Die Hauptsache der Kultur besteht genau darin, dass, wenn sie nicht selbstverständlich ist, wir, die Menschen unseren Halt verlieren. Es gibt nichts, woran wir uns festhalten können, wonach wir unsere Uhren stellen und unsere Kompassnadel ausrichten können. Egal, ob wir in die Kirche gehen oder nicht, und wenn ja, in welche,

wir wollen nicht, dass wir den Heiligabend nur hinter zugezogenen Vorhängen feiern können, um nicht die Empfindlichkeit Anderer zu verletzen.

Wir wollen nicht, dass man unsere Weihnachtsmärkte umbenennt, das aber wollen wir schon gar nicht, dass wir uns hinter Betonblöcke zurückziehen.

Wir wollen nicht, dass man unsere Kinder der Freuden des Wartens auf den Weihnachtsmann und den Engel beraubt. Wir wollen nicht, dass man uns das Fest der Auferstehung nimmt. Wir wollen nicht, dass Sorge und Angst unsere feierlichen Gottesdienste begleiten.

Wir wollen nicht, dass unsere Frauen und Töchter in einer das Neue Jahr begrüßenden Menge belästigt werden.

Wir Europäer sind Christen. All das gehört uns, so leben wir. Für uns war es selbstverständlich, dass Jesus geboren wird, für uns den Kreuzestod stirbt und dann aufersteht. Unsere Feste sind für uns selbstverständlich und wir erwarten von ihnen, dass sie unserem Alltag Sinn geben.

Die Kultur ähnelt dem Abwehrsystem des menschlichen Körpers: Solange es funktioniert, bemerken wir es nicht einmal.

Es fällt dann auf und wird uns wichtig, wenn es geschwächt wird. **Wenn man Kreuze retouchiert,** wenn man ein Kreuz von der Statue Papst Johannes Paul II. entfernen will, wenn man will, dass wir die Feiertagsordnung ändern sollen, dann ächzt jeder Europäer guten Willens auf. Auch die, deren Christentum – wie das [der ungarische Dichter] Gyula Juhász auf den Punkt brachte – **„nur ein mit Weihwasser besprengtes**

Heidentum" ist. Aber sogar diejenigen, die, wie **Oriana Fallaci**, als „atheistische Christen" Angst um Europa haben.

Heute zielt der Angriff auf die Grundlagen unseres Lebens, unserer Welteinrichtung. Das Immunsystem Europas wird bewusst geschwächt.

Man will, dass wir nicht die sein sollen, die wir sind. Man will, dass wir zu denen werden sollen, die wir nicht sein wollen.

Man will, dass wir uns vermischen mit aus anderen Welten gekommenen Völkern und dass wir uns im Interesse der Problemlosigkeit der Vermischung ändern sollen.

Im Licht der Weihnachtskerzen ist deutlich sichtbar, dass wenn die christliche Kultur angegriffen wird, man es auch auf die Abschaffung Europas abgesehen hat. Man will uns unser eigenes Leben nehmen und es durch etwas ersetzen, das nicht unser Leben ist. Man verspricht uns im Tausch für unser bisheriges Leben ein neues, aufgeklärteres Leben. Dies ist jedoch Utopie, man hat es nicht aus dem wirklichen Leben, sondern aus abstrakten philosophischen Klügeleien herausdestilliert. Die Utopien sind Träume, die wunderbar sein können, weshalb sie attraktiv sind, aber sie sind genauso verworren, unkenntlich, dunkel und unverständlich wie die Träume. Man kann weder leben noch sich auskennen in ihnen.

Wir können nicht behaupten, dass die christliche Kultur die vollkommenste ist. Genau das ist der Schlüssel zur christlichen Kultur: Wir sind uns der Unvollkommenheit bewusst, auch unserer eigenen Unvollkommenheit, aber wir haben gelernt, mit ihr zu leben, aus ihr Inspiration zu schöpfen und Auftrieb zu gewinnen. Genau deshalb streben wir, die Europäer, seit Jahrhunderten danach, die Welt besser zu machen.

Das Geschenk der Unvollkommenheit besteht in der Tat darin, dass wir die Möglichkeit haben zu verbessern. Auch diese Möglichkeit wollen uns jene nehmen, die mit dem Versprechen einer schönen neuen vermischten Welt all das abreißen wollen, wofür unsere Vorfahren – wenn es sein musste – auch ihr Blut gaben und was genau darum zu vererben unsere Pflicht ist.

Für eine Weile ist es in Vergessenheit geraten, aber heutzutage höre ich es immer öfter, dass die **Gründungsväter der Europäischen Union** vor sechzig Jahren die Richtung gewiesen haben.

Europa wird christlich sein oder es wird nicht sein, sagte Robert Schuman.

Das Jahr 2017 hat die europäischen Länder vor eine historische Aufgabe gestellt. Den europäischen freien Nationen, den von freien Bürgern gewählten nationalen Regierungen bot sich eine neue Aufgabe:

Wir müssen die christliche Kultur verteidigen. Nicht Anderen gegenüber, sondern zur Verteidigung von uns selbst, unserer Familien, unserer Nationen, unserer Länder und des „Vaterlands der Vaterländer", Europas.

Im Jahr 2017 konnten wir auch das sehen, dass die Führer der europäischen Länder unterschiedlich zu dieser Aufgabe stehen. Es gibt welche, für die das Problem nicht existiert. Andere glauben, dass genau dies der Fortschritt ist. Wieder andere haben den Weg der Selbstaufgabe betreten.

Es gibt auch solche, die mit den Händen im Schoss warten, dass irgendwann jemand an ihrer Stelle die Aufgabe löst. Ungarns tausendjährige Geschichte beweist, dass wir nicht so sind.

Wir gehen auf anderen Wegen. Unser Ausgangspunkt war immer schon der, dass wir ein Recht haben auf unser eigenes Leben. Und wenn wir genügend Kraft hatten dazu, dann haben wir dieses Recht auch beschützt.

Deshalb arbeiten wir seit Jahren dafür, dass Ungarn stärker wird und endlich wieder auf eigenen Füßen stehen kann.

Mit Blick auf das Jahr 2018 können wir so viel sagen, dass solange die nationale Regierung an der Spitze des Landes steht, wir klug, sanft, aber kompromisslos dafür arbeiten, dass unsere Heimat die christliche Kultur behält und ein ungarisches Land bleibt. Und wir werden unser Möglichstes tun, damit auch Europa europäisch bleibt.

(Philosophia perennis / Epoch Times)

12. Januar 2018

DAS ENDE

Die Sondierungsgespräche von CDU, CSU und SPD haben zu einem „Durchbruch" geführt. Schauen wir auf die wichtigste Frage für Deutschland.

Die WELT meldet:

„Familiennachzug

Die Spitzen von Union und SPD haben sich bei ihren Sondierungen darauf verständigt, den Familiennachzug für Flüchtlinge mit eingeschränktem Schutzstatus sehr eng zu begrenzen.

Er soll zunächst weiter ausgesetzt bleiben, bis eine Neuregelung gefunden ist. Dann soll der Familiennachzug auf 1000 Menschen pro Monat begrenzt werden.

Flüchtlinge

Die Zuwanderung von Flüchtlingen soll die Zahl von 180.000 bis 220.000 Menschen pro Jahr nicht überschreiten."

Mit anderen Worten: Auf jeden Fall werden weiterhin so genannte Flüchtlinge, die eigentlich definitionsgemäß keine Einwanderer sind, „zuwandern". Schon das ist rechtlich nicht in Ordnung. Die Zahl der (meist jungen oder sehr jungen) Menschen, die aus Afrika und dem Orient nach Deutschland kommen, wird *auf jeden Fall* mindestens 200.000 Menschen betragen, also 2 Millionen in 10 Jahren.

Das diese Zahl eine „Beschränkung" sei, kann nur im Vergleich mit dem völligen Zusammenbruch der Grenzsicherung 2015 behauptet werden. Es ist nichts als ein rhetorischer Trick. Außerdem werden erfahrungsgemäß eher mehr Menschen kommen.

Es ist mittlerweile beim Wahlverhalten der Deutschen nicht mehr denkbar, dass in vier Jahren eine völlige Abkehr von diesem Kurs unter einer anderen Regierung möglich wird.

Die demographische Auswirkung beziehungsweise die künftige Zusammensetzung der in Deutschland lebenden Menschen ist damit zementiert. Ein einfacher Blick auf die Bevölkerungspyramide und die Extrapolation auf 2050 zeigt: Die Deutschen werden in ihrem eigenen Land in der Minderheit sein. Das wäre noch nicht das Schlimmste, wenn a) eine echte Assimilation von Einwanderern jemals gefordert und betrieben worden wäre, b) die Integration als bescheidenste Forderung nicht schon gescheitert wäre, c) die künftige Bevölkerungsmehrheit einer anderen Religion beziehungsweise Herrschaftsideologie zuneigen würde und d) die historische Erfahrung nicht lehren würde, dass Einwanderer, wenn sie in der Mehrheit sind, ihre eigenen Vorstellungen durchsetzen werden.

Gratulation, Frau Dr. Merkel! Sie sagten: Wir schaffen das!

Sie haben es geschafft.

(Die Freie Welt)

21. Januar 2018

WAS IST RICHTIG: DENK- ODER MAHNMAL DER SCHANDE?

Zwei Reden ähnlichen Inhalts mit völlig unterschiedlichen Folgen. Ein Lehrstück für zweierlei Maß. Was war dabei eigentlich der Punkt?

Kulturstaatsministerin Monika Grütters am 6. September 2016:

„Dass nach 1990, als das wiedervereinte Deutschland seine Rolle in Europa und der Welt vorsichtig neu definierte, das lang umstrittene Holocaust-Mahnmal – [...] – zum bedeutendsten Denkmal in Berlin wurde, das hat für sich genommen schon hohe Symbolkraft. Neil MacGregor hat anhand dieses Beispiels auf eine Besonderheit deutscher Denkmalkultur aufmerksam gemacht. Er kenne, schrieb er im Buch zu seiner Ausstellung ‚Deutschland. Erinnerungen einer Nation‘, er kenne ‚kein anderes Land, das in der Mitte seiner Hauptstadt ein Mahnmal der eigenen Schande errichtet hätte.‘

Als eine weitere Besonderheit deutscher Denkmalkultur scheint sich nun mit dem vorläufigen Aus für ein Freiheits- und Einheitsdenkmal das Unvermögen herauszukristallisieren, prägenden freudigen und hoffnungsvollen historischen Ereignissen und Entwicklungen ein Denkmal zu setzen."

Björn Höcke, Vorsitzender der AfD Thüringen, am 18. Januar 2017:

„Bis jetzt ist unsere Geistesverfassung, unser Gemütszustand immer noch der eines total besiegten Volkes. Wir Deutschen – und ich rede jetzt nicht von euch Patrioten, die sich hier heute versammelt haben – wir Deutschen, also unser Volk, sind das einzige Volk der Welt, das sich ein Denkmal der Schande in das Herz seiner Hauptstadt gepflanzt hat. Und anstatt die nachwachsende Generation mit den großen Wohltätern, den bekannten weltbewegenden Philosophen, den Musikern, den genialen Entdeckern und Erfindern in Berührung zu bringen, von denen wir ja so viele haben – [...] –, vielleicht mehr als jedes andere Volk auf dieser Welt, liebe Freunde! Und anstatt unsere Schüler in den Schulen mit dieser Geschichte in Berührung zu bringen, wird die Geschichte, die deutsche Geschichte, mies und lächerlich gemacht. So kann es und darf es nicht weitergehen!"

(Die Freie Welt)

3. Februar 2018

DIE NAZI-PLÄNE DER BRÜSSELER EU

Durch den Untergang des kurzlebigen Dritten Reiches sind viele Pläne der Nationalsozialisten zur Neuordnung Europas in Vergessenheit geraten. Gräbt man sie wieder aus, fallen erstaunliche Parallelen zur heutigen EU-Politik auf.

Es mag einigen Leserinnen und Lesern noch erinnerlich sein, dass zur Zeit der Libyenkrise der damalige französische Staatspräsident Nicolas Sarkozy von einer geplanten „Mittelmeerunion" sprach. Wie Abkommen der EU mit nordafrikanisch-orientalischen, also muslimisch beherrschten Staaten zeigen, ist dieses Vorhaben nach wie vor offizielle EU-Politik.

Die britisch-ägyptische Historikerin Bat Ye'or hat dazu ausführlich publiziert, denn in den Medien wird darüber nur versteckt berichtet. Sie nennt diesen geplanten gewaltigen politisch-wirtschaftlichen Großraum „Eurabien". Übrigens ist die Migrationspolitik der EU ohne diese Grundlage überhaupt nicht verständlich. Berücksichtigt man diese Pläne, dann wird die forcierte ethnische Veränderung der Bevölkerung Europas sofort verständlich: Ein Europa mit einer großen und selbstbewussten mohammedanischen Bevölkerung würde einer „Mittelmeerunion" genannten Neuordnung positiv gegenüberstehen. Es gibt Menschen, die offene Grenzen fordern und trotzdem die sich daraus ergebende Konsequenz leugnen. Dass seit 1945 zwischen 15 und 30 Millionen Muslime nach Westeuropa gekommen sind, kann aber nicht vernünftigerweise, also nur unter Preisgabe der Vernunft, als tiefgreifende Veränderung geleugnet werden.

Dass diese Migration wegen ihrer Förderung durch NGOs und die EU nicht mehr urwüchsig ist, sondern einem *organisierten* Bevölkerungsaustausch gleicht, weckt selbstverständlich Erinnerungen an die Politik der Nationalsozialisten, die allerdings mit blanker Gewalt und Ausmordung solche Effekte erzielen wollten. Hier liegt ein humanistischer Fortschritt ebenso vor wie bei der im Vergleich zu Nazis und Kommunisten wesentlich subtileren Aushorchung und Lenkung der Bevölkerung, wie sie heute in den westlichen Demokratien möglich ist.

Im Jahre 1941, als die nationalsozialistische Expansion auf ihrem Höhepunkt war, schrieb Christian Augustin in „Auswärtige Politik" über die nationalsozialistischen Pläne für ein „Großeuropa" auf S. 910: „Will Europa ein ‚Groß-Europa' sein, d. h. erfolgreich den Wettkampf mit den anderen Welträumen bestehen, so ist … dreierlei erforderlich: Die pyrenäische Halbinsel ist als ein integrierender, zukunftswichtiger Bestandteil Europas zu betrachten. In der Türkei erblicken wir im weiteren Sinne europäisches Land, das bestimmt erscheint, den Erdteil in tätiger Mitarbeit wirksam zu ergänzen. Nordafrika endlich weist alle Voraussetzungen auf, um in einem … wirtschaftlichen Zusammenhang mit Kontinentaleuropa eine für Europa und Afrika gleichwichtige Funktion zu erfüllen." Die Historikerin Birgit Kletzin hat diese nazistischen Vorstellungen in ihrem Buch „Europa aus Rasse und Raum" (2002 im LIT-Verlag erschienen) genau untersucht. Es ist klar, dass „Großeuropa" ein vom Großdeutschen Reich beherrschter Raum sein sollte.

Interessant ist im Vergleich dreierlei: erstens der Hinweis auf die Konkurrenzfähigkeit Europas, der auch in keinem Aufruf Brüssels zur in ihrem Sinne „offenen [Einwanderungs-]Gesellschaft" fehlt; zweitens die Einbeziehung der Türkei, welche Forderung auch die Eurokraten gegen jede Realität aufrecht erhalten; drittens die wie selbstverständliche Betrachtung des muslimischen Nordafrika als Teil eines wirtschaftlichen Zusammenhangs, den die EU im Gegensatz zu den Nationalsozialisten auf den Nahen Osten (Saudi-Arabien, Golfstaaten) ausdehnen kann. Eine vierte Übereinstimmung zeigt sich im Ausschluss Groß-Britanniens, das die Nazis als atlantische und nicht kontinentaleuropäische Macht sahen und das sich heute, soweit man das schon sicher sagen kann, auch aus der EU zurückgezogen hat.

Apologeten der EU verweisen darauf, dass beim Gedanken der „Mittelmeerunion" nicht die nationalsozialistischen Neuordnungspläne, sondern das Römische Reich Pate gestanden habe. Das mag rein geographisch der Fall sein, doch ist der Hinweis eine Mogelpackung, erstens weil nicht gesagt wird, an welches Römische Reich gedacht wird: etwa an das christlich dominierte seit Konstantin dem Großen?, und weil zweitens die Aufnahme eines riesigen islamischen Raums überhaupt nicht mit den Verhältnissen im Römischen Reich verglichen werden kann. Hingegen haben die Nationalsozialisten genau wie die EU gerade die enge Zusammenarbeit mit Mohammedanern gesucht, zumal die islamische Herrschafts- und Kampfesideologie die große Sympathie Adolf Hitlers gefunden hat, der ohne jeden Zweifel trotzdem die deutsche Vorherrschaft durchgesetzt hätte. Aufgrund der gewaltigen Bevölkerungsexplosion der islamischen Welt seit 1945, der in ihrer Hand befindlichen Ölmilliarden und der forcierten Einwanderung werden sich dagegen heute die Gewichte bei einer „Mittelmeerunion" in Richtung Naher Osten verschieben.

Die EU denkt sich die „Mittelmeerunion" natürlich nur ökonomisch, wie das heute allgemein, gewissermaßen tunnelblickartig allein der Fall sein kann. Diese marxistisch geprägte Denkweise wird den realen Verhältnissen wie dem Erstarken der Religionen nicht gerecht. Die Muslime werden sich wahrscheinlich nicht „kaufen" lassen, ihr „Bewusstsein" wird das „Sein" des neugeordnetcn Europas bestimmen. Auch liberal-kapitalistisch scheint die Beherrschung der sich aus solchen Bevölkerungsverschiebungen ergebenden Schwierigkeiten illusionär zu sein. Kapitalistisch scheint die „Mittelmeerunion" denkbar, aber liberal dürfte sie nicht mehr sein. Das ist eine weitere Parallele zur „Großeuropa"-Konzeption der Nationalsozialisten.

(Die Freie Welt)

3. Februar 2018

„SEXISTISCHES" GEMÄLDE IN MANCHESTER ABGEHÄNGT: ENTARTETE KUNST 2.0.
PURITANISMUS UND ISLAM GEMEINSAM

Ein berühmtes Gemälde des englischen Malers John William Waterhouse, das nackte Nymphen in einem Teich zeigt, wurde in der Manchester Art Gallery als „eigenständige Performance" abgehängt, um eine Diskussion über „Sexismus in der Kunst" zu entfachen.

Man kennt das schon aus den tausend Jahren des Nationalsozialismus. Auch damals wurden Kunstwerke aus Museen entfernt, weil sie angeblich „entartet" waren, aber sie wurden nicht etwa vernichtet, sondern wohl verwahrt, um eventuell doch Geld aus ihnen herausschlagen zu können.

Auch das Bild von Waterhouse wird vorerst nicht vernichtet. Doch auf mittlere Sicht ist das Schicksal „anstößiger" Kunstwerke in Europa keineswegs gesichert. Die protestantischen Bilderstürmer, die die Mehrzahl der mittelalterlichen Kunstwerke der Niederlande zerstörten, haben es vorgemacht. Und heute? Die Taliban sprengen buddhistische Statuen, der IS sprengt antike Tempel.

Manchester hat – Tendenz steigend – zehn Prozent muslimische und 20 Prozent nicht-weiße Einwohner, die westliche Vorstellungen wahrscheinlich nicht unbedingt teilen. Dazu gehört die Darstellung nackter, besonders weiblicher nackter Körper. Zum von Soros und Genossen entfachten frigid-puritanischen „#MeToo"-Denunziantentum (auch die

Puritaner waren Protestanten!) gesellt sich problemlos die Bilderfeindlichkeit der Muslime, die vor Zerstörung von islamisch als „entartet" angesehener Kunst nicht zurückschrecken werden. Dazu werden alle antiken Kunstwerke, die Götter und Göttinnen abbilden oder ihnen gewidmet sind, sowie solche, die nackte Menschen zeigen, wie auch alle christlichen Kunstwerke gehören, die einen Gott in drei Personen oder Christus, Gottes fleischgewordenes Wort, oder auch die Gottesmutter Maria darstellen; ebenso natürlich alle weiteren Darstellungen nackter Menschen oder nicht-islamischer Götter und Propheten.

Ein interessanter Nebeneffekt wird sein, dass die oft sehr schwache moderne Kunst, die zu einem großen Teil nicht gegenständlich ist und die von den Nazis abgelehnt wurde, überleben wird. Sie ist zwar auch nicht-christlich, stattdessen atheistisch oder nihilistisch und insofern unislamisch, aber das kann man nicht direkt sehen, weil es sich um Krikelkrakel handelt. Deshalb macht sie weder Puritanern noch Muslimen etwas, denn sie ist absurd teuer und man kann mit ihr Geld verdienen. Diese Zukünftigkeit der beiden häretischen Abkömmlinge des katholischen Christentums überrascht. Wächst da zusammen, was zusammen gehört?

(eigentümlich frei)

15. Februar 2018

WIDER DIE FEIGE SELBSTAUFGABE DER DEUTSCHEN *ODER*:

DIE DEUTSCHEN SIND UNFÄHIG ZUR VERTEIDIGUNG: ÜBER DEN GEWALTSAMEN WIDERSTAND *ODER*:

DER DEUTSCHE UNTERTAN UND SEINE UNFÄHIGKEIT, SICH UND DIE SEINEN ZU VERTEIDIGEN

Ob man es „Untertanenmentalität" nennt oder „Große Depression" oder „Selbstaufgabe": Die Deutschen haben ein Problem. Sie sind vom Pazifismus derart durchtränkt, dass sie praktisch unfähig sind, sich zu verteidigen. Nicht nur als Nation, sondern auch privat haben sie das

mittlerweile verlernt, wie sich spätestens bei den Silvesterereignissen auf der Kölner Domplatte gezeigt hat.

Nur wer seine Kultur kennt, kann definieren, wo eine andere Kultur beginnt. Nur wer seinen Standpunkt verteidigen kann, wird respektiert. Nur wer bereit und willens ist, die Mechanismen zur Verteidigung im Ernstfall auch in Gang zu setzen, wird sein Land, seinen Kulturkreis, seine Heimat behalten können. Wenn die entsprechende Einstellung fehlt, nützen auch Selbstverteidigungskurse nichts. Zum Pazifismus tritt eine Verwischung des männlichen Profils, eine geistige Demilitarisierung von innen: Dies ist eine wichtige, aber vielfach unterschätzte Wirkung der Gender-Ideologie. Kurzum: Als junger, männlicher Deutscher hat man heutzutage, wenn nicht gleich der Geruch aufkommen soll, man sei „rechts", vom Pazifismus derart durchtränkt zu sein, dass eine praktische Unfähigkeit zur Verteidigung unter Einsatz von Gewalt konstatiert werden muss.

Wie ein heilsamer Schock mag da Manchem die jüngst erschienene deutsche Erstübersetzung des russischen Klassikers „Über den gewaltsamen Widerstand gegen das Böse" von Iwan Iljin erscheinen.

Iwan Iljin. **Über den gewaltsamen Widerstand gegen das Böse.** *Herausgegeben und mit einem Vorwort von Adorján Kovács. Aus dem Russischen übersetzt von Sascha Rudenko. Edition Hagia Sophia: Wachtendonk 2018. 424 Seiten, Hartcover, Fadenbindung. 27,50 Euro*

Denn die pazifistische Haltung ist mittlerweile fast so alt wie die alte Bundesrepublik. Während sich die USA weltweit um die Verteidigung gegen die sowjetischen Aggressoren kümmerten, konnten sich die entmündigten Deutschen, die keine Verantwortung tragen mussten, pazifistische Proteste leisten: absurderweise marschierten viele Demonstranten für blutige, kommunistische Diktatoren Ho Chi Minh und Che Guevara, natürlich stellten sie sich in Millionenzahl gegen die Nachrüstung auf die Bonner Hofgartenwiese, denn letztlich wurde die Sowjetunion von ihnen mehrheitlich – wenn auch vielfach klandestin – verehrt. Blöd für die Pazifisten, dass dann exakt diese Nachrüstung zum Zusammenbruch des sowjetisch dominierten Völkergefängnisses in Osteuropa führte.

In der Berliner Republik sind wir Zeugen, wie eine ganze Armee nach Abschaffung der Wehrpflicht ruiniert wird: kein Nachwuchs trotz Work-Life-Balance, weil Soldaten pauschal als Mörder bezeichnet werden dürfen; zwar schwangerentaugliche Panzer für eine verweiblichte Truppe, aber keine flugtauglichen Flugzeuge; sinnlose und völkerrechtswidrige Kriege als Hilfssheriff der Amerikaner. Wir sind ferner Zeugen einer Gewaltwelle, die gerade über die Deutschen hereinbricht und der sie offenbar nichts entgegensetzen können. Sie sind tatsächlich wehrlos. Pazifismus klingt gut, aber hat er auch eine Berechtigung über windstille Tage hinaus?

Nicht verteidigungswillig, nicht verteidigungsbereit

Umfragen zeigen, dass nur noch 18 Prozent der Deutschen bereit wären, ihr Land zu verteidigen. Zweiundachtzig Prozent meinen also, dass alles in Ordnung sei, es keine Bedrohung gebe und nichts verteidigt werden müsse. Oder sind gar nicht erst bereit, für den eigenen Schutz und den ihrer Mitbürger in militärischen Dimensionen zu denken. Die Freiheit muss demnach ein Selbstläufer sein, denn der gegenderte Gutmensch heutiger Tage kümmert sich um Molche im Straßengraben, aber nicht um den Fortbestand der Nation. Man müsse nur allen ein „freundliches Gesicht" zeigen, so die Ideologie, dann würde schon alles gut werden. Solche fatalen Irrtümer wurden den Menschen ab etwa 1820 bis in die Mitte des 19. Jahrhunderts eingeredet, damals als Reaktion auf die furchtbaren Napoleonischen Kriege – Biedermeier heißt diese Epoche, eine onomatopoetische Bezeichnung.

1945 wiederholte sich dies, als Folge der Schrecken des Zweiten Weltkriegs. Trotzdem gab es noch Menschen, vor allem liberale Bürger, die mit der Waffe in der Hand für die Freiheit kämpften, die ohne Gewalt nie erreicht worden wäre und die wir – man muss es wiederholen – heute nicht genießen könnten, hätten nicht ganz normale Menschen zu den Waffen gegriffen. Es geht aber überhaupt nicht, wie Pazifisten unterstellen, bei der Gewaltfrage um Angriffskriege, die natürlich geächtet werden müssen, sondern um den Fall, für dessen Ausbleiben man nur beten kann, dass nämlich – um Clausewitz zu zitieren – jemand mit einem scharfen Schwert vorbeikommt und einem den Kopf abschneiden will – sei es einzeln oder en masse. Dagegen wird kein herrschaftsfreier Diskurs helfen, kein gutes Zureden und nicht einmal demütige Unterwerfung, sondern nur gewaltsamer Widerstand.

Die Bedrohung der Freiheit wird aber in Europa kaum ein Krieg zwischen Nationalstaaten, sondern werden weit wahrscheinlicher Angriffe neuer molekularer und legislativer Art sein. Daran denken die meisten Menschen nicht, wenn von Verteidigung und Widerstand die Rede ist. Dabei hat selbst einer der 68er, die an der vor 50 Jahren begonnenen völligen Demoralisierung der Deutschen schuld sind, gesagt, dass „die Zeit des sich immer mehrenden Sonnenscheins über unserem lieben Vaterland zu Ende geht". Bei diesen Worten aus diesem Mund hört man den Hohn und die Schadenfreude geradezu heraus, denn seinesgleichen hat aktiv dazu beigetragen, dass es dunkel wird in Deutschland, um im Bild zu bleiben. Man kann das als naturhaft wie einen Vulkanausbruch akzeptieren, was allerdings irrational wäre. Man kann den Kopf neigen und sich ergeben, was feige und unwürdig wäre. Man kann aber auch tatkräftig widerstehen.

Ein klarer Denker

Der russische Philosoph Iwan Iljin (1883-1954) argumentiert in seinem 1925 verfassten Klassiker „Über den gewaltsamen Widerstand gegen das Böse" scharf gegen die pazifistische Lehre des Schriftstellers und Denkers Leo Tolstoi, der Mahatma Gandhi und damit auch die deutsche Friedensbewegung mittelbar beeinflusst hat. Er entlarvt die pazifistischen Phrasen als unverantwortlich. Erstens profitieren die Pazifisten von denen, die Gewalt androhen oder anwenden, um sie zu beschützen. Sie sind also verlogen. Zweitens gehen die Pazifisten davon aus, alle Menschen seien im Prinzip gut und einsichtig. Sie sind also sentimental und illusionär. Drittens lassen die Pazifisten eher Andere zugrunde gehen als von ihrem hohen moralischen Ross abzusteigen. Sie sind also egozentrisch. Sie kümmern sich hedonistisch um ihr eigenes Wohlgefühl und wollen um jeden Preis sauber bleiben – doch dieser Preis der Gutmenschlichkeit ist hoch, zu hoch, wie Iljin meint.

Heute sehen wir das jeden Tag an den Folgen der moralischen Überhöhung, mit der in Deutschland Politik gemacht wird. Am Ende steht die Unterwerfung unter eine Knechtschaft, die von gewaltbereiten und entschlossenen Menschen, die Pazifisten nicht zu Unrecht für Schwächlinge halten, als eine Art technokratisches oder religiös-ideologisches Paradies angepriesen und durchgesetzt wird, in dem alles vorgeschrieben wird und man nicht mehr denken muss.

Nachdem Iljin die Hypermoral als gefährlich entlarvt hat, weil sie dem Bösen den Weg freimacht, untersucht er die Bedingungen gewaltsamen Widerstands unter ethischen Gesichtspunkten. Dabei geht er von der christlich-orthodoxen Spiritualität aus, die er methodisch rational weiterdenkt. Das Böse in der Welt ist eine menschliche Eigenschaft, ein moralisches Übel, das ernsthaft nicht geleugnet werden kann, und man muss ihm mit Tatkraft widerstehen, die zunächst keineswegs Gewalt, sondern eine Willenserzwingung zur Durchsetzung des Guten meint, die einen selbst und andere betreffen kann, die sowohl psychisch als auch physisch sein kann. Doch wenn alle Versuche des psychischen Zwangs auf Andere wie Erziehung, Gesetze, Streiks und Demonstrationen erfolglos gewesen sind, ist Gewaltanwendung der einzige Weg, mit dem der Mensch seine Pflicht, dem Bösen zu widerstehen, erfüllen kann.

In solchen Fällen muss er es als letzten Ausweg tun. Doch errichtet Iljin zugleich ein Bollwerk gegen jede Form der Selbstgerechtigkeit. Denn Gewalt ist nie „gerecht", bestenfalls notwendig. Sie entlässt den Menschen nicht aus der Schuld in dem moralischen Dilemma, dass er zur Gewalt greifen musste, um Schlimmeres zu verhindern, eine Wahrheit, die nur so die seelische Wiedergenesung des Gewaltanwenders zulässt. Damit wendet sich Iljin gegen die westliche Lehre vom „Gerechten Krieg". In diesem Werk liefert er allen Menschen, die zu unverantwortlicher Selbstaufgabe neigen und einem sentimentalen Pazifismus frönen, der aber nur Verrat an den Schwachen und Teilnahme am Bösen ist, eine über die bloße Selbstverteidigung hinausgehende Begründung für gewaltsamen Widerstand.

Tatkräftiger Widerstand muss immer angemessen sein. Um zurecht tatkräftigen Widerstand leisten zu können, muss man zudem genau wissen, was das Böse ist und es auch erfahren haben. Nach Iljin handelt es sich um eine „Erzwingung, die von einer bösen Seele herrührt oder auf das Böse zielt"; es muss also ein aktiver Zwang durch äußere Handlungen vorliegen, dem man nicht mehr anders als gewaltsam entrinnen kann. Für Iljin war der Bolschewismus das Böse in unverstellter Kraft. Menschen guten Willens werden ihm darin beipflichten, zumal der Nationalsozialismus, gegen den zu kämpfen ebenfalls unbedingte Pflicht war, eine dem Bolschewismus verwandte Spielart des Totalitarismus war. Man muss aber nicht nur wissen, was das Böse ist, man muss auch das Gute kennen. Hier nun gibt es heute ein Problem. Es fällt nämlich auf, dass praktisch alle westlichen Philosophien und politischen Lehren den Menschen einreden wollen, es gäbe Kategorien wie „gut" und „böse" nicht. Diese relativistischen Lehren sollen die Menschen natürlich orientierungs- und damit wehrlos machen. Cui bono? Doch wohl um die von massenkonsumgenährter Trägheit, fauler Gesinnungsethik und Internet ruhiggestellte Mehrheit der so genannten Bevölkerung in multiethnischen Superstaaten besser beherrschen zu können. In ihren vor kurzem gehaltenen Reden haben sich die Globalisten Soros, Merkel und Macron auf dem Weltwirtschaftsgipfel in Davos ziemlich offen dazu geäußert.

Was ist das Böse heute?

Mit Iljins Kriterien kann man es ziemlich genau definieren. Man geht nicht fehl, es in antichristlichen Ideologien zu suchen, die in äußeren Handlungen Zwang ausüben. Sie verkleiden sich oft, wie Iljin betont, als die Friedlichen, Schwachen und Guten, weshalb man eine klare Vorstellung vom wirklich Guten haben muss. Dieses ist für den christlichen Philosophen Iljin vom Göttlichen im christlichen Sinn hergeleitet. Doch die Vertreter der westlichen Amtskirchen geben sich den Schein der einzig richtigen Deutung der christlichen Offenbarung, dass nämlich die Liebe humane Anteilnahme sei, dass sie den Kampf ausschließe, dass nicht derjenige liebe, der kämpft, sondern derjenige, der feige den Kampf flieht, dass Desertion die Manifestation der Heiligkeit sei und dass man das Werk Gottes um der eigenen moralischen Gerechtigkeit willen verraten könne und solle, weil ja doch alles relativ sei und alle Religionen und Ideologien irgendwie ihre Berechtigung hätten.

Das Besondere an Iljins Buch ist nun, dass er mit diesen falschen Auffassungen aufräumt und von der russisch-orthodoxen Warte aus Einsichten in ein wehrhaftes Christentum gibt, das die christliche Liebe richtig sieht, nämlich als Streben zu Gott, der zwar vollkommene Liebe sei, aber eben gerade darum nicht die süßliche, „humanitäre", prinzipienlos gütige Liebe, die unterschiedslos alles billigt und die nicht zornig werden kann, wenn sie ihre Prinzipien verletzt sieht. Es war Christus, der sagte, das es böse Menschen gebe, für die es besser gewesen wäre, nie geboren zu sein und andere, für die es besser sei, mit einem Mühlstein um den Hals im Meer versenkt zu werden. Der Mensch soll zwar mit seinen Feinden in Frieden leben und ihnen verzeihen, aber nur mit seinen persönlichen Feinden, nicht mit den Feinden Gottes. Wahre Christen können keine Relativisten sein, sondern sind von der geoffenbarten Wahrheit überzeugt; sie dürfen, ja müssen tatkräftigen Widerstand gegen die Feinde Gottes leisten. Iljin lehrt, dass dabei Gewalt nicht ausgeschlossen werden darf, weil das Böse diese Schwäche immer ausnutzen würde.

Das Buch ist natürlich nicht nur für Christen geschrieben, sondern für alle Menschen guten Willens, deren Freiheit bedroht ist, die aber auch vom Pazifismus gelähmt sind. Atheisten, Liberale und sogenannte Humanisten sind aber immer noch Feinde des Christentums und verfolgen es wie vor 200 Jahren. Das war vielleicht einmal vertretbar, heute ist es falsch. Bedroht sie das Christentum etwa? Da gibt es ganz andere Bedrohungen, die täglich zunehmen. Man sollte zum Beispiel nicht warten, bis in Deutschland zum Netzwerkdurchsetzungsgesetz auch noch das Social Credit System eingeführt wird. Diese Freigeister glauben unbeirrt an das Gute im Menschen. Doch sollten sie sich beizeiten überlegen, ob sie sich nicht kritischer mit denen auseinandersetzen, die sie für weniger wert halten als Tiere, denn der Tag wird kommen, an dem diese sich sehr genau mit ihnen beschäftigen werden. Deswegen wendet Iljins Buch sich auch an die Freigeister. „Über den gewaltsamen Widerstand gegen das Böse" ist ein Augenöffner. Wem er die Augen nicht öffnet, dem ist nicht zu helfen.

Es geht Deutschland wohl noch zu gut

Die Frage ist, ob es für tatkräftigen Widerstand nicht schon zu spät ist, weil er nicht mehr erfolgversprechend geleistet werden kann. Und von wem soll er denn geleistet werden? Der Soziologe und Politologe Gunnar Heinsohn hält den deutschen Pazifismus ohnehin für eine Folge der Überalterung. Die Mehrheit der Deutschen ist über 50; durchaus rüstig, aber dem aktiven Widerstand physiologisch eher nicht gewachsen. Oder vielleicht doch? Es müssten aber zuallererst die jungen Leute sein. Doch viele junge Menschen unter 35 sind schon derart durchideologisiert, dass sie nicht anders als in den bereitgestellten Schablonen denken können. Sie sehen nirgendwo Probleme, sondern kümmern sich ausschließlich um sich selbst.

Der Journalist Wolfgang Röhl schrieb auf der „Achse des Guten"[46] über diese Generation und was sie will: „Umverteilung, Staatsgläubigkeit, Verboteverliebtheit, Agrarromantik, Antiamerikanismus, Israelbashing, Gesundheitshysterie, Technologiefeindschaft, Kulturrelativismus [...] Als Sahnehäubchen grassiert seit einigen Jahren eine groteske Überhöhung weiblichen Da-Seins [...] Eine Opposition findet nicht statt. Es gibt nicht mal Ansätze einer ernstzunehmenden außerparlamentarischen Protestbewegung. Für eure Feigheit und Schluffigkeit, ihr nachgeborenen Sitzpinkler, Stehpaddler, Liegeradler, Energiesparer, Windradenthusiasten, Jan-Weiler-Leser und Fack-ju-Göthe-Gucker; ihr Teilzeitveganer, Vollzeitachtsame, Hipsterbärtige, #MeToo-Sirenen und

Gendersternchensetzer, die ihr vor jedem Zeitgeistquark katzbuckelt [...]
– dafür verachte ich euch aus tiefstem altem Herzen. Fürchte, auch nach
euch wird kommen: nichts Nennenswertes."

Hier irrt Röhl, denn diese softe deutsche Generation wird die erste sein,
die als Rentner im eigenen Land in der Minderheit sein und von der
Gnade jener, die seit kurzem hier leben, abhängig sein wird. Das scheint
mir schon etwas Nennenswertes zu sein. Noch sind aber die über 35-
jährigen in Deutschland mehrheitlich freiheitlich denkende Deutsche und
in der großen Überzahl. Sie müssen die Wende mit tatkräftigem Widerstand schaffen. In Cottbus scheinen die Menschen soeben etwas erreicht
zu haben, denn die Stadtoberen denken um, aber es müssten viel mehr
Menschen auf die Straße gehen. Vielleicht geht es Deutschland immer
noch zu gut. Vielleicht muss es Deutschland schlechter gehen, damit sich
etwas wendet. Eine Wende wäre übrigens auch zum Wohl der unter 35-
jährigen und aller freiheitsliebenden Menschen.

(The European / Tabula Rasa / Philosophia perennis)

22. Februar 2018

#VERBIETET1001NACHT

*Frauen „wehren sich" mit #MeToo gegen „männliche Dominanz" und
„Missbrauch" durch Männer – leider meist erst 20 Jahre nach den behaup-
teten Übergriffen, wenn die Frauen alt und die Männer wehrlos sind.
Gleichzeitig werden angeblich sexistische Märchen und Bücher verboten.
Warum nicht auch eine 1500 Jahre alte Erzählung mit einem glasklar
frauenfeindlichen Inhalt?*

Die berühmte orientalische Rahmenerzählung „Tausendundeine Nacht"
ist im indisch-persischen Kulturraum entstanden. Später, nach der Islamisierung Persiens, ist sie von arabischen Übersetzern bearbeitet worden.

Ein König lässt seine untreue Frau ermorden und befiehlt seinem Wesir,
ihm jede Nacht eine Jungfrau zum sexuellen Gebrauch zuzuführen, die er
jeweils morgens ebenfalls umbringen lässt. Um dem Morden ein Ende zu
bereiten, will Scheherezade den König heiraten und stellt sich ihm zur

Verfügung. Um nicht umgebracht zu werden wie die anderen Frauen, erzählt sie jede Nacht Geschichten, die sie am Morgen, an einer spannenden Stelle, abbricht, sodass der König neugierig auf die Fortsetzung die Hinrichtung verschiebt. So geht das tausendundeine Nacht, bis der König ihr Gnade gewährt. Inzwischen hat sie ihm, denn das, und nicht das Geschichtenerzählen, war ja der Deal, drei Kinder geboren.

Diese Erzählung strotzt nur so von Frauenverachtung. Dennoch wird sie nicht wie „Pippi Langstrumpf" oder „Rotkäppchen" zensiert oder gar verboten. Keine Feministin, keine Frauenrechtlerin weit und breit, die den misogynen Charakter dieser Erzählung geißelt. Woran mag das wohl liegen?

(Die Freie Welt)

26. Februar 2018

„FAZ" STARTET DESINFORMATION ZUM UNGARISCHEN WAHL-KAMPF

Propaganda in der deutschen Berichterstattung über Ungarn und die Realität ebendort. Eine Richtigstellung.

Am 8. April wählen die Ungarn ein neues Parlament. Daher hat der US-amerikanische Spekulant George Soros bereits vor Wochen mit der Einmischung in den Wahlkampf begonnen, indem er (ungewöhnlich für ihn) Interviews auf Ungarisch gab und den von ihm finanzierten so genannten „Nicht-Regierungsorganisationen" (NGOs) frisches Geld für Büros, die die ungarische sozialistische Opposition unterstützen, gab. Auch die deutsche Presse verstärkt ihre Desinformation, die naturgemäß legitim und nicht etwa mit der behaupteten russischen Beeinflussung des US-amerikanischen Wahlkampfs zu vergleichen ist, weil die deutschen Medien die Wahrheit exklusiv für sich gepachtet haben.

Der früher für Spanien zuständige Journalist Paul Ingendaay schreibt heute im Feuilleton der „FAZ" über den angeblichen „Flirt mit der Diktatur"[47], der in Ungarn herrsche. Er beschwert sich tatsächlich über die Beseitigung der Budapester Statuen von linksradikalen Politikern und

Schriftstellern, so des „roten Grafen" Mihály Károlyi, des Lyrikers Attila József, einer Art ungarischem Bertolt Brecht und des lebenslang stramm kommunistischen Philosophen György Lukács. Ich bin kein Freund des Abbaus von Statuen, weil das an den Vandalismus in den Südstaaten der USA erinnert, wo man derzeit Denkmäler von konföderierten Helden zerstört. Stattdessen hätte man Alternativen bieten und neben die Kommunisten Statuen von Liberalen oder Konservativen setzen sollen. Aber an der platten Kritik sieht man, wes Geistes Kind Herr Ingendaay ist. Offenbar gehört er zu den vielen westeuropäischen Intellektuellen, die den Kommunismus trotz Millionen von ihm Ermordeter immer noch für eine gute Sache halten.

Die derzeitige und hoffentlich auch zukünftige ungarische Regierung tut das nicht und sie hat recht damit. Das ist Linken im verblendeten Deutschland natürlich ein Dorn im Auge, weshalb sie jedes kritische Maß verlieren. Ingendaay sieht nicht, dass der dauerhafte und durchaus sympathische, wenn auch einseitige Protest ungarischer Oppositioneller gegen ein ästhetisch verunglücktes Budapester Denkmal zur Erinnerung an die Besetzung Ungarns 1944 durch deutsche Truppen gerade ein Beweis für die funktionierende Demokratie in Ungarn ist. Er schreibt, dass dieses Denkmal Ungarn reinwaschen wolle. Aber niemand in Ungarn bestreitet die antisemitischen Repressalien und Verbrechen der Horthy-Regierung ab 1920, niemand auch die Kollaboration im Weltkrieg; es gibt unzählige diesbezügliche Erklärungen der konservativen ungarischen Regierung unter Viktor Orbán, zuletzt beim Besuch des israelischen Ministerpräsidenten Benjamin Netanjahu. Doch wäre es ohne die Besetzung Ungarns nie zur Massenvernichtung der ungarischen Judenheit in Auschwitz gekommen, und das zeigt dieses Denkmal am Freiheitsplatz. Das ist kein Fake, sondern Fakt, auch wenn es den deutschen Linken und der ungarischen Opposition nicht gefällt. Der Literaturkritiker Marcel Reich-Ranicki hat diese Tatsache auf Polen gemünzt so betont: „Es stimmt, dass die Polen die Juden betrogen, bestohlen, erniedrigt und geschlagen haben, aber sie haben sie nicht getötet, und das ist ein großer Unterschied."

Man kann die Hetze von Leuten wie Ingendaay nicht ernst nehmen, der in Ungarn überall „antiliberale, antirepublikanische und antisemitische Untertöne" wahrnimmt. Für den „Antirepublikanismus" zitiert er ausgerechnet die ungarische Verfassung von 2011, weil sie das eigene Land bewusst „Ungarn" und nicht etwa nach der Staatsform „Republik Ungarn" nennt. Dass bis 2011 die Postkommunisten die kommunistische Verfassung von 1949 beibehielten, hat deutsche Linke wie Ingendaay nie gestört. Zudem sind auch Monarchien wie die Großbritanniens „antirepublikanisch" – na und? Hängen Freiheit und Demokratie jetzt nur an der Republik? Wieso denn? Und während in Deutschland der gewalttätige Antisemitismus durch den Import von konservativen Muslimen täglich zunimmt, blüht im angeblich so antisemitischen Ungarn die jüdische Gemeinde. Mehr als 100.000 Juden leben in Ungarn. Mir teilte ein Budapester Makler eine Information mit, die mehr über die jüdische Einschätzung Ungarns sagt als alle offiziellen Statistiken: Sehr viele Israelis haben Wohnungen in Budapest, die sie leerstehen lassen, um notfalls sofort aus Israel nach Ungarn, also in die Sicherheit ziehen zu können. Ein vernichtenderes Urteil über den Propagandajournalismus der „FAZ" kann es wohl kaum geben.

(Die Freie Welt)

4. März 2018

DER SCHLECHTE UND DER GUTE RASSISMUS

Leider spielen Hautfarben wieder eine Rolle. Da es Rassismus gegen Weiße sehr wohl gibt, muss man sich als Weißer dagegen verteidigen. Man hat das Recht dazu, auch wenn linke „Antirassisten" den Weißen das absprechen.

Die „FAZ" meldet Ende Februar[48]: „In Südafrika sind auch Jahrzehnte nach dem Ende der Apartheid noch 73 Prozent der Landflächen in der Hand weißer Farmer. Linkspopulisten und Regierungsparteien wollen das ändern. Die Opposition spricht von einem Ablenkungsmanöver. Farmer in Südafrika wehren sich gegen einen Beschluss des Parlaments zur entschädigungslosen Enteignung von Landbesitzern. Ein solches Vorgehen sei irrational, kritisierte [...] der Präsident des Dachverbands Agri SA, Dan Kriek. [...] Sachliche Argumente hätten in der Debatte aber ebenso wenig eine Rolle gespielt wie das für Weiße und Schwarze verbriefte Recht auf Eigentum. Südafrikas Parlament hatte sich am Dienstagabend mit großer Mehrheit für Enteignungen weißer Farmer ausgesprochen." Dass seit der Machtübernahme des kryptokommunistischen Heiligen Nelson Mandela Tausende Weißer nur deshalb ermordet wurden, weil sie weiß sind, ist bekannt. Die Mischung von Hautfarben-Rassismus mit einer Heilsideologie wie zum Beispiel dem Kommunismus ist explosiv, wie man spätestens seit dem National-Sozialismus weiß. Es ist also zu erwarten, dass mittelfristig die Tage der weißen Bewohner Südafrikas gezählt sind, mögen sie nun umgebracht oder „nur" per ethnischer Säuberung vertrieben werden. Die Welt wird achselzuckend zusehen, wie eine jahrhundertelange Besiedlung zu Ende geht.

Nach der Unabhängigkeit Algeriens kam es zu einer ethnischen Säuberung, die sich ebenfalls gegen die ehemaligen Kolonialherren richtete. Die Algerienfranzosen hatten aber auch schon 130 Jahre, also über vier Generationen lang in Afrika gewohnt. Das zählte nicht. Unter Androhung des Völkermords wurden über eine Million Menschen vor die Alternative gestellt: Tod oder Flucht. Die Franzosen wählten die Flucht, unter Zurücklassung ihres Besitzes. Die NATO griff damals nicht ein, um eine „humanitäre Katastrophe" zu verhindern. Im Gegenteil, der muslimische Staatspräsident Algeriens, der, Houari Boumedienne, drohte 1974 in einer Rede vor der UNO: „Eines Tages werden Millionen Menschen die südliche Halbkugel verlassen, um in die nördliche einzudringen, aber sicherlich nicht als Freunde. Denn sie werden kommen, um sie zu erobern, indem sie die nördliche Halbkugel mit ihren Kindern bevölkern. Der Bauch unserer Frauen wird uns den Sieg bescheren."[49] In dieser Äußerung wie in der ethnischen Säuberung spiegelt sich sowohl ein antiweißer als auch ein antichristlicher Rassismus wider. Auch hier besteht also die Verbindung eines klassischen Rassismus mit einer Heilsideologie.

Linke finden nichts bei solchen monströsen Ungerechtigkeiten, denn sie verweisen auf die „koloniale Schuld", die offensichtlich kollektiv bestraft werden dürfe. In solchen Fällen vergessen Linke die „individuelle Schuld" und ihre Neigung zur Gleichmacherei kommt zum Tragen. Es fällt aber zusätzlich auf, dass massive Militäraktionen und Bombardements die ethnische Säuberung des Kosovo verhinderten; damals waren es Muslime und nicht Christen, die umgebracht und vor allem vertrieben werden sollten. Rassismus spielte keine Rolle, sondern serbischer Chauvinismus und Revisionismus. Ein antimuslimischer Rassismus wurde später konstruiert, natürlich ohne je die Möglichkeit eines antichristlichen zuzulassen. Es gibt eben guten und schlechten Rassismus. Sind Muslime oder Schwarze rassistisch, wird der Rassismus zudem links unterfüttert, ist alles nicht so schlimm. Sind Christen (oder Buddhisten) rassistisch, kommt eine rechte Ideologie dazu, kann militärisch eingegriffen werden. Man kann dieses Prinzip verfolgen: In Darfur, Südsudan, dem Irak und Syrien, auch in Nigeria konnten Muslime ohne größere Probleme gegen Schwarze, Christen und Jeziden mordend und vertreibend vorgehen. Der Krieg in Syrien wird nicht etwa geführt, um ethnische Säuberungen zu verhindern. Dagegen scheint die mediale Erregung bei der Vertreibung der Muslime aus Myanmar größer zu sein, denn es geht den Buddhisten um ihre Nation und das ist schlecht. Dabei ist zu fragen, ob ein Vorgehen gegen eine Gruppe, die immer und überall durch ihren Überlegenheitsanspruch zu erheblichen Problemen führt, nicht eher der Verteidigung zugerechnet werden muss, und ob die Konstruktion eines „Rassismus" im Hinblick auf eine religiöse Herrschaftsideologie nicht genau diese Verteidigung torpedieren soll.

(Die Freie Welt)

7. März 2018

VERHUNZUNG DER SPRACHE

Man fühlt sich immer weniger zuhause in der eigenen Sprache und damit auch in Deutschland. Erst Flüchtlinge, dann „Geflüchtete". Erst Studenten, dann „Studierende". Und neuerdings prangt in Frankfurt auf einer Informationstafel folgender Satz:

„Achten Sie bitte auf Rad Fahrende und zu Fuß Gehende."

Schon beim ersten Lesen zuckt man zusammen. Das ist falsches Deutsch. Aber für die genderisierten Behörden ist es politisch korrektes Deutsch.

Es will den Sprachingenieuren nicht in den Kopf, dass das grammatische Geschlecht nichts mit dem biologischen Geschlecht zu tun hat. Das Wort „Radfahrer" beinhaltet in der deutschen Sprache natürlich ebenso wie das Wort „Fußgänger" Verkehrsteilnehmer weiblichen und männlichen Geschlechts.

Lesen Sie nochmal: „Achten Sie bitte auf Rad Fahrende und zu Fuß Gehende."

Da wird einem schlecht. Das ist kein Fehler, wie er im Dialekt vorkommt und damit trotzdem richtiges Deutsch ist, weil es gewissermaßen auf der Zunge von Deutschen gewachsen ist. Das ist Kunstdeutsch. So kann einem die Heimat, die ja auch einen Ort bedeutet, an dem richtig Deutsch gesprochen wird, verleidet werden. Aber das ist ja auch das Ziel der Bürokraten. Da täuscht auch kein „Heimatministerium" drüber hinweg.

(Die Freie Welt)

20. März 2018

DIE RASSISTISCHE „SÜDDEUTSCHE ZEITUNG"

Der linke Rassismus, als „Israelkritik" oder „Antirassismus" getarnt, kommt manchmal unverstellt zum Vorschein.

Am 19. März schreibt ein Jörg Häntzschel, Philologe, der bei der „taz" zum Journalisten ausgebildet wurde, was manches erklärt:

„Lars-Christian Koch wird »Sammlungsdirektor« [am Humboldt-Forum] in Berlin. Ein weiterer weißer Europäer an der Spitze von Deutschlands wichtigstem Kulturprojekt – das ist kein gutes Signal. Aber die Berufung hat auch ihre guten Seiten."

Weg mit den Weißen, es muss schon ein Farbiger sein! Das ist sauberer, ehrlicher anti-weißer Rassismus; ein klassischer Hautfarben-Rassismus, wie er im Buche steht. Das ist die Zukunft, die ein Linker für Europa ersehnt. Da sage einer, die Rede von der Umvolkung sei verschwörungstheoretisches Geschwätz...

(Die Freie Welt)

4. April 2018

EINE OFFENSIVE GEGEN DEN ISLAM IST ENDLICH FÄLLIG: EINDÄMMUNG STATT ANBIEDERUNG BIS ZUM VERRAT

Nie war mehr Anbiederung als heute. Gerade hat ein gewisser Wolfgang Schäuble, der vor zwölf Jahren eine völlig erfolglose Islamkonferenz ins Leben gerufen hat, den Restdeutschen geraten, den „Lauf der Geschichte" zu akzeptieren und die Mohammedaner als „nun eben da" zu begreifen. Das ist geradezu unverschämt. Widerspruch ist Pflicht.

Dass die Mohammedaner „nun eben da" seien, ist die Diktion der Einwanderungskanzlerin Angela Merkel. Einen unaufhaltbaren „Lauf der Geschichte" gibt es bei Masseneinwanderungen nicht. Es gibt ihn insbesondere in diesem Falle, wo es konkrete Eliten waren und sind, die für die Masseneinwanderung nach Deutschland seit Jahrzehnten verantwortlich sind, schon gleich zweimal nicht.

Europäer oder Ostasiaten, die zuwandern, waren nie ein echtes Problem, Mohammedaner sind es dagegen offensichtlich. Der arme Bert Brecht, eigentlich ein bemitleidenswerter alter weißer Mann, wäre er nicht Kommunist gewesen, hat in seinem „Lob des Revolutionärs" zurecht hervorgehoben, dass, wo Andere von Schicksal sprechen, der Revolutionär die Namen nenne. Nun denn: Es sind Politiker wie Schäuble und Merkel sowie die sie unterstützenden, aber im Hintergrund bleibenden Wirtschaftslenker wie Zetsche oder Müller, die die laufende Masseneinwanderung von Kulturfremden quasi als Naturgewalt ausgeben, gegen die man angeblich nichts tun könne. Es ist heute ganz offensichtlich revolutionär, die Namen zu nennen, die für diese Katastrophe eine Mitverantwortung tragen.

Es sind die gleichen Kräfte, die früher bei deutscher Vollbeschäftigung schließlich auch in der islamischen Türkei billige Arbeitskräfte geworben haben und die vor kurzem bei deutscher Überbevölkerung Videos mit Tipps für den leichten Asylantrag in Syrien haben verbreiten lassen. Diese herrschende Clique besteht aus vielleicht 600 Personen, die selbstreferentiell in einer Blase oder einem Darkroom lebend über die Geschicke von Millionen entscheiden – ohne sie zu fragen. Wohlstand und Humanismus wurden und werden als Gründe für ihre Beschlüsse nur vorgeschoben. Es ist spätestens seit Maastricht der Wille klar zu erkennen, den Widerstand gegen ein halbdiktatorisch verwaltetes, zur Mittelmeerunion erweitertes Vereinigtes Europa zu brechen, indem man Vielvölkerstaaten schafft, deren entwurzelte „Bevölkerungen" in einem bürgerkriegsähnlichen Zustand aller gegen alle keine Kraft mehr haben, gegen ihre Herrschenden aufzustehen. Widerspruch, ja, und im Zweifel auch Widerstand dagegen ist Bürgerpflicht.

Marx, der Ideologe

Die Anbiederung an den Islam, eine vormoderne rechtsradikale Herrschaftsideologie, die für die genannte Clique eben darum immer attraktiver werden dürfte, verüben in abstoßender Weise auch hohe Kleriker der deutschen Katholischen Kirche. Von den eher mitleiderregenden Äußerungen evangelischer Protagonisten, die ihren nur noch als Sozialismus mit Gebeten wahrnehmbaren Unglauben kaum verbergen können, will ich hier nicht reden. Herr Marx möchte, dass Christen auf Mohammedaner zugehen und sie zu sich einladen. Wohlgemerkt, es geht hier um den Erzbischof und Kardinal, nicht etwa um den bärtigen Radikalideologen des 19. Jahrhunderts! Davon abgesehen, dass das nicht funktioniert, geht es ihm nur darum, im Windschatten einer aggressiven, vor unbegründetem Selbstbewusstsein strotzenden politischen Religion den steuerbegünstigten offiziellen Katholizismus zu retten.

Das in Wirklichkeit wohl fast nur um Steuervorteile besorgte Reformstreben der katholischen Obrigkeit, abzulesen an selbstzerstörerischen „Reformen" im Nachgang des Zweiten Vatikanums, wird indes in Deutschland, wo die Zerstörung am vehementesten betrieben wurde, immer unglaubwürdiger. Der islamische Aufwind wird auch die Katholische Kirche tragen, denkt Marx, und irrt sich völlig. Denn dem Islam (ja, es gibt ihn, *den* Islam!) geht es nicht um Glauben, sondern um Herrschaft. Was vor allem Männer nach dem Sprechen der Schahada machen, ist eigentlich egal, Hauptsache, sie protestieren nicht, wenn mal wieder ein Jude ermordet wird, und ihre Kinder werden automatisch neue Anhänger des arabischen Propheten.

Achtung Atheisten und Humanisten! Bei Ihnen regt sich ein klein wenig Widerstand, denn Sie wollen ja angeblich ein säkulares Gemeinwesen, in dem Religion Privatsache ist. Sie regen sich über die Kirchensteuer auf und sind natürlich schon längst aus welcher Kirche auch immer ausgetreten. Sie gönnen es Herrn Marx überhaupt nicht, dass er versucht, sich an die politischen Eliten heranzuschmeißen, die noch mehr Mohammedaner aus aller Welt zu uns holen wollen. Sie finden, dieser Pfaffe soll das Maul halten, Sie reden, wie ein Herr Wallasch auf „Tichys Einblick"[50], davon, dass „Aufklärung und Humanismus rückwirkend christianisier[t] und eine ebenfalls längst eliminierte christliche Geschichtsschreibung aus der Versenkung [gehoben]" werden soll und leugnen dabei historische Wahrheiten wie die Fundierung aller europäischen Werte im Christentum. Denn „Aufklärung" ist nichts als ein Propagandabegriff christenfeindlicher bürgerlicher Autoren des 18. Jahrhunderts, die, einmal an die Macht gelangt, sofort für die Ermordung von mehr Menschen verantwortlich war als alle christlichen Kirchen zusammen je verschuldet haben.

Und was ist mit dem Humanismus?

Der unglaubliche Vorgang, dass 2015 weit über eine Millionen Eindringlinge mit Teddybären beworfen und bejubelt wurden, ist seinerzeit unter die hehre Flagge des Humanismus gestellt worden. Es war doch Folge des Liberalismus, dass es als Freiheit gilt, wenn es keine Grenzen gibt und Menschen so wie Waren und Geld grenzenlos fließen sollen. Diese humanistische, liberale Anbiederung an den Islam wurde in der Katholischen Kirche bis vor wenigen Jahren als „Verrat" gebrandmarkt. Schade nur, dass es mit der kommunikativen Vernunft nicht so klappt, unter deren Prämisse die liberalen Humanisten die Religionen ins Wohnzimmer verbannen möchten. Denn bei den „neuen Deutschen" war es und ist es zwecklos, für die „Werte des europäischen Humanismus" werben zu wollen.

Mit den türkischen Gastarbeitern erster Generation, die in Wirklichkeit schon Einwanderer waren, hatte Deutschland Glück, denn ihr Islamverständnis war von Atatürk mit extrem harter und blutiger Hand, vor der wir zurückschrecken würden, bis zur Laizität gestutzt worden. Ihre Enkel sind aber hier wieder echte Mohammedaner geworden, was im übrigen keine Überraschung ist, und verstehen sich ausnehmend gut mit den Neuankömmlingen aus Asien und Afrika, die einen radikalen, unverwässerten Koran gepredigt bekommen und dementsprechend geringe Hemmschwellen beim Kampf gegen Andersgläubige haben. Die Integration ist zumeist gescheitert.

Wo hinein hätten sich diese Menschen integrieren sollen?

Die Einwanderer trafen hierzulande auf ein Sinnvakuum, das sich Atheismus und Humanismus nennt und eigentlich Konsumismus und Hedonismus war und ist. Und ist ein Integrationswille bei Angehörigen einer sich für die beste haltenden Gemeinschaft überhaupt zu erwarten? Das Beste für ein europäisches Land ist es jedenfalls, keine Einwanderung von Mohammedanern zuzulassen, jedenfalls so lange, bis sich der Islam in seinen Ursprungsländern modernisiert hat. Nennen wir das Kind beim Namen! Das bedeutet: auf unabsehbare Zeit. Die Hoffnung auf einen „europäischen Islam" ist in Zeiten der globalisierten Vernetzung bis zur Naivität unrealistisch. Die türkische DITIB und die Lehren aus Saudi-Arabien wirken wie Internet und Fernsehen überallhin.

Seit Jahrzehnten mittlerweile wird geredet und nur geredet, und auf welch niedrigem Niveau! Der Islam gehöre zu Deutschland, hört man da, weil auch Mohammedaner in Deutschland leben. Linksliberale und Grünalternative meinen das, leider auch viele so genannte Christdemokraten. Nazis gehören also auch zu Deutschland, nur weil es, zumindest nach Ansicht derselben Kreise, in Deutschland auch Nazis gibt? Genügt formale Verfassungstreue, wenn eine inhaltliche Anerkennung der Rechtsordnung nicht vorliegt? Gehören der Islam und der Nazismus also auch normativ zu Deutschland?

Ein offensiveres Vorgehen

Die angeblichen Nazis, gegen die vom Staat finanzierte „Antifaschisten" brüllend, sengend und prügelnd antreten, haben kaum je etwas gegen die Verfassung unternommen. Dagegen fordern mohammedanische Lobbys unter dem Deckmantel der Religionsfreiheit unbehindert – ja, sogar offiziell gefördert – die „Dynamisierung", auf Deutsch die Veränderung der Verfassung durch das interkulturelle Aushandeln eines Minimalkonsenses. Die Zone der islamisch interpretierten und gelebten Verfassung vergrößert sich täglich. Das Reden über den Islam bei seiner gleichzeitigen explosiven Zunahme muss ein Ende haben. Wie Ernst-Wolfgang

Böckenförde sagte: Nur in einem einigermaßen homogenen Gemeinwesen kann es zu einem Wir-Gefühl kommen, das eine Verfassung benötigt, nur bei einer moralischen Gleichstimmung der Einzelnen kann es zu einem Rechtsbewusstsein kommen, das einen Staat trägt. Punkt. Ein offensiveres Vorgehen tut not.

Das einzig richtige Zugehen von Christen auf Mohammedaner – und das ergibt sich aus dem Missionsauftrag, den jeder Christ auch ohne die Kirchenoberen kennen sollte – wäre es, sie darauf hinzuweisen, dass Menschen, die von Jesus Christus wissen, aber ihn ausdrücklich als Erlöser der Menschheit leugnen, eine Sünde gegen den Heiligen Geist begehen, die nie vergeben wird, was ihren ewigen Tod bedeuten könnte. Richtig wäre es, ihnen vorzuwerfen, dass der Koran in allen Staaten unter islamischer Herrschaft, außer Tunesien und (noch) der Türkei, Verfassungsrang hat, was bereits den Keim zum Totalitarismus bedeutet. Und allzu häufig ist diese Saat natürlich bereits aufgegangen. Den Koran halten sie für Gottes unerschaffenes Wort, aber es ist heute wissenschaftlich bewiesen, dass dieses Buch mindestens 30 menschliche Autoren hatte und deshalb keinerlei Anspruch auf einen Offenbarungscharakter besitzt. Richtig wäre es daher, den Mohammedanern zu sagen, dass ihr Glaube unsinnig ist, jedenfalls bei weitem vernunftwidriger als der Glaube an Jesus Christus, den seit 2000 Jahren die Bekämpfung durch Atheisten und Humanisten und auch die historisch-kritische Methode nicht haben widerlegen können.

Unschöne Bilder werden nicht zu vermeiden sein

Atheisten und Humanisten kämpfen aber zu Ostern 2018 immer noch eher gegen die überschlauen Berufsfürsten der Kirchen, die ihre Religion verraten, indem sie das Kreuz ablegen und sich beim erklärten Feind einschmeicheln, als gegen diejenigen, die ihre Freiheit wirklich, tagtäglich, ganz konkret bedrohen. Denn so war es: Die christlichen Kirchenfürsten haben, als sie den Tempelberg in Jerusalem jüngst betraten, auf Befehl der islamischen Geistlichkeit ihre Kreuze abgelegt, und das war Verrat. Stattdessen hätten sie, wenn sie den Tempelberg schon betreten wollten, dafür sorgen müssen, dass ihnen der Weg nicht versperrt wird. Die israelische Polizei hat schließlich die nötigen Mittel. Die Liberalen aller Couleur, die ja mit Atheisten und Humanisten weitgehend identisch sind, sollten sich dem Gegner widmen, der nicht zahnlos ist, sondern offen gewaltbereit. Damit hapert es aber gewaltig. Denn das harte Vorgehen, das à la Atatürk einzig erfolgversprechend wäre, um den säkularen Staat zu bewahren, den wir derzeit noch haben, könnte unschöne Bilder ergeben.

Kein Ostern gibt es aber ohne ein sehr unschönes Bild: dem eines Gekreuzigten, dem eines den Martertod Gestorbenen. Jesus Christus hat zwar den Tod durch seine Auferstehung besiegt, aber er hat Gewalt und Krieg damit nicht aus der Welt geschafft. Er hat auch nie versprochen, das zu tun. Der russische Philosoph Iwan Iljin hat in seinem Buch „Über den gewaltsamen Widerstand gegen das Böse" den moralischen Kompromiss in unübertrefflicher Weise analysiert, der im Kampf gegen das Böse geschlossen werden muss. Seine christliche Widerstandslehre sagt eindeutig, dass Gewalt (und er versteht darunter jeden Zwang auf andere Menschen) schlecht ist, aber manchmal notwendig und unvermeidlich, wenn man dem Bösen nicht unterliegen will. Wir müssen uns in dieser und keiner anderen Welt behaupten. Das christliche Volk, das hier seinen Kardinälen widersprechen muss, und die liberalen Humanisten, die sich auf ihre Grundlagen besinnen müssen, sollten zusammenstehen. Wer den lauen Konsens, den faulen Kompromiss, den Frieden um jeden Preis bewahren will, wird unterliegen.

Deutschland hat schon zu viele Mohammedaner aufgenommen. Daher hat die Forderung Ernst-Wolfgang Böckenfördes oberste Priorität und ist Mindestvoraussetzung für erfolgreichen Widerstand: Der Staat habe dafür Sorge zu tragen, „dass [...] solange die [...] Vorbehalte [gegenüber Säkularisierung und Religionsfreiheit] fortbestehen, die Angehörigen des Islam durch geeignete Maßnahmen im Bereich von Freizügigkeit und Migration [...] in ihrer Minderheitenposition verbleiben, ihnen mithin der Weg verlegt ist, über die Ausnutzung demokratischer politischer Möglichkeiten seine auf Offenheit angelegte Ordnung von innen her aufzurollen. Darin liegt nicht mehr als seine Selbstverteidigung, die der freiheitliche Verfassungsstaat sich schuldig ist."[51]

(The European / Tabula Rasa)

Alle gegen Orbán: Aber er gewinnt doch

Trotz fast ausschließlich negativer Presse, trotz massiver Wahlbeeinflussung aus dem Ausland, trotz seine Partei angeblich benachteiligender hoher Wahlbeteiligung, trotz absurder Koalitionen von Rechtsradikalen und Kommunisten gegen ihn, trotz, trotz, trotz: Viktor Orbán hat die ungarischen Wahlen erdrutschartig gewonnen.

Die deutsche Presse, bei der die Spanne zwischen links-liberal und links-extrem als Ausweis größter Meinungsbreite gilt, hat sich in sattsam bekannter Einmütigkeit bei der Berichterstattung über Ungarn wieder einmal übertroffen: nämlich in blinder Einseitigkeit und absurdem Selbstwiderspruch. Die freiwillige Gleichschaltung wirkt. Obwohl Ungarn, wie ständig von unseren so genannten Qualitätsmedien behauptet wird, eine „Diktatur" sei, hat man große Hoffnung gehegt, dass eine „Wendestimmung", eine „revolutionäre Situation" vorliege und Orbán abgewählt werden würde. Seltsam, man hat also eine Abwahl doch für möglich gehalten, anscheinend hatte die deutsche Presse doch Vertrauen in die demokratischen Abläufe im angeblich so diktatorischen Ungarn. Der „Fidesz" hat seine Anhänger übrigens auch vor der Möglichkeit einer Wahlniederlage gewarnt, aber der „Fidesz" ist ja auch eine demokratische Partei, die jetzt einen wahrlich überzeugenden Wahlsieg eingefahren hat.

Deutsche Zeitungen, praktisch alle offen oder versteckt links-grün orientiert, waren sich zuletzt nicht zu schade, den (jetzt zurückgetretenen) Vorsitzenden der antisemitischen und rechtsradikalen „Jobbik" begeistert zu zitieren, nur weil er die amtierende Regierung beschimpfte, vielleicht auch, weil er islamophil ist. Extrem Linke wie die Philosophin Ágnes Heller wurden interviewt, die ohne jeden Beweis widerspruchslos behaupten durfte, alle EU-Gelder würden vom „Fidesz" an seine korrupten Leute verteilt. Ausgerechnet Studenten der Zentraleuropäischen Universität (CEU), links-grüne globalistische Kaderschmiede, wurden zur anstehenden Wahl interviewt, als ob sie für Ungarn repräsentativ wären. Ausgerechnet Studenten einer Universität, die ihren gesetzlichen Pflichten nicht nachkam, und deswegen auch schon vor Viktor Orbáns Amtszeit in einem stark publizierten Streit mit dem ungarischen Staat stand, die sich inzwischen korrigiert hat und nun vor ihrer Akkreditierung steht[52]. Die Gesetzesverstöße der CEU waren der deutschen Lü-Lückenpresse natürlich keine Notiz wert. Die Gründung einer Filiale in Wien wurde dagegen als „Flucht vor Orbán" missdeutet. Echte Berichterstattung sieht anders aus. Hier handelt es sich um Propaganda.

Zu den völlig unlogischen, aber gebetsmühlenartig wiederholten Scheinargumenten gehörte der Hinweis auf das ungarische Wahlsystem, „das nur die Regierungsparteien bevorteile". Grund für diese Unwahrheit ist die Absicht, den Reformen des „Fidesz" grundsätzlichen Demokratieabbau zu unterstellen. Tatsächlich hat der „Fidesz" nun mit etwa 50 Prozent der Stimmen aufgrund bestimmter Eigenheiten der Mandatsverteilung die Zweidrittelmehrheit der Parlamentssitze geholt. Aber es ist völlig klar, dass, sollte zum Beispiel die postkommunistische MSzP 50 Prozent der Stimmen erhalten, natürlich auch sie die Chance hätte, bei Erzielen zusätzlicher Anforderungen eine Zweidrittelmehrheit zu bekommen.

Eine platte Lüge deutscher Medien war es, zu behaupten, die Ungarn hätten bei ihrer Abstimmung keine echte Wahl. Den Wahlzettel kann bei Bedarf jeder Interessierte einsehen, deshalb ist diese Lüge besonders dreist. Sie ist nicht einmal im übertragenen Sinne wahr. Auf dem Wahlzettel standen 23 Parteien aller politischen Richtungen. Wahr allerdings ist es, dass die Ungarn begriffen haben, wohin die verantwortungslose Traumtänzerei der Linken führt, nämlich ins turbokapitalistische Niemandsland eines Vielvölkerstaats, in dem tribalistische Kämpfe nur durch eine technokratische Quasi-Diktatur unterdrückt werden können.

Obwohl durch die Zuspitzung des Wahlkampfs in den letzten Wochen eine hohe Wahlbeteiligung wahrscheinlich wurde, hat die deutsche Presse darin nur einen Vorteil für die Opposition gesehen. Ständig wurde geschrieben, dass nur die Opposition, also Orbán-Gegner, zusätzliche Wähler mobilisieren könnten. Warum eigentlich? Dass auch die Konservativen sehen könnten, was die Stunde geschlagen hat, wollten oder konnten die Journalisten der deutschen Einheitspresse nicht zugeben. Nun sind sie eines Besseren belehrt worden. Linkes Wunschdenken rächte sich hier schneller als dies bei den Folgen der islamischen Masseneinwanderung der Fall sein wird.

Orbán hat die kulturelle Bedrohung durch diese von ihm (und vielen anderen, die aber nicht zitiert werden) als Invasion bezeichnete Masseneinwanderung von Mohammedanern keineswegs ausschließlich in das thematische Zentrum des Wahlkampfs gestellt, wie es die deutsche Presse geschrieben hat, um ihn als „Rassisten" zu verunglimpfen. In letzter Zeit wurde von ihm und seinen Mitarbeitern vermehrt auf die Erfolge der Regierungsarbeit des „Fidesz" hingewiesen, die sogar, wenn auch nur in Teilen, von der deutschen Presse anerkannt werden mussten. Freilich schob diese Presse sogleich nach, dass es nur an den EU-Geldern lag, dass die Orbán-Regierung Erfolge hatte. Wieder so eine der jeder Logik widersprechenden Behauptungen: Als die sozialistisch-postkommunistischen Regierungen der Nullerjahre Ungarn fast ruiniert hatten, flossen doch auch EU-Gelder. Wieso gab es dann keine Erfolge?

Dass jetzt, wo alle diese Unwahrheiten, Verdrehungen und Lügen Makulatur sind und der „Fidesz" mit seinem Spitzenkandidaten Viktor Orbán einen grandiosen Sieg eingefahren hat, der gerade durch eine Rekordwahlbeteiligung ausdrücklich bestätigt ist, bleibt dem luxemburgischen Sozialisten Jean Asselborn nur zu stänkern übrig. Er, in dessen Lebenslauf der Hinweis auf eine religiöse Orientierung vergebens gesucht wird, spricht von Ungarn, das soeben in einer einwandfreien demokratischen Wahl entschieden hat, als einem „Wertetumor, der immunisiert werden muss". Die Entmenschlichung, Pathologisierung und Kriminalisierung von Menschen ist eine Spezialität von totalitär denkenden Politikern wie dem Brüsseler Bürokraten Asselborn. Auch der Spitzenkandidat der ungarischen Postkommunisten hat in der Wahlnacht, als er sich wegen der hohen Wahlbeteiligung auf der Siegerstraße wähnte, den „Fidesz" als „Bande" bezeichnet; die Deutschen kennen diese Sprache gegenüber Andersdenkenden vor allem durch das Wort „Pack" (S. Gabriel).

Viktor Orbán hat sich – in Deutschland undenkbar – in seiner Dankesrede nach der ersten Hochrechnung bei allen Menschen bedankt, die für „uns und für mich gebetet haben" und seine Rede mit den Worten „Soli Deo Gloria" beendet. Es ist die Tragödie nicht nur Deutschlands, dass viele kritische Geister sofort wutschäumend reagieren, wenn jemand offen christlich religiös zu sein wagt. Beim Islam sind diese kritischen Geister übrigens auffällig schweigsam, ja im Grunde schwenken sie schon die weiße Fahne. Dabei hat Orbán, der überzeugter Calvinist ist, immer gesagt, dass für ihn die Kultur Europas und seine Menschen christlich fundiert sind, auch wenn diese Menschen nicht beten oder zur Kirche gehen. Eine Ansicht, die nur Geschichtsvergessene bestreiten, die aber besonders in Deutschland leider unter den Hammerschlägen der so genannten Aufklärung und von ihr abhängiger atheistischer Systeme fast ausgelöscht wurde, sodass nur ein Vakuum zurückgeblieben ist, das ein blutleerer „Verfassungspatriotismus" nicht ausfüllen kann.

Orbán und seine Mitstreiter versuchen, mit den zitierten Sätzen wie auch durch den christlichen Bezug der neuen ungarischen Verfassung das Christentum wieder ins öffentliche Bewusstsein zu bringen, es zu einer politisch wirksamen Kraft zu machen. Es ist ein wehrhaftes Christentum, das in Ungarn eine große Tradition hat. In Deutschland eigentlich auch. Anstatt Lügen zu glauben, sollten sich die Deutschen fragen, ob der Wahlerfolg Orbáns nicht an dieser Tradition liegen könnte, und ob seine Politik der Bewahrung der europäischen Kultur nicht auch für Glaubens-ferne doch langfristig besser ist als eine der für die ganze Welt offenen Tür, die bald unbezahlbar wird und unseren Kontinent zur Nichterkenn-barkeit verändert – und zwar zum Schlechten hin.

(The European)

11. April 2018

SCHULE DES WECHSELS

Ungarn boxt in einer höheren Gewichtsklasse, als ihm Brüssel, Berlin oder Paris zugestehen wollen. Wie ist es dahin gekommen? Texte des ungarischen Ministerpräsidenten auf seiner Webseite sind eine Schule des politischen Wechsels und können auch für deutsche Verhältnisse nützlich sein.

Ein deutscher Journalist schrieb vor 5 Tagen in der „FAZ": „Auf jeden Fall lässt sich festhalten, dass Orbáns Ungarn im europäischen Ring sozusagen deutlich über seiner Gewichtsklasse boxt." Das hätten diese Leute gerne, dass kleinere Länder den Mund halten und machen, was Brüssel, Berlin und Paris ihnen sagen.

Manchmal kann man eben auch von kleineren Ländern etwas lernen. Mut und Stolz zum Beispiel. Der Mehrheit der Ungarn ist es egal, was eine entfesselte Presse im Ausland über sie schreibt. Sie wollen trotzdem ihr Leben, ihre Kultur selbst bestimmen und sich nicht vorschreiben lassen, wie sie leben sollen. Ungarn soll ungarisch bleiben. Die Regierungsparteien und ihre Wähler wurden von der ungarischen linksgerichteten Presse und Oppositionspolitikern als „Bande" bezeichnet: Das spornte die Konservativen eher an, massenhaft zu den Urnen zu strömen und die demokratische Antwort auf derlei Verunglimpfungen zu geben.

Das ungarische Wahlergebnis ist auch ein Beweis für die Falschheit der These einer französischen Historikerschule, dass nur Strukturen wichtig seien und dass Persönlichkeiten in der Politik keine Rolle mehr spielen. Dass Ungarn über seiner Gewichtsklasse boxt, hat etwas mit Viktor Orbán zu tun. Aber auch den Deutschen müsste dämmern, dass die forcierte Islamisierung in ihrem Land etwas mit einer bestimmten Person oder einem bestimmten Personenkreis zu tun hat.

Die Hoffnung, die sich hinter dieser Tatsache verbirgt, ist die: Strukturen kann man schwer ändern, Personen aber kann man relativ leicht auswechseln. Man muss es nur wollen. Dann kann auch auf die Strukturen Einfluss genommen werden. Auf der Webseite des ungarischen Ministerpräsidenten kann man auf Deutsch, Englisch und Französisch übersetzte Texte lesen, die eine Schule des Wechsels bieten. In seinen Interviews, Reden und Mitteilungen können auch Deutsche – an ihre Situation angepasst – Anregungen finden, wie ein Politikwechsel in relativ kurzer Zeit erreicht werden kann.

Freilich braucht es dafür Mut. Wenn man sich anschaut, wie viele Menschen in Deutschland zögern, eine so harmlose Petition wie die „Gemeinsame Erklärung vom 15. März 2018"[53] zu unterschreiben, nur weil sie von einer unsachlichen Presse, die jedes Maß verloren hat, als „rassistisch" und „nazistisch" dämonisiert wird, dann kommen einem Zweifel. Für den Schutz eines menschengefährdenden Kampfhunds kommen schneller und mehr Unterschriften zusammen. Auch fehlt es den Deutschen an Stolz. Es geht dabei um die Wahrung des Eigenen, gar nicht darum, besser als Andere sein zu wollen: „Und weil wir dies Land verbessern / Lieben und beschirmen wir's / Und das Liebste mag's uns scheinen / So wie andern Völkern ihrs." Aber nicht einmal zu dieser schönen Hoffnung Bertolt Brechts scheint es bei den Deutschen mehr zu reichen.

Dennoch sei hier unverzagt eine Kostprobe von der empfohlenen Webseite geboten, nämlich Viktor Orbáns Dankesrede am Abend der historischen Wahl[54].

(Die Freie Welt)

12. April 2018

Wenn die Geiß zur Gärtnerin gemacht wird

Es ist fast schon zum Lachen, mit welchen Mitteln die EU gegen Ungarn kämpft.

Die ARD meldet: „Demokratie und Rechtsstaat in Ungarn sind in ernster Gefahr. Zu diesem Schluss kommt ein EU-Parlamentsbericht, der wenige Tage nach den ungarischen Parlamentswahlen in Brüssel veröffentlicht wurde. Einschränkungen von Meinungs- und Versammlungsfreiheit, Schwächung des Verfassungsgerichts und des normalen Justizwesens, Druck auf regierungskritische Medien, Nichtregierungsorganisationen und Forschungseinrichtungen: Die Palette der Verstöße, die die grüne Europa-Abgeordnete Judith Sargentini in ihrem Report aufgelistet hat, ist lang und erinnert an die Zustände in einer Bananenrepublik. Beklagt werden besonders der Umgang mit Minderheiten wie Flüchtlingen, sowie offensichtliche Korruption und Interessenkonflikte im Regierungsapparat."

Seltsam, dass ich bei Bananenrepublik zuerst immer an Deutschland denken muss: offene Grenzen, überlastete Verwaltungsgerichte, Zensur, verfallende Infrastruktur, Missachtung des Wählerwillens und so weiter. Schön auch das Vertrauen der ARD in internationale Gremien: „Dabei stützten sich die Verfasser größtenteils auf das Urteil unabhängiger Experten, etwa der Venedig-Kommission des Europarats, der UN oder der OSZE." Ja, klar, die sind unabhängig, wie der Menschenrechtsrat der UNO, in dem islamische Staaten das Sagen haben.

Lustig vor allem: „die grüne Abgeordnete Judith Sargentini." Auf der Webseite des EU-Parlaments steht die Wahrheit: Die Holländerin Sargentini ist Mitglied der Partei Groenlinks! Und ihre Aktivitäten bestehen u.a. aus folgendem: „Motion for a resolution on progress on the UN Global Compacts for Safe, Orderly and Regular Migration and on Refugees (2018/2642(RSP))" sowie „Schutz minderjähriger Migranten".

Da beurteilt also eine erklärte Kommunistin und Feindin aller konservativen Politik die ungarischen Verhältnisse. Da macht man die Geiß zur Gärtnerin, um gendergerecht zu sprechen.

(Die Freie Welt)

17. April 2018

NACHTIGALL, ICK HÖR DIR TRAPSEN

Timmermans und Soros sind ein eingespieltes Team. Zum Nachteil der Europäer. In Deutschland liest man nichts darüber.

Es ist, das stimmt schon, kein Geheimnis und steht auf der Webseite[55] der Europäischen Kommission (– aber wer schaut da schon nach!): Der Vizepräsident der Europäischen Kommission, Frans Timmermans, ein holländischer Kommunist – er verzichtet lediglich auf revolutionäre Gewalt, weshalb er sich als „Sozialdemokrat" bezeichnet –, und der amerikanische Milliardär und Spekulant George Soros trafen sich am Montag, also gestern, zu einem Gespräch[56]. Man dürfte kaum fehl gehen, dass es um den in Brüssel unerwünschten demokratischen Wahlsieg einer konservativen Partei in Ungarn ging, die sich nicht der Einwanderungsagenda der EU unterwirft.

Soros wird natürlich in den ausschließlich ausländischen Vorberichten zu diesem Treffen nicht als Spekulant, sondern als „Menschenfreund" und Gründer der „Open Society Foundation" vorgestellt. Herr Timmermans wiederum ist ein Freund der „diversity" Europas[57]. Darunter versteht er nicht etwa die bereits gegebene Vielfalt der europäischen Völker, sondern er meint etwas Anderes: die islamische Masseneinwanderung. Das ergibt sich aus den Fakten. Er stellt sich selbstverständlich auch als „Menschenfreund" dar, der nur friedlich lenken will, was angeblich überall die Zukunft sei, nämlich die multikulturelle Gesellschaft. Aber auch das ist eine Lüge: China, Japan oder die arabischen Länder sind nicht besonders „divers" und es steht nicht zu erwarten, dass sie es in naher Zukunft sein werden.

Ich habe bei einer Google-Recherche keine deutsche Zeitung gefunden, die dieses Treffen publik gemacht hätte. Nun ist Soros zwar nur ein Privatmann, aber doch kein gewöhnlicher; insofern ist es schon interessant, warum er sich regelmäßig mit den ranghöchsten EU-Politikern trifft (Juncker ist auch sein häufiger Gesprächspartner, so im April 2017). Dann ist der Zeitpunkt verdächtig: nur eine Woche nach den ungarischen Wahlen. Timmermans beruhigt aber entsprechende Frager: Er trete wie Soros für „offene Gesellschaften ein mit gleichen Rechten für alle Bürger" und kenne Soros schon seit 20 Jahren... Umso schlimmer, möchte man da sagen – eine alte Seilschaft ist das. Es spricht jedenfalls Bände, dass deutsche Mainstream-Medien nicht nachfragen, worum es genau bei dem Treffen von zwei glühenden Befürwortern der Islamisierung Europas ging und welche möglichen Einflussnahmen des Milliardärs auf einen EU-Politiker denkbar sind.

(Die Freie Welt)

18. Mai 2018

WEIDELS VORWURF IST NOCH VIEL ZU SCHWACH

Die Vorsitzende der AfD, Alice Weidel, hat in der jüngsten Bundestagsdebatte von „Kopftuchmädchen" gesprochen, die mit „Burkas und alimentierten Messermännern" zu „sonstigen Taugenichtsen" zu zählen seien und dafür einen Ordnungsruf des Bundestagspräsidenten Wolfgang Schäuble kassiert. Dabei ist ihr Vorwurf noch viel zu schwach.

Mit solchen Interventionen ausgedienter Mainstream-Politiker wie Schäuble, der sein Volk zwar für „degeneriert", aber immer noch für gut genug hält, finanziell ausgepresst zu werden, tritt man alle Bemühungen türkischer, tunesischer und iranischer, aber auch unzähliger anderer Frauen im Orient und hierzulande, das islamische Kopftuch ablegen zu können, mit Füßen. Es ist die angebliche „Rassistin" Weidel, die diese mutigen Frauen implizit unterstützt. Dagegen fällt der angeblich so „weltoffene" Patriarch Schäuble ihnen in den Rücken, indem er Frauen mit Kopftuch für durch Weidels Aussage „diskriminiert" erklärt. Es ist furchtbar, wie die Tatsachen in der veröffentlichten Meinung verdreht werden.

Kemal Atatürk hat nicht umsonst seine Reformen auch und besonders am selber diskriminierenden Kopftuch festgemacht. Die ersten türkischen Einwanderer in Deutschland, von denen viele bestens integriert sind, haben deshalb auch mehrheitlich das Kopftuch abgelehnt, die türkischen Frauen haben in aller Regel keines getragen. Anstatt diese modernen und säkularen Mohammedanerinnen, die es ja auch heute noch in Deutschland gibt, als Vorbilder, die unsere Gesellschaft, ja unsere Kultur unterstützen, zu benennen und zu fördern, werden unter dem Deckmantel der Demokratie deren Feinde hofiert.

Denn wer das islamische Kopftuch – und sei es nur vordergründig naiv aus traditionellen Gründen – trägt, bekennt sich nicht nur in dieser Sache zu einer fundamental-orthodoxen Lesart des Korans, sondern erkennt – als Fundamentalistin – damit natürlich auch alle Gewalt- und Tötungsaufrufe dieses Buches an, die noch viel eindeutiger formuliert sind als die Verschleierungspflicht für Frauen. Es hat auch nichts mit einem schlichten „Bekenntnis" zur Religion zu tun, erstens weil der Islam keine Bekenntnisreligion, sondern eine Daseinsordnung ist und zweitens weil ein Ersatz des Kopftuchs zum Beispiel durch eine Kette mit Halbmond oder ein anderes Symbol eben nicht erlaubt ist, was den Vorschriftcharakter des islamischen Kopftuchs beweist. Die säkulare Religionsfreiheit kann für den Islam höchstens sehr eingeschränkt gelten.

Frau Weidel hat, weil es sich um eine Haushaltsdebatte handelte, ökonomisch argumentiert: „Taugenichtse" seien diejenigen, die Deutschlands leider viel zu üppige Angebote an Sozialleistungen ausnutzen; besonders islamische Migranten sind hier zu nennen. Das ist Fakt und keine „Hetze". „Taugenichtse" seien auch jene, die schulisch scheitern und weniger zu Bruttosozialprodukt und Steuern beitragen; auch hier sind Mohammedaner nicht erst seit der so genannten „Flüchtlingskrise" überproportional betroffen. Das Wort „Kopftuchmädchen" fokussiert nur auf das allgemeine finanzielle, soziale und kulturelle Problem, das Mohammedaner in ihrer großen Mehrheit darstellen.

Das islamische Kopftuch ist eben etwas Anderes als das von unseren Kulturmarxisten ständig bemühte Kopftuch, das die deutsche Bäuerin oder Hausfrau zum Schutz vor Staub getragen hat. Es ist Zeichen für die bedingungslose Unterwerfung nicht nur der Frauen, sondern des Menschen an sich unter die Gesetze des Islam, damit natürlich auch der Scharia. Das Argument, dass Frauen das Kopftuch auch freiwillig tragen könnten und damit selbstbestimmt seien, trägt nicht: Ganz im Gegenteil ist es umso schlimmer, je freiwilliger eine Frau das islamische Kopftuch trägt, denn sie bejaht damit ganz bewusst eine verfassungsfeindliche Herrschaftsideologie, die der Islam ist. Es gibt keinen anderen als den politischen Islam. Deshalb sind „Kopftuchmädchen" gefährlicher noch als „Taugenichtse": Sie bedrohen unsere politische Ordnung.

Der Ordnungsruf des Bundestagspräsidenten zeigt, wie weit es mit diesem Parlament gekommen ist. Es unterstützt die Eroberung des öffentlichen Raums in Deutschland durch Sichtbarmachung des Islams mittels Minaretten und islamischer Kleidung, die eine der dringlichsten Aufgaben ist, die islamische Agitatoren und intellektuelle Dschihadisten wie Tariq Ramadan und Navid Kermani im jetzigen Stadium der Islamisierung Deutschlands verfolgen. „Die Möglichkeit einer islamischen Aufklärung, einer Säkularisierung bestand und besteht nicht. Denn es gehört [...] zu den Grundlagen des Islams, dass [...] das »Reich Gottes«, das die Christen erst am Ende der Zeit erwarten, als das fortwährend durch Allah geschaffen werdende Diesseits bereits existiert. Es gibt keinen vom Menschen in eigener Verantwortlichkeit zu gestaltenden Daseinsbereich"[58] (Tilman Nagel).

Schäuble praktiziert also mit seinem Ordnungsruf die Unterwerfung des deutschen Parlaments unter das Gesetz des Islams. Typischerweise argumentiert er auch noch neofeministisch, was die intellektuelle Verkommenheit der deutschen Debatte offenbart. So paradox wie der Islam gerade in der Aufgabe des menschlichen Verstandes durch bedingungslose Anerkennung der das ganze Diesseits organisierenden Wahrheit von Koran und Hadith den Beweis dafür sieht, der Verstandesglaube schlechthin zu sein, so absurd sieht Schäuble in der Unterwerfung unter das Kopftuch, die nicht nur Frauen, sondern alle Menschen in ihrer Freiheit beleidigt, die Erfüllung der von ihm nur noch schablonenhaft zitierten humanistischen Prinzipien der Aufklärung. In Wahrheit ist er, wie fast die ganze politische Klasse, postmoderner Relativist und reif für den Übertritt zum Islam, um endlich nicht mehr denken zu müssen.

(jouwatch)

27. Mai 2018

ITALIEN: ADDIO DEMOKRATIE

Wird sich Italien aus der Bevormundung der Finanzwelt befreien können? Mit allen Mitteln soll eine EU-kritische Regierung verhindert werden. Demokratische Wahlentscheidungen werden – mehr noch als in Deutschland – mit Füßen getreten.

Schon Silvio Berlusconi wurde mit fadenscheinigen Begründungen aus dem Amt gejagt und ein EU-genehmer Banker namens Mario Monti wurde als Chef einer so genannten technokratischen Regierung installiert. Das war 2011. Die Sache ähnelte einem vom Ausland gelenkten Putsch. Das Ganze köchelte dann eine Weile so vor sich hin. Hauptsache, die etablierten Parteien, die den politischen Kuchen unter sich aufgeteilt hatten, blieben im Spiel um die Macht.

Kürzlich haben die Italiener tatsächlich die Kraft gehabt, mit den Cinque stelle und der Lega Nord zwei alternativen Parteien die Mehrheit bei Wahlen zu geben und die italienischen Systemparteien, die das Land ruiniert haben, aber das EU-Gebäude mittragen, in die Wüste zu schicken. Mit Giuseppe Conte wurde ein geeigneter Kandidat für die Regierungsbildung gefunden, der frisch war, weil er nicht zur Nomenklatura gehörte. Der wichtige Posten des Finanzministers sollte von einem EU- und Euro-kritischen Mann eingenommen werden, wie es die beiden genannten Parteien versprochen hatten. Deswegen sind sie eigentlich gewählt worden.

Doch Sergio Mattarella, der Staatspräsident, gehört zur Clique der EU-Freunde. Er könne niemandem, der den Austritt aus der Währungsunion überhaupt andenkt, ein Regierungsamt geben. Wozu dann noch wählen? Jetzt soll den Italienern wieder ein Banker vor die Nase gesetzt werden, der macht, was der Brüsseler Wasserkopf will. Offiziell soll wieder eine technokratische Regierung an die Macht, eine, die „Reformen" durchführt, die Italien in Wirklichkeit noch mehr an Souveränität nehmen. Aber „technokratisch" ist nur ein anderes Wort für „nicht demokratisch gewählt".

Oder man lässt die Italiener wählen, bis ein genehmes Wahlergebnis herauskommt. Eines, das der EU, also besonders Frankreich und Deutschland, passt. Ach, Italien, du stolzes Land, wirst du dich aus dem Griff der Finanzlobby und Eurokraten befreien können oder gehst du dem griechischen Schicksal entgegen?

(Die Freie Welt)

28. Mai 2018

IRLAND: DIE WESTLICHE PERVERSION

Der Kampf gegen alle Bindungen des Menschen ist linkes Programm. Die daraus resultierende schrankenlose, pervertierte Freiheit verhindert aber Verantwortung. Und darum geht es. Der linke Staat soll immer mehr bestimmen und von niemandem, der sich noch für verantwortlich hält, weil er Bindungen kennt, daran gehindert werden.

Ja, es sieht nicht gut aus mit dem Westen. Die vorsätzlich geplante Ermordung von ungeborenen Menschen soll nun auch in Irland legal sein. Der linke Destruktivismus hat wieder einen Sieg errungen. Verantwortung sollen Frauen und Männer an Institutionen abgeben, die die Konsequenzen ihres Tuns beseitigen. Das wird Freiheit genannt. Diese Art von Freiheit ist pervers. Wenn es einen Grund gäbe, das Vordringen des Islam zu begrüßen, dann läge er in der Zurückdrängung genau dieser pervertierten Freiheit. Mohammedanerinnen treiben in aller Regel nicht ab.

Und das Mittel der Volksbefragung ist auch pervertiert worden: Genau für derlei Themen ist es nicht geeignet, denn für die Antwort auf die

Frage nach Leben oder Tod ist nicht die Mehrheit entscheidend. Bei fast allen anderen Gelegenheiten, die sinnvoll wären, lehnen die etablierten Parteien Volksbefragungen ab. Sie seien angeblich populistisch und daher undemokratisch. Sie wären riskant in ihren Ergebnissen. Es ist typisch, dass die vom linken Zeitgeist propagandistisch sturmreif geschossene Masse hier ein einziges Mal zur Befragung für würdig erachtet wurde; Wahlprognostiker haben das Risiko eines „falschen" Ergebnisses weitgehend ausgeschlossen. Das ist politisch widerlich.

Die Ethik und die Demokratie haben verloren. Gewonnen hat die Zeitgeist-Linke in engem Bündnis mit dem globalisierten Kapitalismus. Und viele Leute freuen sich darüber, bejubeln diese Katastrophe als „Fortschritt"! Bald flimmert ja wieder Fußball über die Bildschirme. Brot und Spiele. Dann ist sowieso alles gut. Dann fragt auch keiner mehr nach. Die dümmsten Kälber...

(Die Freie Welt)

7. Juni 2018

DIE RACHE DER AUSGETAUSCHTEN: WARUM DIE DEUTSCHEN GERADE MUSLIME WILLKOMMEN HEISSEN

Deutschland wird in dreißig Jahren wahrscheinlich ein muslimisch dominiertes Land sein,[59] denn seit den sechziger Jahren des letzten Jahrhunderts gibt es eine zunehmende Immigration von Muslimen. Sie wurden von den deutschen Eliten eingeladen, früher als Arbeitskräfte, obwohl Vollbeschäftigung bestand, heute als sogenannte Flüchtlinge, obwohl Deutschland überbevölkert ist. *Große Teile der Deutschen unterstützen diese forcierte Masseneinwanderung von Muslimen* ausweislich des Ergebnisses nicht nur der letzten Bundestagswahl. *Wie ist das möglich?*

Als klassische Erklärungen bieten sich der *Erfolg pazifistischer Umerziehung* bis zur Wehrlosigkeit der besiegten (West-)Deutschen entsprechend den Vorgaben der Siegermächte des Zweiten Weltkriegs an, ferner die *Memorialkultur um die Massenvernichtung der europäischen Juden* durch die Nationalsozialisten und deren hypermoralische

Aufbereitung als ziviler Staatsreligion, die tätige Reue bis hin zum Verschwinden in einem Vielvölkerstaat fordert, weil nur dies die Deutschen erlösen, die ewige und einzigartige Schuld annähernd sühnen könne. Aber das genügt nicht als Erklärung, denn noch die ebenfalls von Regierungsseite forcierte unkontrollierte Masseneinwanderung von Ukrainern im Jahr 2000 wurde weit weniger toleriert.[60] Der Empfang gerade der muslimischen Fremden ist nach Jahren immer noch viel zu euphorisch, die Migrations- und Betreuungsindustrie läuft schon viel zu lange und viel zu reibungslos, als dass hier nur Fremdsteuerung und Gehirnwäsche am Werk sein könnten. Nein, es geschieht nicht nur freiwillig, sondern es scheint auch tiefenpsychologisch notwendig und der deutschen Mentalität entsprechend: Die zwangszivilistischen Deutschen heißen gerade diese Menschen willkommen, *weil sie in ihnen etwas von sich, wie sie großenteils noch sind, aber nicht offen sein dürfen, wiedererkennen.* Die Historiographie lehrt, dass ein oder zwei Generationen für die völlige Beseitigung einer stabilen Mentalität, die man bei den Deutschen seit der unglücklichen kleindeutschen Nationsbildung annehmen darf, nicht ausreichen. Die Re-Education wird ebenso wie die zivile Staatsreligion unterlaufen, der gefundene Ausweg ist: physischer Austausch als scheinbare Reue unter subversiver Wiederherstellung der unterdrückten Mentalität. Es handelt sich wahrscheinlich um eine *unterbewusste subtile Form des Widerstands* eines vollkommen besiegten Volkes.

Schauen wir in die historische Vergangenheit, die bekanntlich nie vergeht. Die Freundschaft zwischen Deutschen und Muslimen begann mit dem Orientkult der alten Heiden Goethe und Rückert, als sich auch das, was deutsche Mentalität genannt wird, herausbildete. Das Deutsche Reich war mit dem Osmanischen so eng verbündet, dass dieser Freundschaft schon im 19. Jahrhundert die orientalischen Christen und später insbesondere die Armenier geopfert wurden (*Christianophobie*). Der deutsche Kaiser, aus einer calvinistischen Familie, die Katholiken hasste und den lutherischen Protestanten nicht traute, sicherte 1898 »allen Mohammedanern« seine unverbrüchliche Freundschaft zu.[61] Ein Karl May förderte Illusionen. Ende der 1870er Jahre steigerten sich außerdem in Teilen der Gesellschaft des Kaiserreiches die vorhandenen Vorurteile gegen Juden zu einem rassistisch geprägten *Antisemitismus*, der gut zur Lage der Juden als Dhimmis im islamischen Herrschaftsbereich passte.

Ereignisse wie der Nordafrikafeldzug Rommels, der Holocaust, der Zusammenbruch des Dritten Reichs und die Gründung Israels haben daran nicht nur nichts geändert, sondern – vor allem im arabischen Kulturkreis – die Anerkennung der Deutschen und den Judenhass sogar noch gesteigert.[62] Erinnerlich ist auch die antisemitische Rolle des FDP-Politikers und Präsidenten der Deutsch-Arabischen(!) Gesellschaft Jürgen Möllemann im Jahr 2002, als er die gegen Ariel Sharon gerichteten, diffamierenden Nazi-Vorwürfe eines syrischstämmigen(!) Politikers der Grünen unterstützte und für muslimische Selbstmordattentate Verständnis zeigte; dazu kommt die chronische linke Israelfeindschaft: Deutsche und Muslime pflegen eine gegenseitige Sympathie, die auf einer *gemeinsamen »Skepsis« gegenüber dem Christen- und Judentum* beruht. Mögen die Deutschen den Antisemitismus auch weitgehend unter Kontrolle gebracht haben, beseitigt ist er nicht, und im muslimischen Kulturbereich blüht er virulenter denn je. Mögen die Deutschen zumeist noch nominelle Christen sein, so handelt es sich doch nach Benedikt XVI. um das gottloseste Volk Europas, das dem Islam unter anderem wegen dessen Christenfeindschaft bewundernd gegenübersteht. Dabei imponiert den Deutschen der Untertanen- und Gesetzescharakter des Islam mit seinem schlichten System von Befehl und Gehorsam durchaus.

Untersucht man mentalitätsgeschichtlich, was Deutsche und Muslime verbindet, stößt man auf weitere Ähnlichkeiten. Ich konzentriere mich auf Christian Graf von Krockows hervorragende Darstellung[63] der »Ideen von 1914« in Verbindung mit den von ihm zitierten Autoren. Von Krockow versucht zu verstehen, was die Deutschen in den letzten hundert Jahren getrieben hat, »derart hoch zu streben – und lieber ins Bodenlose zu fallen, als mit dem Gewöhnlichen sich abzufinden« (S. 13). Er sieht einen »Fluch über den Deutschen, etwas wie Wahn« (S. 10), der ihnen »Selbstbewusstsein einzig durch Herrschaft herstellen « (S. 10) könne.

Insbesondere der Protestantismus hat zu dieser deutsch-muslimischen Affinität beigetragen. Von Krockow schreibt: »Die reformatorische Kirche fand Zuflucht beim Fürstenstaat. Nicht bloß ein Bündnis entstand damit, sondern die Organisation der *Staatskirche* – mit allen Folgen bis zur orthodoxen Erstarrung des Glaubens« (S. 240 f.). Diese Verbindung von Kirche und Staat hat ihre Entsprechung im Islam, der *keine Trennung von Religion und Politik* kennt, ja der auch die Gottunmittelbarkeit jedes Gläubigen schon lange vor dem Protestantismus entdeckt hat. Von Krockow diagnostiziert ferner als Möglichkeit des Ausbruchs aus der beschriebenen Erstarrung eine Heilssuche ausserhalb der Kirche, die »nicht Säkularisierung im üblichen Sinne, nicht eine Verweltlichung der Welt, sondern die *Verlagerung des Glaubens ins Irdische hinein*« (S. 242) darstellt. »Direkt in der Geschichte, sollte das Heilsgeschehen offenbar und eine neue Art von Gnadenstand erreicht werden, indem man die Erlösung der Menschheit von der Sünde, aus dem Unheil erkämpfte« (S. 241). Was ist das anderes als der vom Islam verfolgte Gedanke, »dass die Menschheit nur mit politischer Macht versittlicht werden kann«.[64] Diese Heilssuche innerhalb der Welt setzt sich in gewisser Weise fort in der »Willkommenskultur« und Flüchtlingsquotierung unserer Tage, mit demselben Glauben an die *»Vorsehung«* (A. Hitler) oder das Kismet, die den Deutschen wie den Muslimen bestimmt haben, mit missionarischem Nachdruck den anderen vorschreiben zu können, was sie zu tun und zu lassen haben, sei es als »Heilsverbrechen« früher (S. 233 ff.) oder als »Heilsversprechen« heute. Immer aber geht es um die »menschheitliche Erlösung« (S. 255) durch Fremd- oder Selbstopfer.

Die »Ideen von 1914: Pflicht, Ordnung, Gerechtigkeit überw[a]nden die Ideen der Freiheit, Gleichheit, Brüderlichkeit [von 1789]«, so emblematisch der Historiker Georg von Below,[65] und kulminierten im Mythos der Pflichterfüllung von Langemarck, der besagt: »Einzig im *Selbstopfer* erfüllt sich das Leben, noch bevor es wirklich gelebt wurde, denn der Tod ist sein Sinn« (S. 98). Es ist »der Idealismus des Selbstopfers im Dienst für das Höhere und Höchste« (S. 162), der literarisch von Ernst Jünger exemplarisch bearbeitet wurde.[66] Georges Clemenceau sagte dazu: »Es gibt in der deutschen Seele, in der Gedankenwelt dieser Leute eine Art Unverständnis für alles, was das Leben wirklich ist, für das, was seinen Reiz und seine Grösse ausmacht, und an dieser Stelle eine krankhafte und satanische Liebe zum Tod. Diese Leute lieben den Tod.« (S. 99) Noch im Zweiten Weltkrieg, der bis zur bedingungslosen Niederlage durchgefochten wurde, meinten SS-Offiziere während der Besetzung Ungarns zu meiner späteren Mutter: »Ich bin V1, mein Vater ist V2.« Dieser *Todeskult* ist den Deutschen nach dem Zusammenbruch durch die Alliierten gründlich ausgetrieben worden, möglicherweise aber nur in ihrem bewussten Meinen und Verhalten. Schon die erwähnte Sühne durch die begeisterte Auf- und Erlösung im Vielvölkerstaat ist nur durch das Fortbestehen des früheren Wahns erklärlich; Menschen, die jenem Wahn heute noch, und zwar sehr aktiv, frönen, werden unterbewusst von den Deutschen wahrscheinlich bewundert.

Der Islam ist eine offen kriegerische Religion;[67] im Koran finden sich zahllose Verse, die das Töten ausdrücklich empfehlen oder die Muslime dazu aufrufen, den Tod mehr zu lieben als das Leben. Es kann bei der prägenden Beeinflussung durch diese Gesetzesreligion kaum ausbleiben, dass derlei Empfehlungen und Aufrufe haften bleiben. Dazu der Politikwissenschaftler Matthias Küntzel: »Der Märtyrertod gilt als besonders attraktiv: Wer als Märtyrer stirbt, dem werden alle Sünden vergeben. Zugleich wird das Leben nach dem Tod mit sexuellen Verlockungen schmackhaft gemacht. Hierauf aufbauend entwickelten die Muslimbrüder ihren Märtyrerkult: Für sie war und ist ›der Tod für die Sache Gottes ihr erhabenster Wunsch‹. Ihr Aufruf, den Tod im Zuge des Djihad gegen Ungläubige nicht zu fürchten, [war] von der heutigen Praxis des [willentlich vorbereiteten] suizidalen Massenmords weit entfernt. [Sie] wollten Muslime, die durch Kämpfen sterben.«[68] Dennoch handelt es sich beim Selbstmordattentat nur um eine Radikalisierung des generellen islamischen Todeskults. »Die *Verachtung des Lebens* breitet sich derweil nicht nur in Form der Selbstmordattentate aus. Die Kultur des Todes manifestiert sich auch in der Praxis der ›menschlichen Schutzschilde‹.«

Die spezifisch preußisch-deutsche *Unterdrückung des weiblichen Elements* seit dem Hexenwahn (im Gegensatz zum »Mütterchen« Russland und den von großen Frauen geprägten Ländern wie Frankreich, England und Österreich) mag »im männerbündischen Element« von Klubs, Vereinen, Verbindungen und Armee die »Triebkraft zur Selbstzerstörung« (S. 160) geliefert haben. Besonders Nicolaus Sombart hat das weiter ausgeführt.[69] Zu diesem Element kommt der »Vorrang des Gehorsams vor dem Mitgefühl, des Militärischen vor dem Zivilen« (S. 162). In Deutschland soll dieses Element ausgerottet werden; nach der wünschenswerten Gleichberechtigung von Mann und Frau soll nun die »Gleichstellung« durchgesetzt werden, womit de facto nur die Beseitigung von Männlichkeit und Weiblichkeit an sich gemeint sein kann. Das weckt neben grotesken Anpassungen durch vorauseilenden Gehorsam auch Widerstand. Es bedarf keiner ausführlicheren Darlegung, dass in der muslimischen Gemeinschaft das »*männerbündische Element*« eine ungebrochen große Rolle spielt, die in Deutschland als Korrektiv gegen das genannte linke Gesellschaftsexperiment unterschwellig mit Sicherheit begrüßt wird.

Die islamischen Gesellschaften sind solche *mangelnden Selbstbewusstseins*. Das liegt am Widerspruch zwischen dem ständig betonten Überlegenheitsanspruch als bester Gemeinschaft, die es je gegeben habe, und den tatsächlichen wissenschaftlichen und kulturellen Leistungen in den letzten Jahrhunderten. Vor allem trägt zu diesem Gefühl die derzeitige militärische Unterlegenheit bei, also das Bedauern, nicht mehr Unterdrücker sein zu können. Der unverändert offen vertretene exklusive *Führungsanspruch* dieser Glaubensgemeinschaft führt dazu, dass der Grund für eigene Probleme neidisch bei anderen, den »ungläubigen« Feinden, gesucht wird (*Scham*kultur nach Ruth Benedict). Er bedeutet außerdem einen systematischen Verstoß gegen die universalen Menschenrechte, denen ausdrücklich ein partikulares Recht vorgezogen wird, das geradezu *reaktionär* auf eine (bei allen Unterschieden eben doch mehrheitlich) fundamentalistisch aufgefasste *Herrschaftsideologie* aufbaut, die absolute Unterwerfung fordert. Die fehlenden Leistungen werden durch den Geburten-Djihad und Petrodollars zu ersetzen versucht, die Spannung zwischen Anspruch und Wirklichkeit entlädt sich in ständiger Aggression.

Ganz ähnlich in der Kaiserzeit die deutsche »Gesellschaft ohne Selbstbewusstsein«, wie von Krockow ein Kapitel seines Buches übertitelt (S. 34). Er führt das Fehlen von bürgerlichem Selbstbewusstsein auf die fatale Orientierung am »General Dr. von Staat« (Th. Mann), auf die Fixierung des eigentlich ökonomisch staatstragenden, aber machtpolitisch nicht emanzipierten, untertänigen Bürgertums auf Adel und Militär zurück. Auch die Intellektuellen sprachen bezeichnenderweise von »Geistes-Aristokratie« statt von »Gelehrten-Republik«. Einig war man nur gegen einen Feind, besonders den »Erbfeind«. Die Beziehung zum geheimen Vorbild, dem »perfiden Albion«, war ambivalent, bis hin zu Hitlers Fehleinschätzungen: Man verachtete seine angebliche Fixierung auf den geistlosen Handel und den schnöden Gewinn, aber man bewunderte sein selbstverständliches Selbstbewusstsein und seinen souveränen Umgang mit der Weltherrschaft, ja man be*neid*ete es darum. Die Jugend hingegen, die dann mit Hitler in den Untergang zog, floh mit Stefan George in eine Bewegung des ästhetizistischen Romantizismus, so *rückwärtsgewandt* wie der Islam: antizivilisatorisch, antiliberal, antidemokratisch. Wie die *Umma* für die Muslime, so war (nach dem epochalen Buch von Ferdinand Tönnies) den Deutschen die »*Gemeinschaft*« (statt der »Gesellschaft«) von sinngebender Wichtigkeit. Später radikalisierte diese *kollektivistische Sicht* sich auf die Volksgemeinschaft mit dem Slogan »Ein Volk, ein Reich, ein Führer«. Auch in diesem Fall mussten die Angst, die innere Unsicherheit, die »machtgeschützte Innerlichkeit« (Th. Mann) in Aggression umschlagen. Ganz ähnlich gebietet es natürlich die exklusive Einzigkeit des Gottes Allah, die der Islam lehrt und mit der von allem, was nicht einzig ist, abstrahiert wird, die ganze Welt diesem Einzigkeitsanspruch zu unterwerfen und jede politische, ökonomische und sozial definierte Situation auf diesen Gott hin zu öffnen.

Das *Überlegenheitsgefühl* der Deutschen konnte sich nie mit dem abfinden, was Deutschland hatte. Immer fühlte man sich übervorteilt. Ob es der »Platz an der Sonne« war, der erstrebt wurde, ob sie sich als »Volk ohne Raum« wähnten, immer suchten die Deutschen gegen ihre »welschen« und besonders »ostischen« Nachbarn, auf die sie herabblickten, eine expansionistische Politik. Immer auch wurden Menschen nicht individuell, sondern als *Gruppen* beurteilt: im heutigen Deutschland (vor allem durch die »progressiven« Kräfte) nach ihrem Geschlecht oder ihrer sexuellen Orientierung. Im Islam dasselbe: So wie ein gläubiger Moslem jeden Tag siebzehnmal seine *Verachtung* gegenüber Juden und Christen äußert (Sure Al-Fātiha; die für ihn tiergleichen Polytheisten und Atheisten verachtet er ohnehin), so wird der islamischen Gemeinschaft eine Anstrengung (Djihad) gegen die »Ungläubigen« zur Verbreiterung ihres Herrschaftsbereichs abverlangt, die ökonomisch oder demographisch wirken kann, aber vor allem kriegerische Gewalt ist.

Dazu passt eine Weltsicht in Form von *Dichotomien*, die das deutsche Bürgertum noch in Weimar und darüber hinaus in weiten Teilen (bis heute?) bestimmte. Der Staatsrechtler Carl Schmitt hat dieses Denken in Gegensätzen kultiviert; er unterscheidet streng nach Freund und Feind, nach der eigenen Gemeinschaft und dem Fremden. Die Dezision für den Freund und das Eigene fragt nicht nach Begründungen, weil sie existenziell ist; auch im Islam gibt es »keinen Anlass zum Zweifel« (Sure 2: 1), und über Gottes unerschaffenes geoffenbartes Wort kann weder unter »Gläubigen« noch gegenüber »Ungläubigen« diskutiert werden. Dass die »politische Theologie« im Islam noch ganz intakt ist und ihre Begriffe nicht säkularisiert sind, führt logisch zur legitimen Regierungsform des Kalifats. In Deutschland sehnte sich nicht nur das Bürgertum, sondern auch ein großer Teil der Arbeiterschaft nach dem *Führertum*, bei dem Zweideutigkeiten und Differenzierungen nicht gefragt waren. Zum parareligiösen Habitus noch des atheistischsten Totalitarismus muss weiter nichts gesagt werden. Die *Sehnsucht nach Eindeutigkeit* ist kaum vergangen: Von Krockow sieht (schon 1990!) besonders bei den Grünen die »Versuchung, die eigene Position ins moralisch Absolute zu steigern und als den Gemeinwillen schlechthin auszugeben, um so den Andersdenkenden zu disqualifizieren und den ›Widerstand‹ gegen ihn mit gutem Gewissen zu panzern« (S. 320).

Wie Muslime praktisch immer unter der Regierungsform der orientalischen *Despotie* gelebt haben, die der absoluten Unterordnung (Islam) unter den monolithisch-unitarischen Gott entspricht, was sich tief in ihre politische Psychologie eingegraben hat, so bedeutete der »deutsche Sonderweg« den »*Obrigkeitsstaat* als die dem deutschen Volk angemessene, zukömmliche und von ihm im Grunde gewollte Staatsform; die Herrschaft der Persönlichkeit statt der vielen; ein ursprünglicher, über alle Einzelwillen erhabener Eigenwert und Eigensinn des Staates; die Unvereinbarkeit von deutschem und demokratischem Geist«; dies alles weist »auf Herrschaft und Unterordnung, auf Hierarchie hin« (S. 109 f.). Die *Auflehnung gegen die westlichen Ideale*, die Deutschland in der ersten Hälfte des 20. Jahrhunderts leitete, findet sich, wie schon immer, so auch heute beim Islam und den von ihm beherrschten Völkern. Es handelt sich um »langfristige *Deformationen. Der Knecht* gewinnt sein Selbstbewusstsein im Akt der Selbstaufgabe, aus einer Übertragung, im Wortsinne aus der Ehr-Furcht: Er *identifiziert sich mit dem Herrn*« (S.

110). Der Islam wird aus dieser Bindung zum zwar dezentral organisierten, aber letztlich einheitlich agierenden Großorganismus.

Auch die Doppelexistenz des »Doppelmenschen« (S. 209 ff.), die das Leben unter einer Herrschaftsideologie halbwegs erträglich macht, findet sich wie im nazistischen Deutschland in jedem islamischen Land. Die Maßstäbe der zivilen Normalität gelten in Koexistenz zur Praxis der Barbarei. Der Nationalsozialismus bis 1938 als standesübergreifende Jugendbewegung mit durchaus bestechender Dynamik zur Modernität findet sein irritierendes Pendant in den hypermodernen, jugendlichen Golfstaaten bei gleichzeitig mittelalterlicher Ideologie. Dazu gehört auch die *Doppelmoral*, unter vielem anderen die als »Ehe auf Zeit« oder anders getarnte Prostitution. Dazu gehört nicht nur (wie in Deutschland das Schweigen der Väter zu den Naziverbrechen) das Verdrängen und Vergessen der heutigen, sondern auch aller früheren Verbrechen (»Tränen des Dschihad«). Wie es Recep Erdoğan angesichts der Massenvernichtungen in Darfur symptomatisch sagte: »Ein Muslim kann keinen Völkermord begehen.«[70]

Die ethnischen Deutschen hätten nur noch zwei oder drei Generationen einigermaßen homogenen Lebens in einer stabilen Demokratie benötigt, um ihre alte Mentalität wirklich dauerhaft abzulegen. Aber der Selbsthass sitzt bei vielen zu tief, als dass sie so lange warten wollten. Die linksgrünen, deutschfeindlichen »Gutmenschen« sehen kein Problem in den Millionen von ihnen begrüßten »neuen Deutschen«, denn sie glauben an die »Utopie der kommunikativen Vernunft«, das heißt, sie glauben, die Muslime würden alle wie sie selbst oder Jürgen Habermas werden. Aber das ist eine Illusion, wie empirisch vielfach bewiesen ist.[71] Die Muslime bleiben unter sich und muslimisch. »Den Wahn erkennt natürlich niemals, wer ihn selbst noch teilt« (S. Freud). Dabei kann doch mit einiger Berechtigung gesagt werden, dass mit den »neuen Deutschen« zwar die ethnischen Ureinwohner verdrängt werden, was die Linken freut, aber die untergegangen geglaubte deutsche Mentalität, also die »Ideen von 1914«, wenigstens teilweise wiederkehren, was die Rache der Ausgetauschten ist, die sich anders nicht mehr zu wehren wissen. Die Gelegenheit zur Subversion wird beim Schopf gepackt. List der Geschichte: Austauscher und Ausgetauschte ziehen, aus unterschiedlichen

Motiven zwar, doch beide am selben muslimischen Strang. Die äußerlich schon weitgehend pazifizierte deutsche Ethnie wird zwar durch die muslimische Völkerwanderung deutlich »verdünnt«.[72] Aber der alte deutsche Ungeist geht aus dieser gestärkt hervor, und er richtet sich – Geschichte wiederholt sich doch! – wieder gegen Osteuropa, gegen die Visegráder Vier und Russland. Diese wollen aber nicht noch einmal von deutschem Boden aus »beglückt« werden, auch nicht unter muslimischer Tarnung. Das, was als deutscher Sonderweg im 20. Jahrhundert in Europa so furchtbar tobte, kommt als ein muslimischer wieder. Es wäre im genuinen europäischen Interesse, die muslimische Masseneinwanderung nach Europa, aber insbesondere nach Deutschland, radikal zu unterbinden.

(TUMULT)

12. Juni 2018

WIDERLICHE VERLOGENHEIT

Schauen Sie sich die Fotos in der Presse von der improvisierten Gedenkstätte für Susanna F. an[73]. Wenn Sie überhaupt noch alle zu sehen bekommen.

Auf den ersten Fotos durfte man nämlich noch auf einem prominent in der Mitte an einem Pfahl befestigten Schild lesen: Susanna Opfer zu großer Toleranz (oder ähnlich; ich zitiere aus dem Gedächtnis).

Auf den jüngeren Fotos ist das Schild umgedreht, sodass man meint, es handele sich um ein Kreuz. Die Schrift ist nicht mehr zu lesen. Von der Form und Größe her ist es dasselbe Schild.

Wer hat das Schild umgedreht? Die Leute, die Susanna gedenken wollten, aber nur politisch korrekt? Oder die Journalisten, die vor dem Foto schnell das Schild umgedreht haben?

Nach der moralischen Kapitulation im Bundestag bei der gestörten Gedenkminute für ein deutsches Opfer[74] nun eine weitere!

(Die Freie Welt)

„WENN ZUM BEISPIEL DER ISLAM ZU DEUTSCHLAND GEHÖRT, DANN BEDEUTET DIES MUSLIMISCH, DASS DEUTSCHLAND EIN TEIL DES ISLAMS IST."

Viktor Orbán hat am 16. Juni in Budapest auf einer Vortragsveranstaltung der Konrad-Adenauer-Stiftung eine Festrede gehalten[75].

Der ungarische Ministerpräsident, dessen Verlautbarungen für uns politisch korrekt umerzogene Deutsche wie von einem anderen Stern wirken, redet Klartext und er kündigt das auch an: „Wir haben uns mit dem Herrn Vorsitzenden Zoltán Balog über die Arbeitsteilung verständigt, dass ich geradeheraus und unverblümt sprechen werde, und er danach bei den Anwesenden um Entschuldigung bittet, dass es so gekommen ist."

Was folgt, ist ein Feuerwerk an Vernunft – gerichtet gegen die ideologische Verblendung in der Führung der EU. Man muss kein Freund Orbáns sein und vielleicht gehen auch einige Probleme Ungarns auf das Konto seiner Regierung, aber die Grundlinie ist richtig und muss sich europaweit durchsetzen, wenn dieser Kontinent noch eine Chance haben will.

Einige Ausschnitte seien angeführt:

„Ich muss bei diesem heutigen Anlass auch sagen, dass die deutschen Steuerzahler keine Befürchtungen haben müssen. Wir sind nicht zum Betteln in die Europäische Union gekommen, wir wollen nicht vom deutschen Geld leben. Wir bereiten uns darauf vor, dass Ungarn bis 2030 zu einem Nettozahler der Europäischen Union wird. Hinzu kommt noch, dass der Handel Deutschlands mit den V4-Ländern insgesamt schon deutlich größer ist als zum Beispiel mit Frankreich, Italien oder den Briten. Die Deutschen und auch die anderen Mitgliedsstaaten verdienen schön an uns, es lohnt sich weder für sie noch für uns, sich zu beklagen."

„Die Außengrenze muss verteidigt werden, dies ist die Vorbedingung für den freien Verkehr im Inneren. Der Schutz der Grenze ist eine obligatorische Hausaufgabe. Der Grenzschutz ist keine gesamteuropäische, sondern eine nationale Aufgabe, die der Mitgliedsstaaten. Eine europäische Hilfe kann geleistet werden, jedoch ist die Verantwortung national.

Wir sehen, wie der zuvor verurteilte ungarische Standpunkt immer akzeptierter wird. Wir erwarten keinen Dank, wir sind nicht daran gewöhnt, und wir werden auch nicht triumphieren. Es verursacht keine Freude, zu sehen, dass manche drei Jahre gebraucht haben, um zu begreifen, was wir bereits im ersten Augenblick verstanden haben."

„Es gibt Länder, die keinen Bedarf an Migranten haben, sich nicht mit ihnen vermischen wollen, ergo kann auch ihre Integration nicht in Frage kommen. In solchen Fällen ist nicht ein Kompromiss, sondern Toleranz notwendig. Wir tolerieren, dass einzelne Mitgliedsstaaten in der Schengenzone Migranten aufnehmen, dies hat Konsequenzen auch für uns bzw. wird es haben, und sie tolerieren, dass wir so etwas nicht tun. Sie sollen uns nicht belehren, sie sollen uns nicht erpressen und sie sollen uns nicht nötigen, sondern sowohl uns als auch den Mitgliedsstaaten den ihnen zustehenden Respekt geben, und dann wird Friede auf dem Ölberg herrschen."

„Ein jeder kann sehen, dass es eine Bruchlinie zwischen Ost und West gibt. Das Preisen von Fidel Castro durch die Kommission, das heißt seitens unseres gemeinsamen Präsidenten verursachte einen peinlichen Moment. Wir haben das geschluckt. Aber das Feiern von Marx, nun, das ist uns schon im Hals steckengeblieben und hat unsere Sicherungen durchbrennen lassen, denn dies ist für uns unfassbar. Marx hatte die Liquidierung des Privateigentums verkündet, hat die Auslöschung der Nationen verkündet, hat die Auflösung des traditionellen, tausendjährigen Familienmodells verkündet, hat die Abschaffung der Kirche und des Glaubens verkündet, und hat schließlich den modernen Antisemitismus geschaffen, als er als die Quintessenz des zu liquidierenden Kapitalismus den Juden als solchen markiert hat. Was gibt es daran zu feiern? Wer hat den Verstand verloren? Denn jemand hat ihn verloren, das ist sicher, entweder sie oder wir."

„Wer seine Vergangenheit loslässt, sie wegwirft oder zulässt, dass man sie ihm wegnimmt, soll sich nicht wundern, wenn er seinen Kompass auch bei der Lösung der neu vor ihn tretenden Probleme verliert. So konnte es geschehen, dass in der nahen Vergangenheit Staatsmänner, die man für seriös gehalten hatte, mit einem derartig minimalen historischen Wissen und leicht widerlegbaren Argumenten sich zu Worte meldeten, dass, sagen wir, man die Meeresgrenzen nicht verteidigen könne. Das, was sie über Grenzen, Mauern, Zäune in den vergangenen Jahren zusammengetragen haben, wird durch die mehrere tausend Jahre umfassende Erfahrung der Menschheit widerlegt. Die Grenzen gehören zu den grundlegenden Dingen des Lebens, ohne Grenzen ist keine Existenz möglich. Was keine Grenzen, keine Konturen besitzt, das existiert auch gar nicht. Und wenn man die Meeresgrenzen nicht verteidigen können sollte, wie könnten dann die Länder an den Meeren existieren? Offensichtlich fehlte es nicht an der Möglichkeit, sondern am Willen, was gerade durch die letzten Taten der italienischen Regierung bestätigt wird."

„Zum Abschluss muss ich vielleicht noch die Frage beantworten, was Ungarn für die gemeinsame europäische Politik anbieten kann? Mit der notwendigen Bescheidenheit können wir (...) gute Ratschläge geben, wenn es jemanden gibt, der um sie bittet. Einen Ratschlag geben wir auch ungefragt, denn wir verfügen über ungarische historische Erfahrung. Ich empfehle einem jeden, dass er vorsichtig mit dem Gedanken umgehen soll, der Islam würde zu irgendeinem europäischen Land gehören. Man sollte die Antwort des Islam kennen. Wir, Ungarn, kennen sie. Wenn zum Beispiel der Islam zu Deutschland gehört, dann bedeutet dies muslimisch, dass Deutschland ein Teil des Islams ist. Es lohnt sich, darüber nachzudenken."

(Die Freie Welt)

20. Juni 2018

WER ZU SPÄT KOMMT, DEN...

Selbst wenn Dr. Angela Merkel jetzt ginge, wäre es wohl für die Deutschen zu spät.

Es ist mittlerweile egal, ob und wann die Bundeskanzlerin ins Exil geht. Das Schlimme ist doch, dass Merkels Abgang nach der wahrscheinlichen Ratifizierung der neuen Dublin-III-Verordnung Ende Juni nichts mehr nützen würde, weil sie voller Befriedigung ihres Hasses auf das deutsche Volk gehen kann, denn sie hat ihre Mission vollendet. Es werden noch schneller und noch mehr kulturell völlig Fremde nach Deutschland geschafft werden. Was soll denn noch kaputt gehen, was von dieser Frau nicht schon kaputt gemacht wurde?

Sie hat, und seit der Wahl 2017 kann man sagen: mit Zustimmung von 87% der Wähler, geschafft, was ihr berühmtester Vorgänger nicht geschafft hat: „Die Hitlers kommen und gehen, das deutsche Volk bleibt bestehen", meinte sogar noch Stalin. Nein, Merkel geht und das deutsche Volk gibt es nicht mehr, jedenfalls nicht mehr so, wie man es seit dem Hochmittelalter kennt. Auch die Ostpreußen, Pommern und Schlesier gibt es ja nicht mehr, sie sind durch ethnische Säuberung verschwunden; nun werden bei Niedersachsen, Westfalen, Hessen und Schwaben Verdrängungsprozesse einsetzen, die zum Verschwinden dieser deutschen Stämme führen werden.

Die seit 10 Jahren von den Qualitätsmedien mantraartig wiederholte Mär von 4,5 Millionen Muslimen in Deutschland stimmt natürlich längst nicht mehr. Als hätte sich nichts getan. Trotzdem glauben es alle. Aber so wirkt Propaganda. Wie schon der Politikwissenschaftler Bassam Tibi sagte, und er steht mit dieser Interpretation der Wirklichkeit nicht allein, gibt es hierzulande wohl etwa 8-10 Millionen Muslime. Die Einwanderer aus anderen Kulturen sind da nicht mitgezählt, denn in aller Regel bereiten sie keinerlei Schwierigkeiten.

Claude Lévi-Strauss, ein rechter Gesinnung unverdächtiger Mann, hat gegenüber Präsident Mitterand festgestellt, dass nie mehr als 10% der Bevölkerung eines Nationalstaats einer Minderheit angehören dürfen, weil es sonst unweigerlich Probleme gibt. Die typischen Konflikte eines Vielvölkerstaates werden akut. Ein großer Teil dieser Menschen ist nicht integrierbar. Vor allem ist er jung. Messstationen des Problems sind die Kindergärten und die Schulen. Die große Mehrheit der noch lebenden Deutschen ist zwischen 50 und 90 Jahre alt, denkt an den Ruhestand und wird sich nicht gegen diese Entwicklung wehren. In 20-30 Jahren „isch over", wie Schäuble sich ausdrückt. Dann ist das hier ein muslimisch dominiertes Land. Aber vielleicht wollen die Deutschen das ja auch. Diese Frage habe ich in einem Artikel der Zeitschrift TUMULT[76] erörtert.

Es ist richtig, dass wieder mehr deutsche Kinder zur Welt kommen dürfen. Das beobachte ich auch hier in Frankfurt. Leider werden aber immer noch Hunderttausende aus den läppischsten Gründen und mit dem besten Gewissen abgetrieben. Welche Gruppe der Bevölkerung nicht abtreibt, weiß man auch. Am demographischen Problem, das eigentlich ein moralisches und ein kulturelles Problem ist, ändert sich also praktisch nichts.

Dass der deutsche „all-inclusive"-Sozialstaat den Sog für die Dritte-Welt-Massen erzeugt, wird verdrängt, weil schon zu viele dekadente Deutsche selbst an diesem Tropf hängen. Da geht niemand 'ran. Es ist außerdem immer noch genug Geld da. Ein unter diesen Umständen wünschenswerter Einbruch der deutschen Wirtschaft käme auch zu spät. Zudem ist den Deutschen, so scheint mir, ihre Identität und ihre Freiheit dieses Opfer nicht wert.

Ich bin kein Apokalyptiker. Natürlich kann man in einem muslimisch dominierten Vielvölkerstaat auch irgendwie leben. Für die Deutschen sehe ich wie bei den Ungarn, die durch muslimische Invasionen dezimiert und durch friedliche Einwanderung verdrängt wurden, eine Konsolidierung auf erheblich geschrumpftem Niveau voraus, also ethnische Inseln, vielleicht Sachsen, Teile Thüringens, Bayerns und Österreichs, küstennahe Gebiete Frieslands und Mecklenburgs. Das wäre meines Erachtens das Optimum und Maximum des Erreichbaren. Ob das in der Aufteilung Deutschlands oder einer Sezession der deutsch bewohnten Gebiete endet, vermag niemand zu sagen.

(Die Freie Welt)

27. Juni 2018

DIE FLÜCHTLINGSKRISE WIRD UNS AUFFRESSEN: DER FATALE VERGLEICH VON ÄPFELN MIT BIRNEN

Angela Merkel besucht den Libanon. Der sei „das Land der wahren Flüchtlingskrise", wie alle deutschen Qualitätsmedien mit einer ganz bestimmten Absicht melden: Wir alle sollen uns hier ein Beispiel nehmen. Aber dass der Libanon ein Vorbild für uns hierzulande sein könnte, dass stimmt überhaupt nicht. Wo liegt der große Irrtum?

Richtig ist, dass „etwa jeder fünfte Mensch im Zedernstaat [...] ein syrischer Flüchtling [ist], in keinem Land der Welt leben, gemessen an der einheimischen Bevölkerung, mehr Flüchtlinge", wie „Spiegel Online" schreibt. Das wären auf Deutschland umgerechnet etwa 16 Millionen Menschen. Dies wiederum ist zahlenmäßig ganz gut vergleichbar mit den zwölf Millionen Ostpreußen, Pommern und Schlesiern, die zu Kriegsende aus den deutschen Ostgebieten vertrieben wurden.

Die Mega-Vertreibung, die Leerung ganzer Kulturräume, die bis zu 800 Jahre lang stabil besiedelt gewesen waren, hat innerhalb Deutschlands immense Kosten verursacht. Und es hat auch zu gewissen Auseinandersetzungen mit den West- und Mitteldeutschen geführt, was angesichts der Nachkriegsumstände nur zu verständlich ist. Aber das Problem wurde in kürzester Zeit gelöst. Warum? Weil es sich um Deutsche gehandelt hat, die kulturell nur marginale Unterschiede zu den übrigen Deutschen aufwiesen.

Nimmt man alle Flüchtlinge im Libanon zusammen, so sind es wohl zwei Millionen bei einer ursprünglichen Bevölkerung von etwa vier Millionen. Vergleicht man das mit einem Land gleicher Größenordnung, zum Beispiel Österreich, das knappe neun Millionen Einwohner hat, und nimmt man Deutschland als Nachbarn her wie es Syrien für den Libanon ist, dann hieße das, dass vier bis fünf Millionen Deutsche als Flüchtlinge in Österreich leben würden.

Das wäre wohl schwierig, aber im Grunde kein großes Problem, weil die Deutschen mit den Österreichern bis auf einige sprachliche und konfessionelle Unterschiede kulturell identisch sind. Genauso ist das im Libanon mit libanesischen und syrischen Arabern. Wenn die „FAZ" gestern schreibt[77], man würde im Libanon nur „den Kopf schütteln über Deutschland", weil man sich hier angeblich so anstellen würde, dann muss man den Libanesen und der „FAZ" klar sagen, dass hier Äpfel mit Birnen verglichen werden. Und dass das falsch ist.

Richtig wäre es nur dann, wenn, wie die postmoderne One-World-Ideologie lehrt, alle Menschen gleich wären. Das sind sie (annähernd) aber nur biologisch betrachtet. Sonst sind sie nämlich „divers". Es ist eben nicht egal, wer und wie viele wohin wandern. Während also die postmo-

dernen Relativisten bei jeder Gelegenheit auf die ach so positive kulturelle „Buntheit" deuten, argumentieren sie, wenn es gerade passt,
biologistisch.

Deshalb verbietet sich jeder Vergleich der gegenwärtigen Situation im
Libanon mit jener in Deutschland heute, und darum haben die deutschen
Qualitätsmedien nicht recht, wenn sie suggerieren, dass Deutschland
noch viel mehr sogenannte Flüchtlinge aus kulturell fremden Gegenden
aufnehmen könnte, bis zahlenmäßige Verhältnisse wie im Libanon erreicht sind.

Richtig ist allerdings, dass die meisten Journalisten der Qualitätsmedien
es gerne hätten, wenn 16 Millionen Muslime nach Deutschland kämen.
Dieser Wunsch ist das eigentliche Movens ihrer verdrehten Berichte.
Gerade bei den Zeitgeist-Linken werden wir bald Zeugen einer
Übertrittswelle zum Islam. Der Selbsthass, das geistige Vakuum, die
habituelle Feigheit und die intellektuelle Zerrüttung lassen nichts anderes erwarten.

Dass, ergänzend bemerkt, die palästinensische Massenflucht in den
Libanon in den Siebzigern des vergangenen Jahrhunderts zur kriegeri-
schen Dezimierung der christlichen Bevölkerung Libanons geführt hat,
wird natürlich auch verschwiegen. Überall, wo Muslime hinkommen,
geht es den Christen relativ bald wesentlich schlechter. Das ist so sicher
wie ein Naturgesetz. Aber den meisten Deutschen ist das egal, sie sind ja
keine Christen.

(Tabula Rasa)

4. Juli 2018

WIE KOMMUNISTEN UNS AUSGEBILDET HABEN

*Vor kurzem ist der bekannte deutsche Romanist Winfried Engler in
Berlin-Frohnau verstorben. Sein „Lexikon der französischen Literatur"
war jahrzehntelang ein Standardwerk; bei den Romanisten hieß es schon
fast sprichwörtlich: „Schlag' nach im Engler!" In seinem Nachruf auf
diesen einflussreichen Hochschullehrer, der „Generationen von*

Französischlehrerinnen und -lehrern" ausgebildet hat, schrieb der „Tagesspiegel", Engler sei ein „undogmatischer" Leser gewesen. Nichts könnte weniger stimmen.

Besagtes Lexikon, das ich in der dritten Auflage von 1994 besitze und gerade wieder einer Durchsicht unterziehe, ist ein von enzyklopädischem Wissen geprägtes Meisterwerk. Aber „undogmatisch" ist es beileibe nicht. Einige Beispiele dürften genügen. Zum Erotiker Rétif de la Bretonne schreibt Engler anerkennend, dass dieser Autor „klassenbewusster als Beaumarchais" gewesen sei und „das Ideal kommunistischer Gruppen proklamiert" habe. Die „Terreur", also der jakobinische staatliche Massenmord, sei „die negative Bezeichnung für die Diktatur der Revolution, die den Politikern der Bergpartei durch die Erfolge der Gegenrevolution teilweise aufgezwungen" worden sei; im Artikel zum „Comité du salut public" bezeichnet er den 9. Thermidor vielleicht korrekt, aber verräterisch als „Putsch". Beim Faschisten Drieu la Rochelle ist die „intensive Erforschung" seines Werks „seit den siebziger Jahren" nicht etwa qualitativ begründet, sondern kann „als Symptom der Bewältigung der Vichy-[...]lüge gedeutet werden". Der bürgerliche Konservative Tocqueville erhält einen kürzestmöglichen Eintrag, der antiklerikale Atheist Pierre Bayle drei ganze Kolumnen.

Diese Beispiele könnten fast endlos fortgesetzt werden und zeigen eindeutig, dass Winfried Engler ein Vertreter der extremen Linken war. Symptomatisch ist dabei, dass diese eindeutige und einseitige Tendenz 1973, als das Werk zum ersten Mal herauskam, ebenso wenig auffiel wie in den zwanzig Jahren, die weitere Neuauflagen sahen. Das kann nichts Anderes heißen, als dass diese linksextreme, also kommunistische Gesinnung in diesen Zeiten ubiquitär war. Ich meine mich erinnern zu können, dass auch ich, im Gymnasium von wenigstens sozialdemokratischen Lehrern geistig verunstaltet, mich damals an dieser Tendenz nicht sonderlich gestoßen hätte. Es ist für jeden Menschen schwer, sich aus einer solchen Prägung zu befreien und sich selbst ein vernünftiges Bild zu machen; viele schaffen es nicht. Wenn man sich nun vergegenwärtigt, dass allein dieser engagierte und offenbar charismatische Lehrer viele Schüler hatte, die wiederum Abertausende in seinem Sinne unterrichteten, kann man sich den Flurschaden gut vorstellen, den solche linken

Ideologen im deutschen Volk angerichtet haben. Denn Winfried Engler war nur einer von vielen, die in Westdeutschland, von einer verantwortungslosen Politik bevorzugt als Professoren installiert, eine kommunistische Denkungsart verbreiteten, die zu der heutigen Katastrophe unseres schönen Landes nicht wenig beigetragen haben dürfte.

(Die Freie Welt)

10. Juli 2018

LINKSPOPULISMUS UND ORBÁNISIERUNG

Der französische Staatspräsident Macron hat mal wieder eine „Grundsatzrede"[78] gehalten. Ihre Tricks sind schon auf den ersten Blick ebenso zu durchschauen wie ihre Schwächen zu erfassen sind.

Macron richtete vor dem französischen Parlament seinen Blick in die nähere Zukunft. Er zeigte tatsächlich so etwas wie Realismus, indem er auf die Bedeutung der Migration hinwies. Die entscheidende Kluft in Europa verliefe zwischen den „isolierenden Nationalisten und den modernen Progressiven". Die nächste EU-Wahl werde, so sagte er, ein Wendepunkt sein, der die Zukunft Europas bestimmen werde.

Damit übernimmt Macron Teile der Rhetorik Viktor Orbáns. Es ist seit mindestens drei Jahren so, dass Orbán die Migration als DIE Überlebensfrage Europas anspricht. Es ist seit mindestens einem Jahr so, dass Orbán die nächste EU-Wahl zur Schicksalswahl Europas erklärt, bei der die christlichen Konservativen über die Linken und Liberalen siegen müssten. Natürlich hofft Macron auf das Gegenteil.

Macron zeigt sich in seiner zentralen Formulierung als Populist. Sollte Orbán tatsächlich ein Populist sein, so wäre ihm Macron auch darin gefolgt, allerdings als extrem linker Populist. Seine Alternative „Nationalisten versus Progressive" ist so falsch wie primitiv propagandistisch: Die Nationalisten seien „isolierend", obwohl in jedem Nationalstaat Leute aus aller Welt zum Beispiel studieren und arbeiten können. Es geht Macron (wie Merkel) natürlich nicht um Isolation, sondern um die Abschaffung der Grenzen und die Errichtung von Vielvölkerstaaten.

Tendenziös nennt er die Gegner der Befürworter von Nationalstaaten „progressiv", weil das positiv klingt. Und „modern" seien sie auch. Jeder will irgendwie fortschrittlich und modern sein. Das ist nun wirklich billigster linker Populismus. Korrekt wären nur die Alternativen „Globalisten versus Regionalisten" oder „Internationalisten versus Nationalisten", also ohne Wertung. Aber das kann Macron nicht sagen, weil die Worte „Globalisten" und „Internationalisten" schlecht klingen, das erste nach turbokapitalistischen Finanzmärkten, das zweite nach weltweitem Kommunismus. Er kann es auch deshalb nicht sagen, weil die Benennung des Zusammenwirkens beider Ideologien heute die Wahrheit wäre.

Diese „Grundsatzrede" kann man als Lüge enttarnen. Und es gibt Hoffnung, weil man sie enttarnen kann. Macron ist in der Defensive. Er wird wider Willen von der Wirklichkeit gezwungen, die Orbánisierung Europas voranzutreiben. Mögen der Österreicher Kurz, der Italiener Salvini, der Bayer Seehofer, der Däne Rasmussen auch eine bessere Presse haben, sie alle kommen zeitlich erst nach Orbán. Sie ahmen nach, was er, fast allein auf sich gestellt, seit Jahren unbeirrt verfolgt: die Verteidigung Europas gegen genau jene, die Macron nicht zu nennen wagt: die Globalisten und die Internationalisten. Und in ihrem Schlepptau die kollektivistische, fatalistische Ideologie von Befehl und Gehorsam, ideal für die Technokratie der Zukunft: den Islam.

(Die Freie Welt)

16. Juli 2018

IRISCHER PREMIERMINISTER LEO VARADKAR FÜR GLEICHGE-SCHLECHTLICHE EHE UND MIGRATION: WER SPRICHT? NACH MICHEL FOUCAULT IST DIE FRAGE ERLAUBT

Der leider einflussreiche französische Philosoph Michel Foucault hat das traditionell verbotene Ad-hominem-Argument salonfähig gemacht. Dabei hat er sogar teilweise recht.

Foucault wies in seiner Diskurstheorie darauf hin, dass nicht nur das reine Sachargument zähle, sondern auch die Person, die das Argument verwende. Denn das ganze Paket gehöre zu den „Dispositiven der Macht", der Macht, die das treibende Element unserer Zeit sei. Positiv ausgedrückt sind die Subjekte des Diskurses nicht passive Empfänger von Argumenten, sondern kämpfen selbst als Bestandteile des Diskurses um Macht. Die Subjektivität der Diskursteilnehmer werde damit ernst genommen, wird aber eben auch zu einem möglichen Ansatzpunkt für Kritik. Denn die Denunziation wird damit von Foucault geadelt.

Der irische Premierminister, Leo Varadkar, ist als solcher nie von den Iren gewählt worden, sondern durch den Rücktritt seines Vorgängers in das Amt gelangt. Er hat sich vor der von den linken EU-Befürwortern und Medien lange propagandistisch vorbereiteten Volksabstimmung klar für die „gleichgeschlechtliche Ehe" ausgesprochen; kürzlich hat er sich zur Migrationsdebatte in dem Sinne geäußert, dass Irland viele Migranten aufzunehmen bereit sei, dass Europa Migranten bräuchte, dass diese eine Bereicherung seien und dass die Migration als Krise nur eine Erfindung der „rechten" und „populistischen" Parteien sei. Er begründet seine Meinung mit den üblichen Argumenten der „Freiheit" (bei der Homo-Ehe) sowie der schwachen europäischen Geburtenzahl und wirtschaftlichen Erfordernissen (bei der Migration).

Nimmt man Foucault ernst, darf man von den Argumenten, die an sich schon schwach sind, absehen und sich die Person Varadkar anschauen. Wer spricht da? Varadkar ist der Sohn eines Inders und homosexuell. Dass er irgendwie katholisch erzogen wurde, bedeutet seit dem Zweiten Vatikanum leider nicht mehr viel, sondern ist eher als Verstärker für Varadkars Einstellung zu werten. Mehr muss man gar nicht wissen, um seine globalistische linke Position im „Diskurs" zur Homo-Ehe und zur Migration zu verstehen. Hier spricht einer in eigener Sache. Ein Angehöriger einer Minderheit drückt der Mehrheitsgesellschaft seinen Stempel auf. Als Angehöriger der Homosexuellenlobby billigt Varadkar unter dem Mantel des Minderheitenschutzes die Zerstörung der bereits angeschlagenen Ehe als Grundlage einer möglichen demographischen Gesundung Europas. Als Bürger mit Migrationshintergrund unterstützt er die Eine-Welt-Agenda der UN und der EU im Sinne der kaum gebremsten, hauptsächlich muslimischen Masseneinwanderung. In seiner Lebenszeit wird ihm als Schwulem nichts passieren. Über seine Lebenszeit denkt er nicht hinaus.

Früher hätte man solche Überlegungen denunzierend genannt, aber seit Foucault müssen auch die Linken und die Migranten es sich gefallen lassen, dass man sich anschaut, wer spricht. Es muss den Europäern klar sein, dass mit dem Anstieg der Zahl von Migranten auch die Zahl jener steigt, die im eigenen Sinn Politik machen. Wenn schon heute bestimmte kleine Minderheiten sich durchsetzen, um wie viel mehr in naher Zukunft weit größere Minderheiten, die wissen, was sie wollen, und wahrscheinlich bald Mehrheiten bilden. Und da die meisten der Einwanderer Muslime sind, ist von einer gegen die einheimische Gesellschaft gerichteten aggressiven Agenda auszugehen. Als (zumeist) Illegale stehen sie unter Druck und werden versuchen, die Diskurshoheit zu erlangen und gegen „die, die schon länger hier wohnen" „legal" zu werden. Das ist ja auch Merkels erklärtes Ziel: aus Illegalen Legale machen. Je mehr sie werden, desto besser – aber nur für sie. Die ersten muslimischen Parteien in Europa sind schon gegründet. Foucault hat in dem Sinne absolut recht, dass Nichteuropäer, besonders Muslime – und linke Europäer helfen dabei mit – eher ihre eigenen als europäische oder gar christliche Interessen vertreten werden. Besonders wenn sie an der Regierung sind. Es mag Ausnahmen geben, aber Pakistanis als Bürgermeister oder Innenminister werfen Fragen auf: Wer spricht?

(eigentümlich frei)

30. Juli 2018

VIKTOR ORBÁNS GRUNDSATZREDE VOM 28. JULI 2018

Wie jedes Jahr hat der ungarische Ministerpräsident vor einigen Tagen auf der „Freien Sommeruniversität" im siebenbürgischen Szeklerland eine Rede gehalten, die alle Grundsatzfragen der aktuellen Politik offen anspricht.

Die ganze Rede findet sich in deutscher Übersetzung auf der Internetseite des ungarischen Ministerpräsidenten[79].

Es empfiehlt sich, sie vollständig zu lesen, weil – von Meinungsverschiedenheiten abgesehen, die man en détail immer haben kann – die Rede gerade im stickigen Deutschland wie ein frischer Wind wirkt, als hätte man ein Fenster geöffnet.

Auf einige Punkte sei extra hingewiesen; zunächst auf Orbáns **Mitteleuropa-Thesen**, die sich Deutschland zu eigen machen sollte: „Sprechen wir es aus, dass neben der wirtschaftlichen Entwicklung, neben ihren Eigenheiten Mitteleuropa auch eine Region mit einer eigentümlichen Kultur ist. Es ist anders als Westeuropa. Errichten wir es und lassen wir es akzeptieren. Im Interesse dessen, damit Mitteleuropa in Europa dem ihm zukommenden Platz erhält, lohnt es sich, einige Thesen zu formulieren. Ich habe fünf Thesen für den mitteleuropäischen Aufbau formuliert. Die erste lautet, dass es das Recht eines jeden europäischen Landes ist, seine christliche Kultur zu verteidigen, es das Recht besitzt, die Ideologie des Multikulturalismus zurückzuweisen. Unsere zweite These lautet: Jedes Land besitzt das Recht, das traditionelle Familienmodell in Schutz zu nehmen, es besitzt das Recht, zu deklarieren, dass jedes Kind das Recht auf eine Mutter und auf einen Vater hat. Die dritte mitteleuropäische These lautet so, dass jedes mitteleuropäische Land das Recht besitzt, seine in nationalstrategischer Hinsicht eine Schlüsselbedeutung besitzenden Wirtschaftszweige und auch seine Märkte zu verteidigen. Die vierte These lautet, dass jedes Land das Recht besitzt, seine Grenzen zu verteidigen, und es besitzt das Recht, die Einwanderung zu verwerfen. Und die fünfte These lautet: Jedes europäische Land besitzt das Recht, in den wichtigsten Fragen auf das Prinzip von ‚eine Nation – eine Stimme' zu bestehen, und dieses Recht kann man auch nicht in der Europäischen Union umgehen. Das heißt, wir, Mitteleuropäer, behaupten, dass es ein Leben jenseits des Globalismus gibt. Er ist nicht der einzige Weg, den man beschreiten kann. Und der Weg Mitteleuropas ist der Weg des Bündnisses der freien Nationen. Dies ist eine Aufgabe, die über das Karpatenbecken hinausführt, es ist eine Sendung, die auf uns wartet."

Der zweite Hinweis bezieht sich auf die Analyse der **liberalen Nicht-Demokratie**, also dem, was sich unter Merkel in Deutschland herausgebildet hat: „Warum hat die europäische Elite versagt, die heute eine ausschließlich liberale Elite ist? Hierauf können wir die Antwort geben –

ich suche zumindest dort die Antwort –, dass sie zunächst ihre eigenen Wurzeln verleugnet hat und anstelle eines auf christlichen Grundlagen beruhenden Europas das Europa der offenen Gesellschaft errichtet. In dem christlichen Europa wurde die Arbeit anerkannt, besaß der Mensch eine Würde, waren Mann und Frau gleichberechtigt, war die Familie die Grundlage der Nation, war die Nation die Grundlage Europas und die Staaten garantierten die Sicherheit. In dem heutigen Europa der offenen Gesellschaft gibt es keine Grenzen, die europäischen Menschen kann man durch Einwanderer ablösen, die Familie ist zu einer je nach Gutdünken variierbaren Form des Zusammenlebens geworden, die Nation, das nationale Selbstbewusstsein und das Nationalgefühl gelten als negativ und überholt, und der Staat garantiert nicht mehr die Sicherheit in Europa. Im liberalen Europa bedeutet in Wirklichkeit Europäer zu sein, rein gar nichts. Das hat keine Richtung, das ist nur eine Form ohne Inhalt. Hinzu kommt noch, meine sehr geehrten Damen und Herren, dass sich die liberale Demokratie in [...] eine liberale Nichtdemokratie entwickelt hat. Die Situation im Westen ist die, dass es Liberalismus gibt, aber keine Demokratie.

Den Mangel an Demokratie können wir mit dem Argument unterstützen, dass in Westeuropa die Begrenzung der Redefreiheit und die Zensur allgemein geworden sind. Die für die liberale Elite unangenehmen Nachrichten werden von den führenden Politikern der Staaten und den Technologieriesen gemeinsam kontrolliert. Wer dies nicht glaubt, der sollte diese Homepages besuchen, soll in das Netz der sozialen Medien gehen und sich anschauen, mit welchen raffinierten, listigen Methoden die Zugangsmöglichkeiten zu Nachrichten über Migranten, Einwanderer und andere in diesem Themenkreis entstandenen negativen Nachrichten verschlossen werden und auf welche Weise man die europäischen Bürger von der Möglichkeit abschneidet, mit der Wirklichkeit konfrontiert zu werden. Die liberale Konzeption der Meinungsfreiheit hat sich dahin entwickelt, dass die Liberalen die Verschiedenheit der Meinungen bis zu dem Punkt für wichtig halten, bis sie erschüttert feststellen müssen, dass es auch andere Meinungen gibt. Die liberale Pressefreiheit erinnert uns an den alten sowjetischen Witz, der da lautet: Wie immer ich auch das Produkt der Fahrradfabrik zusammensetze, es wird immer ein Maschinengewehr daraus. Wie auch immer ich diese liberale Pressefreiheit zusammensetze, am Ende wird daraus Zensur und politische Korrektheit."

Der dritte Ausschnitt beinhaltet die Erläuterung der **illiberalen Christdemokratie**, einen im linksliberalen Westen medial propagandistisch falsch übermittelten Begriff: „Wir müssen zeigen, dass es eine Alternative zur liberalen Demokratie gibt. Diese heißt Christdemokratie, und man kann auch die liberale Elite durch eine christdemokratische Elite ablösen. Im Zusammenhang zwischen Christentum und Politik gibt es natürlich zahlreiche Zusammenhänge in Mitteleuropa, auch an dieser Stelle muss ich eine Anmerkung in Klammern machen. Bei der Christdemokratie geht es nicht darum, dass wir Glaubenssätze, in diesem Fall christliche Glaubenssätze verteidigen müssen. In der Frage von Verdammnis und Erlösung sind weder die Staaten noch die Regierungen zuständig. Die christdemokratische Politik bedeutet, dass man die aus der christlichen Kultur emporgewachsenen Daseinsformen verteidigen muss. Nicht die Glaubenssätze, sondern die aus ihnen hervorgegangenen Lebensformen. So eine ist die Würde des Menschen, so etwas ist die Familie, so etwas ist die Nation, denn das Christentum will nicht auf dem Weg der Liquidierung der Nationen zur Universalität gelangen, sondern über die Bewahrung der Nationen, und solche sind auch unsere Glaubensgemeinschaften – dies alles muss man schützen und stärken, das ist die Sache der Christdemokratie und nicht die Verteidigung der Glaubenssätze.

Wenn wir bis an diesen Punkt angelangt sind, dann müssen wir nur noch eine Falle umgehen, eine einzige geistige, natürliche Falle, denn der Mensch ist ja nun mal so, dass er seine Komfortzone nicht gern verlässt, seinen Diskussionspartnern gegenüber gerne Konzessionen macht, doch in Fragen geistiger Natur ist dies eher schädlich als vorteilhaft. Hier hängt, hier tanzt ein Köder vor unserer Nase. Und dieser ist nichts anderes als der Satz, laut dem in der Wirklichkeit auch die Christdemokratie liberal sein könne. Ich empfehle uns allen, nicht zu hastig zu sein, damit wir nicht zufällig am Angelhaken hängen bleiben, denn wenn wir dies akzeptieren, dann verliert jener Kampf, verliert jene Auseinandersetzung, die wir bisher geführt haben, ihren Sinn, und dann haben wir vergebens gearbeitet. Sprechen wir es ruhig aus, dass die Christdemokratie nicht liberal ist. Die liberale Demokratie ist liberal, die Christdemokratie ist per definitionem nicht liberal, sie ist, sozusagen, illiberal. Und das können wir in einigen wichtigen Angelegenheiten, sagen wir in drei großen Angelegenheiten konkret auch formulieren. Die liberale Demokratie steht auf der Seite des Multikulti, während die Christdemokratie den Vorrang der christlichen Kultur einräumt, was ein illiberaler Gedanke ist. Die liberale Demokratie befürwortet die Einwanderung, die Christdemokratie ist gegen die Einwanderung, was ein echter illiberaler Gedanke ist. Und die liberale Demokratie steht auf der Seite der variierbaren Familienmodelle, während die Christdemokratie auf der Grundlage des christlichen Familienmodells steht, was ebenfalls ein illiberaler Gedanke ist."

(Die Freie Welt)

11. August 2018

EIN BRIEFWECHSEL ZUR ABTREIBUNG

Herr Markus Wolf, Leser der „Freien Welt" und Abtreibungsbefürworter, hat mich aufgefordert, zu seinen Kommentaren Stellung zu nehmen, die er jetzt, vier Jahre nach Erscheinen, zu einem Artikel von mir gemacht hat. Er hat über 100 Abtreibungsgegner darüber in Kenntnis gesetzt. Deshalb veröffentliche ich meine Antwort hier auf der „Freien Welt".

Die Kommentare Herrn Wolfs beziehen sich auf meinen Beitrag „Abtreibung und Tötungshemmung" vom 17. Oktober 2014, in diesem Band zu finden in der erweiterten Fassung vom 16. September 2016 unter dem Titel „Tricks zur Überwindung der Tötungshemmung". Herr Wolf folgt dabei im ersten Kommentar den Stellungnahmen der evangelischen Theologin Uta Ranke-Heinemann zur sogenannten „Sukzessivbeseelung" des menschlichen Embryos sowie im zweiten Kommentar vulgär-materialistischen Theorien zum Eintritt des Lebens. Tenor ist die Behauptung, die Abtreibung stünde nicht im Gegensatz zum Christentum. Das erscheint sehr widersprüchlich, denn Herrn Wolf müsste aufgrund des materialistischen Teils seines Kommentars eine christliche Argumentation eigentlich egal sein.

In einer mir ebenfalls mitgeteilten Antwort auf eine Abtreibungsgegnerin forderte er sie (und implizit alle Abtreibungsgegner) auf, mit dem „Aufzwingen ihrer falschen Einsichten zur Abtreibung auf die Mehrheit der Bevölkerung" aufzuhören, die „erbittert" Widerstand unter anderem gegen eine neue Strafbarkeit und eine Abschaffung der Übernahme von Kosten durch die Krankenkassen leisten würde. Hier zeigt sich bei Herrn Wolf ein Realitätsverlust, denn aufgrund der sogenannten Reform des §218 sind in Deutschland ungestraft „auf Kasse" schon Millionen Menschen im Mutterleib getötet worden, übrigens nur selten muslimische, was sich demographisch bereits deutlich auswirkt.

Meine Antwort an Herrn Wolf lautet:

Besten Dank für Ihr Schreiben. Ich antworte meist auf Kommentare zu frischen Artikeln, aber nach vier Jahren (!!) schaue ich nur noch selten in meine alten Texte hinein. Nun habe ich mir Ihre Einlassungen angeschaut. Sie ändern nichts an meiner grundsätzlichen Ablehnung des Tötens von unschuldigen Menschen. Ausnahmen sind kriegerische Situationen unter bestimmten Bedingungen, die hier keine Rolle spielen.

Warum ändert es nichts? Weil Sie umständlich argumentieren, ohne die Substanz des Problems zu berühren. Genauer:

1. Der Philosoph Bolzano schreibt in seinem „Lehrbuch der Religionswissenschaft" (Band 1, S. 120ff.) ganz richtig, dass Hauptgründe für die Ungläubigkeit (in diesem Fall für den Unglauben daran, dass Abtreibung von Natur aus schlecht ist) a) der Wille sei, weniger strafwürdig zu sein und ruhiger leben zu können sowie b) Nachahmungssucht und Rechthaberei seien. Es ist klar, dass es sich ohne schlechtes Gewissen ruhiger leben lässt, wenn man die Abtreibung für in Ordnung hält. Man muss auch keine Angst vor dies- oder jenseitiger Strafe haben, weil man für nichts verantwortlich ist. Man folgt der Mehrheit, was immer beruhigt, dem Zeitgeist, ist „modern", „liberal" und hebt sich scheinbar vorteilhaft von den dumpfen Katholiken ab, die noch an so etwas wie das Leben glauben. – Trotzdem hat man mit der Befürwortung der Abtreibung natürlich nicht recht, sondern man bemäntelt nur seine eigene Schlechtigkeit (Sündhaftigkeit) notdürftig.

2. Sie berufen sich auf die sog. „Sukzessivbeseelung". Hier missbrauchen Sie die subtilen Erörterungen der Scholastiker zur Frage der Beseelung des (nach heutigem Sprachgebrauch) Embryos, indem Sie behaupten,

damit sei eine „verkappte Fristenlösung" im Kirchenrecht verankert gewesen. Das ist falsch. Erstens gab es immer die Ansicht der Simultanbeseelung, auch wenn sie sich kirchenrechtlich lange nicht durchgesetzt hat. Zweitens handelt es sich aber auch bei Annahme der Sukzessivbeseelung ohne Zweifel, und Sie bestätigen das auch selbst, nach Ansicht der Kirche im Fall der Abtreibung IMMER um eine Sünde. Ob es sich bei dieser Sünde um einen (natürlich unerlaubten) Mord oder eine (natürlich auch unerlaubte, weil sündige) Tötung handelt, ist irrelevant, weil der Mensch grundsätzlich nicht sündigen soll.

3. Sie verkennen, weil offensichtlich aus in Punkt 1 genannten Gründen nicht religiös, die Entstehung von Dogmen. Das Christentum ist ein Glaube, der eigentlich keine Dogmen braucht. Diese sind immer nur definiert worden, um von Un- und Irrgläubigen formulierte Häresien zu korrigieren. Gleichzeitig handelt es sich bei der Erkenntnis der Offenbarung Jesu Christi um einen Prozess, bei dem der einzelne Gläubige in seinem Leben ebenso wie die Kirche insgesamt in ihrer Pilgerschaft sich dieser Erkenntnis immer mehr, immer genauer annähert. Deshalb ist die Konsequenz aus dem Dogma der Unbefleckten Empfängnis Mariä, dass es sich bei der befruchteten Eizelle um einen beseelten Menschen handelt, eine (negativ gesehen) Definition gegen die nun definitiv als falsch erkannte Sukzessivbeseelung sowie eine (positiv gesehen) Annäherung an die Wahrheit der Offenbarung.

4. Die katastrophalen Sophismen einer künstlichen Unterscheidung von „Zellklumpen" und „Mensch", von „menschlichem Gewebe" und „Mensch", von selbständig lebensfähig oder nicht sind wirklich peinlich. Mir sind die neuesten Entdeckungen bekannt, die besagen, dass sogar die Vereinigung des männlichen und weiblichen genetischen Materials nicht sofort nach der Befruchtung der Eizelle eintritt. Das könnte (natürlich nur für atheistische Sophisten) zur Folge haben, dass Embryonen zu Versuchszwecken herangezogen werden. Ebenso sei an sogenannte Philosophen wie Peter „Ein Embryo hat kein Recht auf Leben" Singer erinnert, die den Menschen erst ab dem erwachenden Selbstbewußtsein als solchen definieren wollen, also erst ab dem 3. Lebensjahr. Vorher sei das kein Mensch. Wer kleine Kinder tötet, mordet laut Singer also nicht. Die Absicht bei all diesen konstruierten Definitionen ist klar erkennbar:

Der Mensch soll verfügbares Material sein. Das wird leider, auch durch solche relativistischen Leute wie Sie, Herr Wolf, in Zukunft der Fall sein. – Trotzdem ist es falsch. Nur wer die befruchtete Eizelle als Mensch anerkennt, handelt logisch. Alle anderen Konstruktionen verkennen, dass mit der Befruchtung der Eizelle eine Entwicklung eingetreten ist, die zu einem individuellen Menschen führt. Wer Entwicklung leugnet, leugnet auch den Unterschied zwischen Kind und Erwachsenem (siehe oben). Auch ein Säugling ist übrigens nicht lebensfähig, auch ein Kind ist nicht so reif wie ein Erwachsener, ein Mensch mit Downsyndrom ist intellektuell limitiert, und so weiter.

5. In Konsequenz dieses Irrglaubens sind Abtreibungsbefürworter meist auch Befürworter des sogenannten assistierten Suizids, also der Ermordung von alten und kranken Menschen, die lebensmüde sind. Diese Menschen sind für Atheisten natürlich auch keine Menschen mehr, die „vollwertig" sind, sondern irgendwie weniger vollwertige Menschen, über die verfügt werden kann. Man könnte sagen, diese Abtreibungs- und Suizidbefürworter sind Freunde nicht des Lebens, sondern des Todes. Gerne verweise ich hier auf einen grundlegenden Artikel des Philosophen Thomas Sören Hoffmann („Lasst die Finger davon!"[80]). Die Nähe dieser „progressiv-linken" Ansichten zum Nationalsozialismus soll hier nur angedeutet werden. Dass es sich bei all diesen Handlungen nicht einmal mehr um „Töten" handeln soll, weil „Zellklumpen", „Gewebe" und möglicherweise sogar Kranke kein richtiges Leben genannt werden könnten, befremdet in einer Welt, in der zunehmend über Tierrechte nachgedacht und das Schlachten von Tieren als Mord bezeichnet wird.

6. Dass die Behauptung, dass der Bauch der Frau ihr gehöre, absurd ist, sobald sich ein anderer Mensch in ihm befindet, ist eigentlich sonnenklar, und man fragt sich, wie dieser Blödsinn so erfolgreich sein konnte. Der Grund kann nur in der eigenen Entlastung (siehe Punkt 1) gefunden werden. Egal wie abhängig der Embryo oder Fetus auch ist, er ist ein eigener Mensch und nicht das Eigentum der Frau. Nicht einmal ihr Körper „gehört" ihr, weil sie ihn nicht erworben hat. Auch den Embryo „macht" sie nicht, er wächst nur mit ihrer Hilfe, hat aber seine eigenen Programme. Offensichtlich wird das unter anderem dadurch, dass es

Allergien der Mutter gegen das Kind gibt. Das allein schon zeigt, dass es sich beim Kind im Bauch der Mutter um einen fremden „Wirt" handelt.

7. Der Gipfel der für Atheisten typischen Blasphemie ist es, eine Gleichwertigkeit menschlichen und göttlichen Handelns zu behaupten. Das ist falsch und lächerlich. Bedenken Sie: Sie reden vom Schöpfer Himmels und der Erde! Die Tatsache, dass es spontane Abgänge befruchteter Eizellen und von Embryonen gibt, haben Sie als „göttlichen Massenmord" bezeichnet. Es handelt sich aber nicht einmal um ein moralisches Böses, sondern um ein sogenanntes natürliches Übel. Über diese Problematik haben nun wirklich viele wesentlich klügere Menschen als wir es sind sich den Kopf zerbrochen; erinnert sei nur an die Theodizee von Leibniz. Warum es Übel und Leiden in der Welt gibt, scheint mir persönlich von Richard Swinburne am besten beantwortet worden zu sein. Aber es ist klar, dass Un- und Andersgläubige das nicht so akzeptieren wollen. Als Moslem zum Beispiel glaubt man, Allah wirke ununterbrochen und alles sei Folge seines wirkenden Willens. In diesem Fall, und Moslems glauben das, ist Allah unmoralisch, denn er kann machen, was er will, auch zum Bösen anleiten, lügen und sich selbst widersprechen. Ein (katholischer) Christ würde das nie akzeptieren. Der gute Gott hat die Welt erschaffen und erhält sie, aber wir Menschen haben in ihr doch eine Freiheit des Willens. Deshalb können wir gegen seinen Willen sündigen. Dieser gewaltige Vorteil, an den ein Christ glaubt (ein Atheist wie Sie ist nicht frei, er muss an den Determinismus durch Gene, Erziehung und Synapsen glauben, wenn er ehrlich ist), dieser Vorteil rechtfertigt das Böse in der Welt, sonst wären wir nur Tiere, die ja auch schon litten, als es noch keine Menschen gab, und niemanden, der darüber nachdenken konnte. Man kann den Menschen aber auch für ein Tier halten, das er rein biologisch auch ist, und daraus seine Konsequenzen ziehen, ihn also zum Beispiel nach dem Tod irgendwo anonym verscharren. Das wäre ein Rückfall hinter den Neanderthaler. Jede Gesellschaft ist für ihr Menschenbild verantwortlich.

8. Viele Atheisten behaupten, Christen wären geknechtet unter den Dogmen und Vorschriften ihrer Religion. Nichts könnte falscher sein. Ein Christ kann natürlich alles machen, was er will, auch abtreiben und alte Kranke ermorden. ABER er wird sich immer darüber klar sein, dass

das Konsequenzen nach sich zieht, weil es Sünde ist. Deswegen sollte er es nicht tun. Am besten wäre freilich, er würde es nicht aus Furcht vor Strafe, sondern aus Liebe zu Gott unterlassen. Dagegen glaubt der Atheist, der sich selbst freispricht, er habe keine Verantwortung, weil es über dem Menschen keine Instanz mehr gibt. Deswegen wird sich der Atheist immer mehr erlauben und sich gut dabei fühlen. – Man wird sehen. Für jeden von uns dauert es nicht mehr allzu lange, dann werden wir „von Angesicht zu Angesicht sehen", was richtig ist, und es besser wissen. Leider wird es dann für viele zu spät sein.

Ich hoffe, Ihre Kommentare beantwortet zu haben und wünsche Ihnen alles Gute!

(Die Freie Welt)

12. August 2018

DAS GEHEIME DEUTSCHLAND: KOMMT ES WIEDER? FRIEDRICH GUNDOLFS „SCHLIEß' AUG UND OHR"

Ein großes Widerstandslied: Versteht der oder die Deutsche einen solchen Text heute überhaupt noch? Nach Durchlaufen des heutigen Bildungssystems? Nach all der Umerziehung? Unter dem Trommelfeuer der linken Propaganda? Hat wieder einmal eine an der Regierung befindliche Einheitspartei immer recht? Ist da überhaupt noch ein Wille zum Widerstand?

„Schließ'Aug und Ohr": Dieses Lied stammt vom Germanisten und Dichter Friedrich Gundolf, der es 1931 kurz vor seinem Tod geschrieben hat. Gundolf war Teil des Kreises um den Dichter Stefan George, dessen gerade wegen seines 150. Geburtstags gedacht wird und der den Begriff des „geheimen Deutschlands" aufbrachte. Das Lied wurde in der katholischen Jugendbewegung populär und zum Lieblingslied von Sophie Scholl. Der ganze Kreis um George, nicht nur Claus Graf von Stauffenberg, war gegen den Nationalsozialismus widerständig eingestellt. Der Linken ist es aber unerträglich, dass es rechten Widerstand gegen die Nazis gegeben hat.

Damals wie heute versucht deshalb die Linke, den Kreis um George zu diffamieren. Symptomatisch für derlei Denunziationen ist ein vor kurzem im Schlepptau der #MeToo-Hysterie platzierter „FAS"-Artikel mit dem Titel „Es ging auch um Missbrauch"[81]. Der Kreis sei pädophil, männerbündisch, chauvinistisch und antisemitisch gewesen. All das ist falsch. Für Missbrauch im George-Kreis gibt es entsprechend aller seriösen Untersuchungen nicht den geringsten Hinweis; er wies einen für damalige Verhältnisse hohen Frauenanteil von etwa 25 Prozent auf; viele seiner Mitglieder waren (wie Gundolf) Juden. Jedoch, und das erklärt die Lügen der Linken, war der Kreis deutschnational ausgerichtet, und zwar in einem europäischen, vor allem südlich-mediterranen Kontext. Von nationalistischer, ja chauvinistischer Enge keine Spur. Es ging um die Erneuerung der deutschen und damit europäischen Kultur in all ihrer Schönheit.

Aber der Linken geht es heute weniger denn je um Europa, sondern um den forcierten Bevölkerungsaustausch zur Zementierung ihrer Herrschaft über bindungslose und abhängige „Fellachen" (Ernst Jünger), was sicher auch, im Hass auf die Weißen, rassistisch motiviert ist. Schaut man sich die pathologische Fixierung der Linken auf Frühsexualisierung und Gender an und nimmt man den als Israelfeindlichkeit getarnten Antisemitismus hinzu, kommt man nicht umhin, dass die Linke am George-Kreis genau das diffamiert, was sie selbst ausmacht. Bis, natürlich, auf das Deutsche, das Nationale. Deswegen heißt der „FAS"-Artikel jetzt online auch „Das Ende des geheimen Deutschlands": Missbrauch ist den Denunzianten nur ein Vorwand, es geht ihnen recht eigentlich um den Hass auf alles Deutsche.

Nur ein von linker Propaganda vernebelter Geist kann Gundolfs Lied heute im Sinne der Linken interpretieren, was leider geschieht: wann man „gegen Fremdenhass und Flüchtlingsnot einen Beitrag leisten"[82] soll. Das Stichwort des „geheimen Deutschlands" zeigt die richtige Richtung an; die schöne hohe Sprache des Gedichts deutet auf das, was zu uns gehört, nämlich das Deutsche, die deutsche und europäische Kultur. Wir sollen uns gerade vom Zeitgeist, von linker Propaganda abwenden. Wir sollen über den Tag hinaus an das, was ewig gilt, denken. Jetzt, wo „das

Feuer schon verraucht", sollten wir handeln, um es wieder zu entfachen. Es ist hoffentlich wieder da: das GEHEIME DEUTSCHLAND.

*

> Schließ Aug und Ohr für eine Weil
> vor dem Getös der Zeit.
> Du heilst es nicht und hast kein Heil
> als wo dein Herz sich weiht.
>
> Dein Amt ist hüten, harren, sehen
> im Tag die Ewigkeit.
> So bist du schon im Weltgeschehen
> befangen und befreit.
>
> Die Stunde kommt da man dich braucht,
> dann sei du ganz bereit.
> Und in das Feuer das verraucht,
> wirf dich als letztes Scheit.

(The European)

27. August 2018

CHEMNITZ

Der Schriftsteller und Publizist Michael Klonovsky schreibt heute auf seinem Blog: „Ich bin ein Chemnitzer!" Und wirklich: Fast unwillkürlich spricht man ihm es nach.

Klonovsky, der selbst in der DDR aufwuchs, gesteht, nur einmal in Chemnitz gewesen und auch gleich aus der wohl etwas unwirtlichen Stadt „geflohen" zu sein. Ich kannte die Stadt nur aus Berichten über die schöne Eiskunstläuferin Katarina Witt, die dort zur erfolgreichen Sportlerin ausgebildet worden ist.

Nun rückt die Stadt in den Focus der deutschen Aufmerksamkeit. Erstmals scheint es deutschen Bürgern spontan nicht egal zu sein, dass, wie ein Kommentator auf diesen Seiten formulierte, „beim täglichen Aushandeln des Zusammenlebens mit Zuwanderern immer mehr Menschen auf der Strecke bleiben und erstochen oder erschlagen auf den Straßen oder vergewaltigt in den Büschen liegen". Es handelt sich eben nicht um Einzelfälle.

Dass Politiker und Medien gemeinsam die Wahrheit vertuschen und erstere, von der Kanzlerin an abwärts, eher für die Migranten da zu sein scheinen, für die plötzlich Geld in Hülle und Fülle vorhanden ist, das bisher angeblich für Schulen, Straßen und was noch alles mehr fehlte, verbittert die Leute. Da ist kein Vertrauen mehr da und man versteht das gut.

Chemnitz mag eine unwirtliche Stadt sein und seine Auflehnung mag für manche postmodernen Feingeister – besonders jene Internationalisten, denen Deutschland ein Gräuel ist – unappetitliche Züge zeigen. Wie immer bei Massenaufläufen, wenn die Erregung groß ist, gibt es auch solche, die jeder schlicht aus Anstand ablehnen muss. Aber die Stadt ist plötzlich zu einem Begriff für Empathie geworden – nämlich für die Ermordeten, die das offizielle Deutschland sofort vergisst! Und für Courage! Michael Klonovsky hat mit seinem Ausruf recht.

(Die Freie Welt)

29. August 2018

„SACHSEN IST DAS DEUTSCHE UNGARN"

Der Salonkommunist und Millionär Jakob Augstein hat sich zu den Vorgängen in Chemnitz geäußert[83].

Er schrieb, Sachsen sei „ein Osten, der von der liberalen Demokratie des Westens nichts wissen will." Ein Osten, schreibt er! Ein Osten! Wie dieser arrogante Westler den Osten verachtet, nur weil es der Osten ist! Es fehlt nicht viel und er schreibt von Untermenschen, die dort hausen. Und was soll dieser Osten denn von einer „liberalen Demokratie" halten, die dem real existierenden Sozialismus immer ähnlicher wird? Wer fühlt das genauer als jene verachteten Ossis, die sich freuen sollen, dass sie vom Westen geschluckt wurden und deshalb gefälligst die Klappe halten sollen?

Und weiter schreibt der linke Millionär: „Vom Westen will man nur das Geld – nicht die Werte." Geld, das Augstein schon hat, so viel steht fest. Er ist ganz der Richtige für diese Unterstellung, auf die Viktor Orbán längst die gültige Antwort gegeben hat: Solange ein ungarischer Arbeiter in einer deutschen Fabrik in Ungarn weniger verdient als sein deutscher Kollege in Deutschland, solange sollte man sich gerade mit diesem Vorwurf zurückhalten. Das gilt sinngemäß bekanntlich auch für den deutschen Osten. Und von welchen Werten redet dieser Salonkommunist? Von den Kriegen? Vom dauernden Rechtsbruch der Regierung? Von der Internet-Zensur? Den mainstreammedialen Lügen? Der McDonaldisierung?

Augstein meinte – und wollte damit wohl etwas Negatives sagen –, dass „Sachsen tatsächlich das deutsche Ungarn" sei. Kann es sein, dass es das ist, was die Sachsen und ihr Land so sympathisch macht?

(Die Freie Welt)

31. August 2018

„BUNDESZWANG GEGEN DEN FREISTAAT SACHSEN"

Sehnt der herrschende politisch-mediale Komplex einen Bürgerkrieg herbei?

Paragraph 37 des Grundgesetzes ermöglicht es, dass die Bundesregierung die „notwendigen Maßnahmen" ergreift, um den Vollzug von Bundesgesetzen in einem Bundesland zwangsweise durchzusetzen. Das kann bis zum Einsatz von Polizeikräften und der Bundeswehr führen. So etwas ist seit Bestehen der Bundesrepublik noch nie vorgekommen.

Im „Deutschlandfunk" habe, so ein Kommentator auf der „Achse des Guten", ein Jenaer Professor genau dies gegenüber dem Freistaat Sachsen gefordert. Ich habe die entsprechende Sendung nicht gehört.

Aber wenn ich die Überschrift der „FAZ" lese, dass „Hundertschaften Polizei aus ganz Deutschland" nach Sachsen unterwegs sind, wohl auf Ersuchen der sächsischen Regierung, dann drängt sich der Eindruck auf, dass das über die übliche Amtshilfe der Polizei hinausgeht und hier ohne offizielle Erklärung von Seiten der Bundesregierung genau ein solcher Bundeszwang erfolgen soll – wohlgemerkt mit Einverständnis der sächsischen Regierung gegen die eigenen sächsischen Bürger. Das ist abgekartet und beispiellos.

Diese offene Androhung von massiver staatlicher Gewalt gegen den Souverän, die völlig überzogen ist, ist ein Probelauf für den Umgang mit ihm, falls zukünftige Wahlergebnisse nicht den Wünschen der herrschenden Politikergruppe mitsamt den sie bedingungslos unterstützenden Medien entsprechen sollten. Wer die lachenden Dritten sind, wenn die Deutschen sich jetzt auch noch gegenseitig bekriegen, weiß man schnell, wenn man ein bisschen nachdenkt. Dennoch, so scheint es, wird man es, liegt einem die Zukunft Deutschlands am Herzen, auf diese Konfrontation ankommen lassen müssen.

(Die Freie Welt)

7. September 2018

WER UM GOTTES WILLEN WÄHLT INFANTILE GRÖSSENWAHNSINNIGE?

Eine Frau führt Bündnis 90/Die Grünen im bayerischen Landtagswahlkampf, natürlich politisch korrekt im Duo mit einem Mann, der aber, weil er ein Mann ist, medial völlig unwichtig ist.

Die junge Frau – sie ist 33 – hat nach eigenen Angaben „interkulturelle Kommunikation, Politikwissenschaft und Psychologie", also – nimmt man MINT-Fächer als Maßstab – praktisch nichts studiert. Angeblich hat sie vor ihrer Wahl in den Bayerischen Landtag „für verschiedene Unternehmen und als wissenschaftliche Mitarbeiterin für die Landtagsabgeordnete Theresa Schopper" gearbeitet, demnach eigentlich auch nichts, denn sie ist seit 2013 im Landtag und hat davor schon überwiegend „Politik gemacht". Die Frau ist ein reines Parteigewächs ohne jede Erfahrung im realen Leben.

Ihre Webseite ist Ausdruck der Infantilisierung der Linken allgemein und der Grünen Partei im Besonderen. Da prangt das Logo mit dem gelben Blümchen und sie selbst sitzt barfuß in Freizeitkleidung an einem Fluss oder Kanal. Die Botschaft ist klar: Politik macht Spaß und ist im Grunde ein Spiel. Hauptsache „bunt". Natürlich ist eines ihrer Hauptthemen der „Kampf gegen rechts". Offiziell ist der Rechtsextremismus gemeint, in praxi aber die Verdrängung jeder nicht-linken und nicht-grünen Meinung aus der Öffentlichkeit. Sie hält das für „Zivilcourage", obwohl es totalitär ist und heute so ungefährlich wie Blümchenpflücken. Zu diesem „Kampf" gehört auch die Behinderung der Polizeiarbeit, indem gegen das neue Polizeiaufgabengesetz agitiert wird. Grund ist natürlich die „Sorge" vor dem „racial profiling"; praktisch bedeutet das die Unterstützung der Migrantenkriminalität. Dazu passt auch die bedingungslose Unterstützung der Rettung von Migranten, die sich selbst absichtlich in Seenot bringen, um Andere moralisch zum helfenden Einsatz zu erpressen. Das heißt natürlich auch: weiterhin millionenfache Einwanderung aus Asien und Afrika.

Die (übrigens typisch kommunistische) aktive Zerstörung der Familie zeigt sich in der von ihr befürworteten Familiendefinition: „Familie ist, wo Kinder sind. [...] Ob Vater-Mutter-Kind-Familien, Ein-Elternteilfamilien, Wechselmodellelternfamilien, Patchwork- oder Regenbogenfamilien, Adoptiv- oder Pflegefamilien." Das seit dem Kambrium biologisch bewährte Familienmodell wird relativiert. Bis zur Menschenzüchtung ist es nicht mehr weit.

Der Größenwahnsinn dieser Linksradikalen zeigt sich aber in seiner ganzen Gefahr in diesem Ausschnitt ihrer Webseite:

Ich will pragmatisch die Welt retten. Das geht oft nicht schnell genug, ist anstrengend und man braucht einen langen Atem. Wichtig ist dabei eine Vision zu verfolgen: Ich möchte Bayern zu einem Land der ökologischen Nachhaltigkeit, der digitalen Chancen und der Weltoffenheit weiterentwickeln. Darauf arbeite ich mit meinen grünen Kolleginnen und Kollegen tagtäglich hin. Dafür werbe ich im Landtagswahlkampf 2018.

Ich möchte in einem Bayern leben, das sich um die nachfolgenden Generationen und unsere Umwelt sorgt. Ein Bayern, welches den Schwächsten in der Gesellschaft die Hand reicht und nicht die kalte Schulter zeigt. Eine Gesellschaft, die rücksichtsvoll und respektvoll miteinander umgeht und die Stärke aus der Vielfalt zieht. Ein Land, dessen Regierung weiß, dass in einer globalisierten und digitalen Welt ein starkes Europa der Schlüssel für die Zukunft ist. Eine Öffentlichkeit, die ihre Diskurse anhand von Fakten führt und ihre Zukunft mutig gestaltet.

> **99** Deswegen mache ich Politik bei den Grünen. Da die Anderen die Hände in den Schoß legen, müssen wir die Welt retten.

Die Frau will in Bayern regieren und kümmert sich nicht etwa um das Wohlergehen der Bayern, die ihr egal sind, wenn es sich um Einheimische und nicht um Migranten handelt, nein, sie WILL DIE WELT RETTEN. **DIE WELT RETTEN!** Drunter macht sie´s nicht! Das ist wirklich sehr schön, dass sie das will – aber es ist natürlich verrückt! Und das ganze One-World-Gefasel ist nichts als ein neuer Name für die aktuelle kommunistische Internationale...

Wähler, die das ernst nehmen, sind wahrscheinlich genauso infantil und größenwahnsinnig. Aber es scheint sie in nicht geringer Zahl zu geben. In der linksgrünen Welt, zu der diese Frau und ihre WählerInnen gehören, findet man nichts mehr bizarr oder abgedreht. Anything goes, alle sind gleich. Alles ist konstruiert, alles fließt. Neuerdings gibt es ja auch „Ökosexuelle", gleichsam die letzte Stufe der grünen geistigen Entwicklung weg vom Menschen hin zur Pflanze. Diese Leute wälzen sich auf der Erde und haben einen Orgasmus. Meinetwegen. Aber man muss Deutschland vor diesen Leuten schützen, mögen es auch nicht wenige sein. Wenn es objektive Wahrheit gibt, und davon gehe ich aus, dann ist sie nicht von der Zahl der Menschen abhängig, die sie vertreten, und der linksgrüne Wahn kann zweifellos sogar eine Mehrheit erfassen. Man kann heute nur auf einen heilsamen Empirieschock hoffen, der Deutschland trifft und zur Vernunft bringt.

(Die Freie Welt)

9. September 2018

DIE DEUTSCHEN STERBEN OHNEHIN, DA ZÄHLT ES NICHT, WENN MAN NACHHILFT

In ihrem Bericht über einen in Köthen getöteten Deutschen übertrifft die „Tagesschau" sich selbst[84]. Und es hat Methode.

Es gab einen Streit. Niemand weiß, wie er anfing. Die afghanischen „Asylbewerber" waren natürlich zu zweit. Sie sind immer in Überzahl, das fällt schon auf, nicht wahr? Der Deutsche allein. Verletzt wurde nur der Deutsche. Gestorben ist auch nur der Deutsche. Aber, und jetzt kommt die Perversität der Berichterstattung zum Tragen, sein Tod habe nichts mit den Verletzungen zu tun. Er sei „herzkrank" gewesen und an einem Herzinfarkt gestorben.

Wie krank ist das denn? (Wie subtil der Staatsfunk in solchen Fällen doch ist! Schon Niklas P. aus Bad Godesberg hatte „Veränderungen im Gehirn", sodass der arabische Schläger und Treter nicht wissen konnte, dass sein Schlagen und Treten zum Platzen eines Gefäßes und zum Tod führen würde...). Der Deutsche ist also für die „Tagesschau" eines natürlichen Todes gestorben. Die zwei Afghanen haben quasi nur Sterbehilfe geleistet, der Mann wäre sowieso gestorben. Schon jetzt kann man von ihrer Unschuld ausgehen. Schuld sind hingegen die „Nazis", die sich in Köthen danach „zusammengerottet" haben. Sollen sie doch auch gleich verrecken!

Man verstehe mich richtig: Natürlich muss der Rechtsmediziner bei der Obduktion die Todesursache medizinisch korrekt ermitteln. Aber der sophistische Bericht der „Tagesschau" hat eine höhere Bedeutung, ja, eine Botschaft: Die Deutschen sterben ohnehin, da zählt es nicht, wenn man nachhilft. Das ist nicht nur die Politik Merkels, sondern des deutschen Politestablishments insgesamt. Und leider scheint es auch die Auffassung vieler todessehnsüchtiger Deutscher zu sein, sicher der gesamten Linken und vieler globalistisch gesinnter naiver junger Leute.

(Die Freie Welt)

10. September 2018

LOGISCHER WIDERSPRUCH

Die CDU-Mehrheit, große FDP-Teile, die SPD, Grünen und Linken sowieso, von mir als Kommunisten[85] zusammengefasst, können folgendes nicht erklären:

Wenn Deutschland ein so fremdenfeindliches Land ist, wie diese Politiker ständig betonen, wenn die Deutschen ein so rassistisches Volk sind, wie seit Jahren und Jahrzehnten aus allen Gazetten und Lautsprechern tönt, warum kommen *trotzdem* ununterbrochen fremde Menschen hier an, an Zahl jährlich in der Größe einer Großstadt, die sehr rustikal beginnen, die Herrschaft über den öffentlichen Raum zu übernehmen?

(Die Antwort ist einfach: Diese Fremden haben deshalb ganz augenscheinlich keine Angst vor Fremdenfeindlichkeit und Rassismus, *weil es das in Deutschland so gut wie nicht gibt.*

Dabei wäre es ganz gut, wenn die Deutschen Fremden gegenüber einfach nur etwas vorsichtiger wären...).

(Die Freie Welt)

27. September 2018

HERR STEINMEIER ALS KOMIKER

In seiner Rede bei der Deutschen Vereinigung für Politikwissenschaft an der Goethe-Universität in Frankfurt am Main machte Frank-Walter Steinmeier, von dem man hin und wieder hört, er sei Bundespräsident, eine Entdeckung, die humoristische Qualität hat.

Er stellte nämlich etwas fest, das jedem politisch Denkenden seit Jahren, wenn nicht schon seit 1968 klar ist, nur nicht ihm und offenbar auch nicht Politikwissenschaftlern: Es gebe in Deutschland eine „merkwürdige Lust am Untergang."

Der SPD-Mann raunte (sehr einfallsreich!) von „Populismus" und davon, dass politische Institutionen „verächtlich gemacht" würden. Es gebe, so der ohne Gegenkandidat demokratisch Gewählte, nur eine liberale oder gar keine Demokratie. (Das ist erstens fraglich und war zweitens ein gegen ostmitteleuropäische Nachbarstaaten gerichteter Angriff. Aber ein Sozi darf immer spalten.)

Dass sich die politischen Institutionen, allen voran das Staatsoberhaupt und die Regierungschefin, samt den Altparteien[86] durch ihre unsäglich destruktive und genuin undemokratische Politik selbst der Verachtung als einzig adäquater Reaktion ausgesetzt haben, davon sprach der weltfremde Bundespräsident nicht. Es sei unter vielem Anderen nur an das Netzwerkdurchsetzungsgesetz und die Absetzung eines regierungskritischen Beamten erinnert. Ob das korrumpierte politische System noch reformiert werden kann oder ob „Abgesänge" nicht doch eine kreative Berechtigung haben: So weit kann ein Teil des Problems naturgemäß nicht denken.

Das ganze, vom herrschenden polit-medialen Komplex verantwortete Paket, das in den Untergang führt, fasste der Schriftsteller Michael Klonovsky gestern auf seinem Tagebuch-Blog so zusammen, weshalb ich es der Einfachheit halber hier wiederhole: „Verlust an Vertrauen: Genau das ist es. Das Gefühl, in einem freien, funktionierenden, sicheren und vor allem rechtssicheren Land zu leben, schwindet mit jedem Tag. Der Staatschefin ist das Volk, auf welches sie ihren Eid ablegte, gleichgültig. Staatsgebiet und Staatsgrenzen: Gibt es nicht mehr. Opposition: zunehmend kriminalisiert. Polizei: verheizt zum einen, zahnlos zum anderen, bald in vielen Kommunen mit den U-Booten der Clans durchsetzt. Landesverteidigung: keine Truppen, kein Material. Justiz: Beugehaft für GEZ-Verweigerer, unnachsichtige Verfolgung von Steuer- und Verkehrssündern, sofern sie keine Großfamilie haben, die sie schützt; skandalöse Nachsicht gegen eingewanderte Gewaltverbrecher. Medien: gelenkt. Schulen: Produktionsstätten von Sekundäranalphabeten, Brutstätten von Gewalt. Universitäten: verhetzt wie 1968, ideologisiert wie zu DDR-Zeiten. Energieversorgung: auf längere Sicht unsicher. Rechtssicherheit, Vertragssicherheit, Versammlungsfreiheit, Redefreiheit: Alles steht auf Treibsand. Immer mehr rechtsfreie Räume und gekippte Stadtteile. Zuwanderung von Ungebildeten, Abwanderung der Begabten. Die durchschnittliche Intelligenz der Bevölkerung sinkt, der Hass wächst. Die verschiedenen Bevölkerungsgruppen, Ethnien und Milieus stehen sich immer feindseliger gegenüber. Am Horizont Völkerwanderung, ethnische Konflikte, Verteilungskämpfe, Bandenkriege, Randale, Plünderungen, Anschläge. Wer klug ist, sorgt vor."

Die Lust am Untergang: ein Blick auf die ethnische, religiös-kulturelle und sprachliche Zusammensetzung von Kindergarten- und Grundschulklassen hätte Herrn Steinmeier geholfen, sein Thema nicht zu verfehlen. Das deutsche Volk, die deutsche Kultur gehen unter und viele finden das richtig wegen der ewigen deutschen Schuld am Holocaust, die nicht anders als durch Untergang gesühnt werden könne. **Das** ist die Lust am Untergang. Dass der Bundespräsident diese sehr deutsche Lust jetzt erst entdeckt, aber falsch analysiert, ist rührend und komisch zugleich. Herr Steinmeier ist ein sanfter Komiker, ein Humorist. Richtig ernst nehmen kann man ihn nicht.

(Die Freie Welt)

4. Oktober 2018

LINKSGRÜNE HYPERMORAL UND MUSLIMISCHE ARROGANZ: HYSTERIE ODER NEUE PRÜDERIE?

Kleine Ereignisse werfen manchmal ein bezeichnendes Licht auf ein Epöchlein wie das unsere. Auf einer Klassenfahrt in Hagen gerieten Jugendliche in Panik und hyperventilierten, sodass Polizei, Notarzt und mehrere Rettungswagen anrücken mussten. Alles nur wegen einer nackten Frau. Und was hat das mit linksgrüner Hypermoral und islamischer Arroganz zu tun?

Zunächst wollte ich die Nachricht kaum glauben, aber mittlerweile ist sie mehrfach bestätigt und zwar in Details korrigiert, was aber an den grundsätzlichen Tatsachen nichts ändert. Eine Schulklasse von 13- und 14-Jährigen war auf Klassenfahrt in einer Jugendherberge, die in einem Wald gelegen ist. Einige Schüler hielten sich auf dem Außengelände auf, als sie eine nackte Frau sahen. Daraufhin seien die Jugendlichen in Panik geraten und hätten sich so in diese hineingesteigert, dass die Lehrer den Notruf betätigten. Daraufhin kam die ganze Rettungskaskade in Gang. Natürlich konnten alle beruhigt und niemand musste behandelt werden. Aber sieben Kinder wurden daraufhin von den benachrichtigten Eltern abgeholt.

Jede und jeder von uns weiß, dass die Pubertät eine schwierige Zeit ist. Vielleicht erinnern sich manche der älteren Leser an den Film „Picnic at hanging rock" von Peter Weir, der die vage sexuell konnotierte leichte Überdrehtheit von Schülerinnen eines viktorianischen Mädcheninternats sehr eindrucksvoll zeigte. Man nannte das früher Hysterie. Die Phantasie spielt verrückt, da werden Dinge ausgemalt, die nicht existieren, die Mädchen beeinflussen sich gegenseitig zu immer unwahrscheinlicheren Vorstellungen. Am Ende verschwindet tatsächlich sogar eines der exaltierten Mädchen bei einem Ausflug. Pubertäre erotische Schwärmereien vermengen sich mit Todessehnsucht.

Nun scheint es bei unserer Geschichte in Hagen einen realen Anlass gegeben zu haben: laut Ausweis eines Videos (heute wird ja alles gefilmt) eine nur in Unterhose joggende Frau, die offenkundig harmlos ihrem Freikörperkult nachging und im Wald wohl nicht mit Beobachtern gerechnet hat. Alles soweit schön und gut. Doch warum dann eine solche Panik? Ich war auch einmal in dem Alter, glaube aber nicht, dass ich oder meine Klassenkameradinnen und -kameraden von einer nackten Frau zur Hyperventilation getrieben worden wären.

Nicht umsonst fiel mir der genannte Film ein, der im sprichwörtlich prüden viktorianischen Zeitalter spielt. Ob das Cliché der Prüderie auf die genannte Zeit zutrifft, sei dahingestellt, aber die öffentliche Moral war nicht so lax wie, sagen wir, in den 70er Jahren des 20. Jahrhunderts. Heute scheint tatsächlich eine neue Prüderie zu herrschen. Die (interessanterweise linke) #MeToo-„Bewegung", die Schnüffelei nach angeblichen Vergehen, die 30 Jahre her sind, passt da bestens. Es könnte sich bei der Reaktion der Hagener Jugendlichen um die Folge der

Schwingungsumkehr des Pendels handeln. Die (damals von links gepredigte) sexuelle Revolution war, so kann man von heute aus sicherlich sagen, überzogen. Alles war sexualisiert. Der „Stern" zum Beispiel zeigte auf jedem Titelbild eine Nackte, auch wenn der Rücktritt Willy Brandts der Aufmacher war. Jetzt kehrt bei den jungen Leuten vielleicht eine Normalisierung ein. Und die Linke ist so flexibel und predigt nun einfach das Gegenteil; Hauptsache, sie bestimmt den Diskurs.

Jedoch würde mich auch interessieren, wie viele der betroffenen Jugendlichen Mohammedaner waren. Die Frage ist heute ja grundsätzlich berechtigt. (Bald wird sie lauten: Wie viele sind noch Deutsche?) Denn dann könnte das Entsetzen über eine halbnackt joggende Frau neben rein zeitgeistigen auch religiös-ideologische Gründe haben. Und waren die Eltern, die ihre Kinder vor bedrohlicher Nacktheit meinten „retten" zu müssen, linksgrüne deutsche Helikoptereltern, die am liebsten noch die Lehrer verklagen würden, oder sich ob westlicher Dekadenz bestätigt fühlende Mohammedaner, die schon immer etwas gegen Klassenfahrten hatten? Auch hier würde sich eine merkwürdige, aber breit wahrzunehmende Allianz zeigen zwischen der Linken und dem Islam – in diesem Fall zwischen linker Hypermoral und islamischem Reinheitswahn.

(The European)

22. Oktober 2018

HESSEN VORN! ROTFRONT KOMMT!

Dieser Artikel vom März 2016 kam für den Bund noch zu früh, sah aber die heutige Volksfront-Situation in Hessen voraus. Und was in Hessen vorgemacht wird, kann sich im Bund durchsetzen. Man weiß: Unter Holger Börner (SPD) wurden die Grünen 1985 erstmals Regierungspartei und schon dreizehn Jahre später konnte dann die erste rot-grüne Bundesregierung Deutschland erfolgreich dem Abgrund näher bringen. Nur dass es diesmal noch schneller und schlimmer kommen kann. Denn „Die Linke" ist mit dabei. – Ich habe den Artikel von damals nur leicht aktualisiert.

Rotfront für Hessen?

Eine Option wird in Hessen denkbar, mit der schon in einem der neuen Bundesländer experimentiert wird: Rot-Rot-Grün bzw. Grün-Rot-Rot. Da durch die sogenannte „Flüchtlingskrise" ohnehin derzeit eine Spaltung der Gesellschaft und eine Radikalisierung weg aus der Mitte stattfindet, dürfte das Folgen haben.

Die Grünen als Linksextreme

Bei der durch die sogenannte „Flüchtlingskrise" vorangetriebenen Spaltung der Gesellschaft und einer Radikalisierung weg aus der Mitte wird man bald wieder von politischen Lagern reden können. Die werden sich wahrscheinlich unversöhnlich gegenüberstehen. Naiv wäre es jedoch, anzunehmen, die Radikalisierung erfolge nur nach einer, der rechten Seite hin. Nichts wäre falscher! Die politischen Kräfte links von der Mitte bauen ihre Stellung auf, Stück für Stück. Die Bundestagswahl 2017 hat zwar FDP und AfD ins Parlament gebracht und so vermeintlich die bürgerlichen Kräfte gestärkt. Der Versuch der „Grünen", sich als Kulturmarxisten in eine bürgerliche Koalition zu schleichen, misslang. Das hat zu einer weiteren Radikalisierung der „grünen" Partei geführt, die jetzt eine eindeutig linksextreme Partei geworden ist. Robert Habecks „linker Patriotismus" zum Beispiel war von Anfang an eine Lüge, wie seine umständliche Begründung, was er in einem Interview damit gemeint habe, dass es für ihn „kein Volk" gibt, beweist. Natürlich hält er Deutschland nicht für ein Vaterland (patria), sondern für irgendein Siedlungsgebiet, das von irgendeiner beliebigen „Bevölkerung" als Industriefläche genutzt wird. Postmoderner Internationalismus pur.

Die eigentlich aufgrund ihrer großen Verluste abgewählten Regierungsparteien haben eine dritte Große Koalition gebildet, die von Krise zu Krise taumelt. Die Politik der Kanzlerin dieser Koalitionen, die SPD durch eine Sozialdemokratisierung der CDU überflüssig zu machen, ist zwar weitgehend erfolgreich, hat aber dazu geführt, dass große Teile der Bevölkerung keine politische Heimat mehr haben und sich entweder von der Politik ab- oder einer Position rechts von der CSU zuwenden. Umgekehrt hat der die Regierung (außer CSU) und (linke) Opposition übergreifende Konsens bei der Begrüßung der Masseneinwanderung auch dem Letzten demonstriert, dass im Bundestag zuletzt fast von linken Blockparteien gesprochen werden konnte, die nun erst wieder an Profil gewinnen müssen. Die CDU wird sich der CSU annähern und die SPD wird sich weiter links verorten müssen. In einem sich so ankündigenden Lagerwahlkampf scheint es daher nicht falsch, die aufscheinende Option als Rotfront-Regierung zu bezeichnen.

Rotfront für Wiesbaden?

Die von einem Mitgliederentscheid ausgerechnet jener SPD, die ehedem Opfer einer Zwangsvereinigung mit der KPD war, befürwortete Wahl eines postkommunistischen Ministerpräsidenten in Thüringen war tatsächlich, wie Wolf Biermann meinte, ein „kleiner Fußtritt des hegelschen Weltgeistes". Man könnte auch sagen, der Weltgeist habe Humor. Wie haben sich die westlichen Politiker und Journalisten über die unbelehrbaren Völker Mitteleuropas lustig gemacht, die nicht aus der Geschichte lernen und Wendehälse in die Regierung wählen würden! Es sei nur an die polnischen Regierungen unter Führung der SLD erinnert oder an die Herren Ion Iliescu in Rumänien sowie Gyula Horn und Ferenc Gyurcsány in Ungarn, die alle auf schöne Karrieren im kommunistischen Regime zurückblicken konnten; auf Leute wie Lukaschenka (Weissrussland) will ich hier nicht hinweisen, weil Osteuropa nicht vergleichbar ist.

Deutschlands Vorteil war ja, dass der große Bruder BRD alles platt gemacht hat, was in der DDR Rang und Namen hatte – nicht zum Nachteil Gesamtdeutschlands. Trotzdem sind während und nach dem unsensiblen Anschluss der DDR an die BRD, also der sogenannten Deutschen Wiedervereinigung, viele Fehler gemacht worden, so zum Beispiel die Treuhand mit ihrer Abwicklung auch lebensfähiger DDR-Betriebe und begleitenden Betrugsfällen. Aber die Tatsache, dass die DDR geschluckt wurde, hat wenigstens verhindert, dass das unfähige und korrumpierte politische Personal dieses Unrechtsstaates zu größerer Bedeutung in der Berliner Republik gelangen konnte; zudem wurde die Nachfolgepartei PDS vom Verfassungsschutz überwacht. Zwar ist der Verbleib eines Teils des gigantischen Vermögens der SED, das diese Partei sich unrechtmäßig angeeignet hatte, bis heute unklar, aber immerhin trat eine sogenannte „Unabhängige Kommission zur Überprüfung des Vermögens der Parteien und Massenorganisationen der DDR" der umbenannten SED-PDS, die dann „Die Linke" wurde, auf die Füße.

„Die Linke" hat das Genom der SED

Dass die ehemaligen Bürger der DDR, die vom kommunistischen Regime profitiert haben, und das waren nicht wenige, die alten SED-Kader gewählt hätten, wenn diese sich zur freien Wahl hätten stellen können, mit Unterstützung der großen finanziellen Möglichkeiten, die einer ehemaligen, aber unbehelligten Staatspartei in einem Wahlkampf zur Verfügung gestanden wären, unterliegt wohl keinem Zweifel. Ohne die Mehrheit der westdeutschen Stimmen wären in einem selbständigen demokratischen ostdeutschen Staat diese Stimmen für die ehemaligen Kommunisten auch nicht so verwässert worden. „Die Linke" als die aus der PDS und damit der ehemaligen DDR-Staatspartei SED hervorgegangene Partei hat trotz der Eindämmung durch den „großen Bruder Bonner Republik" und trotz vergleichsweise rosiger wirtschaftlicher Verhältnisse im Osten Deutschlands bei Bundestagswahlen einen stabilen Zuspruch zwischen 22 und 28 Prozent. Nun könnte sie in Hessen 8% holen und – als Partei von Atheisten! – Steigbügelhalter für Herrn Al-Wazir werden, der damit erster muslimischer Ministerpräsident eines Bundeslandes würde. Nur eine Demokratie ist zu solchen Absurditäten fähig!

Natürlich sind Herr Ramelow und Frau Wissler weichgespülte Westdeutsche und weder Thüringen noch Hessen ist Deutschland. Natürlich ist das Personal auch sonst nicht mehr identisch mit den alten Kadern, doch der Geist ist noch da. „Die Linke" als „der elende Rest dessen, was überwunden wurde", wie Wolf Biermann bei seinem Auftritt im Bundestag zu optimistisch diagnostizierte, ist leider ziemlich vital. Jedenfalls ist es ein Witz der Geschichte, dass Deutschland nun vielleicht von seiner Vergangenheit eingeholt wird. Von der DDR lernen heißt siegen lernen. DDR 2.0 ist Wirklichkeit geworden. Eigentlich ist es ein Skandal, dass eine Frau Kipping heute in Talk-Runden präsent ist, während AfD-Politiker gar nicht erst eingeladen werden. Da zeigt sich, dass man diese kommunistische Vergangenheit nicht mit dem Geltungsbereich des Grundgesetzes, nicht mit der Treuhand und nicht mit anderen Instrumenten, auch nicht mit schönen Reden und viel, viel Geld ausradieren kann.

Warum sollten die Deutschen klüger sein als die Rumänen, Polen und Ungarn? Doch stimmt bedenklich, dass diese Völker sich mittlerweile stark desillusioniert von den Postkommunisten abgewandt haben, während die Deutschen sich ihnen heute erst zuwenden. Es würde mich bei der Lebensmüdigkeit der immer verspäteten deutschen Nation nicht überraschen, wenn zuerst in Hessen und dann auch im Bund eine Grün-Rot-Rote Koalition demnächst die Macht ergreifen würde. Die Berliner Republik würde in ihrem ewigen „Kampf gegen rechts" mit einer Rotfront-Regierung endgültig einen europäischen Sonderweg beschreiten. Und es wird kein Weg nach oben sein.

(Die Freie Welt)

25. Oktober 2018

Neue Rolle: Erdoğan als Gewährsmann

Der „FAZ"-Aufmacher gestern hat einen sprachlos gemacht: Man beruft sich im Fall des wahrscheinlich ermordeten Journalisten Khashoggi auf den bisherigen „Teufel" Erdoğan.

Die deutschen Mainstream-Medien kann man nicht ernst nehmen. Das weiß man schon seit langem. Aber solche Purzelbäume wie die „FAZ" muss man erst einmal schaffen.

Da ist der sonst verteufelte türkische Präsident Erdoğan. Jetzt erscheint er gegenüber dem mittelalterlichen Wüstenstaat der Saudis plötzlich als Hüter der Menschenrechte. Das nenne ich den Teufel mit Beelzebub austreiben.

Die Saudis sind wohlgemerkt einer der engsten deutschen Verbündeten. Und das, obwohl (weil?) sie mit Petrodollars die Islamisierung des Westens unbeirrt fördern. Allein der Begriff der „Islamophobie" ist von ihnen als Denunziations- und Kampfbegriff hierzulande eingeführt worden, um jede Kritik am Islam unmöglich zu machen. Unsere Medien nutzen ihn fleißig.

Vielleicht steht Erdoğan ja wirtschaftlich das Wasser bis zum Hals und er möchte sich als Humanist präsentieren, um beim Westen zu punkten. Jedenfalls ist er nicht wirklich glaubhaft.

Und was den wohl ermordeten Journalisten Jamal Khashoggi betrifft, so war er ein Muslimbruder, zumindest ein Sympathisant dieser Radikalen. Er war nur – zu seinem Unglück – in falscher Weise, nur anders radikal als das saudische Regime. Auch anders radikal als Erdoğan. Aber eines wird von der deutschen Presse unterschlagen: Radikal sind sie alle. Und sie hassen den freien Westen.

Es ist absurd, wie die linksgerichteten deutschen Medien hier einen von Islamisten ermordeten Islamisten durch die Aussagen eines anderen Islamisten verteidigen. Die „Pressefreiheit" rechtfertigt wohl jeden Irrsinn.

(Die Freie Welt)

10. Dezember 2018

AUF DEM LINKEN AUGE BLIND

Kaum irgendwo in Europa leben Juden sicherer als in Ungarn. Viktor Orbán kann auf linksliberale Antisemitismusvorwürfe gelassen reagieren. Die Antisemitismuskeule sollte endlich gegen diejenigen Antisemiten ausgepackt werden, die Millionen von Antisemiten nach Europa einwandern lassen.

Ronald S. Lauder, der Präsident des Jüdischen Weltkongresses, forderte vor einigen Tagen den ungarischen Ministerpräsidenten Viktor Orbán in einem Schreiben auf, das seiner Meinung nach antisemitische Bild öffentlich zu verurteilen, das auf dem Titel des „Figyelő" (Der Beobachter) erschienen ist. Es zeigt András Heisler, den Vorsitzenden des Bundes jüdischer Gemeinden in Ungarn.

Lauder spielt damit auf das antisemitische Stereotyp Jude – Geld an, das er im Titelbild wiederzufinden meint. Dabei geht es inhaltlich lediglich um Schwierigkeiten der Rechnungslegung eines Bauprojekts Heislers, also um eine völlig berechtigte journalistische Frage, die natürlich auch einen Bürger jüdischen Glaubens betreffen kann, der im Übrigen auf dem Titel optisch neutral bis vorteilhaft dargestellt wird.

Orbán antwortete wie folgt:

„Sehr geehrter Herr Präsident,

wie Sie genau wissen, verfolgt die ungarische Regierung eine Null-Toleranz-Politik hinsichtlich des Antisemitismus. Die Handlungen und Entscheidungen meiner Regierung lassen keinen Zweifel, dass die ungarische Regierung sich für ihre Bürger jüdischer Herkunft verantwortlich fühlt und ihre Sicherheit gewährleistet. Sie und ihre Organisation können auf diese klare ungarische Regierungspolitik auch in Zukunft zählen.

Ich bin jedoch überrascht, dass Sie mich bitten, die Rede- und Pressefreiheit einzuschränken. Trotz all meines Respekts für Sie kann ich eine solche Bitte nicht erfüllen. Tatsächlich ist sogar diese Antwort nur durch unsere persönliche Bekanntschaft und den Respekt, den ich für Sie fühle, gerechtfertigt.

Ich bin auch durch die Tatsache verwirrt, dass Sie zu Feder und Papier nur zu greifen scheinen, wenn eine linksgerichtete öffentliche Gestalt jüdischer Herkunft im Zentrum der Debatte steht. Ich habe nie einen Brief von Ihnen bekommen, wenn ein Bürger jüdischer Herkunft, der mit der Regierung zusammenarbeitet oder rechtsgerichtet ist, in eine ähnliche Situation kam. Ich sende Ihnen zwei Musterbeispiele solcher Gelegenheiten anbei.

Die klar linksgerichtete und liberale Voreingenommenheit, die Sie in ungarischen öffentlichen Angelegenheiten demonstrieren, ist schwer zu begreifen. Ich bin unsicher, ob wir Ihr Schreiben als politisches Dokument oder als ein Eintreten für die ungarische jüdische Gemeinschaft betrachten sollen. Im Falle, dass es das Letztere ist, danken wir Ihnen. Auch wenn es unnötig ist.

Hochachtungsvoll

Viktor Orbán."

Es folgen die zwei Beispiele für Titelbilder linksgerichteter Zeitschriften, die keine Reaktion des Präsidenten des Jüdischen Weltkongresses nach sich zogen. Ein Kommentar erübrigt sich. So einseitig wie Herr Lauder ist die ganze westliche Berichterstattung über Ungarn. Dass der virulente linke Antisemitismus in Westeuropa durch den Import von muslimischen Juden- und Christenfeinden ununterbrochen gestärkt wird, scheint den Präsidenten des Jüdischen Weltkongresses nicht zu interessieren.

(Die Freie Welt)

11. Dezember 2018

FALSCHE KOMPROMISSE

In Deutschland haben bürgerliche Parteien wie die CDU viel zu oft mit linksgerichteten (auf Deutsch: kommunistischen) Parteien wie der SPD und den Grünen koaliert. Mit der SED-Nachfolgepartei wird geliebäugelt. Das war und ist falsch und ist auch nicht mit einer angeblich regierungsnotwendigen Kompromissfähigkeit zu entschuldigen.

Zur Begriffsklärung: Alle politischen Bewegungen, die – gleichgültig ob mit revolutionärer Gewalt oder nicht – die Auflösung von Ehe, Familie, Volk und Nation zum Ziel haben, sind kommunistisch.

Der ungarische Ministerpräsident Viktor Orbán hat in einer Rede zum Gedenken an den ersten frei gewählten Ministerpräsidenten seines Landes, József Antall, über diesen 1993 zum Unglück Ungarns früh im Amt verstorbenen konservativen Politiker gesagt[87]:

„Er hat auf die neueren Möglichkeiten gewartet, deshalb hat er sich nie mit den Postkommunisten zusammengetan. Nicht nur seines guten Geschmacks wegen hat er diese politische Möglichkeit zurückgewiesen, sondern auch deshalb, weil er damit sein ursprüngliches, geistiges, spirituelles und geschichtliches Ziel, seine persönliche Berufung, den Gedanken des bürgerlichen und christlichen Ungarn und die historische Möglichkeit seiner Erschaffung aufgegeben hätte. Er wusste, wenn von Haus aus bürgerliche, nationale und christliche Politiker aus kurzsichtigen, bequemen, nützlichkeitsorientierten Überlegungen heraus mit den Postkommunisten Kompromisse schließen, dann kompromittieren sie für lange Zeit ihre Ideale und mit ihnen auch ihre Berufung."

In Deutschland sind zu viele Kompromisse mit Linken geschlossen worden. Wie die Jusos gerade zeigen, gehen sie über Leichen. Die CDU/CSU ist daher genauso unwählbar geworden wie die SPD oder andere etablierte Parteien. Sie sind alle kompromittiert. Da hilft auch keine AKK oder wer auch immer mehr. Isch over.

(Die Freie Welt)

12. Dezember 2018

Straßburg

Wieder ein islamischer Terroranschlag, auch wenn die deutschen Medien den Namen des Marokkaners mit französischer Staatsangehörigkeit bislang nicht nennen.

Und natürlich wird wieder politisch und medial abgewiegelt: Der Mann sei kriminell. Aber welcher nichtmuslimische Kriminelle kommt auf die Idee, auf einem Weihnachtsmarkt um sich zu schießen? Wer sucht sich unter anderen einen thailändischen Touristen als Opfer aus, weil der „Götzendiener" ist? Ja, wiegeln linksgerichtete Gutmenschen ab, es gibt sehr wohl Attentäter mit anderen Hintergründen – und haben nur teilweise recht. Denn mit psychiatrisch motivierten Amokläufen muss man in allen Kulturen rechnen. Aber mit dschihadistischen Massenmördern muss man nur rechnen, wo Muslime leben – aber dann immer. Es handelt sich um eine bewusst in Kauf genommene zusätzliche tödliche Bedrohung.

Warum? Der Dschihad der Tat (also der Kampf gegen Ungläubige) ist für alle gläubigen Muslime lobenswert, weil der islamische Gott ihn befohlen hat. Es gibt kein Lehramt im Islam, das diesen Befehl interpretieren und damit relativieren könnte. Selbst wenn die meisten Muslime friedlich sind, einfach weil sie wie die meisten Menschen ihre Ruhe haben wollen, wird es immer welche geben, die sich genau an das Wort des islamischen Gottes halten. Wo Muslime unter Nichtmuslimen leben, wird man immer mit dschihadistischem Massenmord rechnen müssen.

Der Täter von Straßburg ist flüchtig. Er hat dazu ein Taxi gekapert, dessen Fahrer – einen Moslem?– er unbehelligt ließ. Er taucht in der muslimischen Community unter wie der Fisch im Wasser. Je größer die Community, desto besser seine Chancen. Sympathisanten wird es nicht wenige geben; wir kennen das noch von der RAF aus den Siebzigern des vergangenen Jahrhunderts. Nur ist die islamische Gefahr allein schon zahlenmäßig unvergleichlich größer. Freilich nur dann, wenn man den Islam ernst nimmt und an der Freiheit hängt.

Wenn man aber ein von Brüssel aus zentralistisch-technokratisch regiertes, überwiegend islamisches Eurabien von rechtlosen Minilohnempfängern vor Augen hat, dann besteht natürlich kein Grund zur Sorge. Im Mai nächsten Jahres haben die Europäer die Chance, bei der Wahl zum Europäischen Parlament neue Weichen zu stellen.

Nachtrag 14.12.2018:

Offenbar Verrückte wie der algerisch-französische Autor Yasmina Khadra versuchen, bei den Europäern die klare Erkenntnis des mörderischen Islam damit zu verhindern, dass sie auf die vielen muslimischen Toten zum Beispiel im algerischen Bürgerkrieg hinweisen. Dabei beweisen diese ja gerade die perverse Logik des Islam, dass nur 100%-ige Muslime ein Lebensrecht haben und laue Muslime ebenso bedroht und todgeweiht sind wie Christen, Juden, Buddhisten und Atheisten. Die „FAZ" druckt so eine Stellungnahme auch noch ab, weil sie letztlich diese Meinung Khadras teilt: WIR, also die Europäer – und der Attentäter sei ja „Franzose" und damit Europäer gewesen –, seien nicht nur Opfer, sondern auch Täter! Denn WIR seien alle Menschen, die so handeln könnten! – – – Ja, wenn es so ist, dann gibt es keinen Unterschied zwischen Tätern und Opfern mehr...

(Die Freie Welt)

2019

3. Januar 2019

ORTEGA Y GASSET: MERKEL UND DIE POLITISCHE GRÖßE

Der Amtseid des Deutschen Bundeskanzlers verpflichtet den Amtsinhaber, den Nutzen des deutschen Volkes zu mehren und Schaden von ihm abzuwenden. Diesen Amtseid hat Angela Merkel mehrfach eklatant gebrochen. Sie bestreitet das, indem nicht nur sie, sondern ihre Partei und ihre Regierungen – mit den Worten des ehemaligen Kanzleramtsministers Peter Altmaier – glauben, „die Geschichte werde ihr rechtgeben." Das sagen sonst nur Diktatoren, die sich der irdischen Verantwortung entziehen wollen.

Merkel und die ihre katastrophale Politik unterstützenden Parteien sind im Jahr 2017 vom deutschen Wahlvolk mit 87 Prozent der abgegebenen Stimmen bestätigt worden. Das muss man nach dem Herbst 2015, nach der unkontrollierten Einwanderung von über einer Million mutmaßlich eroberungswilliger Migranten, erst einmal schaffen. Doch Merkel konnte sich auf die einhellige Unterstützung einer willfährigen Regierungspresse stützen. Ist sie die große Politikerin, als die sie von einer Phalanx der deutschen Medien fast einhellig gefeiert wird? Und falls dem so ist – was könnte darunter verstanden werden?

Wer sich heute die Protagonisten im Deutschen Bundestag genau anschaut, wird eine in der deutschen Geschichte beispiellose Ansammlung durchschnittlicher oder gar minderbegabter Gestalten finden. Sogar das Führungspersonal, besonders auf der links-grünen Seite, fällt durch abgebrochene Ausbildungen und fehlende berufliche Erfahrung auf. Vorherrschend sind reine Parteikarrieren, die einen Quereinstieg unmöglich machen: Das Scheitern des Friedrich Merz sollte Beweis genug sein. Das normale Leben außerhalb des Politikerghettos ist den meisten Abgeordneten unbekannt, Hauptmotivation der politischen Betätigung scheint das „Pöstchen" mit der mit ihm einhergehenden Alterssicherung zu sein. Bereits der Widerstand gegen den Umzug aus Bonn, der für diese angeblichen Staatsdiener mit der grundgesetzlich festgeschriebenen

Rolle Berlins als deutscher Hauptstadt nach der sogenannten Wiederver-einigung eine Selbstverständlichkeit hätte sein müssen, zeigte die Versorgungsmentalität dieser Klasse.

Eine Person könnte sich von diesen alltäglichen, banausenhaften Regie-renden, ihren Helfershelfern und Claqueuren abheben: die nun doch langsam scheidende ewige Kanzlerin. Und zwar wegen der wenigen, aber durch ihre Gewaltsamkeit für das deutsche Volk schicksalhaften Ent-scheidungen (Eurorettung, Energiewende, Grenzöffnung), die diese Frau, der man Helmut Kohlsche Fähigkeiten im Aussitzen nachsagte, schließlich doch zu dem „Tatmenschen" machen, als den der spanische Philosoph José Ortega y Gasset den geborenen Politiker definierte. Doch ist der „Tatmensch" Merkel deshalb auch eine große Politikerin? Schau-en wir genauer hin, sollten wir denn die Kategorie der „Größe" ebenso wie jene des im Amtseid erwähnten „Volkes" überhaupt noch verstehen.

Ortega zählt in seinem Artikel „Mirabeau oder der Politiker" von 1927 als erste Eigenschaft des „großen" Politikers die „Skrupellosigkeit" auf. Das könnte zu dieser Frau gut passen, die, wie alle, die mit ihr zu tun hatten, bestätigen, keinerlei Prinzipien kennt. Doch versteht Ortega unter der speziell politischen Immoralität etwas anderes als einen schlechten Cha-rakter: „Zwei Wörter gibt es, die unsere Zeit niemals hätte erfinden können: die Wörter Seelengröße und Seelenkleinheit. Dafür aber hat sie es zustande gebracht, diese beiden Wörter zu vergessen, weil ihr der Sinn für den fundamentalen Unterschied, der sich in ihnen ausdrückt, verlo-rengegangen ist. Seit eineinhalb Jahrhunderten verbirgt man uns auf Grund einer allgemein stillschweigenden Übereinkunft die Tatsache, dass auch im Bereich des Seelischen verschiedene Größenordnungen existieren, dass es große und kleine Seelen gibt; wobei groß und klein für uns kein Werturteil bedeutet, sondern einen wirklichen Unterschied in der Struktur, einen Gegensatz in der seelischen Verhaltensweise. Der seelisch Große und der seelisch Kleine sind zwei verschiedene Men-schentypen, [...] die zwei gegensätzliche Moralperspektiven in sich tragen. [...] Die moralische Perspektive des seelisch Kleine ist dann rich-tig, wenn er seinesgleichen zu beurteilen hat, ist aber verfehlt, wenn man sie auf den seelisch Großen anwendet."

Der spanische Philosoph hält also schon damals die humanistisch-aufklärerisch-sozialistische „Übereinkunft" von der Gleichheit aller Menschen für falsch, wie es ja auch jeder Spaziergang oder Einkaufsbummel bestätigt. Er ergänzt für die links-grün sozialisierten, egalitaristischen Leser und Leserinnen von heute: „Es steht jedem frei, die Existenz großer Männer [oder Frauen, AK] für unerwünscht zu halten und einer Menschheit den Vorzug zu geben, die flach wäre wie die Innenseite der Hand; wer aber große Männer [oder Frauen] verlangt, der darf von ihnen keine Alltagstugenden verlangen." Genügt Merkels andere Moralperspektive wirklich, damit sie aus der sie umgebenden Herde des Mittelmaßes herausragt? Ihre 18 Jahre als Parteivorsitzende, die alle Konkurrenten hinweggefegt hat, und ihre 13 Jahre als Kanzlerin könnten das vermuten lassen. Hat sie weitere, laut Ortega für „große" Politiker typische Eigenschaften? Ihr fehlt zwar die „stürmische Vorgeschichte" der Jugend, die den „Tatmenschen" ankündige; dagegen findet sich bei ihr – es sei nur an die Maut erinnert – das notorische „unverschämte Lügen" ebenso wie ihr nun wirklich jede „Innerlichkeit" fehlt, was erforderlich sei, um die Reflexion zu mindern, die den „Tatmenschen" hemmt.

Doch hat Merkel wirklich jemals einen politischen „Schöpfungsauftrag" (Ortega) verspürt? Bedeutet Dasein für sie: „Werke gewaltigen Ausmaßes vollbringen?" Sieht sie die Politik der Zukunft voraus, wie Cäsar das Kaisertum und Mirabeau die konstitutionelle Monarchie vorausgesehen haben, die dann lange Zeit, seien es Jahrzehnte oder sogar Jahrhunderte, beherrschend blieben? Sehen wir auf das sich bereits abzeichnende Ergebnis: Merkels Kanzlerschaft wird für das deutsche Volk letztlich destruktivere Auswirkungen haben als die ihres Amtvorgängers Adolf Hitler, aber man mag zunächst nicht glauben, dass der Ersatz eines Staatsvolks durch „replacement migration" (UNO), der multitribale Bürgerkrieg im ruinierten Sozialstaat und der Schwellenlandstatus eines dekarbonisierten ehemaligen Industrielandes eine Politik ist, die den Stempel dessen trägt, was man füglich unter Zukunft versteht. Aber seien wir nicht vorschnell: Die Zukunft, die man vorhersieht, muss nicht zwingend gut sein.

Das Problem bei Merkel ist weniger die Impulsivität ihrer Entscheidungen als die Durchschnittlichkeit ihrer Motivation. Da gibt es keine „schöpferischen Tugenden großen Ausmaßes, die seelengroßen Tugenden", da hört man nur von einem „freundlichen Gesicht" (Merkel), als wäre das Schicksal eines Volkes eine Angelegenheit des privaten mitmenschlichen Umgangs. Das ist „eine unmoralische Parteinahme zugunsten des seelisch Kleinen. Denn unmoralisch ist es nicht nur, wenn man dem Guten das Schlechte vorzieht, unmoralisch ist es auch, wenn man das mindere Gut über das größere stellt." Hier herrsche Perversion, sagt Ortega. „Es wäre durchaus nicht übertrieben, wenn man diese perverse Bevorzugung des Durchschnittlichen zu Ungunsten des Vortrefflichen als die größte Immoralität überhaupt bezeichnen würde. Denn wenn man sich für das Schlechte entscheidet, so tut man dies im allgemeinen, ohne dabei den Anspruch auf besondere Moralität zu erheben; dagegen geschieht jene andere Verkehrung der Werte fast immer im Namen einer – selbstverständlich falschen und widerwärtigen – Moral."

Hier ist mit Immoralität natürlich jene des seelisch Kleinen gemeint. Worauf Ortega sich bezieht, ist nämlich die Kritik des radikalen Jakobiners und Königsmörders Marie-Joseph Chénier am toten Mirabeau: Er sei nicht moralisch, weil bestechlich gewesen. Nun war Mirabeau tatsächlich bestechlich, aber nur, um zu einem Ausgleich zwischen König und Nationalversammlung zu kommen; seine Bestechlichkeit „lag [...] immer in der Richtung seiner politischen Taktik und war nie etwas anderes als ein Teil dieser Taktik." Die vorausschauende, großartige Politik des konservativen Revolutionärs Mirabeaus, die für Frankreich und Europa im Erfolgsfall eine Wohltat gewesen wäre, wurde also ausgerechnet von einem Vertreter der äußersten linken politischen Richtung kritisiert, weil sie nicht deren billiger Gutmenschenmoral entsprach. Und diese Gutmenschenmoral war es – und eben nicht Mirabeaus Bestechlichkeit –, die bekanntlich zu Destruktion, Bürgerkrieg, terroristischem Massenmord und Krieg mit Millionen von Toten führte. Ja, das nicht zu sehen, ist pervers, aber typisch links, und ja, seufzt Ortega, es ist leichter, nicht bestechlich als ein Mirabeau zu sein.

Ist es auch leichter, freundlich zu sein – als eine Merkel? Nein, es ist genauso leicht, denn Merkel mit ihrem mädchenhaften Lächeln verkörpert die durchschnittliche, in aller Regel falsche Freundlichkeit der Gutmenschen, die den gewöhnlichen Alltag prägt und die jeder „kann". Mit dieser gewöhnlichen Moral der Freundlichkeit aber bringt sie eine Nation an den Rand des Untergangs, denn Destruktion ist der große gemeinsame Nenner Merkelscher Politik, finanziell, ökonomisch, bevölkerungspolitisch. Billige Moral und Destruktion sind links, weshalb sie auch von allen linken Parteien unterstützt wird. Ihre kleine Moral der guten Absicht, mit den Milliardenguthaben des deutschen Sparers fremde Banken zu stützen, auf Kosten des deutschen Steuerzahlers das Weltklima retten zu wollen und schließlich zu Lasten des deutschen Volkes die ganze Welt einzuladen, widerspricht ihrem Amtseid und ist „falsch und widerwärtig". „In der Tat", schreibt Ortega, „läßt nichts sich leichter vorspiegeln als politische Größe. [...] Der wirklich und der scheinbar große Politiker pflegen mit ein und derselben öffentlichen Gewalt in Händen sich der Allgemeinheit zu präsentieren. Ihr äußerer Glanz und ihre Erscheinung sind für den ungeschulten Blick die nämlichen."

Merkel ist aus dieser Sicht eine von einer würdelosen Presse und willfährigen Trittbrettfahrern aufgebaute Scheinriesin, weil sie den Hauptinhalt von Politik, wie ihn Ortega definiert, niemals überhaupt in den Blick genommen hat: „Wie ist der Staat, der nur eine Maschine ist, die innerhalb der Nation aufgebaut wurde, um ihr zu dienen, einzurichten, damit die Nation sich vervollkomme?" Für Merkel existiert eine deutsche Nation nicht, nur ein Siedlungsgebiet namens Deutschland. Was interessiert sie die Vervollkommnung der deutschen Nation? „In der Geschichte trägt die Lebenskraft einer Nation, nicht die formale Vollkommenheit der Staaten den Sieg davon." Das aber versteht Merkel nicht, die der kraftvollen Nation das „Phantom des vollkommenen Staates" vorzieht, der am besten von Brüssel aus ganz Eurabien technokratisch überzieht. „Wir werden schon sehen, was bei den Lösungen herauskommt, die [...] jede selbständige Regierung der Nation unterbinden und das ganze Leben vom Staat abhängig machen." Ortega hatte damals die kommunistischen und faschistischen Katastrophen vor Augen. Auch heute werden diese Lösungen in der Katastrophe für das Volk, für die Nation enden. Aber Vorsicht! Ist dies doch vielleicht genau das, was Merkel will.

Es gibt nur eine Möglichkeit, wie Merkel noch „Größe" zuerkannt werden könnte, nämlich unter dem Zeichen der Destruktion, das ihre Kanzlerschaft prägt. Hinter der Verkehrung der Werte, der perversen Bevorzugung des Fremden vor dem Eigenen, des Unfriedens vor dem Frieden, der Zerstörung vor der Schöpfung steckt eine monströse Immoralität. Das Genie des großen Politikers besteht, so Ortega, in der „historischen Intuition", es ist „die Fähigkeit, im scheinbar Lebendigen das Tote zu erkennen". Hier liegt die einzige Chance verborgen, dass Merkel auf eine perverse Weise doch ein politisches Genie ist. Wenn es stimmt, dass der Zusammenbruch 1945 dem deutschen Volk das Genick gebrochen hat und es nur noch als Untoter sein Dasein fristet, wofür die demographische Katastrophe und die Überalterung sprechen könnten, dann hat Merkel mit ihrer Politik der Destruktion korrekt in die Zukunft gesehen, nämlich in eine Zukunft ohne deutsches Volk. Ist das „schöpferisch"? In gewisser Weise ja: die Schöpfung eines libanisierten, afrikanisierten Deutschlands in einem islamisch dominierten Eurabien. Wenn das der Inhalt ihrer Immoralität ist, so ist diese tatsächlich derart monströs, dass Angela Merkel zu Recht eine große Politikerin genannt werden kann.

(Die Freie Welt)

19. Februar 2019

DIE STIFTUNGSGELDER VON GEORGE SOROS. EIN ARTIKEL VON ANDRÁS KÁRPÁTI

Bei diesem Artikel handelt es sich um die Übersetzung eines heute in der ungarischen Zeitung „Magyar Nemzet" erschienenen Beitrags (https://magyarnemzet.hu/belfold/dolnek-a-milliok-soros-alapitvanyaba-4719632/).

In diesen Tagen haben die „Open Society Foundations" von György Soros ihren Jahresabschluss des vergangenen Jahres veröffentlicht. Es stellt sich unter anderem heraus, dass die Anwälte des Milliardärs zwar regelmäßig Immigranten als Flüchtlinge bezeichnen, aber schon viel mehr für Migration, auch für Wirtschaftsmigration, als für Flüchtlinge ausgeben wird.

Das mit Soros György in Verbindung stehende Budget der „Open Society Foundations" (OSF) erreichte im vergangenen Jahr eine Milliarde US-Dollar. Aus dem heute veröffentlichten Bericht geht hervor, dass das Gesamtbudget des Netzes für die Migrationspolitik weltweit parallel zum Gesamtbudget steigt. Waren im Jahr 2017 nur 34,4 Millionen US-Dollar für diese Zwecke ausgegeben worden, waren es 2018 63,3 Millionen US-Dollar. Die Ausgaben der OSF für Ungarn sind in den letzten Jahren ebenfalls gestiegen.

Obwohl das Budget des letzten Jahres in Europa 81 Millionen US-Dollar betrug, was nur acht Prozent des Gesamtbudgets ausmacht, ist das nach Ungarn geleitete Geld in den letzten Jahren stetig gewachsen, und nach den Berechnungen der OSF haben sie bisher 400 Millionen US-Dollar für ihre ungarischen Aktivitäten ausgegeben.

Die Wachstumsrate wird durch die Tatsache veranschaulicht, dass laut den Daten von 2006 von Soros nur 600.000 US-Dollar für inländische Organisationen, den neuesten bekannten Daten zufolge im Jahr 2016 aber schon 3,6 Millionen US-Dollar vom Flaggschiff des Spekulanten in Ungarn ausgegeben wurden.

Es verrät viel davon, wie OSF funktioniert, dass sie, während sie durch ihre Organisationen, darunter „Amnesty International" oder „Transparency International", Regierungen und öffentliche Stellen zur Transparenz auffordern, seit 2016 nicht veröffentlicht haben, wie viel Geld sie in Ungarn ausgegeben haben. In diesem Jahr erhielt das ungarische „Helsinki-Komitee" beispielsweise 610.000 US-Dollar, und die „Gesellschaft für Freiheitsrechte" erhielt eine halbe Million Dollar von Soros.

Es ist bemerkenswert, dass, obwohl die ungarische Opposition [und die deutsche Regierung samt Parteienkartell; Anmerkung AK] seit Jahren behauptet, es gebe keinen Soros-Plan, die Open Society die Vorschläge des Spekulanten aus dem Jahr 2016 in ihren eigenen Dokumenten genau so bezeichnet.

An verschiedenen Stellen bezieht sich der derzeitige Jahresabschluss auf die Vorschläge, die der Spekulant der Europäischen Union und der Europäischen Kommission gemacht hat, mit dem Satz „**the plan announced by George Soros**" („der von George Soros verkündete Plan").

Es ist eine pikante Ergänzung, dass zwar Anwälte des Milliardärs regelmäßig Migranten als Flüchtlinge bezeichnen, aus dem OSF-Haushaltsbericht des letzten Jahres jedoch ersichtlich ist, dass viel mehr Geld für Migration, einschließlich wirtschaftlicher Einwanderung, als für Flüchtlinge ausgegeben wird. In der letzteren Kategorie wurden keine größeren humanitären Maßnahmen finanziert, jedoch wurden geringere Beträge für Projekte mit kleinen Gruppen aufgewendet, zum Beispiel zur Erleichterung des Zugangs zur Hochschulbildung.

Im vorangegangenen Bericht aus dem Jahr 2016 fehlt der Bezug zu Flüchtlingen ganz.

In dem Rechenschaftsbericht wurde auch darauf hingewiesen, dass die Stiftung zum Schutz der Bürgerrechte in Europa Dutzende von Menschenrechts-, sogenannte Watchdog-Organisationen unterstützt und auch der NGO „Civil Liberties Union for Europe" finanzielle Unterstützung gewährt.

Letztere sorgt für ein einheitliches Auftreten der nationalen Mitgliedsorganisationen des Netzwerks in der Debatte über die Zukunft des Kontinents, d. h. sie ist dazu berufen, die Aktivitäten der Soros-Lobby zu fördern.

[Für Deutschland sieht das Budget so aus:

DEUTSCHLAND: ZUWENDUNGEN NACH THEMEN IN 2017

Demokratieförderung — 35%
Gleichberechtigung & Anti-Diskriminierung — 55%
Menschenrechtsbewegungen & Organisationen — 10%

Budget für Deutschland 2018:

1,2 Mio. USD (1 Mio. EUR)

Anzahl der geförderten Organisationen in 2017:

45

Was unter den Gummibegriffen „Gleichberechtigung und Anti-Diskriminierung" zu verstehen ist und welche Art von „Demokratie" gefördert werden soll, wenn ein als Philanthrop getarnter Spekulant hinter diesem Verständnis und dieser Förderung steckt, sei den Leserinnen und Lesern zur Entscheidung überlassen. Die Frage, ob bei finanzieller Beeinflussung dieses Ausmaßes durch eine Privatperson von „zivilgesellschaftlichem" Engagement im eigentlichen Sinne noch gesprochen werden kann, muss auch gestellt und meines Erachtens mit „Nein" beantwortet werden.

Ebenso undurchsichtig wie die Politik von George Soros, der sich regelmäßig hinter verschlossenen Türen mit Leuten wie J.-C. Juncker trifft, ist das finanzielle Engagement von islamischen Diktaturen wie Saudi-Arabien in Deutschland und Europa. Es fehlt hier komplett an Öffentlichkeit und vor allem an investigativer Medienarbeit. – Anmerkung AK].

(Die Freie Welt)

25. Februar 2019

VIKTOR ORBÁNS BEMERKENSWERTE WORTMELDUNG IN SHARM EL SHEIKH

Der ungarische Ministerpräsident spricht Wahrheiten aus, zu denen westeuropäische Politiker nicht mehr fähig sind: westlicher „Demokratieexport" hat nur Chaos gebracht; jedes Land hat das Recht auf seine eigene Kultur; Stabilität auch diktatorischer Regime im Nahen Osten geht vor, wenn dadurch Europa vor der Völkerwanderung geschützt wird; NGOs sind illegitime Politikakteure wie die Medien; die von Vertreibung und Völkermord bedrohten orientalischen Christen dürfen nicht vergessen werden. Die Hervorhebungen sind von mir.

Eure Majestäten, meine sehr geehrten Damen und Herren Präsidenten und Premierminister,

Danke für die Einladung. Ich möchte Präsident el-Sisi gratulieren, ich möchte Präsident Tusk danken und allen, die an der Erarbeitung der gemeinsamen Erklärung beteiligt waren, danken. In den letzten Jahren haben wir alle wertvolle Lektionen gelernt. Die erste dieser Lektionen ist, **dass die Außenpolitik, die auf den Export von Demokratie baut, nicht funktioniert: Sie verursacht Probleme und führt zu Situationen, die genau das Gegenteil von denjenigen sind, die man sich ursprünglich gewünscht hat.** Die Erfahrung zeigt, dass wir einander mit gegenseitigem Respekt behandeln müssen, und **wir müssen die kulturellen, religiösen und politischen Traditionen unserer Völker respektieren.** Die zweite Lektion, die wir gelernt haben, ist, dass wir die Macht der Demografie nicht unterschätzen dürfen. Die demografischen Trends, die die Grundlage der Migration bilden, werden sich fortsetzen. Bis 2030 wird die Bevölkerung der arabischen Welt um 30 Prozent höher sein als im Jahr 2015 und wird die Bevölkerung der Europäischen Union übertreffen - welche tatsächlich rückläufig ist. Daher müssen wir zu dem Schluss kommen, dass sich die Ursachen der derzeitigen Migrationsspannungen verstärken werden. Die Frage, der wir uns alle stellen, ist folgende: Wollen wir diese Prozesse passiv akzeptieren, oder wollen wir sie steuern? Heute habe ich die Erfahrung gemacht, **dass Menschenschmuggler, Terrororganisationen, illegitime Machtgruppen, NGOs, Finanzspekulanten und die Medien einen starken Einfluss auf die Migrationspolitik** und damit auch auf die europäisch-arabischen Beziehungen **ausüben. Wir möchten, dass legitime politische Führer gemeinsam die Kontrolle über die Ereignisse übernehmen.** Deshalb ist die heute abgegebene Erklärung - unsere gemeinsame Erklärung - außerordentlich wertvoll.

Sehr geehrter Herr Präsident el-Sisi,

der Ausgangspunkt für die ungarische Politik ist, **dass die Hilfe dort eingesetzt werden muss, wo Probleme auftreten, anstatt diese Probleme zu verteilen.** Meine Heimat Ungarn hat zehn Millionen Einwohner. Wir wissen, wie viel Einfluss wir auf der Welt haben, und wir kennen unseren Platz. Deshalb müssen wir eine außenpolitische Strategie verfolgen, die zu unserer Stärke passt. Wir unterstützen die Europäische Union dabei, eine stärkere Rolle bei der Bewältigung regionaler Krisen und bei der Entwicklung von Krisenregionen zu übernehmen. **Anstatt aus ideologischen Gründen Hilfe anzubieten,** möchten wir stattdessen, dass wir Kräfte und Führer unterstützen, die in der Lage sind, Stabilität zu schaffen.

Herr Präsident,

ich möchte Sie darauf hinweisen, dass Ungarn weit über seine Kräfte an internationalen Missionen teilnimmt: im Libanon, im Irak, in Libyen und in der Sahel-Region. Die vier Visegrád-Länder gewähren Libyen gemeinsam finanzielle Unterstützung zum Schutz seiner Grenzen. Ungarn beteiligt sich an einem Projekt, das gemeinsam von den V4 und Deutschland betrieben wird und durch das wir Marokko Unterstützung anbieten werden. In meiner Heimat Ungarn gibt es jährlich 1.400 staatliche Stipendien für Jugendliche aus Ländern der Arabischen Liga. In diesem Jahr gibt es 2.300 staatliche Stipendiaten aus Ihren Ländern, die in Ungarn studieren. **Wir hoffen, dass sie nach Hause zurückkehren und ihren Ländern helfen.** Abschließend möchte ich den arabischen Führern, **die die in ihren Ländern und Regionen verfolgten christlichen Gemeinschaften schützen**, meine Dankbarkeit aussprechen. Ich bitte sie, diese Politik fortzusetzen.

Vielen Dank für Ihre Aufmerksamkeit.

(Die Freie Welt)

4. März 2019

ZUR ERINNERUNG: WER IST FRANS TIMMERMANS?

Der linke Spitzenkandidat für die Europawahl wird von der ungarischen Regierung ab 15. März in einer Plakatkampagne als Verbündeter eines ungarisch-amerikanischen Spekulanten und als Migrationsförderer entlarvt. In Deutschland liest man nichts über diese Wahrheiten („Lückenpresse"). Schon vor einem Jahr schrieb ich darüber in der „Freien Welt".

Die Plakatkampagne klärt über Tatsachen auf. In diesem Buch ist der Artikel unter dem Datum des 17. April 2018 zu finden. Man verzweifelt über das kurze Gedächtnis der Leute...

(Die Freie Welt)

6. März 2019

ROTE LINIEN. ZU WEBERS ULTIMATUM AN ORBÁN. VON ZSOLT BAYER

Übersetzung des heute in der ungarischen Tageszeitung „Magyar Nemzet" („Ungarische Nation") erschienenen Artikels von Zsolt Bayer. Manfred Weber (CSU) hat sich Joseph Daul, dem Vorsitzenden der EVP, komplett unterworfen, weil er nach der Europawahl zum Kommissionspräsidenten gewählt werden will.

Wir sind voll mit roten Linien. Rote Linien durchkreuzen Europa. [...]

Nun hat der Vorsitzende der Europäischen Volkspartei, Joseph Daul, eine neue rote Linie gezogen und erklärt, dass Viktor Orbán die Grenze überschritten hat. Hallo, bitte, Europa hat sich sehr verändert. Früher hat Archimedes Kreise in den Sand gezeichnet (Noli tangere circulos meos), und heute zieht Daul rote Linien in den Sand der geistigen Wüste.

Und warum hat der ungarische Ministerpräsident die letzte rote Linie von Herrn Daul überschritten? Weil er die Wahrheit gesagt hat. Die Wahrheit, über die Brüssel, die Europäische Kommission und die Volkspartei hartnäckig immer und immer wieder behaupten, dass sie eine Lüge ist, wogegen nach ungefähr fünf Minuten Recherche und Nachlesen jeder sehen kann, dass sie es sind, die lügen. Das heißt, sie halten uns für dumm.

Und wer lügt, zieht gern rote Linien in die geistige Wüste, damit er mit einer keinen Widerspruch duldenden Stimme sagen kann: Es ist verboten, sie zu übertreten! Natürlich ist es verboten. Durch den Übertritt erreichen wir das Land der Wahrheit, und dies darf man nicht in der heutigen Europäischen Union. Es ist wie der alte Witz, wenn das gesamte Zentralkomitee den Genossen Gorbatschow überredet, das Alkoholverbot aufzuheben. „Aber warum sollte ich es aufheben, Genossen?" „Weil, Genosse Gorbatschow, was wird passieren, wenn das ganze Land plötzlich nüchtern wird?"

Ein Wort wie Hundert, die neuen Genossen sitzen hinter ihren roten Linien und markieren die Wege, legen die Grenzen des Denkens, der Redefreiheit und ganz allgemein der Freiheit fest, und auf diejenigen, die

die Grenzen überschreiten, deuten sie [...] und nennen sie Monster. Diktator, autoritär, Hitler, Stalin (wer hinter den roten Linien lebt, dessen Stärke ist das logische Denken nicht) und drohen ihnen mit allem. Jetzt gerade mit Ausschluss.

Und nun werfen wir mal kurz einen Blick auf den Ausschluss.

Erste Frage: Woraus möchten sie den Fidesz ausschließen? Aus der Volkspartei. Was ist die Volkspartei? Eine politische Formation, die es nicht wagt, ihren eigenen Namen zu verwenden, weil er den Begriff „christlich" enthält; eine politische Formation, die langsam nichts mehr mit Konservatismus und Christentum zu tun hat; eine politische Formation, die die in sie eingetretenen wilden Liberalen, wilden Anarchisten, wilden Linken und noch wilderen Grünen hin und her zerren, und deren Überreste unbedingt diesen entsprechen wollen; eine politische Formation, die sich selbst verloren hat, die keine Seele, keine Haltung hat, aus der ein Helmut Kohl Hals über Kopf weglaufen würde.

Zweite Frage: Wer würde durch den Ausschluss verlieren? Auf jeden Fall die Volkspartei! Sie würde ihr stärkstes Mitglied mit dieser tragikomischen Selbstverstümmelung verlieren, eines der wenigen, das noch den Konservatismus, das Christentum, das einmal-gewesene wahre Europa repräsentiert und sich weigert, sich hinter rote Linien zu ducken. Aber genau darum wollen die Rote-Linien-Zieher den Fidesz doch ausschließen! Wer würde davon dann profitieren? Ich denke, vor allem der Fidesz. Einmal weil sie mit den polnischen und italienischen Konservativen, Christen und wahren Europäern eine neue solche Partei gründen könnten, die bald der Volkspartei, die ihre Seele verloren hat und rote Linien zieht, über den Kopf wachsen könnte. Und nach dem Ausschluss von Fidesz würde es eine erhebliche Welle von Austritten aus der Volkspartei geben.

Und dann könnten sich Daul, Weber, Juncker, Merkel und die anderen endlich mit Soros und Sargentini zusammenschließen. Dann würde niemand mehr über ihre roten Linien springen.

(Die Freie Welt)

285

7. März 2019

EINE NEUE ALLIANZ! VON DER REDAKTION DER UNGARISCHEN
BÜRGERLICHEN ZEITUNG „MAGYAR NEMZET"

*In diesen Zeiten, in denen eine weitgehend sozialistisch gewordene EVP
eine christdemokratisch gebliebene Partei ausschließen will, möchte ich
ungarische Meinungen, die in der deutschen Presse nicht zu lesen sind,
verbreiten, damit man sich ein korrekteres Bild machen kann. Hier ein
Leitartikel, der keineswegs die offizielle Linie der ungarischen Regierung
spiegeln muss. Man wird sehen, was geschieht, doch dürfte die Zuspitzung der Lage für Viktor Orbán nicht unerwartet gekommen sein.*

Es ist an der Zeit, eine neue Allianz zu schließen. Und eine neue Allianz
kann man nur schließen, wenn man die alte auflöst. Für den Fidesz ist es
an der Zeit, den demütigenden Deal mit der Europäischen Volkspartei zu
beenden. Die Volkspartei ist nicht mehr die Partei von Helmut Kohl.

Die heutige Volkspartei kann weder von den Sozialisten noch von den
Liberalen unterschieden werden. Sie sagen dasselbe, genauso. Sie stehen
bereit für die europäische große Koalition.

Die Volkspartei schützt nicht mehr die Nation, das Christentum, das
traditionelle Familienmodell noch irgendeine benennbare europäische
Tradition. Die Volkspartei ist mittlerweile die Bedienstete des kranken
Liberalismus. Aus Angst, für Geld, aus Überzeugung, unter dem aggressiven Druck der westlichen Presse – egal.

Der Liberalismus, einst die Philosophie und Ideologie des Bürgertums,
das die Nationalstaaten gründen wollte, ist heute nichts anderes als ein
Beiwort, das die Bedeutung eines anderen Worts ins Gegenteil verkehrt.
Und nicht einfach so, wie damals die „Volks"-Demokratie das Fehlen und
die Leugnung der Demokratie bedeutete, sondern noch viel grundlegender. Der Liberalismus hat heute allen drei Schlüsselidentitäten des
Menschen den Krieg erklärt.

Er hat die religiöse Identität des europäischen, westlichen Menschen
ausgemerzt, er hat die nationale Identität des europäischen, westlichen
Menschen ausgemerzt und ist dabei, die geschlechtliche Identität des
europäischen, westlichen Menschen auszumerzen. Dem muss man sich

stellen und das muss zuallererst gesagt werden. Ohne diese drei Identitäten gibt es kein Europa, keine europäische Kultur und keine europäische Zivilisation.

Die Volkspartei hat sich heute vom Erbe Helmut Kohls losgesagt, will stattdessen den Fiebertraum von George Soros von der „offenen Gesellschaft" verwirklichen, was auch immer das bedeuten soll.

Heute ist Europas erster Mann eine sich in einer mentalen und moralischen Krise befindliche Marionette , die von Soros ausgehalten wird. Wenn auch vielleicht nicht finanziell, aber in geistiger Hinsicht auf jeden Fall. Und jetzt haben der Führer der Volkspartei, Joseph Daul und auch Manfred Weber deutlich gemacht, dass sie ausschließlich diese Linie unterstützen. Das Ultimatum von Weber hat bewiesen, dass Verhandlungen keinen Sinn machen.

Die europäischen Führer, die „Tschinowniks" (seelenlose Bürokraten; AK) in Brüssel, haben spätestens nach der Krise von 2008 beschlossen, die Vereinigten Staaten von Europa zu schaffen. Deren Haupthindernis ist die europäische nationale Tradition, die Existenz der europäischen Nationen. Dieses Hindernis muss daher beseitigt werden. Wie können Nationen eliminiert werden?

So, dass man eine gemischte Gesellschaft produziert. Jenseits der demografischen Krise und der Arbeitsmarktsituation ist dies die eigentliche Bedeutung der Unterstützung von Migration. Dies ist das Ziel der offenen Gesellschaft à la Soros, und diesem Ziel hat die Volkspartei im Bündnis mit den Liberalen und den Sozialisten alles untergeordnet. Und diese Politik kann nicht verhandelt werden. Der Fidesz kann es sich nicht leisten, in der Volkspartei Teil eines verbindlichen liberal-sozialistischen Bündnisses zu sein.

Stellen wir uns vor, wir versuchen unserer politischen Gemeinschaft vorzuschreiben, sich mit, sagen wir, den Gyurcsányleuten zu einigen. Dieses Beispiel ist jedoch nicht extrem, denn Weber hat gerade gestern diese Art von Wahlkooperation für Polen ermutigt und begrüßt. Der Fidesz kann es sich nicht leisten, alles aufzugeben, wofür er bisher gekämpft hat.

Viktor Orbán, der bis jetzt schon der Vorkämpfer für das wahre Europa war, kann nicht dieses Europa und die wahren europäischen Werte verraten einer sich selbst verleugnenden Partei zuliebe, wegen der empörenden Ultimaten von Politikern der Volkspartei, die dem Konservatismus, dem Christentum und dem Kohl-Erbe den Rücken gekehrt haben.

Die Volkspartei hat die Sozialisten und die Liberalen gewählt, um ihnen zu entsprechen. Dem Fidesz bleibt ein Weg: der Weg einer neuen Allianz. Viktor Orbán und Fidesz sollten aus der Europäischen Volkspartei austreten und sich mit Matteo Salvini, den österreichischen Freiheitlichen und der polnischen Regierungspartei zusammenschließen! Das liegt heute im Interesse von Europa und den Ungarn.

Es gibt nichts mehr, worauf man warten könnte – genauer gesagt: es ist verboten, länger zu warten! So und nur so kann man an die Spitze des Kampfes gegen die Einwanderung treten, um das Europa der Nationen und Ungarn zu schützen. Der ungarische Ministerpräsident wird diesen Kampf anführen müssen. Dies folgt aus allem, für das er bisher gestanden hat.

NACHTRAG 8. März:

Der ungarische Ministerpräsident hat auf diesen Artikel reagiert und gesagt, man solle „kaltblütig und gelassen" bleiben. Die Plakatkampagne zur Entlarvung von Juncker wird, wie vorgesehen, am 15. März eingestellt, offenbar soll es keine weitere Kampagne gegen Timmermans geben. Ob das den Erpressern aus den Reihen der EVP reichen wird?

(Die Freie Welt)

18. März 2019

„FAKE NEWS" DER DEUTSCHEN MAINSTREAM-PRESSE 10.000STES BEISPIEL

Diesmal „Die Welt" in ihrem Bericht über Viktor Orbans Festrede zum ungarischen Nationalfeiertag am 15. März 2019.

Die früher konservative, heute linksliberale Tageszeitung „Die Welt" schrieb: „In einer Rede zum ungarischen Nationalfeiertag lässt Viktor Orbán keinen Zweifel an seiner europakritischen Haltung. Statt für eine Gemeinschaft plädiert er für mehr »Führer« und fordert, dass »Europa wieder den Europäern gehört«.

Ich möchte nichts dazu schreiben, dass Orbán selbstverständlich für eine europäische Gemeinschaft plädiert hat, aber natürlich eine Gemeinschaft der Völker, also eine andere, wie sich die Eurokraten in Brüssel das vorstellen. Ich möchte auch nichts dazu sagen, dass das zweite Zitat den Zusammenhang unterschlägt, dass Europa laut Orbán nur dann den Europäern gehört, wenn es keine Vereinigten Staaten von Europa geben wird.

Ich möchte etwas zum Wort „Führer" sagen, das Orbán gar nicht benutzt hat. „Führer" heißt auf Ungarisch „vezér", wie duce oder caudillo oder eben „der Führer", aber Orbán hat Europa nach der Europawahl neue „vezetők" gewünscht, also neue „führende, im Sinne von leitende" Politiker. „Vezető állás" heißt zum Beispiel „leitende Position".

Den Deutschen soll suggeriert werden, Orbán habe irgendwas nazimäßiges gesagt. Und weil leider auch gebildete und prinzipiell wohlgesinnte Deutsche von der ungarischen Sprache verständlicherweise keine Ahnung haben, glauben sie das mit den „Führern".

Der Westen spricht politisch eine andere Sprache, es scheint keine Verständigung mehr möglich. Aber „Die Welt" hätte die Möglichkeit, korrekte Informationen zu bieten. Sie macht es nicht. Wer soll diesen Journalisten noch etwas glauben?

(Die Freie Welt)

24. März 2019

KINDER AN DIE MACHT? EINE LINKS-GRÜNE FORDERUNG

Die Infantilisierung der Politik ist nicht nur unverantwortlich, sondern auch gefährlich. Die Roten Khmer haben es bewiesen.

In der Zeitschrift „Cicero" wurde 2017 die Forderung des Deutschen Familienverbands, allen Kindern von Geburt an ein Wahlrecht zu geben, diskutiert. Nur damit könnten, so der Verband, die Rechte von Kindern in der Bundesrepublik Deutschland gewahrt werden. Pro Kind würden die Eltern je eine Stimme mehr bekommen, so der Plan. Der Journalist Hugo Müller-Vogg wies damals einleuchtend nach, dass diese Forderung naiv und undemokratisch ist. Undemokratisch, weil Kinderreiche dann dieselben Vorteile hätten wie früher im Dreiklassenwahlrecht die reicheren Bürger. Das Wahlgeheimnis wäre außerdem dahin. Ferner gäbe es unlösbare Konflikte bei einer ungeraden Kinderzahl, wenn die Eltern verschiedene Parteien wählen wollten – und das nicht zu sehen sei naiv.

Solche rationalen Einwände stören insbesondere links orientierte Menschen nicht, die ganz auf Gefühl, Moral und Utopie setzen. Heute fordern deshalb linke Parteien mehr Rechte für Kinder und Jugendliche. Wie immer sind linke Parteien auf der Suche nach Minderheiten, die sie durch Förderung abhängig und zu zuverlässigen Linkswählern machen können. Auf der Webseite des Deutschen Familienverbands wirbt die SPD-Politikerin Renate Schmidt für das Kinderwahlrecht. Die derzeitige Justizministerin Katarina Barley (ebenfalls SPD) fordert – vergleichsweise moderat – das Wahlrecht erst mit 16. Begründet wird das mit dem aktuell modischen Engagement einer kleinen Gruppe von Schülern dieses Alters „für das Klima", das im Schuleschwänzen und dem Bejubeln einer minderjährigen autistischen Schwedin, die eindeutig eine Marionette linker Politik ist, besteht.

Dass ein linker Künstler wie Herbert Grönemeyer schon 1986 forderte, „Kinder an die Macht" zu bringen, überrascht da nicht. Kinder und Jugendliche werden für irgendwie besser gehalten als Erwachsene. Sie seien unverdorben und spontan, so ähnlich wie die „edlen Wilden" des 18. Jahrhunderts: Jean-Jacques Rousseau lässt grüßen. Dass sie unerfahren, naiv und beeinflussbar sind, wird ausgespart. Wie immer bei einer solchen Frage hilft der Rückgriff auf die empirische Erfahrung. Haben Jugendliche in den letzten 100 Jahren besonders gute politische Entscheidungen unterstützt? Man denkt sofort an die Begeisterung der wilhelminischen Langemarck-Jugend für den Krieg 1914, an die gläubige Hingabe an den Führer Adolf Hitler in den Dreißigerjahren, an die katastrophale Kulturrevolution der Mao, die Roten Khmer und Ho Chi Minh anbetenden 68er. Auch die mit Teddybären werfenden, illegale Eindringlinge beklatschenden Jugendlichen lassen das Vertrauen in die politische Vernunft dieser Alterskohorte nicht gerade steigen.

Die furchtbarste Manifestation des linken Kinderwahns fand in Kambodscha statt. Für die Roten Khmer waren Kinder eine „Tabula rasa", von der „Gesellschaft" nicht angekränkelt und daher im Vollbesitz aller guten menschlichen Möglichkeiten. Ihnen wurde zum Beispiel die „natürliche" Fähigkeit zugetraut, komplexe chirurgische Operationen auszuführen. Moralisch wurden sie ebenfalls für überlegen gehalten, ähnlich wie das heute in Deutschland der Fall ist. Darum wurde ihnen die Unterscheidung von Schuldigen und Unschuldigen übertragen, zu der sie intuitiv in der Lage seien. Der Film „Killing Fields" zeigte den resultierenden Horror nur zu realistisch, was passiert, wenn Kinder zu Herren über Leben und Tod werden. Es ist typisch für Linke, gerade auch linke Politiker, dass solche links motivierten Verbrechen vergessen (oder besser: bewusst aus dem Diskurs verdrängt) werden. Vierzig Jahre nach dem Untergang der Roten Khmer, für die bekanntlich auch Grünenpolitiker schwärmten, die heute als Ministerpräsidenten das ehemals funktionierende Bildungssystem eines schönen Bundeslandes ruinieren, werden diese zerstörerischen Utopien – wenn auch modifiziert – wieder aus der linken Mottenkiste geholt.

Der amerikanische Erziehungswissenschaftler Lawrence Kolberg zeigte in seiner Stufentheorie der Moralentwicklung, dass Kinder und Jugendliche erst reifen müssen. Das war im Grunde jedem Realisten und also jedem Nicht-Linken vorher schon klar. Kinder können, wie jedermann weiß, sogar besonders grausam sein. Jugendliche sind, speziell in der Pubertät, wenn die Hormone verrückt spielen, extrem labil. Die Gehirnentwicklung ist erst mit etwa 20 Jahren weitgehend abgeschlossen. Viele Kinder und Jugendliche wirken heute zwar frühreif und altklug, aber das ist natürlich nur Fassade. Keinesfalls ist es ein Argument für das Kinderwahlrecht. Das parallel zum Führerscheinerwerbsalter angedachte, aber im Vergleich dazu natürlich noch weit wichtigere Wahlalter von 16 Jahren vernachlässigt jede Balance zwischen Rechten und Pflichten, denn welche Pflichten entsprechen dem Füllhorn an Rechten, die über den

Jugendlichen ausgeschüttet werden? Es ist die typisch verantwortungslose Politik der Linken, habituell amoralischen und unreifen, unerfahrenen und schwankenden Menschen größeren politischen Einfluss zu geben, nur um das eigene politische Überleben sichern und die eigenen destruktiven politischen Ziele verfolgen zu können.

(Die Freie Welt)

28. März 2019

WER IST WER? VON ZSOLT BAYER

Heute erschien in der ungarischen Zeitung „Magyar Nemzet" folgender Artikel des führenden bürgerlichen Journalisten des Landes. Ich habe ihn übersetzt. Er deutet auf wichtige Bedrohungen und Widersprüche hin: Wie kann ein Staat, der seine Bürger komplett überwachen kann, behaupten, dies bei Fremden nicht zu schaffen? Ein Schelm, wer Böses dabei denkt...

Immer mehr Menschen haben Angst, dass man alles über sie weiß. Haben Sie in einem Geschäft mit einer Kreditkarte bezahlt? In wenigen Stunden werden auf Ihrem Computerbildschirm nur Anzeigen geschaltet, in denen für die soeben gekauften Produkte geworben wird. Irgendwo stiehlt jemand Ihre Daten, gibt sie ohne Ihre Erlaubnis – und sogar ohne Ihr Wissen - weiter, verkauft sie. Ihre persönlichsten und sensibelsten Daten. Man beobachtet Sie durch Ihr Handy.

Sie wissen, wo Sie sind, wohin Sie gehen, wohin Sie aufbrechen, mit wem Sie sprechen und mit wem Sie gesprochen haben. Facebook ist das gleiche, nur viel schlimmer.

Orwell konnte sich diese Welt nicht vorstellen. Und die große Erfindung ist, dass das Demokratie heißt. Und sie lassen Artikel, die beängstigend sein sollen, erscheinen, dass China bald alles über seine Bürger wissen wird. China bald.

Die westliche Welt schon jetzt. Nur nutzt die westliche Welt dieses Wissen vorerst, um Sie in den Teufelskreis des Konsums hineinzuzaubern. Im Moment sage ich. Denn es ist sicher, dass wir auch für andere Aspekte bereits in die entsprechenden Excel-Kalkulationstabellen eingearbeitet sind.

Währenddessen strömen die Fremden unkontrolliert herein.

Sie haben keine Namen, kein Alter, keine Papiere, sie sagen und sie lügen, was sie wollen, und die westliche Welt glotzt nur, von ihrem Gesicht tropft, wie bei Idioten, der Sabber.

Die westliche Welt hat keine Zeit, sich zu verteidigen. Sie hat keine Zeit, dem Fremden gegenüber zumindest misstrauisch zu sein – obwohl dies seit Millionen von Jahren der Schlüssel zum Überleben, der elementare Instinkt ist. Aber die westliche Welt hat dafür keine Zeit mehr, weil sie ihre eigenen Leute beobachten muss, um das neueste zweiwöchige Schlager-Produkt zu verkaufen. Die Fremden aber kommen. Sie strömen herein.

Hier ist der syrische Terrorist, den wir gefangen haben. Praktisch bewegte er sich bisher in der Union, als wäre nichts geschehen. Die Griechen mochte er am meisten. Dort bekam er auch die anonyme Kreditkarte, die sie an jeden Anonymen verteilen, als wäre es das Natürlichste von der Welt.

Schließen Sie jetzt für einen Moment die Augen und denken Sie daran: Was war nötig, um ein Bankkonto zu eröffnen und eine Bankkarte zu beantragen? Na? Die da brauchen so etwas nicht.

Die bekommen das auf Hautfarbe und Ansprache hin. So bekam das auch dieser jetzt verhaftete Bösewicht, von dem Aufnahmen beweisen, an welchen Taten er teilgenommen hat. Aber er kam, hat den dummen Westlern irgendetwas vorgelogen und hat alles bekommen, was er wollte.

Geld, Kreditkarte, Versorgung, Schutz, Aufmerksamkeit, mitfühlende Sorge, warmes Essen. Ist es ein Wunder, dass sie uns für komplette Idioten halten? Es ist kein Wunder. Weil wir komplette Idioten sind.

Hassan F. wusste das. Deshalb ist er gekommen. Und jetzt lügt er flüssig weiter. „Ich bin ein Analphabet, ich kann kein Terrorist sein, weil so einer im Netz konspirieren muss!" „Ich bin ein griechischer Notar, tut mir nichts, ich habe gestern lesen und schreiben gelernt!" Und morgen sagt er dann wieder was.

Nun, es ist nicht egal, was? Der verblödete Westen will ihm sowieso glauben, denn sonst müsste er sich eingestehen, dass der Rest seines Verstandes verschwunden ist und er unter Vormundschaft gestellt werden sollte.

Erinnern Sie sich an Ahmed H.? Da gab es auch Aufnahmen, wie er den Mob aufhetzt, die ungarische Polizei bewirft und angreift [auf dem Höhepunkt der sogenannten Flüchtlingskrise 2015]. Und? Unsere eigenen Idioten kamen und begannen zu sagen, der arme Mann habe nichts getan, nur die Leute beruhigt. Drüben in Brüssel haben sie sogar für ihn demonstriert. (Jetzt, wo er endlich dahin gehen könnte, wo der Pfeffer wächst, schauen sie weg und tun so, als wäre er gar nicht hier...)

Ich gebe nicht viel Zeit, bis jemand auch für Hassan eintreten wird. Damit wir dem Armen nichts tun. Er selbst sagte doch, er sei ein analphabetischer griechischer Notar. Deshalb sieht man ihn auch auf den Hinrichtungsbildern. Beziehungsweise ist er gar nicht drauf, sondern sein Zwilling.

Aber zum Glück können wir sicher sein, dass sie genau wissen, wer wir sind und was wir wo gestern gekauft haben.

(Die Freie Welt)

15. April 2019

NOTRE-DAME DE PARIS BRENNT

Manche Katastrophen sind kein Zufall. Sie sind Zeichen. Sie rufen auf zum Handeln.

Die erste deutsche Übersetzung des berühmtesten Romans von Victor Hugo hat noch die wahre Bedeutung des titelgebenden sakralen Bauwerks aus dem hohen Mittelalter wiedergegeben: „Die Liebfrauenkirche zu Paris". Es handelt sich um eine der bedeutendsten Kirchen der Christenheit, die der Gottesmutter geweiht ist.

Seit der fanatisch christenfeindlichen Französischen Revolution, deren linksradikale jakobinische Führer die Kathedrale am liebsten abgerissen hätten, ist für die gewaltsam und mit perfider Propaganda säkular umerzogenen Menschen Europas diese Kirche nur mehr ein „Touristenmagnet" gewesen, ihres eigentlichen Sinns entleert. Die meisten wissen nicht, wer mit der Gottesmutter gemeint ist und was die Liebe Frau für uns bedeutet, bedeuten könnte.

Als sich 2013 der patriotische Schriftsteller Dominique Venner ausgerechnet in Notre-Dame erschoß, wollte er gegen die Gottlosigkeit und kulturelle Vergessenheit der Franzosen, aber auch der Europäer protestieren, die sich amerikanisieren ließen und der afro-maghrebinischen Einwanderung Tür und Tor öffneten. Die Resonanz war gering. Europa braucht stärkere Zeichen, um sich auf das Eigene zu besinnen. Europa ist nicht McDonald´s und auch nicht der Islam.

Notre-Dame de Paris brennt lichterloh. Die Bilder im Netz sind schrecklich. Was die Ursache ist, kann zurzeit nicht gesagt werden. Der Mittelturm ist schon eingestürzt. Was acht Jahrhunderte überdauert hat, geht in einem sich technisch hochgerüstet wähnenden Zeitalter zugrunde. Das ist kein Zufall, was die ach so objektive Ursachenforschung in ein paar Wochen auch immer kundgeben wird. Und es ist ein noch stärkeres Zeichen als der Tod Venners. Wer Augen hat zu sehen... Immer mehr Menschen werden die Augen geöffnet.

Es wird nicht das letzte Zeichen sein. Es müssen und werden noch schlimmere Zeichen kommen, so schrecklich eine solche Prophezeiung auch ist. Sie ist allerdings angesichts der Finanz-, Migrations- und Systemkrise nicht besonders gewagt. Europa ist anders nicht aus seiner Lethargie zu erwecken. Auch in Deutschland müssen wirtschaftliche Einbrüche großen Ausmaßes die Menschen endlich dazu bringen, die EU und das politische System der Bundesrepublik als das zu sehen, was sie sind: verkrustete Gebilde, die von Grund auf reformbedürftig sind, weil sie sich von den Absichten ihrer Gründer bis zur Unkenntlichkeit weit entfernt haben, die mit der Lieben Frau mehr zu tun hatten, als uns pflichtvergessene Medien und einseitige Schulen beigebracht haben.

(Die Freie Welt)

11. Mai 2019

RELOADED: DSCHIHAD GEGEN KIRCHEN

Erinnert sich noch jemand an den Anschlag in Barcelona im August 2017? Der eigentlich der Sagrada Família galt? Die seitdem erfolgten Anschläge auf Kirchen überall in Frankreich und anderswo, zuletzt der dubiose Brand der Kathedrale Notre-Dame de Paris – wen hat das überrascht? Hier mein Artikel vom 22. August 2017 (in diesem Band unter dem genannten Datum; Anmerkung AK). Unser Gedächtnis ist viel zu kurz.

18. Mai 2019

DIE PERVERTIERTE „MEDIENDEMOKRATIE" MUSS BEENDET WERDEN

Strache erlegt, alles gut? Die Medien maßen sich längst viel zu viel an. Sie werden als die „vierte Gewalt" bezeichnet und agieren auch zunehmend so. Sie sind aber nicht demokratisch legitimiert. Deshalb sollte die Politik nicht mehr über jedes Stöckchen springen, das die Medien ihr hinhalten.

Der österreichische Vizekanzler Heinz-Christian Strache (FPÖ) ist über ein vor zwei Jahren illegal auf Ibiza bei einem privaten Treffen aufgenommenes und jetzt, eine Woche vor der Wahl zum Europaparlament, von „interessierter Seite" lanciertes Video gestrauchelt. Die interessierte Seite wird von „Spiegel" und „SZ" geheim gehalten. Schon das ist verdächtig.

Strache hat unter anderem davon geredet, wie man Spenden am Rechnungshof vorbei an die FPÖ gelangen lassen könnte und dafür Gegenleistungen angeboten. Das ist gegen österreichisches Recht und deshalb ist es schlecht. Allerdings, das muss festgehalten werden, bedeutet das nicht, dass so etwas tatsächlich auch geschehen ist. Hier hätte also eine ruhige rechtsstaatliche Prüfung des Sachverhalts beginnen müssen.

Nun ist es gewöhnlich so, dass illegale Beweismittel nicht verwendet werden dürfen. Also auch wenn hier eine Straftat vorläge, was zunächst nicht der Fall zu sein ein scheint, wäre das Video wertlos. Es handelt sich also um eine Falle, die einzig auf die moralische Kompromittierung Straches zielt.

Das hat offenbar seinen Zweck erreicht, obwohl Moral eine problematische Kategorie gerade bei Politikern ist. Politiker müssen erfolgreiche Arbeit leisten und Strache hat erfolgreiche Arbeit geleistet. Das ist den interessierten Kreisen ein Dorn im Auge. Dennoch ist nicht nur die Moral Straches ein Problem. Und das betrifft die Aufgabe der Medien. Diese haben offenbar ihren Zweck, nämlich zu informieren, aus den Augen verloren.

Obwohl also das Video eine Falle und illegal war, könnte man noch guten Glaubens von investigativem Journalismus sprechen, der einen Politiker als unmoralisch entlarven will. Doch war diese Information seit zwei Jahren bekannt. Damals, also 2017, hätte die Öffentlichkeit informiert werden müssen, wenn die Medien ihre Informationspflicht ernst nähmen. Das tun sie offensichtlich nicht.

Es geht den Medien, hier dem „Spiegel" und der „SZ", gar nicht um Information ihrer Konsumenten beziehungsweise der Bürger. Es geht ihnen um die Beeinflussung von Wahlen, hier der Wahl zum Europaparlament. Es sieht so aus, dass der drittklassige deutsche Kabarettist Jan Böhmermann, der gerne Regierungskrisen provoziert, schon länger von diesem Video wusste; beim „Spiegel" und der „SZ" dürfte es ähnlich sein. Es verwundert nicht, dass es dieselben Medien sind, die sonst heuchlerisch empört darüber sind, dass angeblich Russland sich in Wahlen einmische und diese beeinflusse.

Zwei Jahre lang haben also vermutlich linke Kreise diese Information, die 2017 zu Recht hätte publiziert werden können und müssen, auch wenn die Informationsbeschaffung illegal erfolgte, zurückgehalten, um einer rechten Partei zu einem bestimmten Zeitpunkt zu schaden. Dem politischen Gegner zu schaden ist im weltanschaulichen Kampf um die Zukunft Europas normal und muss ausgehalten werden.

Nicht weiter ertragen werden sollte die zunehmend einseitige politische Rolle der Medien, die mit echter Pressefreiheit kaum noch zu vereinbaren ist. Man wüsste gern, woher zum Beispiel Dr. Angela Merkel ihr Millionenvermögen her hat. Man wüsste gern, welcher Organisation sie sich wie verpflichtet hat. Investigativer Journalismus in diesem Fall – Fehlanzeige! Schon Willy Brandts politisch problematische Eskapaden haben die Medien auffällig diskret behandelt, weil er genau die linke Politik gemacht hat, die die Medien wollten. Die kriminelle Bestechung von Abgeordneten durch die SPD beim Misstrauensvotum 1972 wurde von den Medien faktisch akzeptiert, weil die SPD dadurch an der Macht bleiben konnte.

Der Bundeskanzler Schröder (SPD) hat getönt, er brauche zum Regieren nur Bild, BamS und Glotze. Die Medien als abhängige Clowns. Das war schon ein Missbrauch der Pressefreiheit. Die von Merkel „eingenordeten" und nur noch gegen die einzige Oppositionspartei anschreibenden Medien sind eine Schande, auch wenn die auffällige und eintönige Regierungsfreundlichkeit der Medien wahrscheinlich freiwillig erfolgt, weil Merkel eine de facto linke Politik macht.

Vor allem ist es aber ein Missbrauch der Pressefreiheit, wenn die Medien ihre Informationspflicht zu einer taktischen Information umwidmen und illegale Mittel nutzen. Die Medien sind vielleicht eine "vierte Macht", aber doch keine demokratisch legitimierten politischen Akteure. Die Antwort auf diesen eklatanten Missbrauch kann nicht die Einschränkung der Pressefreiheit sein. Die Antwort sollte sein, dass die Politik nicht über jedes Stöckchen springt, das ihr von den Medien hingehalten wird. Der Primat der Politik muss zurückgewonnen werden.

Strache hätte zum jetzigen Zeitpunkt nicht zurücktreten müssen, Bundeskanzler Kurz hätte nicht umgehend Neuwahlen anstreben müssen. Erst hätte eine Untersuchung erfolgen müssen. So funktioniert die „Mediendemokratie" aber heute nicht. Diese pervertierte „Mediendemokratie" muss beendet werden. Das wird ein längerfristiger Prozess sein müssen, der Politiker mit Rückgrat benötigt.

(Die Freie Welt)

29. Mai 2019

ZÄHLT DEUTSCHLAND ÜBERHAUPT NOCH?

Der ungarische Journalist Zsolt Bayer analysierte heute in der Zeitung „Magyar Nemzet" (Ungarische Nation) die Wahl zum Europäischen Parlament. Ich habe den Abschnitt, der sich mit Deutschland befasst, übersetzt. Meine Frage ist: Hat er recht?

„Beginnen wir mit der größten Volkswirtschaft der EU. Deutschland ist in einer Beziehung definitiv ein besonderer Ort, denn die Denationalisierung des Westens ist bisher nur dort rückstandslos gelungen. Auf Deutschland trifft heute mit kleinen Einschränkungen (ehemalige DDR-Länder, die seltsame, widersprüchliche, manchmal den gesunden Menschenverstand leugnende Formation der AfD) die traurige, schreckliche These zu, dass ‚die Nation nur eine soziokulturelle Fiktion ist'. Die Deutschen stehen heute an der Spitze der Selbstaufgabe und des permanenten Selbsthasses, hassen und leugnen ihre Vergangenheit, verabscheuen all ihre nationalen Symbole und würden sich am liebsten sterilisieren, um die Geburt noch eines Hitlers zu vermeiden.

Nun, in diesem ehemals starken und stolzen Staat sind die traditionellen Parteien (CDU, CSU, SPD) massiv abgestürzt, heute erreichen die drei Großen zusammen kaum 41 Prozent, während die Grünen – der Tarnname der extremistischen Anarchisten und Linksradikalen in ganz Europa – zugelegt haben: das ist die Avantgarde des nächsten großen Betrugs, das sind die Umpolitisierer, Steuereintreiber, Aasgeier der realen Bedrohungen des Klimawandels, das sind die neuesten Ideen des traditionellen, aber unsichtbaren Establishments – es wird magisch sein, wenn in naher Zukunft die deutschen Grünen über Northstream und mit Gazprom verhandeln werden – denn sie werden.

Diese Grünen, die die einzig existierende umweltfreundliche Energie, die Kernenergie, anbohren – am liebsten hier in Ungarn –, kuschen natürlich, wenn in Deutschland Dörfer und in den Dörfern denkmalgeschützte Kirchen planiert werden, damit das Bergbauunternehmen neue Gebiete unter Bearbeitung nehmen kann, um Braunkohle von durchschnittlicher Qualität auf die denkbar umweltschädlichste Art abzubauen, das heißt im

Tagebau. In diesem Fall schauen die deutschen Grünen weg oder haben sehr dringend zu tun in Paks [dem ungarischen Atomkraftwerk].

Soviel zu ihnen.

Sehen wir hin! In Deutschland sind die traditionellen Parteien abgestürzt, aber Deutschland zählt in dieser Hinsicht nicht mehr, Deutschland ist keine Nation mehr."

(Die Freie Welt)

Ausblick auf das, was politisch sein könnte. Ein Gedanke:

1. April 2019

DIE REICHSIDEE IM 21. JAHRHUNDERT

Die Aussichten auf die Gründung eines europäischen Reichs sind im 21. Jahrhundert nicht günstig, wenn auch nicht reine Utopie. Doch würde sie uns von einigen europäischen Paradoxien befreien.

I

Der kolumbianische Philosoph Nicolás Gómez Dávila schrieb einmal, dass »jeder Staat eine individuelle Form hat, die sich nicht verändern läßt, ohne dass alles untergeht«[88]. Für die Franzosen zum Beispiel ist diese individuelle Form der im gesalbten Monarchen verkörperte zentralistische Staat, für die Italiener die unabhängigen glorreichen Stadtstaaten. Weil Dávila zwar »Staat« schreibt, aber von »Völkern« redet, folgern wir, dass jedes Volk eine und nur eine ihm gemäße politische Daseinsform besitzt.

Für die Deutschen ist dies das Reich. Der Begriff des (Heiligen) Reichs stammt eher von *regnum* her denn von *imperium*, ohne dieses auszuschließen. Also ist mit ihm primär nicht eine universale (realistisch: europäische) Herrschaft der Deutschen über die anderen europäischen Völker vermittels des Reichs gemeint, sondern eine Verfassung; genauer ist das Reich eine Verfassung[89]: Der Begriff betont dessen höhere (sakrale) Legitimation und, daraus hervorgehend, einen christlichen Auftrag. Deshalb ist der gegen die Kaiser geprägte päpstlich-gregorianische Kampfbegriff *regnum teutonicum* immer zu eng gewesen.

II

Was ist das Reich demnach ganz sicher nicht? Niemals ist es chauvinistisch. Das Erste Reich war, vor allem in seiner späten Phase, von »deutscher Nation«, aber zu aller Zeit vor allem ein »heiliges« und »römisches«, verkörpert im Kaiser. Es geht also in seiner Wirkung weit über das deutsche Volk hinaus. »Der römische Kaiser sollte der von der Kirche geweihte Schützer allen Rechtes sein, gerecht gegen alle Nationen. Ein nationaler Kaiser ist erobernd, die völlige Umkehrung des Verhältnisses«[90]. Niemals hätte Franz II. auf die Kaiserkrone verzichten dürfen und 1804 einen nationalen Kaisertitel annehmen dürfen, ebensowenig 1871 Wilhelm I. Sie ließen sich damit auf das Niveau von imperialistischen Napoleonen herab. Das Reich ist nicht erobernd.

III

Was ist das Reich positiv? Die erste Bedingung: Um seine Bestimmung als ideale Daseinsform erfüllen zu können, muss es mindestens das ganze deutsche Volk umfassen. (Die Sezession der Schweiz ist bis auf weiteres unumkehrbar, nicht aber die der Niederlande; das Haus Oranien könnte neue Bedeutung bekommen.) Daher war das Zweite Reich auch diesbezüglich ein Irrtum.

Warum war das Dritte Reich ein Irrtum, obwohl es das ganze deutsche Volk umfasste? Weil durch die »Deformierung« durch Ideen wie Machtkult, Führerprinzip und Rassentheorie 1938 einfach nicht innegehalten werden konnte. Die »deutsche politische Hysterie« führte aggressiv in die fünfte »Sackgasse« der deutschen Geschichte[91].

Heute befinden wir uns mit der Berliner Republik in der sechsten Sackgasse. Warum? Weil diese Republik mindestens acht schwere Gründungsmängel aufweist[92]. Als Folge finden wir »sämtliche charakteristischen Symptome der politischen Hysterie: Lossagung der Gemeinschaft von den Realitäten, Unfähigkeit zur Lösung der vom Leben aufgegebenen Probleme, unsichere und überdimensionierte Selbsteinschätzung sowie irreale und unverhältnismäßige Reaktion auf die Einflüsse der Außenwelt«[93]. Die Symptome können jeden Tag beobachtet werden.

IV

Nur das Reich kann hier die Rettung sein. »Der Weg zur Heilung ist nicht versperrt«[94], wenn die geschwächten Siegermächte des 2. Weltkrieges gezwungen sind, es in der multipolaren Welt von heute zuzulassen und – vor allem – die politische Klasse der Deutschen, aber auch der anderen europäischen Völker sich auf das Eigene besinnt. Das Reich ist eine europäische Angelegenheit. Die Heilung des deutschen Volkes bedeutet auch die Heilung Europas.

Voraussetzung ist ein »guter Friedensschluss«, über dessen »Technik« der ungarische Staatsrechtler István Bibó gerade im Hinblick auf Deutschland, aber natürlich auch auf die osteuropäischen Völker nachgedacht hat[95].

Ein gesamteuropäischer Friedenskongress mit neu verhandelten Grenzen und neu bestimmten Regeln des Zusammenlebens wäre die Voraussetzung. Maastricht muss als Irrweg erkannt und überwunden werden. Das bedeutete endlich wieder den Primat des Politischen vor dem Ökonomischen. Denn es gibt viele Völker in Europa, von den Katalanen angefangen bis zu den Ungarn, die – wie die Deutschen – nicht in ihrer idealen Daseinsform existieren (dürfen).

V

Das Reich ist also nur denkbar als Vereinigung (mindestens) Deutschlands und Österreichs, denn es muss alle Deutschen umfassen. Dann aber könnte es für Europa zu groß sein. Doch liegt im Wesen des Reichs die Lösung auch dieses Problems.

Denn was ist das Reich noch? Schon das *sacrum imperium* der Staufer war kein monolithischer Block. Selbst die territorialen Fürstentümer nach dem Dreißigjährigen Krieg waren nicht nur eine Bürde, nicht nur Quellen der Anarchie, obwohl der Westfälische Frieden genau das beabsichtigte. Die Stämme, die das deutsche Volk bilden, benötigen irgendeine territoriale Unterteilung. Das Reich ist immer ein politisches Gebilde weitgehend unabhängiger Regionen gewesen. »Deutschland« gibt es im Grunde auch heute nicht; es gibt vielmehr »die deutschen Lande«[96]. Das Geheimnis liegt in der Art und Dosierung der Unterteilung: Zügelung jeder Aggressivität nach außen ohne Verurteilung zu Ohnmacht und Wehrlosigkeit.

Damit wird das Reich zum Vorbild für ein Europa der Völker, deren politische Grenzen nicht trennen, sondern im Gegenteil zusammenführen, weil sie endlich ganz bei sich sind. Das Reich gibt »an seinen Feiertagen [...] wehrlos Rat [...] rings / Den Königen und den Völkern«[97], die dcm Reich gegenüber natürlich auch wehrlos zu sein hätten (innere Befriedung). Davon nicht betroffen ist die Verteidigungsfähigkeit Europas gegenüber außereuropäischen Feinden, die gesondert organisiert sein muss (*ius belli*).

Alle Träume von einer Renaissance des Staufermythos, vom *furor teutonicus* und einer deutschen Großmachtrolle zum Schutze Europas sind nichts als Träume. »Der letzte Ghibelline«[98] wollte das einfach nicht wahrhaben. Der Reichsgedanke jedoch ist nicht tot. Aber er muss europäisch sein.

VI

Das intrinsische Hauptproblem für die Reichsbildung liegt in der säkularen, genauer: atheistischen Deformierung der Deutschen, die sich seit der Reformation immer mehr verstärkt hat. Die Reformation war schon ein Aufstand gegen die nationenübergreifende Rolle des Kaisers. Die Deutschen sind das gottloseste Volk Europas. Deswegen ist die Hoffnung auf die »geistige Wiedergeburt Deutschlands«[99] vorerst eine Illusion; es mag zwar stimmen, dass »das deutsche Volk erwacht, wenn auch langsam«[100] – doch es ist angesichts der gegen das deutsche Volk gerichteten (linken) Politik viel zu langsam. Ein »heidnisches« Reich ist theoretisch gescheitert[101] – praktisch sowieso; ohne Rückkehr zu einer christlichen Kultur ist Europa verloren. Das ist die größte Hürde für das Reich. Sie ist nur noch revolutionär (oder eher gegenrevolutionär[102]) zu überwinden.

Das extrinsische Hauptproblem ist die Europäische Union (EU). Die EU sucht ihr Heil in der Zerstörung der europäischen Völker durch forcierte Masseneinwanderung und Vermischung sowie der Schaffung eines zentralistisch-technokratischen Superstaates, der sich mit den afrikanischen und orientalischen Mittelmeeranrainern zu einem islamisch dominierten Eurabien vereinigt (Nicolas Sarkozys »Mittelmeerunion« von 2007 war ein erster Versuchsballon.) Angeblich dient das *imperium romanum* als Vorbild. Das kann logisch nur eine Lüge sein, denn dieses kannte Völker und vermischte sie nicht zu einem einzigen. Die kryptokommunistisch organisierte EU der Goldman-Sachs, der Roland Berger und Procter & Gamble als ökonomische Unterfütterung der NATO ist nicht Europa. Europa muss neu geordnet werden. Dabei ist auf zunehmende Erosion durch Migration und Wertekonflikte zu hoffen, die dafür den Boden bereitet.

VII

Der gesamteuropäische Friedenskongress muss die EU beseitigen und durch das Reich ersetzen, dem die anderen europäischen Völker in ihrer jeweils idealen politischen Daseinsform in einem *regnum cum regnis* frei zugeordnet sind. (*Regnum* bedeutet für die anderen europäischen Völker natürlich abstrakter »Staat« oder »Land«[103]). Früher wäre das zum Beispiel in Form des Lehens erfolgt, heute mittels gegenseitiger Verträge. Was in diesem Bund freier Völker gemeinsam und was getrennt organisiert werden soll, muss im einzelnen bestimmt werden. Das dem Bund zustehende *ius belli* wurde schon erwähnt.

Warum aber sollten die europäischen Völker einer solchen freien Zuordnung zum Reich zustimmen? Sie würden es tun, wenn wieder politisch statt ökonomisch gedacht würde. Auch heute, in einer angeblich paritätisch organisierten, ökonomisch gedachten EU, zweifelt niemand daran, dass das deutsche Volk das stärkste Volk Europas ist, obwohl offiziell meist so getan wird, als stimmte das nicht. Alle Europäer betonen die Wichtigkeit und Richtigkeit einer deutschen Führung und reden oft doch um den heißen Brei herum. In der heutigen verlogenen Verfasstheit der Berliner Republik und der EU richtet sich diese Stärke Deutschlands aber wieder gegen halb Europa, gegen dessen Süden und Osten; hinzu kommt ihre durch die historische Sackgasse bedingte politische Hysterie. Ein Reich wäre damit verglichen politisch gesund, man würde ihm vertrauen. Kein Reich ohne politische Neuordnung Europas, kein freies Europa ohne Reich.

VIII

Kann es ein vollkommen säkulares Reich geben? Die quasireligiöse Inszenierung des Dritten Reiches mit der »Perversion«[104] eines Kaisers deutet an, dass das kaum denkbar ist; es wäre auf jeden Fall ein schwer umzusetzendes Neues. Für die Vielfalt der deutschen Stämme und europäischen Völker ist ein Zusammenhalt nur denkbar über eine emotionale Bindung; eine Verfassung (im Sinne eines »Grundgesetzes«) oder ein Vertrag genügen nicht. Deshalb muss ein sichtbares Verfassungsorgan an der Spitze des Reiches stehen. Die k. u. k. Monarchie hat zuletzt beispielhaft gezeigt, wie sehr viele, sehr unterschiedliche europäische Völker auf ein solches Verfassungsorgan eingestimmt werden können. Das ist traditionell ein Kaiser oder eine Kaiserin. Ein Reich mit einem Präsidenten auf Zeit an der Spitze wäre lächerlich, mag das Amt noch so absolutistisch gedacht sein wie es will. Zudem ist Preußen so tot wie etwas überhaupt nur tot sein kann.

IX

Jedoch besteht die dritte Hürde für das Reich im »modernen« Misstrauen gegen die Monarchie. Sie steht im (sachlich falschen) Geruch einer Rückkehr zum hierarchisch-feudalen Ständestaat. Auch dürften heute religiöse oder patrimoniale Begründungen für sie scheitern. Dagegen gibt es eine spontane Sehnsucht im deutschen Volk nach einem patriarchalisch verstandenen Monarchen, wie seine leider – wodurch auch immer – enttäuschte Verehrung des Ministers Karl Theodor zu Guttenberg gezeigt hat. Jedenfalls ist ein *imperator* ursprünglich kein *rex*, sondern, dem römischen Prinzipat entsprechend, Erster unter Gleichen (ohne deshalb »cäsaristisch«, also diktatorisch sein zu dürfen).

Auch der Kaiser des Ersten Reiches war nicht Diktator oder Hegemon, sondern »den Königen und den Völkern« nur über seine größere Würde, das heißt: seine Ober-Hoheit, als Beschützer des Rechts und des Christentums bestellt. Zudem schwankte dieses Kaisertum historisch zwischen dem Willen zum Absolutismus und einer faktischen Bedeutungslosigkeit, sodaß seine zukünftige Form nicht fixiert ist. Ob der Kaiser »allgegenwärtig«, »herrschend« und »regierend« zugleich[105] sein muss, kann zunächst offenbleiben. Am ehesten dürfte die exekutiv erweiterte Rolle eines *pouvoir neutre* oder *modérateur* anzustreben sein.

Die genannte Würde aus einer Krönung durch den Papst zu ziehen, dürfte heute, schon wegen der deutschen und europäischen Protestanten und Atheisten, vollkommen illusorisch sein. Dennoch muss die Grundlage der Legitimation christlich sein; der Kaiser wird dadurch gerade nicht zum Kalifen. Die Einsetzung durch die neu zum Christentum ausgerichteten europäischen Völker wird Würde genug erteilen, daneben selbstverständlich (aus der Überforderung eines Individuums heraus, kontinuierlich Verfassungsorgan zu sein) auch die Herkunft aus einer alten Führungsfamilie: Das deutsche Volk »müsste nicht unbedingt auf die Hohenzollern [...] zurückgreifen. [...] Je nach politischer Lage könnte man [...] außerdem durchaus auch beim Haus Oranien anfragen«[106].

Unterhalb der Ebenen des Kaisers und des *regnum cum regnis* können sich die europäischen Völker Verfassungen geben, die ihnen (fast) alle Freiheiten lassen. Es ist klar, dass hier Fragen der Homogenität eines Staatenbundes berührt werden, die im Wesentlichen gewahrt bleiben muss; es ist aber kaum denkbar, dass ein europäisches Volk zum Beispiel in einer despotischen Diktatur seine ihm gemäße Daseinsform findet.

X

Auf die Rolle Russlands und der westlichen Sezessionsstaaten der Sowjetunion muss hier kurz eingegangen werden. Ein Bündnis zwischen dem Reich und Russland würde wohl auf jeden Fall für die USA einen *casus belli* darstellen; ihm sind daher andere partnerschaftliche Beziehungen vorzuziehen. Russland hat namlich die Aufgabe, die neuplatonische »Vieleinigkeit«, der die hier aufgezeigte Konzeption eines *regnum cum regnis* verpflichtet ist, zu vermitteln.

Der wohl einzige zeitgenössische Philosoph, der eine »Wiedervereinigung des Römischen Reiches« wirklich konsequent angedacht hat, ist der Deutsche Hermann Schmitz; er konstatiert: »Zu den [von Hitler] eingerissenen Grenzen gehört auch die zwischen den Erben Westroms und Ostroms, des lateinischen und des griechischen Christentums. Keiner der beiden Erbengemeinschaften ist die Teilung des römischen Reiches bekommen. Die westliche hat verblüffende Energien, Initiativen und Erfolge mit der Verstrickung in die dynamistische, autistische und ironistische Verfehlung und deren kathartischer Krise in Hitlers Werk bezahlt; die östliche stagniert mit dem Potential, das von Johannes und Plotin bis zu Gregor Palamas angesammelt worden ist.«[107]

Nun eröffnet sich die Möglichkeit einer neuen geistigen Annäherung, bei der der westliche Fortschrittsdrang sich an der östlichen stillen Beharrung nährt, ohne zu erlöschen, damit gesundet und seine Gefährlichkeit verliert. Ziel ist die »Vieleinigkeit als Synthese von Freiheit und Einheit«[108], entsprechend der von Schmitz so genannten »Mannigfaltigkeit«, die auch Unverträgliches aushält, ohne die Ganzheit zu zersetzen. Für diese Aufgabe kann »das deutsche Volk« mit seinen Fähigkeiten »dem russischen Volk zu Hilfe kommen«[109], direkter als ihm aber den orthodoxen Völkern des Balkans. Das Reich – und nicht der Euro – ist diese Hilfe.

Die Rolle der 30 Millionen teils gerufenen, teils eingedrungenen Mohammedaner in Europa muss hier offen bleiben; was nicht sein darf, ist die »[Preisgabe der] großartige[n] Errungenschaft der europäischen Intellektualkultur [und ihre Opferung] zum Beispiel durch einen Kopfsprung in den Islam«[110]. Das bereits angedachte mohammedanische Groß-Albanien als diesem Volk gemäße Daseinsform wird in realistischer Sicht als Bedrohung des *regnum cum regnis* gewertet und entsprechend eingehegt werden müssen.

XI

Der Reichsgedanke ist unter den hier genannten Bedingungen zwar konstruktiv, kann aber nicht verbergen, dass er, die Gesamtheit des *regnum cum regnis* betreffend, ein Mischsystem der Staatsformen darstellt. Doch wird eine völlige Homogenität auf europäischer Ebene nicht zu erzielen sein und ist wohl (mit den genannten Ausnahmen) auch nicht erforderlich.

Die westeuropäische postmodern-kulturmarxistisch motivierte Ablehnung des Eigenen mit dem damit einhergehenden sozialistischen Trieb zur Zerstörung der natürlichen Werteordnung sowie die drei aufgeführten Hürden bilden entscheidende Hindernisse für die Realisierung des Reichsgedankens. Es ist zu hoffen, dass, wenn »das Aas des [egalitaristischen] Leviathan verzehrt« sein wird, die zwangsläufige Implosion in Westeuropa so schnell erfolgt, dass nicht etwa »die Würmer sich gegenseitig an den Kragen gehen«[111], sondern genug Substanz übrig bleibt, damit aus dem unvermeidlichen Schock der Wille zu konstruktiver Politik entsteht.

Dabei liegt die Hoffnung auf den nicht geschichtsvergessenen osteuropäischen Völkern, zu denen einige deutsche, nämlich ostdeutsche Stämme wenigstens in mancher Hinsicht hinzugezählt werden können.

(TUMULT Blog)

Ausblick auf das, was zählt: die europäische Kultur. Ein Beispiel:

5. August 2019

GENIE UND UNAUSGESCHÖPFTES POTENTIAL: SÁNDOR PETŐFI

Vor 170 Jahren, am 31. Juli 1849, blieb der erst 26-jährige ungarische Dichter Sándor Petőfi nach der Schlacht bei Schäßburg, an der er als Zivilist teilnahm, vermisst, um nie mehr aufzutauchen. Die ungarische Nation wollte sich auch nach dem Scheitern von Revolution und Freiheitskampf mit seinem Verschwinden nicht abfinden und sucht seinen Leichnam bis heute, doch sollten wir Petőfi dort suchen, wo er auf jeden Fall zu finden ist: in seinen Werken.

Der ungarische Dichter begann seine kurze Laufbahn mit volksliedhaften Gedichten und Genrebildern, mit denen er sehr schnell berühmt wurde. Sein Ton war vollkommen neu, weil er von der artifiziellen, noch vom klassischen Ideal beeinflussten Lyrik der Zeit abstach. Will man unbedingt Vorbilder suchen, so wird man sie in Heinrich Heine und Percy B. Shelley finden. Doch Petőfi änderte seinen Stil fast jährlich und damit auch sein Rollenspiel oder, wie man heute sagen würde, sein Image. Die Gründe lagen einerseits in der Tatsache, dass er von seinen Gedichten leben musste und so das Interesse des Publikums wachhielt, andererseits in einem experimentellen künstlerischen Drang. Er schrieb nacheinander Bände mit empfindsamer romantischer Liebeslyrik, leicht perversen Gedichten an eine schöne Tote, pessimistischen gnomenartig reimlosen Fragmenten, die später Friedrich Nietzsche vertonen sollte. Dann trat er aufgrund der politischen Ereignisse 1847/48 in eine prophetische Phase radikal-revolutionärer Lyrik ein, die parallel, aufgrund seiner Heirat, auch den in der Weltliteratur seltenen Fall von Liebesgedichten an seine eigene Ehefrau erbrachte. Das letzte Jahr seines Lebens schrieb er als Soldat des Freiheitskampfes gegen Habsburger und Russen meist gereimte Publizistik, jedoch auch ein Epos („Der Apostel"), das bereits die anarchistisch-terroristische Phase der zweiten Jahrhunderthälfte heraufbeschwörte. Daneben fand er noch Zeit für Reiseberichte, ein bis heute populäres Märchenepos („Held János") und einen Roman, der erst jetzt in seinem radikalen Gegen-die-Zeit-Geschriebensein anerkannt wird („Des Henkers Strick").

Ich möchte heute, zum soeben verstrichenen Jahrestag seines Verschwindens auf dem Schäßburger Schlachtfeld, an eine weitere, leider nicht mehr breiter ausgeführte Seite dieses viel zu früh gewaltsam vernichteten Genies erinnern. Auch dieses Gedicht kündigt bereits einen Stil der Lyrik an, der sich erst einige Jahrzehnte später voll ausbilden sollte. Zum Vergleich stelle ich ein Gedicht Conrad Ferdinand Meyers daneben.

In den Bergen

Unten, wo die Ferne blauet,

Liegt die Stadt, und dämmernd schauet

Aus der Tiefe sie herüber

Wie Vergangnes, wie ein trüber,

Halbverwischter Abglanz dessen,

Was die Seele halb vergessen.

Hier, von der Natur umschlossen,

Bergeshöhn, die hochgeschossen,

Selbst die Wolke, wenn sie eilet,

Zwingen, daß sie hier verweilet –

Lausch ich, was in Sommernächten

Sterne mir erzählen möchten.

Unten, wo die Ferne blauet,

Draus die Stadt aus Nebeln schauet,

Hab' ich im Geräusch der Gassen

Haus und Vaterland gelassen,

Alles, was mein Herz beschwerte:
Sorgen, Zukunft, teure Werte,
Die mich wie grausame Schatten
Hart zu sein gezwungen hatten.
Keiner darf mich dafür schelten,
Wenn ich jetzt – ich tu's ja selten,
Bin für euch oft eingestanden –
Leben möchte frei von Banden.
Ja, ich möchte hier nur rasten,
ohne Sorgen, ohne Lasten.
Nur die zwei, die mir so teuer,
Meine Frau und meine Leier
Sind bei mir. Die Liebste glücklich,
Weib und Kind in einem, pflückt sich
Blumen, kann hier sorglos springen,
Nachlaufen den Schmetterlingen,
Sträuße binden, Kränze winden,
Bald auftauchen, bald verschwinden
Wie die Elfe dieser Auen,
Wie ein Traumbild anzuschauen.
O Natur, wie bin ich trunken
In dein schönes Bild versunken,
Sprechen mit den Augen möcht ich
Ein Gebet zu dir andächtig.
Herzen sind's, die mir zustreben,

Alle Blätter, die da beben,

In dem Säuseln, in dem leisen,

Welch' geheimnis-süße Weisen!

Bäume lassen ihre langen

Äste auf mich niederhangen,

Väterlich die Hand zum Segen

Auf das Haupt des Sohns zu legen.

Gott, ich halt' in meinem Glücke

Meine Tränen kaum zurücke!

Zugliget, 8. September 1848

Dieses in vierhebigen Trochäen verfasste, durch Enjambements aufgelockerte Gedicht in Paarreimen **berichtet** gleichsam von einem Kurzurlaub des Dichters von seinem öffentlichen Wirken und enthält eigentlich nichts Besonderes. Vielleicht ist aber schon der lyrische Urlaubsbericht das Besondere. Das einzige überraschende Bild ist die „blaue Ferne"; ansonsten wird die Natur metaphorisch belebt: Der Dichter spricht mit den Sternen und hört den Blättern zu; die Berge zwingen auch die eilenden Wolken, zu ruhen; die Bäume neigen ihre Zweige auf das Haupt wie ein Vater seine segnende Hand auflegt. Die pantheistische Naturverehrung des Dichters steht antithetisch einer recht modern anmutenden Skepsis der Großstadt gegenüber, die für Lärm und Sorgen steht. Zugliget liegt in den Budaer Bergen; Petőfi konnte von dort auf das sich rasch entwickelnde Pest hinabblicken. Nebenbei war und ist er als der „Entdecker" der vormals als prosaisch verschrienen ungarischen Tiefebene bekannt, die er als Symbol der Freiheit den von ihm als „wildromantisch" eng abqualifizierten Bergen gegenüberstellte. Nun zeigt dieser Preis der Berge, dass Petőfi auch hier flexibel genug war, die Schönheiten jedweder Natur ganz undogmatisch zu sehen, wenn es ihm passte. Dem „**lyrischen Urlaubsbericht**" entspricht das Parlando, die schlichte Narration. Wer hinter die Kulissen blickt, wird zwar neben den

Gegensätzen unten - oben, Großstadt - Natur, Sorgen - Glück, Gesellschaft – Ein- bzw. Zweisamkeit ein weiteres Drama entdecken, das der Dichter aber nur andeutet: den entsetzlichen Zwiespalt zwischen dem friedlich schaffenden Künstler auf der einen und dem notwendig niederreißenden Revolutionär und Soldat auf der anderen Seite. Man könnte auch sagen, dass Petőfi den Künstler in sich mit Gewalt dem öffentlichen Wirken untergeordnet hat, aber seine wahre Natur eben doch immer wieder nach oben gekommen ist. So auch in diesem schlicht berichtenden lyrischen Stück, das, typisch ungarisch, mit Tränen des Glücks enden könnte, die der Dichter aber doch gerade noch zurückhält, was eine völlige Auflösung der von den Antithesen erzeugten Spannung verhindert.

Diese Art des schlichten Berichts findet sich, einige Jahrzehnte später, auch in einem Gedicht des Schweizers Meyer wieder, das er etwa 1861 konzipierte und durch fünf Fassungen hindurch veränderte, bis er die hier vorgestellte sechste Fassung 1882 veröffentlichte. Scheinbar Einfaches braucht oft die meiste Kunst.

Stapfen

In jungen Jahren war's. Ich brachte dich

Zurück ins Nachbarhaus, wo du zu Gast,

Durch das Gehölz. Der Nebel rieselte,

Du zogst des Reisekleids Kapuze vor

Und blicktest traulich mit verhüllter Stirn.

Naß ward der Pfad. Die Sohlen prägten sich

Dem feuchten Waldesboden deutlich ein,

Die wandernden. Du schrittest auf dem Bord,

Von deiner Reise sprechend. Eine noch,

Die längre, folge drauf, so sagtest du.

Dann scherzten wir, der nahen Trennung klug

Das Angesicht verhüllend, und du schiedst,
Dort wo der First sich über Ulmen hebt.
Ich ging denselben Pfad gemach zurück,
Leis schwelgend noch in deiner Lieblichkeit,
In deiner wilden Scheu, und wohlgemut
Vertrauend auf ein baldig Wiedersehn.
Vergnüglich schlendernd, sah ich auf dem Rain
Den Umriß deiner Sohlen deutlich noch
Dem feuchten Waldesboden eingeprägt,
Die kleinste Spur von dir, die flüchtigste,
Und doch dein Wesen: wandernd, reisehaft,
Schlank, rein, walddunkel, aber o wie süß!
Die Stapfen schritten jetzt entgegen dem
Zurück dieselbe Strecke Wandernden:
Aus deinen Stapfen hobst du dich empor
Vor meinem innern Auge. Deinen Wuchs
Erblickt' ich mit des Busens zartem Bug.
Vorüber gingst du, eine Traumgestalt.
Die Stapfen wurden jetzt undeutlicher,
Vom Regen halb gelöscht, der stärker fiel.
Da überschlich mich eine Traurigkeit:
Fast unter meinem Blick verwischten sich
Die Spuren deines letzten Gangs mit mir.

Dieses in fünfhebigen Jamben, aber reimlos gehaltene (und deshalb scheinbar moderner wirkende) Gedicht **erzählt** auch eine banale Geschichte: Ein junger Mann begleitet das von ihm verehrte Mädchen nach deren Besuch zurück zum Nachbarhaus; es wird bald eine Reise, und dann noch eine längere, antreten. Hier taucht schon eine melancholische Ahnung auf, die dem Gedicht seine Grundierung gibt. Man könnte es einen **„lyrischen Spaziergangsbericht"** nennen. An Metaphern finden sich eigentlich nur die titelgebenden, vom Regen verwischten Stapfen, durch die einerseits das „reisehafte" Wesen des Mädchens, andererseits die Tragödie des Sich-niemals-Wiedersehens verdeutlicht werden. Ferner finden sich Parallelisierungen (verhüllte Stirn - verhüllte Wahrheit, Hinweg und Realität - Rückweg und Erinnerung); die Natur ist zwar nicht belebt, deutet aber das Geschehen symbolisch. Ansonsten wird etwas Schlichtes einfach und sehr zart erzählt. Die Worte vom „letzten Gang" in der letzten Zeile treffen trotz der Vorahnung gerade deshalb mitten ins Herz.

Nebenbei sei noch auf eine weitere Parallele zwischen den Gedichten hingewiesen, nämlich die männliche Empfindung der Frau als „Traumbild" und „Traumgestalt". Petőfis Frau war eine emanzipierte, gebildete Autorin von Gedichten und Tagebüchern, die er hier aber als halbes Kind schildert, die genau genommen neben und nicht mit ihm die sorglosen Tage genießt. Sie wird in seiner Wahrnehmung innerhalb des Gedichts gewissermaßen zu einem Teil der angebeteten beseelten Natur. Kritisch gesehen könnte hier neben der biographisch erklärbaren extremen Eingenommenheit Petőfis von sich selbst eventuell auch an einen weiteren psychologischen Grund gedacht werden: Der sich gegen jede Subordination auflehnende, rebellische Dichter will wenigstens in seiner Dichtung zuhause biedermeierliche Verhältnisse. Vom depressiven Meyer ist bekannt, dass diverse umworbene Mädchen und Frauen wohl seine Erkrankung bemerkt und ihn abgelehnt haben und er erst mit 50 Jahren geheiratet hat. Ob das „Du" von „Stapfen" aus diesem Grund nicht zurückgekehrt und für Meyer ein „Traum" geblieben oder ob es gar gestorben ist, muss offen bleiben.

Die Neuartigkeit dieser Art zu schreiben kann am besten ermessen werden, wenn man sich die Stile der Zeit in Erinnerung ruft. Bei

Meyer findet sich hier nichts, was echter Symbolismus oder Expressionismus genannt werden könnte; er wird üblicherweise dem Realismus zugeordnet. In dieser Epoche schrieben viele Autoren tatsächlich bevorzugt epische Gedichte wie Balladen, wobei „Stapfen" keine ist, und hochgradig genau beobachtende sogenannte „Dinggedichte" (zum Beispiel „Auf eine Lampe" von Eduard Mörike und von unserem Autor „Der römische Brunnen"), die allerdings durchaus auf den Symbolismus vorbereitet haben. Petőfi kommt für die Zeit des Realismus etwas zu früh, doch sein Gedicht würde schon in diese literarische Epoche passen. Wer diese Art, ein Stück Lyrik aus einem recht prosaischen **Stoff** zu schaffen, in der Literaturgeschichte verfolgt, wird vielleicht im 20. Jahrhundert an die narrativen Gedichte von Cesare Pavese in seinem Band mit dem sprechenden Titel „Lavorare stanca" (Arbeiten macht müde) denken.

Es ist aber hier auf einen Unterschied zu Meyer hinzuweisen, der Petőfis „Avantgardismus" noch deutlicher macht. Während Meyer immer noch auf eine poetisierende **Sprache** wert legt („Naß ward...", „...des Busens zarter Bug...") und auch die für deutsche Lyrik so typischen Inversionen nicht meidet („Die Sohlen prägten sich ... ein, Die Wandernden", „Vorüber gingst du..."), schreibt der ungarische Dichter (im ungarischen Original natürlich besser nachprüfbar) wirklich Prosa, die wie durch ein Wunder – durch das Wunder von Petőfis dichterischem Genie – völlig zwanglos rhythmisiert und in Reime gebracht wurde. Selbst Heinrich Heine wirkt noch gekünstelt daneben. Die marxistische Literaturwissenschaft verwendete dafür den Begriff „Stildemokratie". Mit unvermeidlichen Unterschieden, aber dennoch so ähnlich schrieben erst Autoren der Neuen Sachlichkeit wie Bertolt Brecht und Mascha Kaléko fast 100 Jahre später. Es ist diese von keinem anderen mir bekannten Dichter erreichte Fähigkeit, die Petőfi weit über seine (und jede) Zeit erhebt.

Auf diese Fähigkeit des Genies, spätere Entwicklungen vorzuformulieren, wollte ich unter anderem hinweisen. Bei Petőfi kommt noch hinzu, dass er nur etwas mehr als sechs Jahre für sein Werk zur Verfügung hatte und in dieser kurzen Zeit eine gewaltige Leistung mit mehreren Antizipationen wie dieser vollbrachte. Für multiple Fassungen hatte er weder Zeit noch Veranlagung; er schrieb unglaublich schnell. Man mag sich nicht vorstellen, was dieser Mann noch an Großartigem hervorgebracht hätte. Das Potential war bei weitem nicht ausgeschöpft, die Rede von „früher Vollendung", mit der man sich vormals trösten wollte, kann nur als zynisch bezeichnet werden. Der Verlust für die ungarische, aber auch für die Weltliteratur ist unermesslich gewesen, als vermutlich ein kosakischer Lanzenreiter seinem jungen Leben ein gewaltsames Ende setzte.

(Tabula Rasa)

Ausblick auf das, was ewig ist. Versuch einer Prophetie:

Der von konstruktivistischen Linken immer als „so genanntes Abendland" und von ihren mohammedanischen Teilzeit-Verbündeten verächtlich als „christlicher Club" bezeichnete europäische Kulturraum wird erst durch Staatsinterventionismus wirtschaftlich implodieren und dann, im Westen Europas, wo bald Völkerschaften aus Asien und Afrika die Bevölkerungsmehrheit bilden, zu einer neuartigen sozialistisch-islamischen Diktatur umgewandelt werden. Die grün-„kulturmarxistische" Ideologie entpuppt sich ihrer überwiegend biologistischen Zielsetzungen wegen (ökologische Mythologie, Rassenvermischung, Geschlechterneutralisierung, radikale Geburtenreduktion, Antisemitismus) als eigentlicher Nachfolger des nationalen Sozialismus, was die Sympathie für die Konzerne und den Islam erklärt. Deshalb und dadurch, dass Sozialismus und Islam im Gegensatz zum Christentum stets die Philosophien der fremden Schuld bleiben, werden die unüberwindlichen Differenzen eine Weile kaschiert. Die „aufgeklärte" Moderne wird jedoch den Erfolg ihrer Christenverfolgung nicht überleben. Mittel- und Osteuropa werden dagegen unter chinesischer Schutzherrschaft weitgehend ihre autochthonen Völker und Reste der christlichen Freiheit bewahren können. Die beiden Amerikas dürften vollständig latinisiert worden, aber überwiegend mit sich beschäftigt sein. Was einmal als abendländische Kultur bekannt war, wird vor allem in Ostasien geistig bewahrt werden. Von dort wird, nach unvermeidlichen Kataklysmen in den Regionen, die ehemals zum Imperium Romanum gehört haben, der Re-Import dieser Kultur erfolgen, authentischer und lebendiger ergänzt von dem, was in Mittel- und Osteuropa erhalten blieb. Natürlich wird, dies den „Fortschrittlern" zur Beruhigung, der neue Phönix nicht ein Replikat des alten Abendlandes sein, sind doch im Westen ganz neue Völker entstanden. War Aurelius Augustinus etwa nicht Berber und der heilige Mauritius nicht schwarz? Schließlich ist leitend die Fähigkeit der *Una Sancta Catholica*, sich äußerlich wandelnd und von häretischen Denominationen an den Rändern gewandelt, im Kern immer dieselbe zu bleiben.

In hoc signo vinces!

[1] Günter Rohrmoser: *Kulturrevolution in Deutschland: Philosophische Interpretationen der geistigen Situation unserer Zeit*, Gräfelfing 2008.

[2] Ulrich Schacht: „Das Zeitalter des dritten Totalitarismus – Warum entfesselter Kapitalismus nicht Feind, sondern Erfüller des Kommunismus ist". In: Hamid Reza Yousefi (Hg.): *Jahrbuch des Denkens* 1, Nordhausen 2017, Seiten 101-105, hier Seite 103.

[3] Siehe Pascal Bruckner, „Islamophobie: Imaginärer Rassismus", *NZZ*, 21. April 2017 (https://www.nzz.ch/feuilleton/islamophobie-imaginaerer-rassismus-ld.1287872).

[4] Ernst Nolte: *Späte Reflexionen: Über den Weltbürgerkrieg des 20. Jahrhunderts*, Wien und Leipzig 2011, Seite 183.

[5] https://ef-magazin.de/2019/03/24/14727-was-treibt-den-sozialismus-zerstoerung-des-wahren-guten-und-schoenen.

[6] Bad Schussenried 2018.

[7] Dank an NN für die Idee zum Buchtitel!

[8] https://www.faz.net/aktuell/feuilleton/debatten/fluechtlingskrise-deutschen-fehlt-die-gastfreundschaft-13778321.html.

[9] http://www.nachdenkseiten.de/?p=34637.

[10] http://www.danisch.de/blog/2016/08/15/soros/.

[11] Herfried Münkler, Marina Münkler: *Die neuen Deutschen*, Berlin 2016.

[12] Siehe https://www.freiewelt.net/blog/oriana-fallaci-spricht-teil-1-10067326/.

[13] https://www.facebook.com/orbanviktor/videos/10154265365551093/.

[14] Akif Pirinçci: *Umvolkung*, Schnellroda 2016.

[15] Der Islam lehrt, dass jeder Mensch als Muslim geboren und nur durch seine Eltern und andere schlechte Einflüsse aus der wahren Daseinsordnung herausgerissen wird (siehe Tilman Nagel: *Was ist der Islam?*, Berlin 2018, S. 29). Ungläubige, also Nichtmuslime, sind Menschen zweiter Klasse. Der Begriff „Muslim" ist daher faschistisch und sollte möglichst durch den Begriff „Mohammedaner" ersetzt werden. Dies ist wegen der Islamisierung des öffentlichen Diskurses in den Artikeln dieses Buches, um überhaupt gehört zu werden, nicht durchgehend befolgt worden.

[16] https://www.faz.net/aktuell/feuilleton/debatten/bundestag-entscheidet-ueber-suizidbeihilfe-in-deutschland-13891691.html.

[17] https://www.faz.net/aktuell/feuilleton/nachruf-karl-dietrich-bracher-der-lehrer-der-bonner-republik-14445078.html.

[18] https://www.bloodsuckerz.cx/papierkorb/169499-frankfurter-allgemeine-sonntagszeitung-vom-20-november-2016-a.html.

[19] http://www.miniszterelnok.hu/we-cannot-afford-to-make-mistakes-on-the-issue-of-migration/.

[20] http://www.miniszterelnok.hu/a-kormany-megvedi-a-rezsicsokkentest/.

[21] István Bibó: *Die deutsche Hysterie. Ursachen und Geschichte*, Frankfurt und Leipzig 1991. Im Original (»A német politikai hisztéria okai és története«, in: Bibó István: *Válogatott tanulmányok*. Első kötet 1935–1944, Budapest 1986, S. 365–482) spricht der Titel genauer von politischer Hysterie.

[22] Peter Bollmann, Ulrich March, Traute Petersen: *Kleine Geschichte der Deutschen*, Gütersloh 1987, S. 63.

[23] https://www.faz.net/aktuell/feuilleton/anschlag-in-berlin-muslime-geraten-unter-generalverdacht-14584658.html.

[24] https://www.faz.net/aktuell/politik/inland/lammert-ueber-identitaet-wer-sind-wir-14604613.html.

[25] https://www.youtube.com/watch?v=ZO2az5Eb3H0.

[26] https://www.youtube.com/watch?v=jmtCPkejs1Y.

[27] https://www.youtube.com/watch?v=WWwy4cYRFls.

[28] https://www.theguardian.com/us-news/video/2017/feb/17/donald-trumps-press-conference-in-full-video.

[29] https://philosophia-perennis.com/2017/02/05/george-soros-malta-plan/.

[30] http://www.budapester.hu/2017/05/01/die-ceu-ist-keine-universitat.

[31] http://www.miniszterelnok.hu/rede-von-viktor-orban-in-der-plenarsitzung-des-europaischen-parlaments/.

[32] https://edition.cnn.com/2017/07/06/politics/trump-speech-poland-transcript/index.html

[33] https://www.welt.de/debatte/kommentare/article147061754/George-Soros-Plan-fuer-Europas-Fluechtlingskrise.html.

[34] https://www.esiweb.org/pdf/ESI%20-%20Rome%20Plan%20for%20Mediterranean%20-%20Berlin%2019%20June.pdf.

[35] https://www.esiweb.org/index.php?lang=de&id=65.

[36] https://dejure.org/gesetze/EU/17.html.

[37] https://edition.faz.net//faz-edition/politik/2017-07-28/die-eingebildete-verschwoerung/36641.html.

[38] https://www.welt.de/debatte/kommentare/article147061754/George-Soros-Plan-fuer-Europas-Fluechtlingskrise.html.

[39] Wie Fußnote 38.

[40] https://www.sachsen-depesche.de/interview/susanne-kablitz-„wir-befinden-uns-auf-dem-direkten-weg-in-den-,totalen'-staat".html.

[41] https://susannekablitz.wordpress.com/2017/02/10/dieses-land-ist-unrettbar-verloren/.

[42] https://www.amazon.de/Islam-als-die-Illusion-Deutschen/dp/3873366134/ref=sr_1_3?ie=UTF8&qid=1507152452&sr=8-3&keywords=adorj%C3%A1n+kov%C3%A1cs.

[43] https://www.amazon.de/Die-irrationale-Linke-Adorj%C3%A1n-Kov%C3%A1cs/dp/3873366142/ref=sr_1_1?s=books&ie=UTF8&qid=1551017464&sr=1-1&keywords=die+irrationale+linke.

[44] https://www.amazon.de/Verwirrung-%C3%B6ffentlichen-Vernunft-Adorj%C3%A1n-Kov%C3%A1cs/dp/3873366150/ref=sr_1_1?s=books&ie=UTF8&qid=1551017638&sr=1-1&keywords=die+verwirrung+der+%C3%B6ffentlichen+vernunft.

[45] https://thetrueeurope.eu/die-pariser-erklarung/.

[46] https://www.achgut.com/artikel/weihrauchwarnung_wir_sind_im_jahr_des_heils/P20.

[47] https://www.faz.net/aktuell/feuilleton/ungarn-unter-viktor-orban-flirt-mit-der-diktaturungarn-unter-viktor-orban-flirt-mit-der-diktatur-15467310.html.

[48] https://www.faz.net/aktuell/politik/ausland/suedafrika-will-weisse-farmer-enteignen-15471835.html.

[49] Angeblich aus der Rede Boumediennes vor der UN-Vollversammlung am 10. April 1974; eine Verifizierung war mir nicht möglich.

[50] https://www.tichyseinblick.de/kolumnen/alexander-wallasch-heute/islam-debatte-schaeuble-marx-und-co-und-die-religioese-aufruestung/.

[51] https://www.faz.net/aktuell/feuilleton/buecher/rezensionen/sachbuch/lukas-wick-islam-und-verfassungsstaat-religionsfreiheit-ist-kein-gottesgeschenk-1785872-p3.html.

[52] Stand der Dinge zum Zeitpunkt der Abfassung des Textes.

[53] https://www.erklaerung2018.de/.

[54] http://www.miniszterelnok.hu/viktor-orbans-rede-nach-dem-wahlsieg-des-fidesz-kdnp/.

[55] http://europa.eu/rapid/press-release_CLDR-18-3322_en.htm.

[56] http://www.brusselstimes.com/eu-affairs/10983/commission-meeting-with-soros-in-brussels-sends-signal-to-hungary.

[57] https://www.youtube.com/watch?v=1LiI31w6FRY.

[58] https://horst-koch.de/islam-in-deutschland-t-nagel/.

[59] Bei den Unwägbarkeiten von »atmender« Obergrenze, offenen Grenzen und illegaler Immigration hilft ein Spaziergang über Straßen und Plätze des eigenen Wohnorts mehr als Statistiken. Domination bedeutet außerdem nicht zwingend numerische Überlegenheit.

[60] Auch die frühere Immigration von sogenannten »Polacken« oder »Itakern«, die den Deutschen kulturell, aber offenbar nicht von der Mentalität her näher standen als islamisch geprägte Menschen, ist auf relativ größere Ablehnung gestoßen.

[61] http://www.wilhelm-der-zweite.de/dokumente/osman1898.php. Auslassungen bei Zitaten sind im gesamten Text nicht gekennzeichnet. Alle Hervorhebungen vom Verfasser.

[62] David Motadels Untersuchung *Für Prophet und Führer: Der Islam und das Dritte Reich*, Stuttgart 2017 bestätigt diese Sicht vollkommen. Deutsche werden noch heute im Nahen Osten nicht selten begeistert mit dem »Hitlergruß« konfrontiert und nach dem »Rezept« für den erfolgreichen Judenmord befragt.

[63] Christian Graf von Krockow: *Die Deutschen in ihrem Jahrhundert 1890–1990*, Reinbek b. Hamburg 1991. Die Seitenangaben in Klammern beziehen sich auf dieses Buch.

[64] Joseph Ratzinger: *Im Gespräch mit der Zeit* (= *Gesammelte Schriften*. Bd. 13/3), Freiburg u.a. 2017, S. 1417.

[65] »Heinrich von Treitschkes deutsche Sendung«, in: *Der Panther*, Jg. 5 (1917), S. 437.

[66] Zum Beispiel Ernst Jünger: *Sämtliche Werke*. Bd. 10. Essays II: *Der Arbeiter*, Stuttgart 2015, S. 78.

[67] Daran ändern weder gelehrte Beteuerungen von Professoren auf westlichen Islamlehrstühlen noch fromme Wünsche mutiger islamischer Einzelgänger etwas. Die Reform des Islam findet entweder in seinen Kernländern statt oder nie.

[68] »Ihr liebt das Leben, wir den Tod!«, in: *iz3w (informationszentrum 3. welt)*, Heft 354, Mai/Juni 2016, S. 6-9.

[69] Nicolaus Sombart: *Jugend in Berlin 1933-1943*, München und Wien 1984.

[70] https://www.welt.de/politik/ausland/article5144277/Ein-Muslim-kannkeinen-Voelkermord-begehen.html.

[71] So sind zum Beispiel die säkularen Ex-Muslime eine verschwindende Minderheit.

[72] https://www.welt.de/print-welt/article423170/Risiko-Deutschland-Joschka-Fischer-in-Bedraengnis.html. Das von der Autorin aus einem Buch Fischers extrahierte Konzept »Einhegen und Verdünnen« ist als »Fischer-Doktrin« bekannt geworden. Er war auch für den sog. »Schleusererlass« verantwortlich, was kein Zufall ist.

[73] https://de.wikipedia.org/wiki/Kriminalfall_Susanna_F.

[74] https://www.youtube.com/watch?v=Y2XprqZwPlg.

[75] www.miniszterelnok.hu/viktor-orbans-festrede-auf-der-budapester-europa-rede-erinnerung-an-dr-helmut-kohl-betitelten-vortragsveranstaltung-der-konrad-adenauer-stiftung-und-der-stiftung-fur-ein-b/.

[76] https://docs.wixstatic.com/ugd/1a3180_e2d88436482c40ebb87b87bb66886606.pdf; siehe Eintrag vom 7. Juni 2018.

[77] https://www.faz.net/aktuell/feuilleton/debatten/islamdebatten-in-libanon-schuettelt-man-ueber-deutschland-den-kopf-15648352.html.

[78] https://www.sueddeutsche.de/politik/macrons-grundsatzrede-ein-mann-ein-wort-1.4047809.

[79] http://www.miniszterelnok.hu/viktor-orbans-rede-auf-der-29-freien-sommeruniversitat-in-balvanyos/.

[80] http://www.faz.net/aktuell/feuilleton/debatten/bundestag-entscheidet-ueber-suizidbeihilfe-in-deutschland-13891691.html.

[81] https://www.faz.net/aktuell/feuilleton/missbrauch-im-namen-stefan-georges-15586303.html.

[82] https://deutschelieder.wordpress.com/2016/01/11/friedrich-gundolf-schliess-aug-und-ohr/.

[83] http://www.spiegel.de/politik/deutschland/chemnitz-immer-wieder-sachsen-kolumne-von-jakob-augstein-a-1225128.html.

[84] https://www.plonki.com/tv/stream/84249,tagesschau-stream-09.09.2018.

[85] Siehe Eintrag vom 6. Februar 2017.

[86] Begriff aus der Präambel des 1987er Bundestagswahlprogramms der Grünen.

[87] http://www.miniszterelnok.hu/prime-minister-viktor-orbans-speech-at-the-commemorative-conference-marking-the-25th-anniversary-of-the-death-of-prime-minister-jozsef-antall/.

[88] Nicolás Gómez Dávila: *Notas*, Berlin ²2006, S. 215.

[89] Vgl. Carl Schmitt: *Verfassungslehre*, Berlin 1957, S. 4.

[90] Onno Klopp: *Politische Geschichte Europas*, Mainz 1912, 2. Band, S. 379.

[91] Siehe István Bibó: *Die deutsche Hysterie*, Frankfurt 1991.

[92] Siehe Adorján Kovács: »Die deutsche Hysterie und die Sackgasse der Berliner Republik«, in: *TUMULT* Winter 2016/17 (Eintrag vom 7. Dezember 2016).

[93] István Bibó, a. a. O., S. 22.

[94] Ders., a. a. O., S. 172.

[95] Siehe ders.: *Die Misere der osteuropäischen Kleinstaaten*, Frankfurt ²2005, Kapitel 7.

[96] Karl Ferdinand Werner: »Regnum«, in: *Lexikon des Mittelalters* VII, München 1995, hier Spalte 595.

[97] Friedrich Hölderlin: »Germanien«, in: *Sämtliche Werke...*, München 2004, Band X, hier S. 242.

[98] Hans-Dietrich Sander, nach dem Titel eines Artikels von Siegfried Gerlich (in *Sezession* 81, 2017).

[99] Dirk Budde: *Heiliges Reich – Republik – Monarchie*, Durach 1994, S. 197.

[100] Ders., a. a. O., S. 152.

[101] Siehe Friedrich Hielscher: *Das Reich*, Berlin 1931.

[102] Siehe Plinio Corrêa de Oliveira: *Revolution und Gegenrevolution*, Frankfurt 1996.

[103] Karl Ferdinand Werner, a. a. O., hier Spalte 587.

[104] Vgl. Dirk Budde, a. a. O., S. 199.

[105] Vgl. Juan Donoso Cortés: *Diktatur: Drei Reden*, Wien und Leipzig 2018, S. 69ff..

[106] Ulrich Hintze: *Theoria Politica Generalis*, Bad Schussenried 2018, S. 463.

[107] Hermann Schmitz: *Adolf Hitler in der Geschichte*, Bonn 1999, S. 397. Die genannte »Verfehlung« bezieht sich auf das von Schmitz in der von ihm begründeten »Neuen Phänomenologie« analysierte und überwundene falsche Welt- und Selbstverständnis des westlichen Geistes (siehe zum Beispiel ders.: *Kurze Einführung in die Neue Phänomenologie*, Freiburg, ⁴2014), von dem der östliche Geist in der genannten Hinsicht bewahrt wurde.

[108] Ders., a. a. O., S. 400.

[109] Ders., a. a. O., S. 403.

[110] Ibid.

[111] Rolf Peter Sieferle: *Finis Germania*, Schnellroda 2017, S. 93.

Gesetzt in der Kis Antiqua Now.